先端科学技術と人権

Japanisches-Deutsches Symposium
Forschungsgesellschaft für deutsches Verfassungsrecht (FdV), Japan
Herausgegeben von Kuriki Hisao, Tonami Koji, Aoyagi Koichi
SHINZANSHA Verlag, TOKYO, 2005 ©
ISBN 4-7972-3139-4 C 3332

先端科学技術と人権

ドイツ憲法判例研究会 編

編集代表
栗城壽夫・戸波江二・青柳幸一

日独共同研究シンポジウム

信 山 社

[執筆・訳者一覧]

〈日本側報告者〉

栗 城 壽 夫　名城大学教授
Kuriki Hisao

青 柳 幸 一　筑波大学教授
Aoyagi Koichi

高 橋　 滋　一橋大学教授
Takahashi Shigeru

高 木　 光　学習院大学教授
Takagi Hikaru

岩 間 昭 道　千葉大学教授
Iwama Akimichi

阿 部 泰 隆　神戸大学教授
Abe Yasutaka

神 橋 一 彦　立教大学教授
Kanbashi Kazuhiko

根 森　 健　新潟大学教授
Nemori Ken

嶋崎健太郎　埼玉大学助教授
Shimazaki Kentaro

岡 田 俊 幸　信州大学助教授
Okada Toshiyuki

戸 波 江 二　早稲田大学教授
Tonami Koji

斎 藤　 誠　東京大学教授
Saito Makoto

光 田 督 良　駒澤女子大学教授
Mitsuda Masayoshi

石 村　 修　専修大学教授
Ishimura Osamu

〈ドイツ側報告・翻訳者〉

平 松　 毅　大東文化大学教授
Hiramatsu Tsuyoshi

清野幾久子　明治大学助教授
Seino Ikuko

門田　 孝　広島大学教授
Monden Takashi

神 橋 一 彦　立教大学教授
Kanbashi Kazuhiko

斎 藤　 誠　東京大学教授
Saito Makoto

宮 地　 基　明治学院大学教授
Miyaji Motoi

川 又 伸 彦　日本大学教授
Kawamata Nobuhiko

工 藤 達 朗　中央大学教授
Kudo Tatsuro

古 野 豊 秋　桐蔭横浜大学教授
Furuno Toyoaki

畑 尻　 剛　中央大学教授
Hatajiri Tsuyoshi

赤 坂 正 浩　神戸大学教授
Akasaka Masahiro

青 柳 幸 一　筑波大学教授
Aoyagi Koichi

〈ドイツ側報告者〉

ライナー・ヴァール　フライブルク大学教授
Rainer Wahl

ゲオルク・ヘルメス　フランクフルト大学教授
Georg Hermes

ルドルフ・シュタインベルク　フランクフルト大学教授
Rudolf Steinberg

ディートリッヒ・ムルスヴィーク　フライブルグ大学教授
Dietrich Murswiek

アンドレアス・フォスクーレ　フライブルク大学教授
Andreas Voßkuhle

エッカート・レービンダー　フランクフルト大学教授
Eckart Rehbinder

フリィードリッヒ・ショッホ　フライブルク大学教授
Friedrich Schoch

ディーター・H・ショイイング　ヴュルツブルク大学教授
Dieter H. Scheuing

トーマス・ヴュルテンベルガー　フライブルク大学教授
Thomas Würtenberger

ミヒャエル・アンダーハイデン　ハイデルベルク博士
Michael Anderheiden

ミヒャエル・クレプファー　ベルリン・フンボルト大学教授
Michael Kloepfer

はしがき

本書は「人間・科学技術・環境」を基本テーマとする、日本のドイツ憲法判例研究会とドイツの公法学者グループとの共同研究プロジェクトの第二回シンポジウムの報告集である。本書のタイトルが「先端科学技術と人権」となっているのは、第一回シンポジウムの報告集と区別するためであり、また、基本テーマの大枠のなかで総論的なものにウェイトがおかれていた第一回シンポジウムに比べて第二回シンポジウムでは各論的なものにウェイトがおかれているためである。

第二回シンポジウムはドイツ・フライブルクにおいて二〇〇〇年九月四日から九月六日までの三日間催された。第一回シンポジウムの場合と同じように、ドイツ側の代表者・ライナー・ヴァール教授と日本側のドイツ憲法判例研究会（とりわけ私以外の本書の編集代表の戸波江二教授と青柳幸一教授）との間で、直接の面談及び書簡・ファックス・Eメールを通じて、事前に綿密且つ周到な打合せが行われた。第二回シンポジウムにおいては、より具体的、個別的テーマにウェイトを置くことが合意され、報告テーマが選定された。もっとも、第一回シンポジウムで取上げられた問題の検討を深めることも第二回シンポジウムの目的であったので、基本的なテーマも報告テーマとして選定され、また、比較法、比較憲法の基礎とされるべき比較文化のために――ドイツ側の希望で――日本人の死生観も報告テーマのなかに加えられた。

シンポジウムでは、日本側とドイツ側とでほぼ同数の者が三〇分ずつの口頭報告を行ったが、そのほかに、日本側からは多くの者が書面による短い報告を提出した。いずれの報告もシンポジウムに際して参加者に配布され、閲読に供された。

本書は口頭による長い報告も書面による短い報告のいずれも収録した。逆にいえば、収録されている論文のなかに長短の違いがあるのはこうした事情によっているのである。

本書では、原子力開発、先端科学技術、治療技術などの科学技術の進歩・発達が人間・生命・環境などに対してもたらした重大な諸問題との日・独憲法学の取組みの状況が問題分野ごとに報告されている。ドイツにおける取組みの状況についての情報を日本の読者に提供するのが本書刊行の目的の一つである。と同時に、日本側の報告者が、シンポジウムへの参加・報告のために、わが国憲法学ではまだ十分に検討されていない問題分野に踏込んで、ドイツ憲法学の成果を視野に入れつつも、わが国独自の解決を試み、更には、シンポジウムにおいて具体的形をとったドイツ公法学者との直接的交流に触発されて、わが国憲法学の既存の理論構造を組替えようとする気配を示しているを見ていただければ、本書刊行の目的は一層達成されることになるであろう。

その意味においても、共同研究プロジェクトのパートナーを引受けていただき、シンポジウムの全体的構成、報告テーマの設定などに関して、比較憲法的視点をふまえた適切な提案・示唆をいただき、また、シンポジウム自体を熱意と創意をこめて運営してくださったヴァール教授にこの場をかりて心からの御礼を申しあげたい。最後になったが、本書の刊行を快く引受けていただいた信山社・袖山貴氏、刊行にあたって実務を担当していただいた有本司氏に感謝申しあげたい。

なお、本書の刊行については、平成一六年度の文科省の研究成果刊行助成を受けたことを付記しておきたい。

二〇〇五年一月一日

栗城壽夫

目　次

第Ⅳ部　生命科学

第Ⅴ部　日本とドイツの憲法学（2）

第Ⅰ部　日本とドイツの憲法学（1）

Ⅰ－1　日本の憲法学と比較憲法

青柳幸一

一　はじめに

本シンポジウムのテーマは、科学技術の進歩によって惹起される現今の重要問題にかかわる。(1)これらの問題は、世界的規模であるいは国境を越えて、そして世界の多くの国で同時に起きている。科学技術の進歩の速度は、目を見張るほど速い。他方で、法制度・社会制度の変化の速度はそのようには速くない。それゆえ、本シンポジウムは、いわば確固とした先行モデルの存在しない先端的な重要問題を扱う。日本文化の特性は、後述するように、先行モデルの模倣である。日本は、確固とした先行モデルのない先端的な重要問題をどのように解決するのであろうか。

そのような新しい問題を憲法上解決しようとするとき、多くの場合、それに対処する特定の憲法規定が存在しない。勿論、一九四七年に施行された日本国憲法が当時の日本の状況からすれば先駆的であったように、法が先駆的な役割を果たすことはありうる。しかし、法律は、憲法も含めて、一般に、現実を確認したり、それまでの現実を否定したりと、現実に対して後追い的である。当時の日本の状況に対しては先駆的であった日本国憲法には、ドイツ基本法二〇ａ条のような環境保護に関する規定も、ポルトガル憲法二六条三項やスイス憲法一一九条一項のような人間遺伝子学に関する規定も存在しない。

憲法に当該問題に対する特定の規定がない場合、「新しい問題」解決のための憲法上の鍵となるのは、基本的な原理規定、さらには当該憲法の基本原理・理念である。基本的な原理規定として、ドイツ基本法の場合には一条一項の「人間の尊厳」条項を、日本国憲法の場合には一三条の「個人の尊重」規定を挙げることができる。

ドイツ基本法の「人間の尊厳」条項も、日本国憲法の「個人の尊重」規定も、それぞれの憲法における基本的な価値決定を示す規定である。日本国憲法の「個人の尊重」規定は、制定過程での議論を見ると戦前の「家」制度の否定の文脈で論じられているが、それを超えて国家のあり方に対する基本決定を示しているといえよう。(2) さらに、日本国憲法は、その前文で、この憲法が「人類普遍の原理」に基づくものであることを宣言している。前文の文脈からすると、そこでいう「人類普遍の原理」は、「リンカンの『国民の、国民による、国民のための政治』の原理、すなわち、民主主義の原理」(3)を指している。しかし、前文に表明された基本思想を踏まえると、そこでの民主主義は、「自由（人権）と国民主権とが密接に結び合いながら全体として広義の『民主主義』を構成する、という考え方に立っている」(4)ことに留意しなければならない。前文の「人類普遍の原理」を狭義の民主主義と捉えたとしても、日本国憲法は、本文で、人権を保障し、権力分立を定めている。したがって、いずれにしても、日本国憲法は、近代立憲主義の流れを汲むものといえる。

日本国憲法一三条前段の「個人の尊重」規定は「個の優先」を基本に置くリベラリズムと結びつきうる。また、自由権ばかりでなく、社会権も保障する日本国憲法は、古典的リベラリズムばかりでなく、現代リベラリズムにも繋がりうる憲法典と言える。

「人間の尊厳」条項と「個人の尊重」規定の同質性と異質性については、第一回シンポジウムの総括報告において既に論じた。(5) そこで本稿では、近代立憲主義、近代立憲主義を生み出したアメリカを含む西欧諸国の価値、そしてリベラリズム、それぞれと日本国憲法の関係について若干の考察を試みたい。

二　日本の比較憲法と文化の特性

1　日本における比較憲法の問題性

宮沢俊義は、戦前のフランスとドイツとの憲法学状況を比較しながら、「ドイツの学者は概して実に綿密に諸外国の立法などを調査する。その文献をあさる。ときに煩瑣なくらいである。……われわれがドイツ以外の諸外国の法について知ろうとするとき、ドイツの文献は非常に多くをわれわれに教えてくれる」[6]と述べている。戦後のドイツ憲法学においては、一層、比較憲法の方法論という根本問題をはじめ、多くの国々の憲法と政治制度に強い関心が示されている。そのことは、芦部信喜も指摘するように[7]、一九五一年創刊の Jahrbuch des öffentlichen Rechts der Gegenwart、一九六六年創刊の Verfassung und Verfassungswirklichkeit、一九七一年創刊の Verfassung und Recht in Übersee などの公刊からも窺い知ることができる。そして、それらに収められた論稿からも解るように、ドイツの比較憲法においては、日本で見られるような「比較の過剰」もなければ、主体性を喪失した比較も見られない。

さらに近時、ドイツにおける比較法・比較憲法の重要性の高まりを示すものとして、次の二つのことを指摘できるであろう。

第一に、立法過程に関してではあるが、連邦憲法裁判所判決がその審査密度（Kontrolldichte）論において比較法的視点を導入したことである。連邦憲法裁判所は、一九七九年の共同決定法判決[8]において、立法の予測に関する「新三段階理論」を示した。その第二段階の審査密度である「主張可能性の統制」（Vertretbarkeitskontrolle）は、法律の制定過程の適切さに着目し、立法部が法律を制定する際に同種の問題に対処する諸外国の法律に関する知識を正確かつ十分な方法で入手したか否かを審査する。(9)第二に、ペーター・ヘーバァーレ（Peter Häberle）が法解釈の準則として、伝統的な四つの準則（文理解釈、歴史的解釈、体系的解釈、目的的解釈）に加えて、法比較を加えるべきと主張していることである。(10)

他方、日本では、後述する問題性を孕み続けながら、明治時代から比較憲法が憲法解釈の準則として伝統的に根づいているといえる。今日においても、外国の憲法理論および憲法判例に関する研究が非常に活発に行われている。しかし、夙に指摘されてきているように、日本の比較（憲）法研究には問題がある。

一つは、比較の対象とする外国の範囲が狭く、偏っていることである。研究対象とされる国は、アメリカ、ドイツ。フランス、イギリス、さらに近時はＥＵである。それらに比べて、アジア、アフリカ、イスラム諸国、南アメリカ諸国などに関する比較（憲）法研究は、極めて少ない。

より深刻な問題は、比較（憲）法研究は極めて活発であるにも拘らず、「真の意味での外国法ないし比較法研究は決して過剰ではなく、むしろ『過少』だとすらいえる」(11)状況である。さらに、「欧米の学説を評価基準とする日本の学界」(12)という実態が、問題の深刻さを増す。つまり、外国の判例や学説が「権威」として扱われているのである。このような通常ならざる現象は、明治国家における西洋法「継受」の時代に遡る。矢口洪一・元最高裁判所長官の表現を借りれば、「ドイツに留学してドイツの学説を勉強し、それを縦にすれば、それが日本の学説になるのです。……西欧の学説を、そのまま持ってきて焼き直した。戦後は、今度はアメリカ的なものが入って、アメリカではこうだということであります」(13)。このような日本の学界における特殊事情が、外国の判例・学説に関する情報「輸入」の驚くほどの早さ、多さに繋っているように思われる。

西欧の法制度を受容せざるをえなかった明治時代は、あるいは第二次大戦後暫くの間は、問題をそれぞれの時代の視点で見れば、「結論としては、やむを得なかった、それしか方法はなかったろう[14]」と言えるであろう。しかし、今日も同様の状況であるとすれば、学問のあり方として反省すべき点があると思われる。

勿論、ドイツで比較（憲）法の重要性が一段と認識されているように、比較法ないし外国法の研究自体は、日本の憲法学にとっても必要であり、かつ重要である。問題は、研究のあり方そのものである。「日本法の研究との関連で明確な問題意識をもち、深く法思想・法制度の根本にさかのぼって試みられ」る比較法ないし「外国法研究は、日本法の分析を深く広めるものとして、今後もより一層推進されなければならない[15]」。欧米の学説が「評価基準」である日本の学界の状況は、学問における主体性の喪失以外の何ものでもあるまい。広く知識と経験を世界に求めつつも、外国判例・学説をその国の全体像の中で正確に位置づけ、主体的に検討する比較法ないし外国法研究が要請される。

その際、ライナー・ヴァール（Rainer Wahl）の比較憲法の方法が参考になるように思われる。ヴァールによれば[16]、精緻な比較憲法を行うためには次の四つの次元を区分して比較を行う必要がある。すなわち、条文及び条文解釈（第一の次元）、それぞれの憲法の体系的連関（第二の次元）、国家理解と憲法理解（第三の次元）、そして比較文化としての比較法（第四の次元）である。本稿では、それに倣って言えば、比較の第四次元と結び付けつつ比較の第三次元を、すなわち、日本国憲法と近代西欧の価値、近代立憲主義、リベラリズムの関係を概観したい。

2　日本文化の特性としての模倣

日本文化の特徴の一つとして、先行モデルの「模倣」を挙げることができるであろう。法制度に関してみても、周知のように、中世における先行モデルは中国の律令制であり、明治維新以降における先行モデルはヨーロッパ、最初はとりわけフランス法、後にはとりわけドイツ法であった。第二次大戦後は、主にアメリカ法になっている。

日本の「近代」以降における「外国法の継受」を考察する際に、二つのことに留意する必要がある。

第一に、「外国法の継受」は日本特有の現象ではない、ということである。例えば、大日本帝国憲法が制定された一九世紀は、ヨーロッパでも人びとが「立憲制の時代と名づけた」[17]世紀であり、「外国法継受の時代であった。そして、ドイツにとってそれは、フランス、ベルギーを経由してのイギリス法の継受であった」[18]し、立憲制そのものは「イギリスから発して、まず初めにヨーロッパを征服し、それから全世界の最も遠い国々をも征服した」[19]のであり、成文憲法典の継受も大日本帝国憲法の制定をもって一八世紀「アメリカからはじまってその地球一周を終えた」[20]。そして第二に、当然のことであるが、外国法の「模倣」あるいは「継受」といっても、全く同一の法を制定することを意味するわけではない、ということである。継受する側の「国のあり方」に応じて、先行モデルが修正され、加工される。一八三一年のベルギー憲法の「継受の結果であった」[21]といわれる一八五〇年のプロイセン憲法も、ベルギー憲法と全く同一の内容であったわけではない。大日本帝国憲法も、周知のように、明治国家の「国のあり方」に応じてモデルであるプロイセン憲法を修正・加工して継受している。[22]他の国に比して、日本文化の特性としての「模倣」は、単なる模倣ではなく、先行モデルの「日本化」[23]である点に特徴があるように思われる。第三に、一九世紀の日本とヨーロッパ諸国における「法の継受」との間には大きな違いがある、ということである。それは、ヨーロッパ諸国が基本的に共通の文化をもつ国の法を「継受」しているのに対して、「東洋に於て立憲制度を採用した最初の国」[24]である明治国家は、全く異なる文化・歴史に根ざした法を「継受」したことである。このことは、後述するように、憲法規範と国家・社会の文化との「衝突」を生み出す。

三　リベラリズムと日本の国民性

1　リベラリズムへの問題提起

日本国憲法が継受している近代立憲主義は、普遍的価値を有するであろうか。結論的に言えば、この問題に対する私の答は〝Ja〟である。しかし、そのことは、直ちに、それらの原理を宣言した西欧近代が普遍的価値を有することを意味するわけではない。なぜなら、西欧近代は光の部分ばかりでなく、影の部分をも有しているからである。例えば、人権宣言における「すべて人は」という文言は、人種差別や性差別の実態を隠すイデオロギー的機能をも果たしていた。また立憲主義や法治国家性も、資産家による支配や帝国主義の収奪の実態を隠すイデオロギー的機能をも果たしていた。したがって、西欧近代の「現実」に普遍的価値を見出だすことはできない。私たちは、「西欧近代」に立ち止まっていることはできない。「人類普遍の原理」の真の実現を目指さなければならない。[25]

「人類普遍の原理」の内容を構成する民主主義も人権も、その名を挙げるだけで私たちが直面する問題を解決できるわけではない。民主主義論は、「複数の民主主義理論だけしか存在しない」と言われるくらい、多種多様である。また、人権と結びつくリベラリズムも、多種多様である。[26]

リベラリズムの源流的形態は、周知のように、ジョン・ロック（John Locke）の所有権論を基礎に置く自由論である。しかし、リベラリズムは、とりわけ、一九七一年に公刊されたジョン・ロールズ（John Rawls）の『正義論』以来変容している。自由を語る古典的リベラリズムと、自由を基礎に置きつつも、実質的平等を指向する現代的リベラリズムとの間には、相違がある。「最も恵まれない人びと」のための再配分を正当化する「格差原理」をも[27]

重要な要素とする現代リベラリズムは、同じくリベラリズム陣営に属する、ロバート・ノージック（Robert Nozick）に代表されるリバータリアニズムアからも批判されることになる。[28]

一九八九年の「冷戦の終結」は、社会構想の理念としての自由の原理の優越を「否定しようのない事態として確認させた」[29]と言えるであろうし、ある意味では社会主義に対する自由主義の「勝利」と言うことも可能であろう。しかし、一九八九年の「冷戦の終結」がリベラリズムの完全な勝利を意味するとは言い難い。「冷戦の終結」は、フランシス・フクヤマ（Francis Fukuyama）が言うような「資本主義の勝利」[30]でも、「歴史の終焉」でもない。なぜなら、「冷戦の終結」が自由の原理をめぐるすべての問題を解決したとは言い得ないからである。

近代以降、リベラリズムは、保守主義、功利主義、社会主義（共産主義）、共同体主義、フェミニズム、多文化主義等から挑戦され続けてきている。さらに、一九八九年以降、リベラリズムは、新しい理念からの根本的な「問題提起」に直面させられている。ここでは、そのなかから、共生の理念、そして自己と他者の関係に関する理念からの「問題提起」を指摘しておきたい。それは、エスノ・ナショナリズム、環境倫理に基づくエコロジー思想そして生命倫理問題である。

エスノ・ナショナリズムにも様々なものがあるが、それは、基本的に、人権の享有主体を個人ではなく、エスニック・グループだとする。さらに、洗練されたエスノ・ナショナリズムは、西欧文化の普遍性を否定し、文化相対主義を主張し、諸々のエスニック・グループの共生を求める。[31]

環境倫理に基づくエコロジー思想にも様々なものがあるが、例えばディープ・エコロジーは、現代の環境問題を引き起こしたわれわれの精神の内面性自体を問題にし、現在の社会システムと文明を目指す。人間中心主義ではなく人間非中心主義の自然観をもち、人間の生活様式・文化等の多様性と支持し、自然との共生を求める。[32]

生命倫理問題では、理性――自律に基づく人間像を徹底させるパーソン論がリベラリズムに潜む問題性を顕在化する。[33] 生命倫理をめぐる問題は、身体の自己所有論に根源的な問題を投げかけ、[34] 自己と他者との関係を一段と尖鋭的に問う。

これらの問題は、理論的問題であると同時に、各国の精進文化あるいは国民性とかかわる問題でもある。

2　「世間」、そして調和性・集団性

日本の比較憲法論・比較社会論にとっても、「個の優先」を説く個人主義と共同体の美徳を説く共同体主義をめぐる論争は重要であろう。この点については、簡単にではあるが、既に若干の検討を行っている。[35] ここでは、日本の精神文化や日本人の国民性との関連で、この問題を見ておきたい。

日本と西欧の違いを示す事柄を、日本語のなかにも見出すことができる。例えば、本稿のテーマにとって極めて重要な言葉である「社会」と「個人」である。この二つの日本語は、明治時代になって初めて造られた society と individual の翻訳語である。このことは、西欧語の「社会」と「個人」がもつ意味を表す観念あるいは現実が日本に存在しなかったことをも示している。西欧語で「社会」というとき、社会契約論に典型的に見られるように、自律的「個人」が集まって社会をつくる。「個人」が「社会」の構成原理や内容を選択する。

日本では、「社会とは違う」[36]「世間」が存在している。ドイツ中世史を専攻する阿部謹哉は、一九九五年に公刊された『「世間」とは何か』において、世間の概念を解き明かしている。阿部によれば、「世間」という概念を明らかにすることが容易ではない理由は、それが「『非言語系の知』の集積であ」り（同二七頁）、「理屈を超えたもの」で、「長い年月をかけて作られてきたものなので、必ずしも欧米流の概念では説明できない」もので、「しかも情理や感性とも深い関わりがあるので、合理的に説明することも難しい」し、「普遍的に説明することが困難な」ものである（同一六頁）ことである。そこで挙げられている理由は、正に、「世間」という概念の特質を表している。阿部

は、作業仮説として、「世間」を「個人個人を結ぶ関係の輪であり、会則や定款はないが、個人個人を強固な絆で結び付けている」（同一六頁）ものと定義する。阿部によれば、「世間は社会ではなく、自分が加わっている比較的小さな人間関係の環なのである」（同二〇―二一頁）。そのような「世間」には、長幼の序と贈与・互酬の原理、そして「世間の名誉を汚さない」という「厳しい掟がある」（同一七頁）。「世間は個人の意思によってつくられ、個人の意思でそのあり方も決まるとは考えられていない。世間は所与とみなされている」（同一四頁）。

それでは、「世間」のなかで「個人」はどのような位置占めるのであろうか。それに関する阿部の言説をその著書から拾うと、一般に語られている日本人論に通じる。例えば、「自分の名誉よりも世間の名誉の方を大事にしている」（同二〇頁）、「時にはそれが没個性的で、権威主義的に見える」協調的な行動をとる等である。この場合、「権威主義的」とは、「他の人の意見を聞きながら自分の意見をそれに合わせたりする」（同二四頁）ことである。阿部は、個人あっての世間ではなく世間のなかでの個人であるがゆえに、「私たちは明治以来長い間個性的に生きたいと望みながら、十分な形で個性を伸ばすことができなかった」（同二五頁）と指摘する。

「個性を伸ばすことができなかった」個人は、明治国家における法制度のうえでも、家父長を除いてはその「顔」が見えない存在であった。明治国家は、周知のように、「『家』を典型とする中間団体を下請けとした支配だったのであり（『忠孝一本』）、社会構成員はアトム化すらされていなかった」[37]からである。

3　憲法規範と精神文化との「衝突」

このような国民性や日本の精神文化は、大日本帝国憲法が採用した西欧的立憲制と「衝突」する。佐々木惣一は、一九一八年に公刊された『立憲非立憲』において、立憲主義を採用した大日本帝国憲法が当時の日本に齎した文化的「葛藤」について、次のように記している。

「立憲主義は現今世界文明国の政治上の大則であ」る（同一頁）。日本が立憲主義を採用したことは、「立憲主義なるものは、今や、一般人類の政治の帰趨であるかどうかと試みられつつある」（同二頁）ことを意味する。「西洋人の眼には、我が日本の立憲制度の採用は一つの奇蹟と映ずるであろう。西洋人が久しい間悪戦苦闘して漸く手に入れた獲物を、吾々日本人は談笑の裡に受け取ったのである」（同九頁）。「立憲思想は政治上の主義ではあるが、一般の文化と密接に関係を持って居る」（同・六頁）「それ故に、我が国に於て、立憲制度が円満に行われるや否やの問題は、即ち、日本の文化と西洋の文化とが能く調和を保ち得るや否やの問題である」（同六―七頁）。「立憲制度は、西洋では、人類の性情に適したものだと云ってよい」（同四頁）。「我が国に於て立憲制度が円満に行われるや否やの問題は、実は立憲制度なるものが一般に人類の性情に適したものなるや否やの問題で有る」（同六頁）。

この問題に関して、「独り欧米人の間のみではなく、日本人自身の間にも我が憲政を悲観する声が聞こえる」。その「悲観論は、大体二種類に分かれる」。一つは、立憲政治そのものに対する悲観論であり、他の一つは国民の立場から見た悲観論である（同一七頁）。前者は、一般に立憲政治そのものを善くない政治と批判するものである（同一八―二三頁参照）。後者は、さらに二つに分かれる。一つは、「我が国民性は到底立憲政治を行ふに適せぬ」と批判するものであり、他の一つは「唯現今の状況が立憲政治の実を挙げて居ない」とするものである（同二四頁）。

大日本帝国憲法における西欧的立憲制は「ただ礎石のみを構成する。日本は、その伝統とその国民的特色との完全な維持の下に、西欧的衣服を着た[38]」に過ぎなかったにもかかわらず、佐々木が描写するような衝突が起きている。徹底した立憲主義を、そして「法の支配」を採用し、「個人の尊重」を出発点に置き、「家」制度を否定する日本国憲法では、どうであろうか。憲法規範によって精神文化が変わらない限り、より一層尖鋭化した「衝突」が起きていることは、容易に予測される。

矢口洪一は、司法制度改革論議に関連して、戦後になっても変わらない日本の精神文化について語っている。義理人情の世界、調和優先の世界、曖昧さといった日本の精神文化から、「徹底的な自己主張というものは、日本人はいたしません。明と暗とが徹底的に抗争するということはないわけです。別の言葉で言えば、何を言っているのかということが分からないままで物事は終わるのです。……そのうち何とかなるだろうと言うのが、日本の戦いであり[39]」、「争いごとは極力避けなければいけない。円満に解決した方が良いのだ、それが良き市民のやることだ、と考えてきた[40]」。したがって、「結局、日本の国は、ルールで働いていたのではなかった、法治国ではありましたけれども、法の支配の国ではなったのだと言わざるを得ない[41]」、と矢口は述べている。

四　むすび

各国の精神文化や国民性を分析すること自体は、無意味なことではない。しかし、それらを比較して、精神文化や国民性の優劣を論じたり、違いを「遅れ」と評することは、正しい研究態度とは思われない。それぞれの精神文化や国民性が相異なるという、当然の事実を確認しうるだけである。問題は、その国の精神文化や国民性と当該憲法原理・規範とが「衝突」する場合に、どのように考えるかである。

憲法規範と精神文化や国民性とが「衝突」する場合、憲法規範を変えるべきなのであろうか。そもそも、その国の精神文化や国民性は不変のものなのであろうか。社会は変化しないものなのであろうか。

矢口洪一は、従来の日本人論や日本社会論に変化が見られることを指摘している。矢口は、社会における活動から生じるすべての紛争を裁判所が解決する方向への変化を予測している。この変化の原因には、従来は日本人の国民性としては否定されていた自己責任の原則がある。それは、日本社会も、集団に背後に隠れた個人ではなく、個人が自己責任を負って存在する社会へと変容する、ということである。[42] もしこのような変化の予測が正しいならば、「個人の尊重」を基礎におく日本国憲法との矛盾は解消し、したがって「衝突」も生じないことになる。

では、矢口の予測が外れてしまい、日本の精神文化や日本人の国民性に変化は生じない場合、つまり「衝突」が生じ続けている場合、どのように考えるのであろうか。

そもそも、規範と現実の不一致という現象は、何ら例外的現象ではない。むしろ、規範論からすれば、現実が規範に一致していないことは折り込み済みの現象である。したがって、憲法規範と現実とに不一致が存在したとしても、そのことが直ちに憲法規範を放棄する理由にはならない。既に見たように、大日本帝国憲法という、憲法規範と精神文化や国民性とが「衝突」した先例が、日本にはある。佐々木惣一は、大日本帝国憲法が採用した立憲制に対する批判、すなわち、「我が国民性は到底立憲政治を行うに適さない」という批判に関して、「唯我が国の現状が善くないと云うのであるならば、現状の改良に努力せねばならぬ。またこれに努力すればよいので決して憲政に絶望すべきものではない[43]」と述べていた。正当な見解であると思われる。憲法が規定する基本原理が間違いでないならば、それを現実化する方法や過程は多様であっても、その基本原理自体を否定することは妥当な態度とは思われない。

まず、逆の視点から考えてみたい。日本の精神文化論や日本人の国民性論に適合的な国家（法）制度をつくる場合、問題は生じないのであろうか。

矢口が的確に指摘しているように、日本の精神文化として語られる情という「非合理主義ですべての制度が貫けるはずはありません[44]」。また、日本人の国民性の特徴といわれる曖昧さに適合的であるとして曖昧な法制度をつくれば、国家権力の恣意的な権力行使を許してしまい、そしてその萎縮的効果によって個人の自由は縮減してしまう。それは、日本の精神文化や日本人の国民性を体現している人にとっても、不孝なことであろう。矢口も、国家の制度としては「やはり、合理的であり、民主主義でなければいけない。民主主義であり、合理的であろうとするためには、どうしてもそこに一つの確立した線というものがなければいけない。これを人間に当てはめれば個人主義であり(45)」、「もう少し個性・個人が確立されなければならない(46)」と述べている。とすれば、日本の精神文化や日本人の国民性に適合的な国家制度は、むしろ国家・社会にとって根本的な問題を惹起してしまうことになる。合理的な国家制度をつくる必要があるならば、日本国憲法が規定する「個人の尊重」という基本原理が間違っているとはいえないことになる。

日本の精神文化や日本人の国民性として一般に語られているものは、すべての日本人にあてはまるものなのであろうか。それは、「平均値」あるいは「多数派」の精神文化であり、国民性であろう。「平均値」や「多数派」の価値観をすべての個人に押し付けることはできない。

人間は、そもそも多様である。人間は、多様な価値観を有し、生きている。したがって、すべての人がそれぞれの違いをそれぞれ認めあうことが、様々な人が共生するために必要不可欠なことである。日本の精神文化、あるいは国民性の名のもとに括られたもので、決め付けてはならない。日本の精神文化、国民性といわれるものとは異なる「個性」をもって生きることが「世間」では生きにくいものであったとしても、そのような生き方をすること自体は自由のはずである。自由の保障として重要であるのは、国家・社会の支配的な価値観からの自由を確保することである。日本国憲法の基本原理である「個人の尊重」は、このような自由を保障する原理である。多数派の善や美徳とも異なる生き方をも認める「個人の尊重」、それが私がコミットメントする原理である。

原子論的個人像に基づいた古典的リベラリズム、身体を自己の所有物とする自己所有権テーゼ、自己認識あるいは理性を基礎にした自律論。リベラリズムは、自他関係を相克的・対立的に捉えてきたといえよう。このような自他関係の捉え方には、そもそも問題があるように思われる。なぜなら、「そもそも人間の存在は、共同世界や環境世界との関係性において成立し、このような関係性の中で具体的に形成される。このことこそ、人間存在の際立った固有性」[47]であるからである。

多様な人びとが共生するのために「個人」が尊重されなければならない、という基本原理は、人々の関係性を否定するものではない。共生のためには、そもそも、自己と他者の関係性を前提とした理論構成が必要である。その際、まず確認しておかなければならないことは、自己と他者の関係は相対的である、ということである。そして、自己と他者との間には、二重の関係性があることである。それは、一方での相互依存的関係、他方での緊張関係である。それゆえ、他者との関係性を指摘するだけでは、現今の重要問題の解決のために十分ではないことになる。

「困難な問題」は、自律性と他者との関係性とが緊張関係にある事案である。自律性を強調すると、結論は自己決定の尊重になる。関係性を強調すると、結論は他者に対する「強制」に陥る。基本原理として、二つのうちどちらに基づいて答えるのであろうか。

私のコミットメントは、強制ではなく、自己決定—自己責任に基づいた問題解決である。それは、「個人」を尊重し、思想・良心の自由を保障し、生存権も保障する日本国憲法の規範でもある。自己決定する具体的な人間は、必ずしも理性的とはいえない生身の人間、悩み、過ちを犯しうる、そして苦悩しつつ生きる「弱い個人」である。[48]そのような現実を踏まえて、日本国憲法が構想する社会は、「弱い個人」から構築される社会であり、支え合いながらも、押しつけない社会である。社会の多数派ではない人々の「異なる声」に耳を傾け、「弱い個人」が真に自己決定できる状況に配慮する社会である。

「自己決定した」と言えるためには、そもそも二つの前提条件が充たされていなければならない。一つは、自己決定する事柄に関して十分理解するために、正確な情報が提示されていることである。他の一つは、決定に対する強制がないことである。そして、自己責任を問う場合には、自己決定が行われる場、その場の状況ないし文脈の問題を考慮しなければならない。つまり、自己決定のための条件の有無を個別具体的に検討した上で、当該事案に関して社会における法的または事実上の権力関係を踏まえて、責任論を論ずることが必要である。

こうして、人は、自己決定に基づいた言動に対してはその責任を自ら負う。日本国憲法の基本原理は、このような社会を支える。そして、そのような基本原理は誤っているとは思われない。私は、強制ではなく、自己責任に基づいて構築される社会を「慎みある社会」と呼びたい。「慎みある社会」が、日本国憲法が構想する「社会」であり、私がコミットメントする「社会」である。

(1)　先端科学／技術をめぐる憲法問題については、このフライブルク・シンポジウムの後に執筆したものであるが、青柳「先端科学／技術と憲法―序説」(同『人権・社会・国家』〔二〇〇二年〕一〇八頁以下所収)、青柳「科学／技術の進歩と人間の尊厳」ジュリスト一二二二号三〇頁(二〇〇二年)、青柳「アメリカにおけるヒト・クローン禁止をめぐる憲法論」栗城壽夫先生古稀記念『日独憲法学の創造力　上巻』四五頁以下(二〇〇三年)、青柳「二つの人間の尊厳論と憲法理論」北大法学論集五四巻六号一四二頁(二〇〇四年)。また、二〇〇四年三月に早稲田大学で行われた日独共同研究シンポジウム「二一世紀の憲法の発展と変動」において、„Die Gentechnik und Menschenwuerde : Drei Theorien von der Menschenwuerde“について報告した。

(2)　青柳幸一『個人の尊重と人間の尊厳』(一九九六年)一〇―一二頁、三四―三五頁参照。

(3)　宮沢俊義著・芦部信喜補訂『全訂日本国憲法』(一九七八年)三八頁。

(4)　芦部信喜『憲法学Ⅰ』(一九九二年)二〇四頁。

（5）青柳幸一「人間の尊厳と個人の尊重」ドイツ憲法判例研究会編『人間・科学技術・環境』（一九九九年）三六七頁以下。さらに、青柳・前掲注（2）五頁以下参照。
（6）宮沢俊義『東と西』（一九四三年）一一一―一一二頁。
（7）芦部信喜『憲法叢説1』（一九九四年）九五頁。
（8）BVerfGE 50, 290 (1979)。栗城壽夫「所有権等の規制と立法者の予測」ドイツ憲法判例研究会編『ドイツの憲法判例（第二版）』三〇二頁（二〇〇三年）。
（9）青柳・前掲注（2）二〇六―二〇七頁参照。
（10）ペーター・ヘーベルレ（井上典之・畑尻剛訳）『文化科学の観点からみた立憲国家』（二〇〇二年）九七頁以下参照。
（11）芦部・前掲注（6）九四頁。
（12）毛利透「選挙制度」ジュリスト増刊・憲法の争点［第三版］（一九九九年）一九一頁。
（13）矢口洪一「司法改革の背景と課題」判例時報一六九八号五頁（二〇〇〇年）。
（14）同上。
（15）芦部・前掲注（7）九四頁。
（16）ライナー・ヴァール（小山剛・中野雅紀訳）「日本とドイツの比較憲法」ドイツ憲法判例研究会編『人間・科学技術・環境』（一九九六年）一一頁以下参照。
（17）Conrad Bornhak, Genealogie der Verfassungen, 1935, S. 1. C・ボルンハーク（山本浩三訳）『憲法の系譜』（一九六一年）一頁。（なお、訳文は必ずしも訳書と同じではない。）
（18）*Id.*, Vorwort S. 2, 訳書二頁。
（19）*Id.*, Vorwort S. 1, 訳書一―二頁。
（20）*Id.*, S.90. 訳書一一六頁。
（21）*Id.*, S.83. 訳書一〇七頁。さらに、*Id.*, S. 84. 訳書一〇九頁も参照。

(22) 小林孝輔『ドイツ憲法小史〈新訂版〉』一五三―一五六頁（一九九二年）参照。
(23) 「日本化」は、最高裁判例にも見られる。代表的な例は、津地鎮祭事件判決（最大判一九七七［昭和五二］・七・一三民集三一巻四号五三三頁）政教分離原則における目的効果基準である。アメリカのレモン・テスト（例えば、芦部信喜『宗教・人権・憲法学』三七～四九頁［一九九九年］参照）をモデルとしているが、それとは異なる内容になっている。
(24) 佐々木惣一『立憲非立憲』（一九一八年）五頁。
(25) 社会科学の論文や著書で「私は」ではなく、「われわれは」という書き方をすることに、若干疑問があった。「われわれは」という書き方は、対象を自分から切り離して捉えることができるという考え方に基づくものである。阿部謹也によると（後掲注（36）三―四頁）、「一見したところヨーロッパの学問は、著者が一人称で語らないという形をもっているようにみえる。……わが国ではそのような形だけが明治以降輸入されたのではないかとさえ思われるのである」。「ヨーロッパの場合には中世以来諸学の根底に共通の哲学と神学がある。いわば共通の世界観があり、それを前提として諸学の形式が決まったのである。……わが国においては著者の哲学にも世界観にも共通の基盤がないにもかかわらず、明治以降共通の世界観を基にして生まれた西欧流の学問の形式が用いられているのである」。
(26) ロバート・A・ダール（内山秀夫訳）『民主主義理論の基礎』八頁（一九七〇年）。
(27) J. Rawls, A Theory of Justice, Revised ed., 1999, p. 53, 65-73.
(28) R. Nozick, Anarchy, State, and Utopia, 1974. ノージック（嶋津格訳）『アナーキー・国家・ユートピア』（二〇〇〇年）。
(29) 大澤真幸「自由の牢獄」アステイオン四九号七〇頁（一九九八年）。
(30) F. Fukuyama, The End of History and the Last Man, 1989. F. フクヤマ（渡部昇一訳）『歴史の終わり　上・中・下』（一九九二年）参照。
(31) エスノ・ナショナリズムに関する邦語文献として、アントニー・D・スミス（巣山靖司ほか訳）『ネイションとエスニシティ』（一九九九年）、加藤一夫『エスのナショナリズムの胎動』（二〇〇一年）等がある。
(32)　ディープ・エコロジーに関する邦語文献として、A・ドレグソン／井上有一共編（井上有一監訳）『ディープ・エコロジー』（二〇〇一年）、森岡正博「ディープエコロジーの環境哲学」伊藤俊太郎編『講座文明と環境14　環境倫理と環境教育』四五―六九頁（一九九六年）、同「ディープ・エコロジーと自然観の変革」小原秀雄監修『環境思想の系譜3』一〇六―一一六頁（一九九五年）等がある。
(33)　青柳幸一『人権・社会・国家』一二六―一二九頁（二〇〇二年）参照。
(34)　この点で、「身体の人権宣言」を明言した一九九四年七月二七日フランス憲法院判決が注目される。本判決については、小林真紀「生命倫理法と人間の尊厳」フランス憲法判例研究会編『フランスの憲法判例』八七頁（二〇〇二年）、及びそこに掲記された参考文献参照。
(35)　青柳・前掲注(33)六七―七三頁参照。
(36)　阿部謹也『「世間」とは何か』一三頁（一九九五年）。
(37)　樋口陽一『近代国民国家の憲法構造』（一九九四年）八〇頁。
(38)　Bornhak, a. a. O. 17, S. 89. 訳書一一五頁。
(39)　矢口洪一「『法曹一元』の制度と心」自由と正義四九巻七号二二頁（一九九八年）。
(40)　同、一七頁。
(41)　矢口・前掲注(13)六頁。
(42)　矢口・前掲注(39)一七頁；矢口・前掲注(13)八―九頁参照。
(43)　佐々木・前掲注(24)二五頁。
(44)　矢口・前掲注(39)八頁。
(45)　同。
(46)　同・九頁。

(47)　E・-W・ベッケンフェルデ著／初宿正典編訳『現代国家と憲法・自由・民主制』風行社、一九九九年、一〇五頁。

(48)　青柳・前掲注(2)七一―七五頁参照。

Ⅰ―2　日本とドイツとの比較における生命医学の憲法問題

ライナー・バール
平松　毅　訳

一　生命医学の分野における比較憲法

1　比較憲法の次元モデル

比較憲法の四つの次元モデルについては、既に第一回シンポジウムで示した。ここでは、これを詳細に論ずるのではなく、単に幾つかの鍵概念について述べるにとどめる。次元モデルの趣旨は、法の比較がただ一つの手掛かりに沿って行われるべきではなく、きめ細かい、進展するにつれて一般化されるであろう広範な手掛かりに基づく分析が行われるべきであるということを意味する。次元モデルは、最初は、基本法の比較から始める。その後、法の比較においては、単に孤立した個々の規定又は制度を比較するのではなく、個々の規定を取り巻く環境との関係をどう一般的に定式化することができるかが問題である。次元モデルは、この基本的な考えを個々に適用し、個々の規定を取り巻く環境を体系的、個別的に把握する。こうして一般的な考えは、操作可能な、合理的な形をとることができる。

個別的な分析は、次のように行われる。第一の次元は、実定法である。第二の次元は、規範と制度の体系的及び理論的関連性、特に法原則とそれぞれの法領域の諸原則との関係である。第三の次元では、具体的な法領域とその規律が、それぞれの国家秩序の基本理解に、例えば、国家理解と法の役割に対する理解にどう依存しているのかが取り上げられる。第四の次元では、法比較は、影響の最後の段階、すなわち文化的影響による法規範の特色という課題に至る。この次元の順序は、生体臨床医学という法的問題を比較法的に分析するための構成と指針として使用される。

2　生命医学の分野における比較憲法及び比較法への挑戦

人間又は人が語られる時、人はまず成人した人間、自立し、自律性及び独立性を有する人間を想定する。成人には、間もなく終わろうとしている二〇世紀におけると同様、二一世紀においても、西欧社会においては、自立性、自主性及び自己責任に対する高度の要求が課せられている。しかし、法律は、単に成人、この意味では強い人間だけに関するのではなく、人生の初期と終期においては、人間の弱さにも、傷つき易さと他人への依存性にも係わる。成人のための法が、人生の意味にかかわる問題を広く個人に委ね、個々人が自己の幸福を築くものと見做すことができ、そうしなければならないとしても、人生の始期と終期に際しては、法と国家には、全く異なったものが要求されている。それによって自己決定による自由な生存が可能になり、生物的文化的諸前提を生成することができるのであるから、生成中の弱い潜在的な生命は保護されなければならない。この任務を遂行するに際して、国家と法は、標準的な人間像を想定するという問題を避けることはできない。ここには、決定の内容を括弧に括って、それを個人の自由な決定に委ねるという命題は妥当しないのであり、むしろ価値問題を含めて、すべての人に受け入れられる枠組みを形成しなければならないのである。

3　生命医学の分野における比較憲法

人生の始期と終期の問題は、比較法、特に比較文化に、特に適したテーマである。人間は、昔から、人生の始期と終期に重要な意味を込めて強く係わってきた。個々の文化の神話、宗教及び世界観のかなりの部分が、この問題に関係しており、それは始期の神秘と終期の恐怖によって規定されている。人間が人間に、世界の生成と個人の発生の謎に対して抱くイメージ像は、文化である。個々の文化の特質は、ここに特に強く刻印されており、おそらくこれ以上のものはないであろう。現代でもこの分野は特に比較に適している。すべての国、すべての文化における問題と解答の、数百年の、数千年の在庫は、この現代的問題に直面して全く新たな段階に入るのである。科学的発見、技術への科学の応用の成功は、人生の始期と終期の過程を部分的に操作可能なものとするという、全く異なった状況をもたらした。科学は、最後のそして真の謎を解き明かしてはいないが、世界における人間の状況をこれまで経験しなかった程度に変化させた。それは、これまで知られなかった領域における操作可能性と実現可能性を開拓した。それは、すべての国と文化に、完全に新たな問題をつきつけた。古い伝統と長い間温存されてきた価値秩序は、多くの新たな問題提起に直面している。この新しい問題領域には、これまでの価値を単純に適用することはできないし、無造作に転用することもできない。長く温存されてきた伝統と価値は、今もはや間接的にではなく侵害されようとしている。多数の人が、原則にかかわる様々な挑戦に直面して、新しい価値秩序の必要性を論じている。

4　生命医学の専門的問題

比較法において、その前提作業として、専門分野を記述し、関連する専門的な問題を把握するために、法令の考えられ得るあらゆる分析と比較を行うことが、最初の最も重要な任務である。生命倫理のための憲法が発展させなければならない新しい問題とは何か。この問題を以上の背景に照らして、まず狭い意味の比較法の方法論に、分析の多くの段階又は多くの次元で私の提案した方法を適用することができるであろう。

生命の始期と終期の問題に、我々は一日中取り組むことになるだろう。私は、講演と議論を先取りするつもりはない。私は、問題を一覧表の形にまとめ、何が中心的な課題で、何が立法課題であるのかを提示する。

(1)　人生の始期

伝統的で、常に解決を迫られている問題は、生命の始期に関しては、妊娠中絶である。それを更にここで取り上げることはしない。それに代わる中心的課題は、女性の体外における卵細胞の受精が可能になったこと（試験管内受精）によるものである。それによって、これまで人間の手が加えられなかった胚を科学的・医学的に処理できるようになり、生殖医学及び胎児の扱いに広範な影響をもたらした。それ故、一九九〇年の胚保護法が、ドイツでは中心的課題である。

この法律は、望ましくないかなりの数の行為を完全な禁止という方法で規制している。その結果、新しい医学的可能性や手続に際しては、その都度常にこの法律で禁止されていないか、又は明白な禁止を更に補充することが必要であるか望ましいかが問われる。ドリー（Dolly）に対して行われたクローン技術の議論がそうである。同様のことは、今日、重大な遺伝病をできるだけ早期に診断し、遺伝細胞をとりだし、検査することが許されるかの問題でもある。

また、注意すべきことは、人工授精の技術が、受精卵の子宮粘膜への着床の前の段階における可及的初期の検査と結び付くことにより、優生学の課題が新たに浮上してきたことである。加えて、近未来には、個々人の遺伝子の知識（又は、知識が得られる可能性）から、多くの法的問題が派生してくるだろう。将来、雇用主又は保険会社が、応募者の遺伝子カルテを見てよいかどうかは、自然科学の問題ではなく、法的に設定された基準に従い、政治的に行われるべき決定である。

⑵　人生の終期

人生の終期には、二つの大きな問題領域がある。すなわち、

＊治療の見込みのない場合に、治療を断念するか、又は中断するかの問題

＊臓器移植の問題

後者の問題は、二つの理由で特に難しい。臓器移植の該当者は、その身体の死後の運命、移植の後のことについては、多くの人は、意識になく、そして合理的に語ることができないか、又は欲しない、不安定で動揺する状態にある人間だからである。加えてそれは、医学的にますます困難になりつつある死の時点の決定、すなわち、脳死か心臓死かの二者択一の決定の問題だからである。

臓器提供者の問題については、ドイツは、初期の反対の意思の証明から承認による解決へ移行した。臓器提供者としては、臓器の摘出に予め明白に同意した者だけが対象となる。従って、臓器提供の用意がある者は、同意したことがわかる証明書を携行する。当初は、これとは正反対の解決が考えられていた。それによると、特に提供者を十分確保するという観点から、反対の意思が証明書において特に表示されていない限り、原則として摘出が許されるというものであった。

二　比較法の第一の次元――実定法

1　憲法の規定

生命医学の問題に関しては（生殖医学に関しても、人間遺伝学に関しても、個々人の遺伝子データの処理に関しても）、

憲法には特別の規定はない。それ故にドイツの憲法は、抽象的規定を手掛かりにし、最高法規である基本法の規定から、従って基本法第二条二項の生命に対する権利及び基本法第一条一項の人間の尊厳の基本原理から初めなければならない。

この現代的問題に対しては、日本も同様、漠然とした手掛かりしか有しない。日本国憲法二五条には、医療扶助及び社会的安全に関する規定があるが、これも直接には生命医学のテーマに係わるものではない。

ドイツにおいては、生命医学の憲法問題を論ずるための憲法判断の基準となるのは、それが生命の発端であれ、終末であれ、一条一項の人間の尊厳と二条二項の生命に対する権利である。常に変化する新たな医療の可能性により、議論されながらも、回答が困難なのは、生命の法的及び憲法的保護の始期の問題及び同様に重要な問題、どのような基準で死期の法的評価を行うかという基本的問題である。この両テーマについては、翌日、島崎、岡田同僚による講演及び私の報告が行われる。基本法第一条一項の適用可能性という原理的な問題については、第一回のシンポジウムにおいてドライヤーが支配的見解と異なる見解を詳細に論じた。彼の鍵概念は、一方では、基本法第一条一項の過重負担の危険であり、もう一つは通俗化の危険である。ただ、ここで一つだけ付け加えておきたいのは、それぞれの法秩序により、回答は一つではないということである。ヨーロッパでは、このことは、例えば、生体臨床医学に関する人権協定にも示されている。そこではヨーロッパにおける基本的な問題についても、幾つかの点において意見の一致ではなく、相違が明らかである。

2　法令の次元

(1)　生命の始期の問題

法律の次元については、ここでは、法律の列挙という方法で論じる。それぞれの詳細については補遺を参照していただきたい。ドイツにおける生体臨床医学の法的問題のための中心となる法律は、一九九〇年の胚保護法である。この生命医学の中核的法律に対して、幾つかの新たな生殖医学の問題を規制するための、特に臓器移植の前の診断（PID, Präimplantationsdiagnostik, 正確な英語の題名は、preimplementation gentic diagnosis PGD）を規制するための改正の提案が行われている。ドイツの胚保護法が語られるとき、即座にそれは絶対的禁止であり、世界で最も厳しい法律だということが通俗的に言われるが、この言葉は、全く異なったニュアンスで語られる。一方では、特に科学者からは、法律の特異性が指摘されるとともに、この厳しさは間もなく除去されるであろうという希望をもって語られ、他方では、いかなる事情があっても守られねばならないドイツの法律の模範と見なされている。

ドイツの胚保護法の特徴及び生体臨床医学のドイツ的評価の特徴を語るためには、次の標識が特に重要である。胚保護法は、例外を認めず、絶対的な禁止を明文化しているドイツ法秩序における唯一の法律である。胚保護法は、一般的に行われている比較衡量ではなく、絶対的な禁止と絶対的保護の論理を表現している。そのためドイツの世論の大部分は、広範な禁止は、ドイツにおいては、更なる議論を拒む楯の役割を果たしている。そのためドイツの世論の大部分は、すべての必要な事柄は規定された、これ以上の議論は必要ないし、むしろ有害であるという見解である。しかし、綿密な利益衡量に基づく例外を認めない絶対的な禁止においても、もし、胚の研究により治療の機会が十分に見込まれる場合がどうなるのかは未定である。ドイツの厳格な立場は、生命医学に関するヨーロッパ評議会の人権協定第一八条一項の妥協的文言、それにはドイツは参加していないが、と対立している。この規定は「法律が、試験管による胚の研究を許容している場合には、胚に対する適切な保護を保障するものとする。」というものである。この妥協的規定は、ヨーロッパにおける法的状況の不統一を反映している。例えば、イギリス、スウェーデン、スペインには、胚の研究のための許可の構成要件が存在している。それに対して、ヨーロッパにおいて広範な合意ができたのは、人権協定の第一八条二項に規定されている研究目的のための胚の生産の禁止である（例外は、イギリスのみ）。

科学の急速な発展、例えば、クローン問題を身近な問題としたドリーであれ、遺伝細胞の診断と研究であれ、新しい発見に応じてその都度新しい問題を生じることは、驚くに足りない。新たな科学の発展は、法律が既に禁止しているものと未だ許容しているものとの間に境界をひくことを強いる。新たな技術は、胚とより高い段階の発達との境界を消滅させる。そこから、いわゆる胚の段階にある遺伝細胞の研究をめぐる論争が発生する。ヒトゲノムの解析が生物特許と結びつくことにより生じた新たな法政策的課題については、指摘するに止める。

(2)　生命の終期に関する問題

生命の終期の問題に関しては、一九九七年に公布された臓器移植法が中心となる。その他の一連の問題、特に治療の期待と治療の中断との境界の問題は、医師法、特に医師の臨終立会のための連邦医師会の綱領によって規律されている。死の基準及び近親者以外の者による生体寄贈の禁止に関してはパターナリズムにもかかわる激しいそして感情的な憲法論議が存在する。

3　日本における状況

この問題に関する研究のための大綱法については、同僚である斎藤氏が、第一回のシンポジウムで報告した。それと並んで、この法律の下部構造或いは実定法令としての一連の指針が不可欠である。

日本においては、一九五八年――有名な事件――以来角膜移植に関する法律があり、その後一九七九年の腎臓移植に関する法律が存在する。一九九七年に一般的な臓器移植法が成立するまでには、ドイツと同様の長い前史があった。誰が臓器移植の許容性を決定するのかという重要な問題において、法律は、自己決定モデルの方向に傾いている。自己決定と選択権による非常に狭い同意による解決である。加えて死の概念の問題もある。しかし、より詳細に見ると、日本では、家族モデルから完全には決別しておらず、日本の新しい法律においてもその痕跡をとどめている。第六条によれば、医師は、死者が文書で臓器摘出を承認していた場合でも、近親者に告知しなければならない。近親者が摘出を拒んだときは、医師は、死者の文書による承認がある場合でも臓器を摘出してはならない。従って、近親者は拒否権を有することになる。

しかし、ここで指摘する価値があるのは、法律施行の一年四ヵ月後である一九九九年二月に初めて移植手術が行われたが、この法律の施行でさえ世論からは怒りをもって迎えられたことである。マスメディアは、センセーショナルな報道をし、その結果新たな問題が生じた。臓器提供者の近親者が、すべてを秘密にすることを求めたのである。そこで、私的領域の保護を情報に対する公共の利益と調整するという問題が生じた。世界の多くの国々と同様日本においても、脳死判定基準に対する懸念及び時期尚早の摘出に対する懸念が存在する。臓器移植の意図でまず死を引き起こし、臓器移植を受け入れがたい状況の下で移植が行われるという懸念が広がっている。

4　国際的な規制の状況

これは重要な問題であるにもかかわらず、生命医学への新たな視野を記述する国際的な規則及び協定並びに多くの国の憲法は、詳しく扱っておらず、単に触れているにとどまる（補遺参照）。

三　比較の第二の次元——体系的な関連性

1　憲法上の体系

生命医学に関する法と憲法体系との関連性は、まず保護の側面における基本権に係わる。生命の初期の段階では、主観的権利よりも客観法的側面が優越する。これは問題の性質から見て当然である。なぜなら、生命の発端という厄介な問題は、胚の主観的権利を保護する制度によっては、全然又は不十分にしか把握できないからである。そして、人生の終期においては、自己決定又は自律的決定権に対する個人の主観的権利が留保されてはいるが、この弱者となった人間の権利を実現するためには、ここでも保護機能が活性化されねばならず、他人が憶測に基づいて本人の意思を実現するために行動しなければならない。保護義務の概念の理論的及び学説的問題は簡単に触れるにとどめる。第一回の会議において、ドライヤー、ヘルメス、斎藤及び戸波各同僚がそれについて詳細に報告した。

第二に、憲法の側面では、個々の規律の体系的枠組が問題となる。文献では生命医学のための特別憲法が、提案され、その際生命憲法の制定又は必要性が説かれている。新しく制定された憲法の規定に、あるべき発展の跡を辿ることができる。一九九七年にポルトガルの憲法に入れられた規定又はこのテーマに関するスイス憲法の規定がそうである。そのほか、生命医学に関連する憲法の規定の全体的関連性が解釈の方法や裁判官による法形成により形成されることもありうる。

2　法律における体系性

更に、憲法の次元以外にも目を向けよう。憲法的価値から派生し、導かれた体系化は、単純法律の次元においても行うことができるし、そうあらねばならない。考察は、まずこの視点から行われる。

単純法律の次元における体系化は、ドイツでは殆ど完全に欠落している。ここでは、現在単に個別的な規制が行われているにとどまる。成程胚保護法による中心的な規制はある。しかし、それは、生命医学の基本法ではないし、大綱法でもない。そうなるためには単に刑罰規定だけであるのを克服し、この法分野の原理と原則規定を実定的に規定する生殖医療をも包括する人間の遺伝子に関する法律と一般に理解される包括的なものでなければならない。ドイツにおける生命医学の法の体系性の低さは、専門的及び法的問題のための概念と上位概念が欠如していることにも示されている。外国では、生体法又は生物法が語られているが、ドイツ法では、これまでのところ単に医療法又は医師法のような名称及び部分理解しかない。新しく急速に発展している領域全体の名称はないし、体系的な思考もない。法律の次元では、まず大綱法が必要であり、有益である。胚保護法はその名称も含め、あまりにも単純であまりにも技術的に規定されている。

日本には、基本という名称の法律が有り、法律の内部に段階を設け、内容充足を通ずる基本原則による拘束という方法が行われている。

3　人間の尊厳を新たな問題に対する基準及び命令として適用する可能性

生殖医学と人間遺伝学に関する個別的な憲法の規定が欠けているため、生命医学及び人間の始期と終期に関する憲法論議のための中心となる基準は、基本法第一条一項の人間の尊厳と第二条二項の生命の権利である。それによって生ずる決定的な問題及び不可避の危険は、第一条一項の過重負担であり、同時に第二条二項にいう「何人も」の定義に無理な負担がかかる危険である。このテーマについては、第一回の会議において同僚ドライヤーが詳細かつ掘り下げて検討した。特に、支配的見解がとっている拡大解釈の方向に対する彼の警告は注目に値する。ドライヤーは、結論として、平凡化、直接的な価値介入そして原理化の危険を指摘した。ドライヤーは、人間の尊厳のインフレーション的な適用に対して説得力ある警告をした。私自身も、人間の尊厳条項が、現代及び将来の生命医学のすべての問題を引き受け、解決する能力があるとは思っていない。ここ数十年の学説及び判例による解釈作業を検討したとしても、人間の尊厳条項の将来的包摂性、全く新たな問題を把握し克服する能力は、無限に大きいものではありえない。今日、生命医学の分野において新たな基本権問題が存在するか、新たな基本権の必要性があるかどうかを熟考すると、それは十分に存在するといえるであろう。

まさにそれ故に、スイス及びポルトガルの規定のモデル及びそれ故に分野を特定した規制について検討しなければならない。危機的状況に対する回答が基本権であるとすれば、今は、人間遺伝学及び生殖医学のすべての領域にわたる個別的な原則規定を設けるときである。一方で、人間の尊厳及び出生した者の生命への権利という課題と、他方で、胚又は出生していない生命に対する国家の保護義務とが区分されるならば、必要な分離化と問題の特定化に有益であろう。勿論基本権第一条一項と第二条二項が、この議論において意味をもたないというのではない。ただ、それは、直接的な決定の基準としてではなく、侵害されてはならない価値としてのこの領域における政治的な決定に対する命令・要求ではあるが、それを直線的に指導するものではない。基本法第一条一項と第二条二項を、新しい技術の適用により起こってはならないことのために留保しておくことは、急速に変化しつつある世界において、とりわけ他国における発展によって除去されることが明白な留杭を打ち込む試みよりも、より賢明なことであろう。

4　生命憲法及び生体臨床医学のための単純法律による原則

国際的な議論においては、生体臨床医学の法又は生命学の法の核心を形成しうる一連の諸原則が形成されつつある。これらの諸原則の内容は、興味深い。もう一つの問題は、これら諸原則が、全体として又は部分的に憲法に規定され又は採用されるか、それとも生命医学の中心的な法律の基本原則となるかである。この意味における生命医学の（憲法）法には、次のものが含まれる。

＊　自律及び自己決定の原則

＊ 福祉の原則
＊ 害悪防止の原則
＊ 正義の原則
＊ 基礎的及び大綱的原則としての人間の尊厳
＊ 社会国家原則の表現としての連帯

四　比較の第三の次元――国家に対する及び国家と個人との関係に対する基本的な理解

更に第三の次元においては、人間存在の核心的現象に係わる人間の始期と終期の問題が真剣に取り上げられる。国家に対する理解、就中その基礎となっている国家と個人との関係に対する理解が、不可避的に取り上げられざるをえない。通俗的ではあるが、適切な格言「人間のために国家はあるのであり、国家のために人間があるのではない」が決定的な目標となる。

国家には、生命の初期と終期における脆さと弱さに対してどんな任務が課せられているのか。国家の保護義務とは何か。

最近数十年間に、新生自由主義理論の影響と圧力の下に行われ、自主自律要求と個人主義傾向への新たな推進力となっている一般的国家論は、今多くの人によって議論されている問題とは全く異なる。生命の初期と終期の問題は、個人がその能力を十分に発揮している個人主義の頂点にある個人の問題ではない。それは、行動及び自己実現への抑えられない要求をもっている個人の問題ではなく、個人が自己の生活を原則的に自律して引き受ける前と後の段階における、脆弱で保護を必要とする生命の問題なのである。

国家が、この状況で頼りにされ――当然のことだが、――引き受けなければならない任務は、保護の任務の始期である。まだ自己決定ができない段階にある人生の初期においては、生命の発達のための保護が問題であり、終期においては、個人がそれ以前に行った自己決定の保護と他人及び共同体の利害に基づく他律的決定による抑制からの保護が問題である。一方における保護の意図と、他方における他人の行動利益（例えば、胚の研究の問題性に当面した研究者）との利益衝突が生じ得るし、自己決定の要求とパターナリスティックな保護との間の本質的な利益衝突もある。しかし、原則としては、保護（付随する問題と共に）の論理と倫理が優越する。憲法の問題と国家の任務の問題は、自由主義（経済）のパラダイムで論議するのでは（又は殆ど）なく、文化的倫理的基盤を自覚している国家の責任という脈絡で議論されるべきである。国家の責任とそれに伴う国家の原理的な権能と義務が争われていない場合、直ちに一連の個別的問題と付随的問題が提起される。三つの中心的な課題を示しておこう。

①　人間の生命の始期の段階における保護の必要性に関して複数の見解があり、その様々な見解が一つの宗教的価値によって統合されない場合に、国家は、人間の生命を保護する任務をどう定式化したらよいのか。そのテストケースが、胚の研究であり、生命発生以前の段階における医学的診断である（臓器移植前の診断）。ここでは、胚の法的地位が問題である。

②　国家は、自己決定との境界領域における保護任務をどう定式化するのか。すなわち、保護義務の充足とパターナリズムとの間で、生命の国家による保護をどう定式化したらよいのか。この問題のテストケースは、近親者ではない生存臓器の提供者と受領者の問題である。

③　研究の自由に対しては、国家の保護任務はどのような限界に服するのか（人間の保護と研究者の自由）。

第一の、国際的にしばしば議論されている胚の地位については、もう一つの基本的問題を決定しなければならない。

考察の対象となっている二つの局面においては、保護がどの程度であるのかが問われている。生成しつつある生命は、どの程度の保護が必要なのか。死亡しつつある生命はどの程度の保護が必要なのか。上から課せられた保護は、個人及びその代理人の異なる決定に対してどこまで行われるべきなのか。この「どの程度か」は、保護措置を決めるに際しては、時間的な局面とも関係する。既に、妊娠中絶の分野で実際に議論されたように、その初期の段階においては、生命保護の必要性に関して、様々な見解が存在する。この議論は、最も初期の段階、すなわち、発達過程における単なる細胞又は細胞群の段階では、更に高まる。あらゆる文化、あらゆる法秩序において、出生した生命は、未出生の生命よりもより強く保護される。現代では、発達段階がこれに加わる。未出生の生命は、発達の長い過程の間、常に同様の方法若しくは程度で、又は異なった方法若しくは程度で保護されるべきなのか。これに対しては勿論様々な見解がある。これらの見解は、国家と国家の任務に対する異なった理解と表現することもでき、それは、ある人にとっては、生命の保護に対する絶対的な命令であり（胚の研究の禁止）、別の人にとっては、過度の保護、国家の傲慢に見えるであろうし、胚の地位に対する異なった見解の押し付けでもありうる。胚の地位を巡るこの議論においては、保護必要性に関する原則的な相違が、それぞれの国家・法秩序の間にあると推定されるべきである。

この相違は、介入の時点に関しても生じうる。想定される危険のどの時点から、国家は、法的な規制と禁止による介入を行うことができ、そうするべきなのか。その反対に、どの程度まず行動の自由（ここでは胚の研究）を承認すべきなのか、そして著しい危険と侵害が生じたときに初めて法的な規律を行うべきなのか。この分野においても、環境保護、技術的な安全保護法、食品法の多くの分野に存在する事前配慮のドイツ及びヨーロッパ文化と競争機会の文化（アメリカ）との相違が見られる。

その結果、法令を制定する時点についても差異が生まれている。ヨーロッパでは、できるだけ後見的に、科学的な方法が実践に移される前に規制が行われる傾向があるのに対して、他の国では、事後的な規制が行われる。一方では科学・技術と他方では法との間の競争は、時間的に前後して現れるのである。

まさに日本はこの点で、ドイツと異なった取り扱いがなされているように思われる。川口浩一は、フライブルクで丁度出版された日本の臓器移植に関する刑法の博士論文において、日本の著者、関西大学の山中氏が、ドイツと日本の立法段階（おそらく臓器移植に際して）を比較し、ドイツを立法上の予防社会、日本を情報統制と事後処理の社会と特徴づけたことを引用している。それゆえに、山中の見解によれば、安楽死のための立法は、日本では当面見込みがない。臓器移植の分野においても、日本の立法者は、単に、事後的な処理をしたにとどまるという。角膜移植及び腎臓移植に限定した最初の法律も、臓器移植が実務の上でルーティン化したときにやっと制定された。しかし、ドイツの医療立法がかなり遅れをとっているとの川口の指摘も正しい。山中の指摘は、個別事例を超えて興味深い。なぜなら、それは、異なった立法文化――後見的予防的立法と既に存在するものを注意深く追体験した事後的な立法――の存在を明らかにしたからである。

この区別を、川口がそうしたのだが、法文化の相違としても把握することができる。彼は有名な著者村上が同様に有名な川島を引用し、紛争は裁判によらないで解決されねばならないというテーゼを引用している。このテーゼは、よく知られている。しかし、西欧法秩序とは基本的に異なるもう一つの指摘がなされている。それは、紛争が一般的に妥当する普遍的なルールによってではなく、法典に記載されていない家父長制的又は職能的規範によって解決されねばならないというのである。

おそらく存在するであろうこのような相違を背景とすれば、推測ではあるが、国法の役割についての、一般的に適用され、それ故に平等と正義を保障された規則としての規範の役割についての、社会における様々な制御手段の一つとしての法についての、異なった概念があるのであろう。ドイツにおいて信頼され、これに代わるものはないと軽々に信じられている法理解に対して、社会の下位（又は部分）システムによる規制可能性と規制・紛争処理の潜在的能力がはるかに効果的に動員され、その際、個別的解決及び個人的接触に基づく解決が、一般的規範よりもより信頼されているというもう一つの構想が描かれている。法化の程度は、個々の法秩序及び社会秩序により一定ではない。様々な方法で行われる解決は、当然のことであるが、それぞれ利点もあるし欠点もある。

この法の役割が多元的である可能性は、比較法にとって重要な、決して過小評価されてはならない初歩的情報である。生体臨床医学の法においては、この問題提起には特別の意味がある。すべての国家及び法秩序において、国家法と職能的秩序との関係と境界画定は、重要なそして包括的課題である。それは決して二者択一として扱ってはならず、可能な様々な方法の並列的な解決でなければならないことが銘記されるべきである。国家法がすべてを自身で規制しようとするならば、過重な負担に苦しみ、存在の意味自体を危険にさらすだろう。他方において、数百年にわたる医師倫理の蓄積は重要であるが、あまりにも多くの利害や権利が係わっている問題を、職能秩序だけに委ねるわけにはいかない。従って、国の大綱法及び基準と、これに基づき、これを充足する職能的規制による一般的解決を目指すべきであろう。このような基本的なモデルにおいては、個々の国家と社会との間に存する関係の様々な相違も受容されるだろう。大綱法にはどの程度の規制がなされるべきか、国家法による規制はどの程度抑制されるべきか、職能的団体による充足にどの程度委ねられるべきかは、問題として残り、それには様々な回答が可能である。これらの基本モデルのそれぞれの変種の内には、いわば世界が存在しうる。日本とドイツ／ヨーロッパの間にもこれが当てはまるようだ。

個別の問題においても、ここに現れるであろう差異の意味を過小評価すべきではない。最後に、価値の形成と具体化をどこまで社会の下部システムに委ねるかが問題である。その際、医師界は、一般的な責任意識を有する下部システムとみなされるだろうが、それはまさに専門家のシステムでもある。そして、その視野は、通常、場合によっては不可避的に狭くならざるを得ないことも認識されている。ドイツ国家法の伝統から、国の法律は、一般的な福祉を目指すことが期待されている。この伝統及びその伝統の現象形態の多くに懐疑的であり、批判的な人も、国の法律に対する期待と要求、すなわち、法律は、その目的と内容において広い利害を考慮に入れるべきであり、いずれにせよ、直接の利害関係者による規制よりはおそらく広い利害を考慮していることを承認している。国の法律の付加価値が、まさにより広い利害考慮にあることは当然とされている。専門家が自己の基準にどれ程固執する場合でも、法律は、当事者を職業団体のみに、専門家のみに引き渡すべきではない。

五　比較の第四の次元——生命と死に対する社会文化的な態度

ここで提起される問題は文化である。それは、日本とドイツの臓器移植法の問題にみられる文化的特質とそれによる法律の被制約性が例として取り上げられる。

1　ドイツと日本における法制定の概要

立法による規制は、ドイツでは一九九七年以来存在し、それ以前には単に医師の職能法による規制と判決及び学説によって発展してきた一般的な原則しか存在しなかった。この分野における立法の歴史は、日本においては一九五八年の角膜移植法の制定に始まり、一九七九年に腎臓移植法が制定され、そして最後にドイツと同様、一九九七年に一般的な法律が制定された。

これ以前にどのような役割を職能規律が果たしたのかは分からないが、少なくともこの問題に対しては、控えめな対応がなされた。

2　両国における異なる社会的実務

日本では、一九六八年の和田教授による心臓手術に示されているように、臓器移植に対しては強い抑制と抵抗がある。

ドイツにおいても、「反対か、しからずんば承認か」による解決に対しては、感情的な議論が行われた。ラインラントプファルツ州が突出し、反対の意思を示さない限り承認とみなす解決に従ったとき、強い抵抗と反対が起き、その結果、法律は施行前に撤回されてしまった。

3　臓器移植に対する日本人とヨーロッパ人の異なる態度を解明する試み

臓器移植に対する日本人とヨーロッパ人の異なった態度を解明するためには、様々な説明が考えられる。一つの説明の試みは、宗教によって引き起こされた死に対する理解である。この説明は、文化の相違を考えると魅力的であり、引かれるものがある。他の説明としては、医師・患者関係もありうる。考えられることは、情報を与えられた患者とパターナリスティックな医師・患者関係との対立が不信を招くことである。ここでは、日本における臓器移植に対する態度に影響を与える文化的な側面を、より詳細に検討してみよう。

一つには、日本における法文化に対する基本理解が注意されるべきである。それは、公的・形式的な規範の適用を回避し、非公式に紛争を処理する傾向であり、それは、決定を専門家にゆだねる結果を招く。日本では、脳死者の臓器の移植は、生存者の臓器の移植とは対照的に、広範な拒否に直面する。このことは、一九九〇年に脳死基準が公式に承認されているにもかかわらず、これまで脳死者の心臓移植が散発的にしか行われなかったことに示されている。グローバリゼーションの時代に、一国の文化をあまりに強調しすぎることには注意が必要ではあるが、この基本的な拒否的態度は、社会の文化的な風土と密接に関連している。脳死者の臓器移植に対する日本の拒否は、宗教的、文化的伝統、少なくともそれに原因する日本の物の考え方に帰せられる。ここでは、日本人が並行して信じている多くの宗教、神道、仏教、儒教の影響が指摘される。脳死者の臓器の摘出に対する慎重さは、これら三つの宗教から生じている。

本質的な要素は、時期尚早の臓器摘出が、臓器提供者の死の原因となるという懸念である。これらの宗教のいずれも、生命を価値あるものとみなし、それ故に人間の身体の切断とあらゆる生命の短縮を拒否する。特に儒教では、身体は両親からの贈与で、神聖で不可侵である。それ故に、解剖と手術にも、不信の念が示されてきた。これと並んで、脳死者の臓器移植に対しては、生死に対する神道及び仏教の観点からの一般的な懸念が加わる。それによれば、人間は、身体と精神の統一体であり、それは生命にとって重要な臓器を摘出することにより、乱されてはならない。なぜなら、死は、生命を消滅させるのではなくて、単に別の存在形態に移行することであり、このことは死後についても妥当するからである。

更に、脳死基準は仏教にも反する。すなわち、仏教では、意識はただ一つの機関に存在するのではないからである。それゆえに、一つの機関すなわち脳の静止状態ではなく、すべての身体機能の停止のみを死とみなすことができる（心の死は、人間の死ではない）。

最後に、仏教では、他人の臓器で生き延びることは、それが他人の死が前提されている以上、非道徳的であると考えられる。このような（生き延びるための）利己主義は、すべての生物の相互依存性、それによれば、自己は単なる観念（とるに足らないもの）であり、すべての者は相互に責任を分担しているという仏教の観念に反する。

これまで詳細に述べてきた理由によって、日本における脳死者の臓器移植に対する拒否は、直接宗教的な信条に基礎づけられる。それと並んで、このような態度の原因として、文化的伝統に基づく日本の社会と心情も考慮に入れる必要がある。これによれば、脳死者の臓器移植に対する拒否の理由は、相互依存と相互尊重によって特色づけられた日本社会にある。日本的見解によれば、すべての人間は、個人としてではなく、家族又は社会の一員として生存し、死亡する。従って、日本は、臓器移植の分野においては、もともと家族モデルであり、本質的に個人が生前に行った決定にではなく、近親者の決定に依存している。今日においても、既に述べたように、現行の臓器移植法においても、家族モデルの重要な要素が見られる。人間に対する日本人の基本的な見方は、仏教における人の概念に見られる。それによれば、人は実体概念ではなく、関係概念である（人間——人と人の間）。そのような相互依存の社会においては、行動や意見は、共同体に受けいれられるときに善となり、規範からの逸脱は拒否される。それ故に、日本には、個人主義及び多元主義の余地は少ない。決定過程は、公開の討論によらないので、決定はしばしば合理的根拠に基づくものではなく、しばしば単なる先例に依存する。そこでは、個人的に関係する個人が、しばしば、決定に関与していない。このような心的傾向は神道からくる。そこでは、神々の中においても多数決が行われ、相互の調和が中心的意味をもつからである。

このような根拠から、日本における脳死者の臓器移植に対する拒否的傾向が説明されるであろう。一九六八年の失敗した心臓移植（和田事件）は、その後のマスメディアによる宣伝活動によって、脳死者の臓器移植に対する、相互依存と村八分の社会においてのみ生じ得るような不用意で、殆ど公開の討論によらない拒否をもたらした。

先例に基づく村八分による拒否は別にしても、脳死者の臓器の移植のための西欧モデルを日本に導入することは、それ故に難しいであろう。なぜなら、それは、情報を与えられた者の同意に基づくシステムであり、それは既述した日本の決定過程とは正反対だからである。

その代わり、日本には、医師と患者との間に後見的な信頼関係が伝統的にあり、そこでは医師は、患者が正確に情報を与えられていない問題についても、決定を行う。儒教によれば、日本人は、権威者を尊敬することを習性としているので、医師の膨大な知識と疑う余地のない道徳的資質には屈従するのである。日本の宗教と物の見方に対する以上の洞察から、脳死者の臓器移植の定着にはどのような障害があるかが示された。

他方、初めての心臓移植の失敗は、医学の領域におけるパターナリズムに対する激しい批判を引き起こした。それは日本における多くの患者の権利宣言に見られる。ここには、伝統的な関係に対する変化、おそらく西欧的な患者の自己決定に基づくモデルへの部分的な接近も見られる。

【追記】

様々な法源から多くの規則を引き出すことができる。それらは、国家の、職能団体の及び学会の文書などである。この多様さは、この幾つかの領域が、未だ実験段階にあることを示している。

法　律

一九九〇年一二月一三日の胚保護法（BGBl. 1. S. 2746）（改正案も含む）

一九九七年五月一一日の臓器移植法（ＴＰＧ）（BGBl. 1. S. 2631）

指針（職能法）

連邦医師会：Hyperlink; http//:www.bundesaerztekammer.de

同意に基づく生殖を行うための連邦医師会の指針（Dt. Ärzteblatt 1988, C-2230ff）インターネットでも可能

医師の臨終立合のための連邦医師会の原則（D. Ärzteblatt 1998, 95, S.C-1690f）
ドイツ学術振興会（DFG: Hyperlink:http//:www.dfg.de）
臓器移植法及び胚保護法のインターネット・アドレス：www.bmgesundheit.de

その他の法令

ポルトガル

第二六条第三項　技術の創作、開発及び使用並びに科学的実験に際しては、法律は、人間の尊厳及び人間の遺伝子の同性を保障しなければならない。

スイス

スイス憲法における広範囲の条文・その憲法には生命の秩序及び分野に関しては詳細な基本権と規律が含まれている。

（人間の尊厳）
第七条　人間の尊厳は、尊重され、保護されなければならない。

（生命及び個人的自由の権利）
第一〇条第一項　すべての人は、生命に対する権利を有する。

（人に対する生殖医療及び遺伝子技術）
第一一九条　人は生殖医療及び遺伝子技術の乱用から保護されなければならない。
2　連邦は、人間の胚及び遺伝素質の取り扱いに関する規定を制定するものとする。連邦はその際、人間の尊厳、人格及び家族の保護に配慮するものとし、特に次の原則を守るものとする。（これにドイツの胚保護法に規定されている種類の規定が続く。これらの七原則／禁止は、生体臨床医学には普遍的に適用することができる。それは、国民発案に基づいて制定された豊富な規定から成っている。）

（臓器移植医療）

第一一九ａ条　連邦は、臓器、組織及び細胞の移植の分野における規則を制定するものとする。連邦は、その際、人間の尊厳、人格及び健康に配慮するものとする。

２　連邦は、臓器の適正な配分のための基準を定めるものとする。

３　人間の臓器、組織及び細胞の寄付は、無報酬とする。人間の臓器の取引は禁止する。

（人間以外の遺伝子技術）

第一二〇条　人及びその環境は、遺伝子技術の乱用から保護されるものとする。

２　連邦は、動物、植物その他の有機体の胚及び遺伝素質の取扱いに関する規定を制定する。連邦は、その際、被造物の尊厳及び人間、動物及び環境の安全を考慮に入れ、動物及び植物の種の遺伝学的多様性を保護するものとする。

一九九七年四月四日の生体臨床医学のための欧州会議の人権条約

人間のクローンの禁止に関する付属議定書・欧州評議会協定

第一条　この人権条約の締約国は、すべての人間の尊厳と人格を保護し、並びに生物学及び医学の適用について、すべての人を差別することなくその人格の保持その他の権利及び基本的自由を保障する。

第二条　人間の利益と福祉は、社会又は科学だけの利益に優越する。

第一一条　遺伝的素質に基づいて行われるあらゆる形式による人間の差別は、禁止する。

第一二条　遺伝学的検査についての補足

第一三条　ヒトゲノム改変のための介入は、予防、診断又は治療の目的のためにのみ、かつ、それが子孫のゲノムへの何らかの改変をもたらすことを目指さない場合にのみ、行うことができる。

第Ⅱ部　原子力

Ⅱ―1　日本の原子力――政策、法、裁判――

高橋　滋

一　日本の原子力政策

1　「逆風のなかで速度を緩めながら前進する巨大帆船」

日本の原子力政策を表現するならば、「逆風のなかで速度を緩めながら前進する巨大帆船」ということになろう。まず、日本の原子力政策の姿勢は、「国民の合意を得ながら、原子力を推進する」というものである。そして、この立場はわが国の諸政党の姿勢でもある。原子力反対の有力な市民運動はあるものの、原子力政策の見直しを主張する共産党と社会民主党は、衆議院では総議席の一割に満たない(1)。

このような中で、裁判所も、原子力政策の推進にとって障害となる判断を示すことを慎重に避けてきた。世界的に注目を集めたナトリウム漏れ事故を起こした高速増殖炉「もんじゅ」に対しては、民事差止訴訟と原子炉設置許可無効確認訴訟とが提起され争われていた。そして、福井地方裁判所は、二〇〇〇年三月、民事訴訟、行政訴訟ともに原告の請求を棄却した(2)。また、現在、政府は、原子力政策における「アキレスの踵」とされてきた高レベル放射性廃棄物処分場の建設を促進する法案を、国会に提出している(3)。

このような政策は、諸外国からみると「不可思議なもの」に見えるかもしれない。一九九九年九月にはウラン加工燃料工場臨界事故が発生し、国内初の事故死亡者が出、多数の周辺住民に対して避難命令が出された。行政に対して届け出られた正式の作業手順を事業所全体の意思で簡略化し、高濃度のウラン溶液を金属バケツで溶解して、巨大なタンクに注入する等、安全を軽視した操業実態は、原子力産業全体に対する国民の信頼を揺るがすものであった。加えて、原子力を推進する事業者、行政に対する不信感を国民に与える事件は、これに限られるものではない。一九九五年の「もんじゅ」事故、一九九七年の東海再処理施設アスファルト固化施設火災爆発事故等、原子力産業では事故・不祥事が多発している。(4) このようななか、国民の原子力に対する不信は高まり、原子力発電所の新規立地は停滞している。

2　原子力の推進力

なぜ、日本政府の原子力政策は「推進」なのであろうか。その答えは、日本のエネルギー事情に対する政策決定者の次の認識にある。わが国のエネルギー供給の柱は石油等の化石燃料である。特に、石油は中東地域にその八割以上を依存し、中東戦争時に起きたような石油危機に見舞われた時には、国民生活・産業活動に対する影響は深刻になるといわれている。このような事態に対する行政・産業界の恐怖は大きい。風力・太陽熱等のいわゆる「新エネルギー」に対しても、政策担当者は研究開発費を投入する姿勢を示しているものの、安定供給の能力と供給量の見地から、近い将来に原子力等に並ぶ供給源となることについて懐疑的見解を崩していない。

さらに、原子力推進を唱える者は、地球温暖化問題を「切り札」に使うことができる。経済活動に対して足かせをはめることなしに二酸化炭素を削減する手段として、原子力発電は有効であると考えられることから、一九八八年、政府は「二〇三〇年までに原子力発電所を二〇基増設する」ことを方針として掲げた。

このようななかで出された選択肢が、「国民の理解を得ながら、推進する」との戦略である。これに対応して、

「もんじゅ」事故により安全性に対する信頼が揺らいだ再処理・高速増殖炉開発の路線については「一つの選択肢」に格下げをする、原子力の利用に関する計画策定について幅広い議論を組織する、情報の開示・提供を進める等の様々な措置がとられることとなった。特に、本年になり、原子力発電所二〇基増設という選択肢は見直され、新エネルギーの利用可能性に関する議論も本格的にされることになっている。(5)

二　日本の原子力法

1　日本の原子力法制度

わが国の原子力法制度についてであるが、日本国憲法の下、原子力基本法が制定されている。その下で、行政組織、研究開発組織に関する法律として、通商産業省設置法、科学技術庁設置法、原子力委員会及び原子力安全委員会設置法等が制定されている。また、原子力損害に関する民法の特別法である原子力損害賠償法も制定されている。そして、安全規制については、原子炉等規制法(核原料物質、核燃料物質、原子炉の規制に関する法律)が制定され、ウラン加工燃料工場臨界事故を契機として、原子力災害特別措置法が制定された。(6)災害対策法制度の未整備が問題視されてきたが、遅ればせながら隙間は埋められたことになる。

2　問題点その一 ―― 組織・体制

もっとも、わが国の法制度には改善の余地があるように思われる。三点を取り上げる。

まず、原子力行政を担う組織の問題である。わが国においては、二〇〇〇年一月に大規模な国の省庁の改変が予定されており、その結果、原子力の安全規制については、小規模の研究炉等を除き、経済産業省の外局である原子力安全・保安院が担うことになった。これにより、科学技術庁と通商産業省が分担してきた安全規制事務はかなりの程度一元化されたことになった。しかしながら、国民の一部からは、原子力の推進を任務とする経済産業省の一組織であり、頻繁な人事交流もある組織では、公正な権限行使を望むことはできず、職務権限の独立が保障されている原子力安全委員会の下に安全規制を一元化すべきであるとの意見も強い（アメリカ型の規制体制）。ちなみに、原子力安全委員会は内閣総理大臣の諮問機関であり、今回のウラン事故を契機として、事務局が科学技術庁から総理府（将来は、内閣府）に移り、事務局の人数も十数名から百名規模へと拡張されたものの、日常的な規制権限を行使するには不十分な体制である。(7)

3　問題点その二——立地点選定手続

次に、立地点選定手続の問題である。わが国においては、電源開発促進法の下で、電源開発基本計画に立地予定地域・予定施設の種類と規模が組み込まれることにより、立地点の選定手続は終了する。実際には、より早期の行政内部の手続を通じて、各種の地域振興策が立地予定地点に投入される仕組みとなっており、基本計画への組み入れは、立地点の確定と本格的な地域振興策の開始という法的意味をもつ。

問題は、地域振興策投入のための行政内部の手続（法的裏付けはない）、電源開発基本計画の決定について、十分な手続的規律が与えられていないことにある。

前段階の手続は、通産大臣の決定、エネルギー関係閣僚の決定という形で行われ、利害関係者の関与はない（もちろん、立地点の存在する市町村の長や議会、県知事の受入れ意思は表明されている）。また、電源開発基本計画の決定は、内閣総理大臣の諮問機関である電源開発審議会、省庁改革の後は経済産業大臣の諮問機関である総合エネルギー調査会が行うものであるが、手続としては県知事の意見聴取が定められているにすぎない。さらに、重大なことに、一九七〇年代から運用としては県知事の賛成意見表明がないと基本計画への組み入れは行われないこととされている（拒否権の付与）点である。このような拒否権は運用の変更により簡単に覆すことができる一方、知事の側もいつでも立地反対へと姿勢転換できることで立地決定の法的安定性を損なうものとなっている。各種エネルギー供給施設の立地点選定を国土計画策定手続のなかに正式に位置づけ、立地選定に関する明確な法的基準を付与し、関係する都道府県・市町村、利害関係人、関係行政機関の参加手続を整備し、複数の選択肢のなかで選定がされた理由を公表する等の改革が望ましい(8)。

4　問題点その三――安全審査制度

最後に、安全審査の仕組みについてである。わが国においても、原子力施設の安全審査は複数の段階に分けて実施される。そして、原子力発電所の場合、最初の、かつ、もっとも基礎的包括的な審査として位置づけられているのが、原子炉設置許可である。原子炉設置許可が与えられると、申請人は原子力発電所を操業する法的資格を付与される。そのため、申請人の計画する事業に基本的に問題はないか、施設の基本構想は安全性を維持する上で十分なものであるか等が、この許可に際して審査される。また、原子力安全委員会が行政庁とは別個に安全性の審査を行うのは、この許可に基本的に限定されている。その一方、施設の安全設備の詳細、具体的な材質の強度・設計等については、各部分の工事に際して付与される工事計画の認可と工事結果の確認である使用前検査等において審査される。これを指して、わが国では、「原子炉設置許可における審査は、基本設計に係る事項に限定される」と表現している。

そして、この点が、わが国の原子力訴訟、特に行政訴訟において、裁判所の役割を限定することになる。わが国の原子力訴訟において、行政訴訟の対象は原子炉設置許可に集中している。そこでは、過去の事故等の経験に照らして、安全性の不備を原告が主張することになるものの、多くの場合、裁判所は、争点の多くが施設の細かな安全対策や個々の材質の強度等に関するものであって、原子炉施設の基本的構想には関わらないとの立場から、主張の当否に詳細に立ち入ることなくしりぞけている。(9) その実例は、後に触れる。

三　日本の原子力訴訟

1　民事訴訟と行政訴訟との並存

二の最後の部分において、われわれは訴訟の領域に踏み込んだ。訴訟の問題について本格的に取り組む前に、まず、基礎的な事項を確認しておきたい。日本においては、第二次世界大戦後、行政裁判所が廃止され、民事訴訟も行政訴訟も司法裁判所が管轄している。

原子力訴訟の場合は、民事訴訟は、建設・運転の差止め訴訟の形をとり、行政訴訟は処分取消訴訟の形をとる。前述のように、これまでの行政訴訟の対象はすべて原子炉設置許可であり、後続の行為が争われたことはない。原子炉設置許可が最初で基礎的なものであること、原子力安全委員会の審査もこの許可についてしか原則的には行われないこと、後続の行為は極めて多数に分節されていること（工事計画の認可だけでも、二〇前後に分けられて行われる）等が、その理由であろう。

なお、原子力訴訟において、民事訴訟と行政訴訟とはそれぞれ独自の役割を有していると日本では考えられている。民事訴訟は、原告の生命・身体への侵害のおそれがあるか否かを問題とするものであり、したがって、この問題に関連するすべての事項が訴訟上の争点となりうる。他方、行政訴訟は、対象とされる行為が原告の権利を違法に侵害するか否かを問題とするものであり、当該行為に関連する事項でないと訴訟の争点とすることはできない。しかし、行政訴訟においては当該行為の適法性が訴訟物となるため、手続的違法、判断過程の違法性は直接に取消事由となる。他方、民事訴訟では、そのような瑕疵の有無については、それが原告の生命・身体のおそれにつながる重大性を有するか否かという形しか、裁判官は審理しない(10)。

2　行政訴訟

日本においても、原発の周りに住む者が原告適格を有するか否かが問題となった。そして、仮に原子力発電所の事故による影響を直接に受けるならば、周辺住民の生命・身体への侵害は免れないことを重視し、裁判所は、周辺住民の原告適格を肯定してきている。

行政訴訟について最高裁判所が確定的な結論を示したのは二例であり、伊方原発訴訟と福島第二原発訴訟である。ここで、最高裁判所は、いくつかの重要な判断を示した。まず、第一に、先に述べた命題、「原子炉設置許可においては、基本設計に係る事項しか安全審査の対象としなくてよい」との定式が確認された。第二に、最高裁判所によれば、原発許可における行政判断を裁判所が統制する際には、完全な統制ではなく「合理性の有無」の統制に限定される。この立場は、ドイツの連邦行政裁判所が不確定概念の適用の統制について用いてきた「判断余地説」に類似しているように思われる。第三に、訴訟の提起後に故障・事故の経験から新たな知見が獲得されることはある。最高裁判所は、裁判官は、行政判断の合理性を審査するときに、このような新たな知見を基礎とすることはできると判断した。経験則の適用の問題であるからというのがその理由である。しかしながら、私見によれば、裁判所の判断の背景には、①日本においては、許可後に施設の改善を命ずる行政庁の措置を義務づける訴訟は認められていないこと、②施設の必要な改善がなされない場合には周辺住民の受ける災害リスクは大きくなることを裁判所が重視していること、がある。これらのことから、この問題に対する裁判所の統制の機会を確保するために、新たな知見を踏まえた十分な安全対策が行政によって行われているか否かは、裁判所が統制するとの立場を示したものといえよう[11]。

このように、最高裁判所は、原発訴訟の法理論について、重要で尊敬に値する判断を示した。しかしながら、裁判所は、原子力政策に障害となる判断を慎重に回避しようとするため、支持しがたい論理で事件を処理することもある。具体例をあげよう。

既に述べたように、最高裁判所は、訴訟提起後に獲得された知見をも踏まえて行政判断の合理性の有無を審査できる、としている。周知のように、原発の安全対策上、知見がもっとも進展したのは、ヒューマン・エラー対策である。そして、初期の原発許可の際には、この対策に関する審査はほとんどなされておらず、スリーマイル島原発事故（アメリカ）、チェルノブイリ原発事故（旧ソ連）以降、これらの原発について対策を強化した経緯がある。当然のことであるが、原告はこの面での対策が不十分であると行政を攻撃した。これに対し、福島第二原発訴訟の高裁判決は、行政訴訟の違法性判断の基準時論に基き、この問題は処分時における行政判断の違法性に繋がるものではないとして、原告の主張を排斥した。

最高裁判所は、どのようにこの問題を処理したのであろうか。処分後に獲得された知見を裁判官は踏まえるべきであるとする最高裁判所の立場によれば、控訴審の判断は結論に影響を与える違法があり、差し戻されるべきである。しかしながら、最高裁判所は、控訴審判決を結論において正当と判断した。最高裁判所は、ヒューマン・エラー対策は基本設計に係る事項に含まれないから、行政庁が原子炉設置許可の段階においてこの問題を審査対象にしなくても違法ではない、と判断したのである。これは、国側の訴訟代理人も予想しない理由づけであった。一九八〇年代以降、国は、この問題を原発の安全性の根幹に触れるものとして総力をあげて取り組み、原発の総点検を実施してきたからである。つまり、国側も、この問題は原子力発電所の基本設計に含まれる重要問題と認識し、訴訟上の主張もこれを前提としてきた。最高裁判所が、周辺住民の主張をしりぞけた高裁判決を差し戻すことについて、（例えそれが純粋な法律上の理由に基くものであっても）慎重に回避しようとしたことが、この例から理解されるであろう。[12]

3　民事訴訟

行政訴訟と比較すると民事訴訟の数は少ない。最高裁の判断もまだ示されていない。[13] もっとも、今のところ、民事訴訟はその固有の役割を果たしてきているものと考えられる。放射性廃棄物の問題、廃炉の問題も争点となっているし、ヒューマン・エラー対策が十分か否かも、裁判所は正面から取り上げて判断している。

しかしながら、わが国の民事訴訟において、原告の主張は「多重防護」の厚い壁に阻まれている。原子力施設は、何重にもわたる安全対策が施されている。頑丈な基礎、分厚いコンクリート壁、鋼鉄製の圧力隔壁、緊急炉心冷却装置等、特定の故障のシナリオは十分に起こり得るとの心証を裁判官に与えることに原告が成功しても、それがすべての安全対策を乗り越え、外界に影響を与える事故に繋がるとのシナリオを組み立て、それを裁判官の前で描ききれない限りは、裁判官による差止め判決を獲得することは不可能である。そして、これまでの民事訴訟において、原告側はこの作業を完成させることに失敗している。[14]

4　「もんじゅ」訴訟福井地裁判決——司法への国民の期待はかなえられるか

既に述べたように、「もんじゅ」に対して周辺住民が提起した訴訟は、二〇〇〇年三月、棄却された。ここで、民事訴訟については、言及するつもりはない。この事故においても、外界への事故の影響は一切なく、多重防護は有効に機能した。

他方、行政訴訟に関する判断については、報告者は重大な疑念をもっている。訴訟において、国側の証人として出廷した原子力安全委員長（当時）は、次のような証言をしたといわれている。

事故の原因は、基本設計に係る事項ではない。温度計の設計ミスであり、ナトリウムと床との接触を防止する床ライナーの厚さは十分であったかは問題であるものの、これも原子炉設置許可で審査すべき事項ではなかった。原子炉設置許可の段階における安全審査は合理的であった。しかしながら、事故から得られた知見に照らし、原子力安全委員会は、原子炉設置許可の変更許可申請を要求するつもりである。その段階で、事故の経験を踏まえた安全対策が十分であるか否かを原子力安全委員会として十分に審査したい。

原子力安全委員会の上記の見解は、重要である。事故の原因が、真に基本設計に係る事項でないならば、変更許可は不要なはずである。そうすると、何故に、原子力安全委員会は変更許可申請を求めるのかが理解できない。行政訴訟の被告は内閣総理大臣であり、諮問委員会にすぎない原子力安全委員会は訴訟の当事者ではない。したがって、裁判所は、この判断を取り上げて検討する義務はないかもしれない。しかしながら、専門的な立場から、原子力施設の安全性を確保する立場にある原子力安全委員会の見解は、重重な資料である。判決は、この問題に触れずに、事故の知見に照らし変更が必要となった安全対策は基本設計に係る事項に含まれないとして、原告の主張をしりぞけた。この処理に対しては、国民の司法に対する信頼に応えるという観点から深い疑念が生ずる。(15)

四　結　語

日本の原子力政策とドイツの政策とは、九〇年代後半から逆の方向に進みはじめている。日本の歩みはゆっくりであるが、慣性の力が働いているため歩みを止めるエネルギーは、現在の政党分布からみる限りは存在しない。

ただし、断っておくが、法学者がこの政策選択に発言をする余地は小さい、と報告者は考えている。

しかしながら、そのような政策選択のなかで、政策決定とその見直し、政策実施の段階において、国民・利害関係者の合意を適切な形で確保し、国民の権利を十分に保障する法制度を構築することは、重要な意味をもつ。また、わが国の裁判所は、政策選択に関わる事案について、その展開を阻害する形で判断が示されることに対して慎重になる傾向がある。原子力の安全性に関する裁判の基本的潮流に対して、報告者は異論をもたない。しかしながら、いくつかの判決は、慎重さのあまり司法に対する国民の信頼に応えない過ちを犯している。これに警告を与えることは法学者の重要な使命である、と報告者は考える。

【追記】二〇〇〇年のシンポジウム開催から今日にいたるまでに、原子力法分野においては、①東京電力株式会社における検査データ不正捏造事件が二〇〇二年八月以降に発覚し、これを踏まえて原子力規制体制の改革が行われたこと、②原告側の主張を原子力施設訴訟において全面的に認容した「もんじゅ」訴訟名古屋高等裁判所金沢支部判決（二〇〇三年一月二七日判例時報一八一八号三頁）が示されたこと等、幾つかの重要な出来事が起きた。これらに関しては、必要な範囲において注のなかで触れたので、それを参照されたい。

（1）　二〇〇四年九月現在、日本共産党と社会民主党の議席は、衆議院において四七九議席中の一五議席（約三パーセント）、参議院において二四二議席中の一四議席（約六パーセント）である。報告時点より、さらに、原子力エネルギー推進に対して批判的な政党の議席は減少したことになる。

（2）　判例時報一七二七号三三頁。もっとも、住民側の控訴に対して、二〇〇三年一月二七日、名古屋高等裁判所金沢支部は、「原子炉設置許可処分の安全審査の調査及び審議の過程に、看過し難い過誤、欠落があり、同許可処分は無効である」とする判断を下した（判例時報一八一八号三頁）。しかしながら、同判決に対する評価については法律家の間においても意見が分かれており、国の上告に対する最高裁判所の判断がどのようなものとなるのかに注目が寄せられている。文献紹介を含め、参照、高橋滋「科学技術裁判における無効確認訴訟の意義」三邊＝磯部＝小早川＝高橋『原田尚彦先生古稀記念　法治国家と行政訴訟』（有斐閣、二〇〇四年）三二九頁。

（３）　この法律案は、最終的に、第一四七回国会において、「特定放射性廃棄物の最終処分に関する法律」（二〇〇〇年六月七日法律第一一七号）として可決され、成立した。

（４）　さらに、二〇〇二年八月以降、日本最大手の原子力事業者である東京電力株式会社において、一九八〇年代から一九九〇年代にかけて、General Electric International Inc.（GEII）が行った原子力発電所の点検・補修作業に関連して、ひびやその兆候で未公表とされたものがあり、また、修理記録等における虚偽の記載等の行為がされたことが発覚した。このスキャンダルは、東京電力が運転する原子力発電所の大規模な停止まで発展し、翌年夏期における電力不足が深刻に懸念される等、大きな社会問題となった。

（５）　二〇〇〇年一一月二四日に策定された原子力長期計画においては、具体的な増設目標は掲げられていないものの、「国のエネルギー供給システムを経済性、供給安定性に優れ二酸化炭素の排出量が少ないものとするという観点から、状況の変化に応じつつ、電源構成に占める原子力発電の割合を適切なレベルに維持していくことが必要である」との記述がされている。参照、原子力委員会「原子力の研究、開発及び利用に関する長期計画」（二〇〇〇年一一月二四日）第三章一－四。

（６）　ちなみに、本文に掲げた法律のうち、経済産業省設置法、科学技術庁設置法については、中央省庁等再編に伴い廃止され、それぞれ経済産業省設置法、文部科学省設置法の新たな立法が制定されている。以上の法律の正式名称及び制定年等を掲げる。原子力基本法（一九五七年一二月一九日法律第一八六号）、経済産業省設置法（一九九九年七月一六日法律第九九号）、文部科学省設置法（一九九九年七月一六日法律第九六号）、原子力委員会及び原子力安全委員会設置法（一九五五年一二月一九日法律第一八八号）、原子力損害の賠償に関する法律（一九六一年六月一七日法律第一四七号）、核原料物質、核燃料物質及び原子炉の規制に関する法律（一九五七年六月一〇日法律第一六六号）、原子

力災害対策特別措置法（一九九九年一二月一七日法律第一五六号）。
（7）　原子力安全委員会の権限は、注（4）に紹介した東京電力におけるデータ改ざん事件等を契機としてさらに強化されている（例えば、行政庁の規制体制が十分か否かをチェックする規制調査の権限等）。また、事務局の体制も、職員六七名、技術参与四一名等と、次第に強化はされている。しかしながら、アメリカの体制等と比較するならば、まだ不十分であることは否定できない。
（8）　ちなみに、特殊法人であった電源開発株式会社が民営化されたことに伴い、電源開発促進法は二〇〇三年に廃止された（平成一五年六月一八日法律第九二号）。原子力発電施設等については、原子力発電施設等立地地域の振興に関する法律（平成一二年一二月八日法律第一四八号）が制定され、そのなかに手続的規律（都道府県知事による振興計画の策定とその際の市町村長に対する意見の聴取等）は盛り込まれているが、あくまでも振興計画の策定にかかるものであって、廃止された電源開発促進法のなかに含まれていた立地点指定の手続ではない。その意味で、現行法の体系は、本稿の主張とはさらに隔たりのあるものとなった。
（9）　これらの法的問題については、関連文献等を含めて、高橋滋『先端技術の行政法理』（岩波書店、一九九八年）九五頁以下等を参照されたい。
（10）　参照、高橋・前掲注（9）一〇三頁以下。
（11）　以上につき、参照、伊方原発訴訟上告審判決＝最判一九九二年一〇月二九日民集四〇巻七号一一七四号、福島第二原発訴訟上告審判決＝最判一九九二年一〇月二九日判例時報一四四一号五〇頁。両判決については、ジュリスト一〇一七号所掲の「特集・伊方・福島第二原発訴訟最高裁判決」の座談会（阿部泰隆・淡路剛久・交告尚史・小早川光郎・高橋滋）、諸論文（佐藤英善・三辺夏雄、高橋利文）等を参照されたい。
　ちなみに、二〇〇四年六月、義務づけ訴訟の法定を含めた行政訴訟制度の大きな改革が実施された。これが、本文に述べた最高裁判所の立場にいかなる影響を与えるかについては、今後注目する必要があろう。
（12）　以上につき、参照、高橋・前掲注（9）二〇〇頁以下。

(13)　もっとも、東北電力女川原子力発電所に対する民事差止め訴訟につき、周辺住民である原告らに被害をもたらす具体的危険性があるとは認めがたいとして請求を棄却した控訴審判決（仙台高判一九九九年三月三一日判例時報一六八〇号四六頁）に対し原告らが上告した事件において、二〇〇〇年一二月一九日、最高裁は上告不受理・上告棄却の決定を下している（判例集未登載）。

(14)　以上につき、参照、高橋・前掲注（9）二〇三頁以下。

(15)　注（1）において述べたように、本文において検討した「もんじゅ」訴訟に関する福井地裁の判決（原告適格を肯定した最高裁判所による第一審差戻し判決を受けての判決）は、控訴審名古屋高裁金沢支部において取り消され、原告の請求は認容された（原子炉設置許可の無効を確認）。

その理由は、大要三点である。まず、第一点は、ナトリウム漏えい事故及びその後の実験、調査などによって判明した知見によれば、原子炉設置許可の際の安全審査において、「二次冷却材漏えい事故」の事故拡大防止策が万全であることが確認されたとはいえず、最悪の事態を想定すれば炉心溶融事故が発生するおそれがある、ということである。第二点は、同じく原子炉設置許可の際の安全審査においては、「蒸気発生器伝熱管破損事故」の安全評価に際して、高温ラプチャによる破損伝播（ナトリウム－水の反応熱により隣接伝熱管の強度が低下し、伝熱管の内圧により管が膨張・破裂する現象）の可能性を排除しているところ、その判断は誤りであって、かつ、この現象が生じた場合における影響は深刻である、と考えられることである。そして、第三は、一次冷却材流量減少時反応度抑制機能喪失事象における炉心損傷に関して、安全審査の際の想定は誤っており、かつ、この誤りは炉心崩壊事故に直結するおそれがある、という点であった。

この判決については、原子力に携わる自然科学者から「裁判所の事故想定は非現実的である」等、厳しい批判が寄せられており、法学者の間においても賛否両論、意見は分かれている。最高裁判所の判断が注目されるところである。関連文献等を含め、名古屋高裁判決については、注（2）所掲の拙稿を参照されたい。

Ⅱ―2　原子力法における基本権の制限と（政治的）リスク評価

ゲオルク・ヘルメス
清野幾久子　訳

一　はじめに

一九九八年末の総選挙によって、ドイツ連邦共和国では、原子力エネルギーの経済的利用からの撤退を政権綱領に含む二つの政党が多数派を占めることとなった。かかる原子力エネルギーからの撤退は、原子力発電所の新たな建設の禁止にとどまらず、ドイツに現存する一九箇所の原子力発電所の運転にも終止符を打とうとするものである。こうした原子力発電所に対する許可は、過去において期限を付されることなく与えられてきた。これらの原子力発電所の運転を近い将来に終結させるためには、期限を付されることなく与えられてきたこれらの運転許可に対して、事後的に法律で期限づけをしなくてはならないことになる。原子力法上の許可に対するこのような事後的な期間設定が、はたして憲法上許容されるのかどうかという問題は、ドイツ連邦共和国の法学者のあいだに激しい論争を巻き起こした。実際、この問題で見解の一致がみられるのは、期限を付されることなく与えられてきたこれらの運転許可が、いずれにせよ基本法一四条一項一文の財産権の実体的な保護領域に含まれる(1)ということだけなのである(2)。

二　原子力法上の運転許可に対する事後的な期間設定
――財産権の内容・制限規定か、収用か？

とりわけ争いのある問題は、原子力発電所の運転許可に対する事後的な期間設定が、いかなる態様の財産権への介入であるかという点である。ここで問われるのは、この期間設定が、はたして基本法一四条一項二文による財産権の内容・制限規定にあたるのか、もしくは基本法一四条三項による収用にあたるのかである。収用では、いずれにせよ当事者への補償が必然的に帰結されるから、期間設定に関連する法的根拠の決定は実務的および政治的意味あいを帯びたものとなる。それに対して、内容・制限規定によって調整義務が発生するのは、さもないと、かかる制約が比例性を欠く状態となるであろう場合に限られる。連邦憲法裁判所の判決によれば、財産権に対するこの二つの介入形態は、互いに厳密に区別されるべきであるとされる。財産権の内容規定は、たとえそれが憲法上の許容限度を越えてしまっている場合や、もしくは当事者への効果という点で収用的介入、あるいは収用類似の介入に匹敵する場合であったとしても、収用として解釈しなおすことはできないのであるという[(3)]。この連邦憲法裁判所の判決によれば、収用とは、個人の財産権に対する国家の侵害であり、その侵害は、その目的からして、基本法一四条一項一文で保障されている具体的な主観的法的地位の全部または一部の剥奪である。これに対して、財産権の内容規定とは、そのような個人の法的地位に関して、立法者が権利と義務を一般的かつ抽象的に定めることである。財産権の内容規定の目的は、法律の発効時から将来にわたり財産権の「内容」を規定する客観的・法的な諸規定の制定である[(4)]。けれどもそのような財産権の内容規定においても、すでに旧法で認められていた権利を新たな規律に適合させることや、あるいは、そうした従来存在していた権利をあらたな規律によって完全に廃止するといった可能性ですら、最初からまったくないわけではない。(5) したがって両方の侵害形態とも、当事者にとっては主観的権利の剥奪となり得るのである。しかしながら、収用の場合には、財産権秩序は全体としては維持されるのであり、具体的な主観的権利が剥奪されることによって財産権秩序が時として打破されるのは特異なケースに限られる。それに対して、財産権の内容に関する新規定との関連で、従来存続していた権利を将来にわたって剥奪することは、決して収用ではなく、常に財産権の内容・制限規定なのである。(6)

原子力法上の運転許可に対する事後的な期間設定は、エネルギー供給についての包括的な新秩序の構成要素である。連邦政府は、まず第一に、従来のエネルギー供給が国民に及ぼす安全性についてのリスクを低減させようとしている。第二に、放射性廃棄物の処理という今日まで未解決の問題を、これ以上拡大させまいとしている。そして、この新たなエネルギー政策の第三の要素は、よりリスクの少ない再生エネルギー源利用への転換を促進することである。この目的のために、原子力技術を使った諸施設の利用は、将来的には全体として財産権秩序から排除することが意図されている。(7) すでに付与されている原子力発電所の運転許可に対する事後的期間設定も、将来にむけてのかような財産権秩序の新規定の構成要素として、やはり基本法一四条一項二文の意味における財産権の内容・制限規定として分類されるべきである。(8) 事後的になされる期間設定は収用にあたる、という反対意見の主張者たちは、(9) 収用と財産権の内容規定を区別すべきであるとする連邦憲法裁判所の確定した判決を誤認しているか、(10) もしくは、立法者の目的を、現存する原子力発電所の運転に対する期限づけということだけに一方的に限定しようとしているかである。(11) そこでは、エネルギー供給についての新秩序のもつ全体的な目的が見失われているのである。

三　原子力事業者の財産権に対する国家の侵害強度

原子力発電所の運転許可に対する原子力法上の事後的な期間設定を収用として分類することは、補償問題の位置づけに加えて、さらに別の目的を充たすことになる。すなわち、かかる見解の主張者たちは、事後的な期間設定は財産権への侵害であると宣言することによって、立法者が負う理由づけ責任もまた強まると誤認しているのである[12]。そして、このような侵害強度ということを強調するために、「財産権の自由の高い価値性」を示しているとされる連邦憲法裁判所の判決が一括して援用される[13]。しかしながら、たとえ原子力法上の許可に対する事後的な期間設定が収用になりうると仮定した場合ですら、収用の適法性の要件を定めるにあたって、様々な収用における表向きの侵害強度を、ただ概括的に指摘することで十分であるのかは大いに疑わしい。基本法一四条三項三文は、収用における補償の決定にあたっては、公共の利益と当事者の利益を正当に衡量するよう求めている。したがって、基本法自体は明らかに、収用にもそれぞれさまざまな侵害強度がありうることを前提としているのである。問題となっている財産権の対象の社会的機能を検討すれば、財産権に対する侵害強度に関してより厳密な判断根拠にたどり着くのである[14]。財産権の対象の社会的機能の検討は、すでに文献の中で収用における正当な補償の定めにあたって行われているが[15]、この社会的機能の検討は、財産権の内容を定めるにあたってだけでなく、収用の定めにあたっても、立法者による評価余地の問題についてより緻密化された解答を与えると思われる。ここで考慮すべき一つの原則は、おそらく財産権の個人的な保護方向の原則である。その原則からすれば、財産権の保護水準は、財産権者がその地位をどの程度まで自己の能力によって取得したかによってもその水準が左右される、ということが帰結されるのである[16]。ドイツにおける原子力発電には、当初から高い比率で国家からの補助金がつぎ込まれていたという事実は、詳細に考察すれば、原子力事業者たちによって主張されている、原子力発電所の運転許可に対する事後的な期間設定は、財産権への強度な侵害にあたるという主張を相対化することになるであろう(17)。

四　立法者によるリスク評価に対する憲法裁判所の審査権

財産権への侵害強度を定めることは、一般的な基本権解釈上の問題の先決問題であるが、原子力発電からの撤退に関する議論がこの一般的な基本権解釈上の問題の先決問題検討のきっかけを与えた。すなわち、かかる原子力発電撤退の議論で重要となるもう一つの争点は、特にリスク評価における連邦憲法裁判所と政治的機関との間の権限分配である。この権限分配問題が以後本稿の叙述の中心となる。まず最初に、裁判上の審査権が及ばないとされる、立法者の評価余地という問題に対する従来の連邦憲法裁判所の判決の概観を説明する（1）。次いで、こうした原則が、原子力エネルギーからの撤退という具体的事例にいかに適用されることになるかを説明する（2）。その際に特別な注意を払いたい問題は、原子力法におけるリスク調査とリスク評価という類型論からして、裁判上の審査権の限界がどのように画されることになるのかという点である（3）。

1　連邦憲法裁判所の判決における立法者の判断余地

国家による基本権へのもろもろの介入について、その妥当性、必要性および比例性に関する予測をたてるにあたっての、立法者の評価余地という問題に対する連邦憲法裁判所の判決は、従来、「司法の自己抑制」という考え方で特徴づけられてきた。さまざまな予測決定にあたって適用されるべきとされる司法審査密度は、複数の要因に左右される。すなわち、「不確実な未来におけるある法律の影響に関する不確実性は、たとえ当該法律の影響が非常に大きいものであるにしても、法律を制定する立法者の権限を妨げうるものではない。また逆に、不確実性それだけでは、憲法裁判所のコントロールがおよばない立法者の予測余地を根拠づけにるには十分でない。予測は常に、証明可能でありまた証明されなければならない確率判断を含んでおり、こうした基礎が評価を免れるわけではない。具体的には、立法者の評価特権は、さまざまな種類の要因に左右されるが、とりわけ対象領域の特性や、十分に確実な判断を形成することのできる可能性および規制される法益の意義などに左右される」とされている。(18) したがって、立法者の決定余地の範囲を確定する基準を見出すために本判決を適用するさいには、基本法一四条への侵害強度の分析に加えて、そこで行われる立法者によるリスク評価に固有の性質についても、さらに厳密に分析されるべきなのである。

2　原子力法上の運転許可に事後的な期間設定をする場合の立法者の評価余地

これに対して、文献に見られる一部の見解は、原子力発電からの撤退における立法者の決定余地の限界を非常に狭い範囲においており、このことを、基本法一四条への侵害強度が高いと主張することで一方的に理由づけている。こうした見解によれば、基本法一四条で保障されている、期限を付すことなく与えられてきた原子力発電所運転許可に対する国家の介入ないしその結果として生じる原子力事業者の有する信頼保護への介入は、「客観的な」確認が、核エネルギー利用におけるリスクについての新評価を支えている場合にのみ、正当化されることになるのであり、(19) 全体的リスクについての政治的評価が「単に」変更されたことだけでは、理由づけにおいて十分ではないとされる。(20) つまり、原子力発電からの撤退というケースは、単なる政治的な新評価のケースなのであり、このことは、原子力技術の危険性に関して、なんらかの新たな知見や判断基準が存在していることを示し

ているのではなく、旧来の事実を新たに評価しなおしたにすぎないことを示している、とされるのである。(21)

こうした見解に従えば、原子力法上の運転許可の付与は、基本法二条二項に基づく国家の保護義務に違反しないとした連邦憲法裁判所の判決によって、(22)立法者の決定余地の範囲はいっそう狭められることになる。連邦憲法裁判所は、可能な限り厳しく設定された安全性基準によっても、完全には排除できないリスクを立法者があえて容認していることについて、これが生命と健康に対する権利に反しないと見なしている。(23)撤退反対論者たちによれば、連邦憲法裁判所のこうした判決から、原子力発電からの撤退については、立法者のより高次の理由づけ義務が導かれるとされ、その理由は、「立法者は、これらの憲法上の評価、およびその評価の根拠となっているリスク評価に有効に反論」しなければならないからであるとされる。(24)しかし、実際には連邦憲法裁判所は前出のいくつかの判決において、保護義務の履行にあたっての立法者の広汎な決定余地を認めているのであり、「基本法二条二項から導き出される国家の保護義務を、いかなる態様で履行するかに関して」は、「まず第一に国家機関が自己の責任で決定」しなければならない、としているのである。(25)つまり連邦憲法裁判所は、自らの審査を、国家の「明白な」義務懈怠の場合にのみ限定しているのである。(26)右に引用した連邦憲法裁判所の判決が言明している内容は、既存の保護水準が、少なくとも国家の保護義務の「明白な」懈怠ではない、という確認に限られているのである。しかもこの確認においては、かかる保護水準が、同時にまた憲法上唯一許容される保護水準であって、他の基本権の担い手を犠牲にしたうえでその水準を引上げるためには、更に追加の理由づけを必要とするような水準である、などという言明を含んではいないのである。同じく国家の行為と基本法二条二項に基づく国家の保護義務とが合致するかどうかが問題となった航空機騒音判決でも、連邦憲法裁判所は、国家の保護義務の懈怠を否定することは、既存の保護水準が十分であるかどうかに関する言明を含んでいないということを、明示的に確認している。(27)規範的に拘束力のあるリスク評価は、立法者によってほぼ必然的に行われることであり、連邦憲法裁判所の審査密度のこのような低減によって生ずるものではない。[28] 司法の自己抑制という理念は、こうした誤った推論によって著しい程度に誤認されている。

また別の見解は、必要性審査の範囲内で、原子力エネルギーに代替するエネルギーの適切性を審査するための憲法上の基準を導きだそうとしており、この基準は、「公共の福祉の利益を定義し評価する立法者の広汎な裁量に対して、同じくまた拘束性のある限界」[29]を設定しようとするものであると述べている。この見解によれば、人間の生命の保護義務（基本法二条二項）、環境保護という国家目標（基本法二〇 a条）、全経済的均衡の維持（基本法一〇九条二項）、そして最終的には社会国家原理（基本法二〇条一項）から、エネルギー供給に関する立法者の決定余地に対する司法判断可能な限界づけが導かれるはずであるとされている。[30] また、生命保護についての国家の義務は、よりリスクの少ない新しいテクノロジーの研究と開発に配慮すべき義務として具体化されるとされている。したがって、原子力エネルギーからの撤退は、「最後の手段」としてしか考慮の対象とならない。立法者が原子力エネルギーを他のエネルギー形態に転換しようとするならば、立法者は、温室効果に関するもろもろの帰結をも、「再検討」しなければならないはずであるとされる。[31] 基本法の社会国家原理からは、「個人の家庭への電力供給を、生命維持に必要かつ十分な程度において、しかも社会的に是認しうる価格で保障するという」国家の義務が導き出されるという。そしてこのことは、電力需要の低減を目指している国家の措置に、一定の限界を設けることになるとされている。全経済的均衡を考慮に入れなければならないという国家目標からは、同じくまた、電力供給を遮断することの禁止や電力値上げの禁止も導き出されるという。[32]

しかしながら、生命の保護義務および基本法上の国家目標から、立法者に対するこのような要求を導きだせるか否かは、疑わしい。すでに述べてきたように、連邦憲法裁判所は、保護義務の履行に際して、立法者に広汎な裁量の余地を認めている。基本法におけるもろもろの国家目標規定の拘束力というのも、決して強度なものではないのである。したがって、連邦憲法裁判所の判決によれば、社会国家原理はその原理の広汎性および不明確性のため、「一定の範囲で社会的給付をおこなえ」、という命令を通常導きだすことができない、単なる「立法者の形成任務」にすぎないとされている。[33] したがって、エネルギー供給に関して立法者を特定のエネルギー源に限定するまでの具体的な憲法上の命令は、国家目標規定からも国家の保護義務からも導きだすことはできないのである。[34] しかも、かかる撤退反対論者たちによって、憲法秩序から導きだせると主張されているエネルギー供給に関する右に述べられた基準は、依然として中身を補充させる必要のある概念を大量に含んでいるうえに、エネルギー供給を選択する際の中心的な衡量決定および予測決定に取って代わることもできないのである。たとえばエネルギー供給に関して「社会的に是認できる価格」とはどの程度なのか、あるいは原子力からの撤退は、再生エネルギー源の利用に立ち戻らなくては達成できないのかといった問題に対して、法的または実際的に明確な解答がえられた場合にのみ、右に述べられた基準から、エネルギー供給に関する立法者の決定余地に対する司法判断可能な限界づけが導きだされるのである。撤退反対論の主張者たちは、立法者の決定余地の範囲を狭い範囲に限ることができるようにするためもあってか、見掛け上の明白性を主張している。たとえば再生エネルギー源の利用は、「それによって電力の多大な需要を経済的に是認しうる価格で供給すべきである」とすれば、「長い目で見るとまだ不可能である」といった主張である。[35] ところが、かかる見解の主張者たちが、その主張にさいして、法的および実際的に裏付けられた学問水準からどれほど離れているかについて自問することは、決してないのである。

3　リスク調査とリスク評価についての裁判上の審査権の限界

以上述べてきたことは、立法者の評価余地を定めるための基準の問題にいきつくが、この問題は、原子力エネルギー利用からの撤退、という立法者の決断を批判する論者たちからまったく顧慮されていない。すでに述べたように、連邦憲法裁判所は、不確実な未来の経過に関する立法者の決定に対する審査密度を定めるにあたり、規制される法益の意義を考慮に入れるだけでなく、十分に確実な判決を形成する可能性をも考慮に入れている。(36)

一定の未来予測および衡量決定の類型と、そこから生じてくるそれらの類型に対応する裁判所による審査権の限界との関係は、とりわけ環境法や技術法の分野において、行政部門のリスク評価に対して行政裁判所の審査権はいかなる範囲で及ぶのかという議論の中で解明されてきた。このような類型と行政裁判所の審査権の及ぶ範囲との関連についての知見は、規範的授権理論に負うところが大きい。(37)この理論によれば、ある機関の権限の範囲の確定については、当該機関が、その組織や構成および任務遂行方法からして、ある機能を果たすのに一般的に――場合により他の機関よりも――適しているかどうかも重要となる。確かに裁判所は、不正確もしくは不充分な法的基準を、判例法によって一定の範囲内で補充することができる。しかしながら、方向づけとなる法的な基準なしに無制限に行動することは不可能なのである。そこでは、裁判所はその活動能力の限界に突きあたるのであり、その場合には法律の定める条件をこえる、外部の専門家による補充的な衡量・評価活動が広範に必要となるのである。(38)とりわけ、原子力法におけるリスク調査やリスク評価は、こうした特別な決定類型に属するものである。かかる領域では、リスク調査を行うのに、過去に発生したり現実となっているリスクの経験を援用することがほとんど不可能である。原子力法に典型的なのは、むしろ仮定的なさまざまなリスクの認識および評価である。(39)連邦憲法裁判所は、原子力法上の特定の決定のこのような類型について、次のように述べている。「立法者が、ある原始力施設の建設や運転、あるいはなんらかの技術上の方法による将来の損害発生の可能性を評価しようとする場合、立法者は過去の実際の出来事の推移の観察に基づく損害発生の相対的頻度や、同じような種類の出来事の推移の将来における同じような経過についての推論に、大きく頼らざるを得ないのである。そしてそのための十分な経験的裏づけが欠如している場合には、立法者は、シミュレーションされた経過からの推論に限定されざるを得ない。この種の経験的知識は、たとえそれが自然科学の法則という形に凝結されているとしても、人間の経験に終わりがない以上、常に近似的知識にとどまるのであり、こうした近似的知識は完全な確実性をもたらしえず、新しい経験が加わるたびに修正されなければならず、その意味では常に最新の知識水準によっては否定されることができないというだけの誤謬の可能性を含んでいる」[40]。行政部門と司法部門の管轄権の限界づけについての連邦憲法裁判所の言明が、原子力法に係わる行政部門の諸決定に関してとりわけ多く見うけられるのも、あながち偶然ではない。行政部門の決定余地を開くための最初の一歩は、連邦憲法裁判所のカルカー決定でなされた。連邦憲法裁判所は、この決定で、「基本法一九条四項［裁判上の救済手段の保障＝ヘルメスによる［　］書き］からして、技術的な規範や標準を評価するさいには、裁判官による審査義務の限界がどこにあるのかという問題や、自然科学や技術に関する認定や評価という分野で知識の欠如や不確実さがあるときに、裁判所はそこから生じる執行部門の『判断の選択の幅』の限界が守られているかどうかを検討することだけに限定されてよいのかという問題は、ここでは未解決のままで差し支えない」[41]と述べている。原子力法の領域で出された別の判決も、許可官庁の評価という点について、「裁判所は執行部門の行ったこのような認定と評価について、その適法性のみを審査すべきなのであり、執行部門の行った認定と評価に代えて自らの評価を行うべきではないのである」[42]と述べている。

単純原子力法の適用にさいしての、行政部門のリスク評価と行政裁判所との関係から得られるこうした知見は、原子力エネルギー利用のリスク評価全体についての憲法上の限界を定めるにあたっての、立法者と連邦憲法裁判所との関係に関して役立てることができる。原子力に関わる重大な損害発生や損害発生の蓋然性に関する実際に存在しているリスク調査にとって、ただちに一義的な結論を導きだせるような「客観的」な自然科学的方法は存在していないということを度外視して、リスクが「客観的に」決定可能だということを仮定するとしても[43]、憲法が法的基準を提供していない決定の要素は残る。ある社会が、一定のリスクに耐える用意があるかどうか、あるいはリスクに耐える用意をしておかなければならないのか、という問いについては、国家目標からも基本権からも答えを導くことができない。それは純粋に政治的な決定なのであり[44]、その実質的な正当性について、いかなる法的基準も存在しないのであるから、かかる政治的決定は、必然的に「恣意的である」とか「単に政治的に動機づけられている」というような見方をされることになる。けれどもこのことから、たとえかかる政治的決定によって基本権への侵害が生じるとしても、かかる政治的決定が、まさしく許されないものであるという結論を導きうるわけでもないのである。というのも、このような政治的決定を違法と見なしうるいかなる基準も、基本権から引きだすことはできないのであるから。連邦憲法裁判所は、基本権に関わるようなケースであっても、立法者に対して、経済生活に介入するにあたって適切な手段を選択するための広汎な判断余地を認めている。この判断余地が踰越されるのは、立法者が明らかに誤った評価を下した場合だけであるとされる[45]。立法者がこのように明らかに誤った評価を下さない限り、かかる立法者の決定を審査するための法的な基準を、裁判所は有していないのである。それゆえ、原子力エネルギーの利用に対するリスク決定という類型は、当然のことながらそうしたリスク決定と関連するかもしれない基本権の侵害強度とは無関係に、大巾に裁判官による評価から免れているのである。基本法二条二項の国家の保護義務から原子力エネルギーを放棄させる命令を導きだすことはできないが[46]、それとまったく同様に、基本法一四条によって保障されている原子力事業者の財産権から、現存する原子力施設を維持すべき国家の法的義務を導きだすこともまた、できないのである。

五　結　論

したがって、原子力発電からの撤退という政治的決定が、基本権の担い手の権利を強度に侵害する可能性があるとしても、このことは、原子力からの撤退という政治的決定それ自体の正当性を損うものではなく、せいぜいのところ理由づけや手続および調整に関して、一定の義務を発生させるにすぎないのである(47)。そして、政治的な決定の担い手が、学問的に主張可能なリスク評価の根拠を提示しさえすれば、この理由づけ義務は満たされるのである。原子力利用におけるリスクの程度と蓋然性に関して、「客観的な」知見を求める者はだれであれ(48)、自然科学の理解能力に関して、少なくともある種の無知を咎められざるをえないであろう。人間の知見の限界は、裁判官の決断ではなくて、政治的議論のフォーラムへと通じる道を示している。原子力エネルギーの推進者たちは現在、彼らの反対者たちが長年たどってきた、政治的議論のフォーラムへの道をたどるのである。

(1)　いずれにせよ、見解の一致は、原子力発電所の運転許可が、財産権の実質的保護領域に含まれるということにだけに限られている。大多数の場合において公的機関が参加してきた原子力発電所の事業者が、はたして基本権の担い手といえるのかどうかは、この論文では立ち入るつもりのないさらに別の議論領域である。かかる問題の詳細につき、次の諸文献を参照。*E. Denninger*, Verfassungsrechtliche Fragen des Ausstiegs aus der Nutzung der Kernenergie zur Stromerzeugung, 2000, S. 41 ff.; *B. Stüer/S. Loges*, Ausstieg aus der Atomenergie zum Nulltarif?, NVwZ 2000, 9 (10 f.); *M. Böhm*, Der Ausstieg aus der Kernenergienutzung—Rechtliche Probleme und Möglichkeiten, NuR 1999, 661 (661 f.); *K. Borgmann*, Rechtliche Möglichkeiten und Grenzen des Ausstiegs aus der Kernenergie, 1994, S. 318 ff.; *U. Di Fabio*, Der Ausstieg aus der wirtschaftlichen Nutzung der Kernenergie, 1999, S. 84 ff.; *G. Roller*, Eigentums- und entschädigungsrechtliche Fragen einer Beendigung der Kernenergienutzung, in: A. Rossnagel/ders., Die Beendigung der Kernenergienutzung durch Gesetz, 1998, S. 81 (83 ff.).

（2） *E. Denninger*, a.a.O., S. 47 ff.; *B. Stüer/S. Loges*, a.a.O., S. 12 ; *K. Eorgmann*, a.a.O., S.316 f.; *M. Schmidt-Preuss*, Atomausstieg und Eigentum, NJW 2000, 1524 (1524) ; *U. Di Fabio*, a.a.O., S. 121 ff.; *F. Ossenbühl*, Verfassungsrechtliche Aspekte eines Ausstiegs, et 1998, 758 (758).

（3） BVerfGE 52, 1 (27 f.). 以降の確立した判例。最新の判決として、BVerfGE 100, 226 (240).

（4） BVerfGE 52, 1 (27).

（5） BVerfGE 83, 201 (212).

（6） *H.-J. Koch*, Der Atomausstieg und der verfassungsrechtliche Schutz des Eigentums, NJW 2000, 1529 (1531 f.).

（7） *H.-J. Koch*, a.a.O., S. 534.

（8） 同旨、*H.-J. Koch*, a.a.O., S. 1534 f.; *E. Denninger*, a.a.O., S. 51 ff. 理由づけにおいて異なるものとして、*B. Stüer/S. Loges*, a.a.O., S. 13.

（9） *M. Schmidt-Preuss*, a.a.O., S.1525 f.; *K. Borgmann*, a.a.O., S. 394 ff.; *F. Ossenbühl*, Verfassungsrechtliche Fragen eines Ausstiegs aus der friedlichen Nutzung der Kernenergie, AöR 124 (1999), 1 (9 ff.) ; *U. Di Fabio*, a.a.O.,S. 127 ff.

（10） たとえば*F. Ossenbühl*, a.a.O., AöR 124 (1999), S. 19ff. は、上述した連邦憲法裁判所の言明、すなわち財産権に対する侵害強度は、収用と財産権の限界づけの区別に、何らの役割をも演じないということ（BVerfGE 100, 226 (240)）を無視してしまっている。「権利の全面的剝奪」をいかに分類するかという問いは、むしろ「未解決の」問いであるといえよう。連邦憲法裁判所が、かかる問いを、自ら引用した判決の意味において解決済みと見なしているということは、BVerfG, NJW 1998, 367 (368). からまったく明らかである。他の論者たちは、いずれにしても連邦憲法裁判所の判決からは決して導きだすことができない、財産権の内容・制限規定についての基準というものをもちだしている。*M. Schmidt-Preuss* がそうであって、彼は、「さらに発展し維持し続ける、しかし改変でもなければ廃止でもない機能を持つ」最適化する改良計画を財産権の内容・制限規定として理解しようとしている。*M. Schmidt-Preuss* a.a.O., NJW 2000, 1525.

(11)　*F. Ossenbühl*, a.a.O., AöR 124 (1999), S. 26; *U. Di Fabio*, a.a.O., S. 137.

(12)　この関連性を明示的に指摘するものとして，*U. Di Fabio*, a.a.O., S. 127; *F. Ossenbühl*, a.a.O., AöR 124 (1999), S. 30.

(13)　*M. Schmidt-Preuss*, a.a.O., NJW 2000, 1524 (1527).

(14)　連邦憲法裁判所は，財産権の内容・制限規定についての立法者の形成余地をより厳密に画するために，財産権の社会的機能ということを指標とする。たとえば，BVerfGE 50, 290 (340). 参照。これに関しまた，*H. Rittstieg*, in: AK-GG Bd. 1, 2. Aufl. 1989, Art. 14/15 Rn. 169. も参照。

(15)　*B.-O. Bryde*, in: v. Münch/Kunig, GG-Kommentar Bd. 1, 4. Aufl. 1992, Art. 14 Rn. 94.

(16)　とりあえず BVerfGE 58, 81 (112). を参照のこと。

(17)　同様な議論として，*E. Denninger*, a.a.O., S. 78 ff. 事後的期間設定の比例性を定めるにあたって，驚くべきことに *U. Di Fabio*, a.a.O., S. 39 ff. と *F. Ossenbühl*, a.a.O., AöR 124 (1999), S.42 f. とは，原子力経済に対してなされた国家による補助ということから，原子力事業者の信頼保護の補強論拠を導き出している。

(18)　BVerfGE 50, 290 (332) ; BVerfGE 88, 203 (262). 同一の諸要因が，保護義務の実施にあたっての立法者の形成余地の決定に際しても援用されている。

(19)　*F. Ossenbühl*, a.a.O., et 1998, S. 762 ; ders., a.a.O., AöR 124 (1999), S. 30 f.,46 ff.

(20)　*F. Ossenbühl*, a.a.O., et 1998, S. 762 ; *M. Schmidt-Preuss*, Kernenergiepolitik und Atomrecht, et 1998, 750 (755). かかる言明で明らかとなる民主主義原理と原子力事業者の信頼保護の間の衝突について，*A. Rossnagel*, Demokratische Politik und Vertrauensschutz, in: H.-J. Koch/ders. (Hrsg.), 10. Deutsches Atomrechtssymposium, 2000, S. 105 ff.

(21) *F. Ossenbühl*, a.a.O., AöR 124 (1999), S. 48.
(22) BVerfGE 53, 30 (57 ff.)-Mühlheim-Kärlich ; BVerfGE 49, 89 (127 ff.)-Kalkar.
(23) BVerfGE 49, 89 (143).
(24) *M. Schmidt-Preuss*, a.a.O., NJW 2000, S. 1528; ders., a.a.O., et 1998, S. 755. 同様なものとして、*U. Di Fabio*, a.a.O., S. 110; *K. Kruis*, Der gesetzliche Ausstieg aus der „Atomwirtschaft" und das Gemeinwohl, DVBl. 2000, 441 (443).
(25) BVerfGE 56, 54 (80)-Fluglärm mit Verweis auf BVerfGE 39, 1 (44)-Schwangerschaftsabbruch I und BVerfGE 46, 160 (164)-Schleyer.
(26) BVerfGE 56, 54 (80 f.).
(27) BVerfGE 56, 54 (80).
(28) 同旨、*H.-J. Koch*, a.a.O., NJW 2000, S. 1533.
(29) *K. Kruis*, a.a.O., S. 442.
(30) *K. Kruis*, a.a.O., S. 442 ff.; *U. Di Fabio*, a.a.O., 1998, S. 79 ff.
(31) *K. Kruis*, a.a.O., S. 444.
(32) *K. Kruis*, a.a.O., S. 444.
(33) BVerfGE 82, 60 (80).
(34) 同旨、*E. Denninger*, Befristung von Genehmigungen und das Grundrecht auf Eigentum, in: H.-J. Koch/A. Rossnagel (Hrsg.) : 10. Deutsches Atomrechtssymposium, 2000, S. 167 (170 f.).
(35) *K. Kruis*, a.a.O., S. 443.
(36) BVerfGE 50, 290 (332).
(37) かかる概念、および行政部門の諸決定に対して行政裁判所の審査密度が後退していることを示す一連の事例の詳細につき、*E. Schmidt-Assmann*, in: Maunz-Dürig-Herzog, GG-Kommentar, Bd. II, Art. 19 Rn. 185 ff.

(38) *R. Wahl*, Risikobewertung der Exekutive und richterliche Kontrolldichte—Auswirkungen auf das Verwaltungs- und das gerichtliche Verfahren, NVwZ 1991, 409 (411).

(39) *R. Wahl*, a.a.O., S. 410.

(40) BVerfGE 49, 89 (142 f.)-Kalkar.

(41) BVerfGE 49, 89 (136)-Kalkar.

(42) BVerfGE 61, 82 (115)-Sasbach.　確認しつつ、規範授権理論にあきらかな共感を示すものとして、BVerwGE 72, 300 (316 f.)-Wyhl.

(43) この点に関し、*H.-J. Koch/A. Rossnagel*; Neue Energiepolitik und Ausstieg aus der Kernenergie, NVwZ 2000, 1 (2 f.).

(44) そして、連邦憲法裁判所もまた、可能な基本権上の基準に言及しないで「ドイツ連邦共和国の高権領域における核エネルギーの平和利用が法的に許されるか否かに関する規範的原則決定は、国民とりわけ国民の自由および平等領域並びに国民の一般的生活関係への広汎な影響のために、また必然的にこれらに密接に結びつく規制態様および強度のために、法律の留保の意味における、基本的かつ本質的な決定である。この規範的原則決定を行うべき者は、立法者のみである」と述べている (BVerfGE 49, 89 (127)- Kalkar, 同旨 BVerfGE 53, 30 (56 f.)).

(45) BVerfGE 30, 292 (317)- Mineralölbevorratung.

(46) BVerfGE 49, 89 (140 f.)-Kalkar; BVerfGE 53, 30 (57)-Mühlheim-Kärlich.

(47) *A. Rossnagel*, Zulässigkeit eines Kernenergieausstiegsgesetzes, et 1998, 764 (766).

(48) たとえば次を参照。*F. Ossenbühl*, a.a.O., et 1998, S. 762; ders., a.a.O., AöR 124 (1999), S. 30 f., 46 ff.

Ⅱ－3　原子力廃止の法的問題

ルドルフ・シュタインベルク
門田　孝　訳

まず最初に、少し以前に連邦政府とエネルギー供給企業との間で結ばれた「核エネルギー使用の計画的終結に関する協定」に言及することが許されよう。この協定により、補償を要しない廃止という構想が合意をみたとされるが、そこでまず問題になっているのは、政府とエネルギー業者との間の「紳士協定」(gentlemen's agreement) 以外の何物でもないのである。

エネルギー業者との間で今まさに到達した合意に基づき、核エネルギーの商業的利用を廃止していこうとする、赤緑連合政権のこうした決定の背後には、今世紀前半とはうって変わった、この巨大テクノロジーに対する評価が存している。一九五〇年代末にあってもなお、ドイツ社会民主党のゴーデスベルク綱領の前文には以下のような記述がみられる。

「人類が原子の力を解き放ちながら、今やその結果に怯えること、そして人類が、この高度に発達した途方もない資源から生産力を集めながら、その共同成果の正当な配分を皆に与えないことは、われわれの時代における矛盾である。……しかし、人類がその日々成長していく力を、この自然力に平和目的にのみ用いた場合、原子力時代の人類がその生活を容易なものとし、不安から解放され、全ての者にとっての富を生み出し得るということは、われわれの時代における希望でもある。」

核エネルギーの、言うところの無限の可能性に対するこのような確信（Fixierung）は、一九五〇年代における社会団体全てに見出せるものである。当時核エネルギーは不可欠のものと考えられ、原子力法には法的に特別な地位が付与された。ちなみに同様のことは、欧州原子力共同体の規定にもみられ、それは欧州共同体に核分裂可能な物質の所有権を委譲したのである。総じて当時の法的状況は、極めて原子力に好意的（atom freundlich）であった。

原子力に好意的な法的状況がもたらしたものは、とりわけ核エネルギーの分野における、国家と財界との緊密な制度的結びつきであった。ここでは典型的な例として、ドイツ原子力フォーラム及びドイツ原子力委員会を挙げよう。というのも、原子力計画の策定と推進に関する本質的決定は、これらの審査委員会によって行われたのであり、ドイツ連邦議会で討議されたことは一度もなかったのである。その意味で、この時代の原子力テクノロジー分野における財界の「自己統治」（Eigenregie）又は「自己統制」（Selbststeuerung）を語り得る。

原子力テクノロジーの分野における国家と業界との制度的結びつきは、さらに核エネルギー開発のためにあてられた、並はずれて多額の連邦補助金からも、いっそう明らかである。一九五六年から一九七五年の間に、一七〇億マルク以上が、公的連邦資金からこの分野に流れ込んだのである。カルカー（Kalkar）の「シュネレン・ブリューターズ」（Schnellen Brüters）計画だけでも、四〇億マルク——総建築費では六〇億マルク——が連邦補助金から支出された。さらに直接の補助金に加え、エネルギー業界への租税延期措置、および核施設操業者への保証軽減措置がとられた。

一九七〇年代になって原子力エネルギーの使用に対する社会の見方に、根本的な変化が生じた。七〇年代はじめからは、核施設の許可を付与する際に、きまって激しい法的および政治的論争が行われた。増加しつつあった、原子力に対する批判的見解は、ゴーレーベン（Gorleben）、ヴァッカースドルフ（Wackersdorf）およびその他の場所で、泊まり込みと座り込み封鎖によって、巨大原子力施設の建設を妨げようとした例に最も明確に示されている。

エネルギー産業としての原子力利用をめぐって湧き起こった社会的論争は、その後、最上級審を含めた様々な裁判所による決着をみることとなった。連邦憲法裁判所も含む多くの裁判所が、個々の巨大核施設の建設に関して判断を行なった。

その際、多くの人の意識、及び政治論争の中心に位置するようになってきたのは、個々の施設に対する許可手続だけでなく、核廃棄物処理の問題（Entsorgungsfrage）であった。この問題は例えば、一九七九年五月一六日の、当時ニーダーザクセン州首相であったアルプレヒト（Albrecht）政権の声明においても中心に据えられ、その声明により、いわゆる「ゴーレーベンの統一的廃棄物処理構想」（integrierte Entsorgungskonzept gorleben）が挫折をみた。原子力最終貯蔵所建設のさらなる――例えばフランケン地方のヴァッカーズドルフ（Wackersdorf）における――試みは、今日よく知られているように、同じく失敗に終わった。最後に、原子力エネルギーの使用に対する、社会の側での政治的抵抗は、核輸送にまで広がりをみせ、その際の執拗な抗議活動は、ついに多くの欠陥を暴露するに至った。既に言及したカルカーの「シュネレン・ブリユーターズ」計画も、関係市民の抵抗により最終的に阻止された。

しかし、原子力廃止に向けて――そしてその背後にある社会の見方の変化にとって――決定的要因となったのは、とりわけ、一九七九年のハリスブルク（Harrisburg）、および一九八六年のチェルノブイリ（Tschernobyl）の原子力発電所における深刻な事故であった。その際、出来事を予見できず、放射線を見ることもできず、したがって事実上、保護措置をとることができないことが、核エネルギーへの不安を増大させる要因となった。ハリスブルク及びチェルノブイリでの出来事は、また、官庁あるいは操業者サイドで追求されてきた安全観の限界をも明らかにした。すなわち、それによって確かに定まった出来事、つまり故障（Störfälle）に対して施設を対処させ得るが、しかしそれは、施設が対処していない予見された出来事、つまり事故（Unfälle）の発生を防ぐことはできないというものである。

事故に際して保護措置をとることが事実上不可能であることが、そして、そのことに関連した国民の間の不安が原因となって、一九七八年、当初は地域レベルで活動していた緑の党が台頭することになる。このことは、既存の政治勢力に様々な対処を強いることとなった。したがって、SPDが一九八六年に決議を行い、二年後に最初の原子炉の操業停止を行い、一〇年後にはすべての施設を停止する（vom Netz sein）としたのも、驚くにあたらない。CDUも一九九四年に、エネルギー産業としての核エネルギーの利用を、暫定的措置だと述べた。

SPDの決議変更により、SPD主導政権を擁する諸ラントでは、いわゆる「廃止に向けた法執行」（ausstiegs Orientierten Gesetzsvollzug）が頻繁に行なわれることとなった。それは確かに、原子力法による原子力発電所の操業許可を取消すまでには至らなかった。しかし、それにより、原子力施設の安全性は目にみえて改善された。とりわけ、施設内の非常時における保護（anlageninterner Notfallschutz）の構想が、このようなかたちで改善された。

一九八六年のチェルノブイリでの惨事、並びにそれが当時の連邦共和国に及ぼした影響により、ついに連邦レベルで環境省（Umweltministerium）が設置された。一九九二年の、原子力法に対する、いわゆる「テェプファー改正法案」（Töpfer-Novelle）は、一九八〇年代における展開をもう一度総括しようとした。もっとも、この法案の意図していた法改正は、決して発効することはなかった。しかしながら、新たな放射線保護法（Strahlenschutz-verordnung）が発せられ、その規定により、施設の周囲壁において放射線の限界値を超えてはならないこととなった。

このような動きを背景に、原子力廃止法の合法性をめぐる議論が展開されている。その際、まちがいなく重要な憲法上の問題は、このような法律が、基本法一四条にいう所有権の内容及び制限に関する規定、あるいは適法な公用収用と評価しうるか否かである。幾人かの指摘するように、エネルギー供給業者との協定を立法化するための原子力廃止法の中に、所有権の内容と制限に関する新しい規定を見いだした場合、かかる規定には単に比例性の原則がふさわしいということになってしまう。そこからは、確かに補償義務が生じ得る。しかしそれは、必ずしも金銭で算定されなければならないものでもない。したがって、重要な憲法上の問題は、具体的には、比例性の観点――それは経過期間により十分満たされ得る――にかかわるものである。

連邦憲法裁判所によるナスアウスキーズング判決（Naßauskiesungsentscheidung）（BVerfGE 58, 300 ff）での諸原則は、原子力廃止法に容易に適用できる。それによれば、立法府は所有権概念から一定の利用可能性（Nutzungsmöglichkeit）というもの――今の議論では核施設のエネルギー産業的利用――を引出すことにより、所有権の新しい定義を行なうことができる。しかし、所有権のこのような新しい定義は、それが、ある法領域における新しい法規定の枠内に事実上の根拠を見出す限り、公用収用を導き出すものではない。

原子力廃止法に適法な公用収用を認めようとしても、せいぜい当該法律の無効という結果を生じるくらいであり、メディアを通じて頻繁に伝えられるように、決して原子力発電所操業に対する損失補償は認められないであろう。

個別的には、施設操業者の所有権と現存利益（Bestandschutzinteresse）を考慮することが必要になる。もっとも、その場合、評価を行なう権限は立法府にあるのであり、かかる権限は、連邦憲法裁判所がカルカーⅠ判決以来原子力の分野で認めていて、争いのないところである。それに伴って、この分野では、所有権の内容と制限の確定にも、立法府の権限が──原子力発電所の所有権に結びついた利用権が、直接公共の利益に関わるものであるだけに、いっそうのこと──及ぶことになる。

これに基づき、立法府はまた、一九五〇年代に行なわれたリスク評価とは異なる判断を、容易に下すことができる。当時、社会的に適切とみなされたリスクが、今日も同じものとして評価される必然性はない。連邦憲法裁判所もまた、その判決の中で、立法府によるリスク評価が、とりわけ、社会的に受容できると評価されたものに従うことを認めた。しかし、核エネルギーは、最近ますます社会的に受け入れられなくなってきている。したがって、エネルギー産業としての核エネルギーの利用を元にした、立法府による新たなリスク評価は、こうしたリスクに対する社会の認識と評価を背景にした場合、異を唱えることはできない。二五〜三五年という残りの所要期間もまた、適切なものと思われる。

換言するなら、憲法は核エネルギーの廃止を、「政治の優位」(Primat der Politik) の表明として、全面的に容認しているのである。しかしながら、憲法による核廃止の容認が、必ずしも、核技術のさらなる研究を禁止するものでないのはもちろんである。その限りでは──例えば核融合エネルギーの分野における、将来の技術進歩の評価ひとつだけからしても──今後いっそう、社会における活発な議論が必要である。

第Ⅲ部　環境保全・廃棄物

Ⅲ－1　環境法におけるいわゆる「協働原則」（Kooperationsprinzip）について
――その法原則としての適格性に関する疑問――

ディートリッヒ・ムルスヴィーク
神橋一彦　訳

一

国家の決定主体と社会各界との間で行われるいわゆる公私協働（Kooperation）は、環境保護の実務において大きな役割を果たしている。現にドイツの環境法には、そのような両者の協働について定めた数多くの規定が存在するし、たとえ法律上の根拠がないにしても、そのような協働が実際上かなり広い範囲で行われていることもまた事実である。しかしながら何故にそのような公私協働が行われるのかについては、十分な、そして当然のことながらさまざまな理由がある。どのような理由があるか挙げてみると、例えば、まず国家は、企業の有する施設についてその環境影響評価について審査する際に、その企業の技術的な専門知識に依拠している。また国家は、多くの場合、私企業の側からの提供をうけてはじめて利用可能になる情報を基礎にしてのみ決定を行うことができるということがある。さらに国家はしばしば、環境に関連する決定の生態学的および経済的な効果について、企業や企業団体の協力なしには適切に判断を下すことができないこともある。あるいは一方で環境保護という国家目標の達成を可能ならしめ、他方において必要以上に経済界に負担をかけないような形で解決するにはどのようにしたらよいか、という問題の解決には、関係する民間経済界の協力が必要である。また環境保護に関する種々の目標のうち多くは、企業の団体が任意の形で目標の達成を引き受けないとすれば、国家が規制を行わなければ達成できないものである。のみならずこのように環境保護という任務を民間にも委ねることによって、国家の負担を軽減することが可能となるし、また同時に、環境保護の経済的な効率を高めることができ、さらに可能な場合、生態学的な効率をも高めることができるのである。あるいは、企業が環境法上の規定を遵守しているかどうかについて、国家は、たとえおおよそであるにせよ完全に企業をコントロールするだけの十分な監視能力を有しているわけではないから、国家は企業の方から「自発的に」環境法に従うことに頼らざるをえない。加えて、国家がさまざまな環境保護上の理由から企業に対して行う諸要求を一方的に公権力を背景に規定するのではなく、関係する企業をしてこのような要求の具体化に参加させるならば、――しばしば論じられているように――企業がそういった諸要求を現に遂行する蓋然性は、さらに大きくなる。そしてまた、自らそのような要求の具体化に参加し、もってその要求の正当性について納得をした者であるならば、――そういった議論の主張によれば――自分には押しつけられた要求だとしてその遵守に反抗的態度をとる者とは違って、自らの認識をもって正しく行動するであろうというわけである。

以上のように、環境法の領域において事実として様々な方法で行われている国家の決定主体と社会各界との間の協働を支持する理由を縷々列挙することができるが、もうこれ以上列挙することは――たとえこれ以上列挙すべきものがあるとしても――この辺で打ち切ることにしよう。というのもそもそも、〈このようにさまざまな形で実際に行われている公私協働の方法の背景には、「協働原則」を環境政策の指導原則として支持することを可能ならしめる共通の指導理念というものを認めることができるのだろうか〉という問題があるからである。(1)

二

確かに協働原則が環境政策における一つの原則であることは、ほとんど見解の争いなく認められているところである。にもかかわらず右に提起した問題は、従来から顕著な形ではほとんど指摘もされてこず、議論もされてこなかった。それどころか環境法に関する学説・文献は、ドイツの環境法は、環境政策に関する三つの諸原則(いわゆる „Prinzipentrias") によって特徴づけられていて、配慮原則および原因者負担原則と並んで、この協働原則もその一つである、ということを寧ろ議論の出発点としてきたのである。このような見方は、この三つの原則を強調した一九七六年の連邦政府環境報告に遡るものであるが、それ以来、協働原則は環境政策の指導原理の一つとして考えられてきたのである。そして誰も、いわゆる協働原則なるものがそもそも規範的な原則といえるだけの構造をもっているのかどうか、という問題の検討におもいが至らなかったのである。このように協働原則には従来から理論的基礎づけが欠けている面があったのであるが、しかしながらその点は、協働原則というものは一つの**政治的**な原則に過ぎないのだという点で一致していた時点までであれば、比較的実益のない議論であったであろう。というのもそこでは、規範的な原則と事実の記述、さらには政治的な標語の間との区別はたいして重要な問題ではないといえるからである。ところが今や、連邦憲法裁判所は、多くの注目を引いた二つの判決において、協働原則を廃棄物法における法原則として位置づけているし[2]、それを受けて学説の方では、協働原則を環境法における一般原則へと既に格上げしているのが現状である[3]。それゆえに、いわゆる協働原則の構造とはいかなるものかという問題は、もはや未解決のままにしておくわけにはいかないのである。そこで私は本報告において、いわば従来の見解に抗する形で、いわゆる協働原則なるものは、環境保護の原則ではない ― そしてそれは、法原則でもなければ政治的原則でもない――ということを示そうとおもう。

三

通常、公私協働の概念は大変広く解されている。すなわちそこでは、この概念の下に、国家と社会との間に行われるあらゆる協力が指し示されているといってよいだろう。そうなってくると、環境保護に関係する公私協働といえば、国家の決定主体と社会各界との間において環境保護に関してなされる全ての協力が含まれることになる。

環境保護における実際の公私協働は、とりわけ次のような形で行われている。

・法の定立（すなわち法律や命令の制定）に際して、聴聞の形式により社会的諸集団ないし諸団体が協力すること。

・専門家委員会による政府への助言。

・法規命令の制定の必要を回避するため、国家と産業団体との間で行われる「自由意思に基づく協定」（インフォーマルな協定）（いわゆる「規範に代替する協定」„normersetzende Absprechen")の締結。

・国家が環境保護目標を設定するものの、その達成については、経済界の自己責任に委ねるという手法。

・関係者の行政手続への参加。

・直接には利害関係者にあたらない者の行政手続への協力（例えば、公衆の参加、環境団体の関与）。

・許認可手続に入る以前の段階において、申請者と官庁との間で行われるインフォーマルな「事前折衝」。

・環境法の諸規定を執行するためのインフォーマルな協定。

・環境保護の諸任務の実施を私人に委ねること。それには例えば、企業における環境保護監査役の制度が挙げられる。

・その他に、環境情報へのアクセスや環境意識を高めるために国家が市民に対して行う啓蒙活動もまた、協働のための手段として考えられており、例えば環境税のような「柔軟な経済的手段」も同様である。

しかしこれは、多分に問題を含むものである。すなわち公私協働なる概念は、「協力」(Zusammenwirken) という要素を除いてしまえば、いよいよ際限のないものになってしまうだろう。すなわち、国家が市民に対して環境意識に即した行為を行うよう促進することを試み、そのような国家側の試みや要求に応ずることを市民の側に委ねた場合がこれにあたる。もし市民が国家のそういった試みに従う場合、それを国家と市民との間の協力 (Zusammenwirken) であるというのであれば、協働と呼べないものはほとんどないであろう。極端な話、例えば性的関係をもつ場合、市民が —— 国家の宣伝に応じて(4) —— コンドームを使ってことを行えば、それはそれで国家との協働を行ったということになるだろう。ことほどさように概念というものは、物事と物事との区別を目的とするものであるであるが、もし概念が全てのものを含むとなれば、もはや概念はなにも区別することができなくなるのである。

たとえ協働の概念を、一定の任務、ないし一定の目的を実現することへの実際の協力というものに絞ることによって、これを狭く解するとしても、環境保護において実際に行われる、極めて多くの、そして極めて種々雑多な協働の形態が、そこになお区別されることなく残ることになるであろう。

四

またそれに、実際に行われている協働にはこれこれこれだけのものがあります、という形でいくらそれを列挙してみたところで、それだけで協働原則なる**原則**を根拠づけることができるわけでもない。というのも、あるものが一つの原則（Prinzip）であるというには、このような種々の事象の形態について共通して存在する一つの指導理念があることが必要であって、そうでなければ、そもそも原則とはいえないのである。もっともこのような理念は、公私協働という目的の中に表現されうるかもしれない。従ってもし協働原則というものが、国家は社会の諸勢力と協働すべきである、ということをいうのであれば、この原則の指導理念は、「何故に協働がなされるべきなのか？」「協働の目的は一体何か？」という問いに対する答えでなければならないはずである。

その点に関し、学説文献においては、協働の目的として次のようなものが挙げられている。

①民間の有する専門知識を国家による決定に取り入れること。しかしながら、このこと自体が自己目的なわけではない。すなわち何故に民間の有する専門知識が取り入れられるべきなのか、ということが問われなければならない。そしてそれは、そうすることによって国家の決定がより良くなるからだというのは明らかである。それ故に、より上位の目的は環境保護の最適化（ないしは実効化）ということになろう。

②自然科学的および技術的状況、関連する法益、ないし関連する利益との関係で、行政庁や立法者の決定の基礎となる情報を改善すること。この目的もまた、それ自体自己目的なのではなく、上位の目的との関係でのみ理解できるものである。ここでも同様に上位の目的とは、環境保護の最適化（ないしは実効化）ということになるが、ただそれにとどまらず、各々それぞれの観点からの決定を最適化するということになるであろう。とりわけ問題

となるのは、決定にあたって全ての当事者の権利を守るために必要とされる情報を如何に入手するかであって、ひょっとしたら何よりまずそのことが問題となるのかもしれない。
③コンセンサスによって執行活動を容易にし、かつ環境保護を改善すること。ここでもまた、環境保護の最適化(ないし実効化)が問題となる。

しかしながら、コンセンサスによって環境保護を実効的ならしめることをもって、一般的に協働原則を基礎づけることは適当ではない。というのも、公私協働を行うことすなわち常にコンセンサスを導くとは限らないからである。真正の意味での公私共同の決定の場合――すなわち契約の場合であるとか、インフォーマルな協定の場合であるが――においてのみ、常にコンセンサスが存するといえる。ところが他のタイプの協働の場合――例えば、手続参加であるとか単なる聴聞の場合――コンセンサスを語ったとしてもそれは、単にコンセンサスというレトリックに堕するだけであろう。すなわちそこでは関係者を欺いて、単になあなあのうちに法律に従うよう説き伏せることを試みるのである。そして法律ないし行政行為は、命令としてではなくて、協働の所産として表現される。すなわち「汝は自ら与ったのであるから、いまやこれに従うべし」というわけである。コンセンサスによる正当化を得ようとするこのような国家の試みは、非生産的なものとなりうる。というのも確かに専制者が権力でもって求めた権威ではなく、民主的に正当化された権威であるにせよ、永続的に取り去られることのない単なる見かけの正当性を維持するために、国家は自らの権威を犠牲にすることになるからである。

公私協働が事実上コンセンサスをもたらす場合でも、このことから必然的に執行を容易にするとか、その他環境保護を実効あらしめることをもたらすわけではない。多くの場合、確かにそういうことになるだろう。しかしながらしばしば逆の結論になることもある。すなわち執行が、コンセンサスへの努力を行ったことによって――さらにはそもそも公私の協働によって――寧ろ相当程度困難となったり、あるいは引き延ばされたりすることだってありうるのである。[5] また「自由意思による協定」は結局遵守されず、国家が結局――何年にもわたって遷延したあげく――法規命令の制定という手段を発動してコンセンサスなしに環境保護を遂行しなければならなくなった、という例だって挙げることができるのである。[6]

いずれにしても多くの場合、公私協働というものは、市民、とりわけ経済界が環境保護立法を遵守し、国家の環境保護目標に沿った行動を行う態勢を高めるものなのだ、という前提から出発したとしても、公私協働とこのような期待される結果との関係は、なにも環境保護固有の特殊事情を示すものではない。むしろこれは、国家は市民が「自発的な形で」法律に従うことに依拠している――それも、「自発的な形で」というのは、法律上の命令や禁止が常に強制的な方法で貫徹されなければならないということではない、という意味においてであるが――、という一般的な経験に沿うものであろう。ところが市民が法律に従った行動をする態勢にあるといっても、その要因は一様ではない。すなわちそのような要因には多くのものがありうるのであって、広義において、あるいは狭義において「公私協働」というテーマに属するいくつかの要因が挙げられるのである。例えば、法律が要求していることについて、それがどんな内容で、どんな目的のために要求されているのかについての十分な情報が存在することであるとか、法律が規律していることの合理性について理解されているかどうか、あるいは国家によって自己の需要や利益が真摯に受け止められ、尊重されているかどうかについてどのように感じられるか、といったことが挙げられるのである。そして公私協働のさまざまな形式によって、法律に服する態勢や、国家の政策目標に自己の行態を適合させる態勢というものが高められることになるのである。しかしこういったことは、全く国政全般についていえることであって、ここになにがしか環境保護固有の特殊事情というものを認めることはできない。

④以上のことは、同じように協働原則の目的とされている、手続による正当化ないし受容をもたらす観点につ

いてもいえるのである。

⑤生態学的見地と経済学的な見地との間の事理に適った考量ということが挙げられることがある。これも私のみるところ特別な観点であるとはおもわれない。むしろこの目的は、最初に挙げた二つの目的（すなわち鑑定の導入と情報ベースの改善）と既に重複するものである。公私の共同決定は、私のみるところ、この目的の実現のために必ずしも必要なものではない。逆にそういった公私共同の決定は、全ての関係する要因を中立的に考量するのを妨げることすらありうるのである。こうした共同決定は、むしろ、全ての関与する利益が均衡をもって代表され、環境保護の利益はとりわけ決定を行う行政庁のみならず環境団体によっても主張される、そのような相互協力の形式でもって促進されることになろう。しかしながら、それ以外の点では、これらのことは環境に固有のことではない。すなわち、国家が何らかの決定をするにあたって、全ての関係する視点を適切に考慮し、かつ紛争にあたってはその限りでできるだけ丁寧な考量がなされるということは、環境固有にとどまらず一般にいえることであろう。

⑥同様のことがらは、協働の目的として最後に言及されるべき目的、すなわち個人の自由と社会の要請との間の考量を可能ならしめるという目的についても当てはまる。

以上述べてきたことの結果として、次のようにいうことができよう。すなわち、以上挙げた協働原則の目的として以上挙げたもののなかで、唯一、指導理念として、環境保護の原則たる協働原則を担うことのできる環境固有の目的といえるものが残るとすれば、それはすなわち環境保護の実効化（ないし最適化）ということであり、当然それは、環境保護という目的に対して体系上下位に属する以上述べたような下位目的に資するものである。従って環境保護の原則として、協働原則それ自体が自己目的ではないのである。また公私協働というのは他の目的のためになされることもあるわけだから、そういった場合には環境保護の原則の下位原則ということにはならないだろうし、ましてや協働ということが環境保護と相容れないことすらあるのだから、そういった場合は何をかいわんやである。従って、ここで問われるべき問題はこうである。すなわち〈最適化という目的ないし実効化という目的は、果たして環境保護の一般原則としての協働原則にとって指導理念としての働きをするのか〉ということである。

五

まずこの問題に答えるにあたって明確にしなければならないことは、そもそも原則（Prinzip）という語の下に何を理解するかである。政治原則も法原則もともに規範的な原則である。これらはともに、当該原則の名宛人において何らかの行態をなすべし、という当為命題として定式化される。すなわち原則というものは、単に一定の主体が事実としてこれこれの行態を行うのがつねであるということを記述するにとどまるものではない。また原則は、とりわけその内容が一般性を有すること、並びにそれに伴って通常より具体化がなされることを要するという点において、その他の当為命題とも区別されることになる。(7) 従って原則というものは、それが関連する領域について、なにがしか制限されることなく、あるいはいずれにしても「原則として」妥当するということを要求するものであるといえよう。そして原則なるものは、その命ずるところに原則として一致することを要求するわけであるが、――原則を如何に組み立てるかによっては――状況に応じた修正であるとか、他の原則との比較考量というものを許容することはある。しかしながら、原則からはずれるといっても、いずれにせよ、最低限それを正当化する理屈というものが必要とされる。

ところが協働原則とは何かについて通常なされる記述は、それゆえに、こうした原則の存在を証明するには不適切である。というのも通常の協働原則についての記述は、一般的な当為命題の形をとっておらず、単に環境保護においては協働が様々な方法で行われているとか、あるいはそういった協働が大事であるということを述べるにとどまっているからである。そのような記述では、何ら原則を定式化したとはいえず、単に事実を述べたに過ぎない。

環境保護固有の協働原則のもつ目的のうち、ここで問題となっている二、三のもの——すなわち、最適化という目的ないし実効化という目的——を考慮すれば、この原則は以下のように表現することができるであろう。すなわち「環境保護に関連する決定を行うにあたって、国家は原則として社会各界と協働すべきである」と。しかしながらそのような原則は、政治的原則としても法原則としても存在しない。仮にそのような原則が存在するとして、かつ国家による私人に対するあらゆる情報伝達、ないしその逆の、私人の側で情報を入手し配慮する国家の態勢ということをもってこの原則を満たすという程に協働概念が広く解されるのであれば、かかる原則なるものは、内容的に陳腐月並みなものであり、実は何もいっていないに等しいということになるだろう。なんとなれば、——環境保護においても、他の領域においても——対外的効果を有する国家の決定で、このように広く解された意味において公私協働という要素を含んでいないものはないからである。従って環境固有の協働原則があるとすれば、それはなによりも公私の協働を要請するということであって、それが直ちにあらゆる国家の決定に結びつくとか、既に法治国原理を根拠に要請されているといったものではない。

ところが実際の環境保護も、また現行の環境法もまた、必ずしも一貫して広範な公私協働によって特徴づけられているわけでもない。加えて、広範な公私協働を一般的に環境保護について要請することは、意味のあることではないだろう。なぜかといえば、そのような要請は、環境固有の要請だからということで根拠づけられるものではないからである。既に述べたように、公私協働を行うことによってかえって環境保護を損なうこともありうるからである。広範な公私協働が、例えば規範に替わる協定（normersetzende Absprachen）という形式の場合、環境保護に役立つかどうかという問題は、状況に応じて、問題に応じて判断することができるわけであって、一般的に答えられるものではあるまい。ところが、原則（Prinzip）を特徴づけるものは何かといえば、それは内容上の要請に一般性が認められることである。

公私協働が環境保護において一般的に要請される限りにおいて、その理由は、――例えば、関係人の手続参加の場合のように――環境固有のものでないこともあるし、――例えば法定立手続における利益団体の聴聞のように――多元的立憲国家における一般的な慣行に沿うものもあるであろう。公私協働が行われるにあたって、それが環境固有の目的により根拠づけられ得る限りにおいて、それは一般的な要請にとどまらないものとして要求されることになるのである。

六

公私協働が環境保護の一般的原則でないとするならば、それは環境保護に関する一般的法原則でもありえないということになろう。いずれにしても考えられるとすれば、何か各論的領域に特殊な、例えば廃棄物法上の協働原則があるか、といったことであろう。

協働原則は環境法における法原則なのかどうか、という問題に対する答えを、伝統的な用語法との関係で、環境政策の原則としてそういった協働原則というものが存在することを肯定するのか、あるいはそうではなくて概念上精緻な意味において否定するのか、ということに求める必要はない。

法原則ということなのであれば、協働原則は法的な妥当性を有しなければならない。すなわちそれは法規たる

命題 (Rechtssatz) の形をとって明示的に規定されるものでなければならないか、あるいは、明示的でなくともその妥当性が、他の法規の体系的な概観から導かれるものでなければならないのである。しかし、それはここでは当てはまらない。

統一条約三四条一項は確かに協働原則に言及してはいるけれども、(8) それは西ドイツにおけるそれまでの法状況に関連しているだけである。そこで協働原則は、政治的原則、より正確にいうならば政治的スローガンたる性格を有するにとどまるのである。統一条約もこの点について何ら変更を加えるものではない。換言すれば、統一条約によって「協働原則」に原則 (Prinzip) としての性格、とりわけさらなる具体化を可能とするような内容が与えられるわけではないのである。

また基本法からも、環境法上の協働原則を導き出すことはできない。唯一、実体的な環境法に関わる憲法規範は、基本法二〇a条である。この規定は、国家に対して全く一般的な形で自然的生存基盤の保護を義務づけているだけであって、それが導き出さなければならない原則というものについては何も語るところがない。配慮原則と原因者負担原則がともに、これを志向することは実効的な環境保護にとって必要不可欠であるがゆえに、基本法二〇a条から導き出されうるのに対して、(9) 既に述べたように、公私の協働作用には環境保護の実を減じるようなものもあれば、いずれにしても環境保護の実を上げる効果のないものもあるわけであるから、基本法二〇a条は協働原則について何ら述べるところはないというべきである。

さらに現行の環境法からしても、協働原則を法原則として導き出すことはできない。確かに国家、経済界、環境団体、あるいは関係当事者相互間の協働について、多くの環境法関係に規定において定められてはいる。しかしながら、これらの規定の基礎に統一共通の原則があると認めることはできない。すなわち、環境保護において国家が原則として私人と協働しなければならない、あるいは少なくとも協働するものとする、とする法原則はないのである。確かに法律や法規命令が、国家はそのような公私協働を行わなければならないとか、行うものとすると定めた場合であれば、それに従わなければならないだろう。しかしながら公私協働が規定されていない場合、国家機関は一般的原則によって、私人と協働しなければならないというわけではない。すなわちそのような包括的で欠缺を埋めるような原則（Prinzip）が本来もっている作用についていえば、公私協働という考え方に内容上の一貫性が欠けているといわざるをえない。

そして既に述べたラント廃棄物処理税および地方公共団体における包装税に関する連邦憲法裁判所の判決[10]によっても、以上述べたことは何ら変わることはない。これらの判決において連邦憲法裁判所は確かに、包装廃棄物の領域において協働原則が妥当すると述べている。しかしながらよくみるとわかることであるが、そこで考えられているのは一つの原理ではなく、一つの考え方（Konzept）であって、連邦憲法裁判所は、廃棄物法の領域において、判決で言及されている規範の他に、公私協働を義務づける原則が存在するとはどこにも述べていないのである。

七

最後に結論をまとめておこう。協働原則は、環境法における単なるスローガンであって、環境保護に関する、語の精緻な意味での原則、それも政治的原則でもなければ、ましてや法原則でもないのである。また環境保護の領域において何らかの公私協働が、とりわけどのような公私協働が環境保護の要請から導き出されるのかについては、一般的に言うことはできない。もっともこのようにいうことは、何も国家と社会との間の協働一般、さらには個別領域としての環境保護における両者の協働のもつ意味を減じるものではない。すなわち私のいわんとすることは、実際に意味のあること、善いこと、および重要なことの必ずしも全てが、これ一般的原則でもある、ということではないということなのだ。

（1）このテーマに関し、さらなる文献への言及も含めヨリ詳細に論じた論文として、既に私は „Das sogenannte Kooperationsprinzip—ein Prinzip des Umweltschutzes?“ という論稿を Zeitschrift für Umweltrecht（ZUR）, 2000, Heft 1 に発表している。

（2）連邦憲法裁判所の二つの判決、すなわち BVerfGE 98, 83（ラント廃棄物処理税）および BVerfGE 98, 106（地方公共団体における包装税）。

（3）Udo Di Fabio, Das Kooperationsprinzip—ein allgemeiner Rechtsgrundsatz des Umweltrechts, NVwZ 1999, S. 1153 ff.

（4）少し前から、大きなプラカードやテレビ広告のスポットで、（「みなさんご協力を」とか「エイズにチャンスを与えるな」といった形で）コンドームの使用を呼びかけている。連邦の健康啓発センター（Bundeszentrale für gesundheitliche Aufklärung）の宣伝キャンペーンである。

（5）このことは、Gertrude Lübbe-Wolff, NuR 1989, S. 295（297 ff.）の中で、実際の経験に即して示されているところである。

（6）Günter Hartkopf/Eberhard Bohne, Umweltpolitik Bd. 1, 1983, S. 229, 456, 459; Lutz Wicke, Umweltökonomie, 4. Aufl. 1989, S. 273 を参照。

（7）さまざまな形で議論の余地のある原則（Prinzip）の概念に関わる問題の詳細については、ここで踏み込むことはできない。この点については、Franz Reimer, Verfassungsprinzipien. Ein Normtyp im Grundgesetz, im Erscheinen, Abschnitt B. III. 3.（„Mögliche Charakteristika des Prinzips als Rechtsbegriff“）、とりわけ註六二一以下の多くの証明を含めて参照のこと。

(8)　この規定によれば、「配慮原則、原因者負担原則及び協働原則を考慮しつつ、人間の自然的生存基盤を保護することは、立法者の任務である」としている。

(9)　原因者負担原則に関するさまざまな根拠づけについては、Murswiek, in: Sachs (Hg.), Grundgesetz, 2. Aufl. 1999, Art. 20a, Rn. 34 f.

(10)　註(2)参照。

【訳者追記】　ムルスヴィーク教授が本報告で取り上げた「協働原則」については、第一回シンポジウムにおけるクレプファー教授の報告（ミヒャエル・クレプファー／神橋一彦・訳「環境法典草案（独立専門家委員会草案 UGB-KomE）における自己規律について」ドイツ憲法判例研究会編『人間・科学技術・環境』（信山社・一九九九年）一八九頁以下）が環境法典草案における「協働原則」の展開について論じている（因みに、同教授は「協働原則」の法原則性について何ら懐疑を抱いておられない。）ほか、近時公刊された、山本隆司「公私協働の法構造」碓井光明・小早川光郎・水野忠恒・中里実編『金子宏先生古稀祝賀　公法学の法と政策下巻』（有斐閣・二〇〇〇年）が、公私協働をめぐる現在のドイツにおける法状況について行き届いた概観と分析を行っており、参考になる。

Ⅲ－2　環境法における衡量と補整
―モデルの一貫性を高めるための意見表明―

アンドレアス・フォスクーレ
斎藤　誠　訳

一　環境法における利用の競合

環境法の発展の始まりには、環境資源が限られており、それゆえさまざまな潜在的利用者に公正に配分されなければならない、という単純な認識があった。水、空気、ないし景観は、とりも直さず公共財なるものであり、公共財は、従来の理解によれば、そもそも共有的に、多くの者によって共時的に利用されうるもので、費消競合性を持たない。にもかかわらず、しばしば利用の競合が招来している(1)。産業施設を新たに設置するものは、施設周囲の土地について、特定の利用から他者をしばしば締め出し、貴重な自然と景観を破壊し、騒音、大気・水質汚染をもたらす。われわれは、その限りで、起業者――そちらはそちらで、環境の利用を欲する他の起業者と競争関係に立っているのだが――の経済的利益と、近隣者の保護利益及び環境保護に対する公共の利益の間で、今日の行政法に典型的な多極的紛争の一つに関わることになる(2)。

そうした利用紛争を解決すべく非常に異なる諸モデルが提示されている。ここでは、二つのパラダイム的な紛争解決モデルにつき少し詳細に考察したい。すなわち衡量原則（Abwägungsprinzip）と補整原則（Kompensationsprinzip）である。一見したところ、両者は互いによく似通っているように見える。いずれも調整（Ausgleich）を指向し、競合する利益や抵触する諸法益に調和をもたらさなければならないところに普く存在する。にもかかわらず、専門委員会による環境法典草案九条は、明示的に衡量と調整を区別している(3)。私のテーゼもまた同様に、以下のようになる――衡量と補整は、相対立する利益の調整という共通する基点にもかかわらず、それぞれ固有の紛争解決のポテンシャルを持った、そして組み合わせ可能ではあるが、混同してはならない、まったく相異なる思考モデルを化体している。このテーゼを裏付けるべく、二つのモデルを簡潔に対置し（三）、さらに、自然保護法を例にとって、モデルの一貫性が欠如することによる帰結を示したい（四）。しかしながら、まずは議論の法的な出発点を想起しなければならない（二）(4)。

二　防御と受忍の二元論

ボン基本法のもとでは、環境資源に関する配分紛争の解決は、圧倒的に主観的公権により方向づけられる。それは、防御と受忍の二元論を導出する。今なお支配的な見解(5)とともに、環境利用は、自由権の保護範囲に基本的に包摂されるということから出発するならば、個々人による環境利用に際しては常に、法秩序によって個人に主観的公権の形で与えられた法的力が、彼の利益を、競合する、環境保護にとって重要な個人の利益、及び（ないし）公共の利益のコストにおいて、貫徹すべく、いかなる射程を持つか、という問いが立てられる。法システムの、適法・違法な行態への二進法によるコード化(6)から出発し、かつ様々な法的保護の構成からひとまず離れるならば、侵害のそれぞれは、基本的には、許容されないものとして防御され国家がそれを禁止するものか、あるいは（市民ないし公共善を保護する国家の）受忍義務が生ずるものに分かれることになる。

しかし、その帰結である「全か無か原則」は、進捗する法の稠密化と、同時平行する社会の生活関係の細分化によって、互いに衝突する法的地位の、互いのブロッキングという帰結をともなって、いや増しにその限界にぶつかっている。秩序法的なモデルにおいて、紛争解決のためまず第一に呼び出される立法者にとっては、その結果、接触しあう権利範囲の限界を抽象的・一般的に、事柄に適切に確定するのはますます難しくなる。

三　二つの紛争解決モデル

1　衡　量（Abwägung）

立法者はそれゆえ、先に略述した配分紛争の解決を、行政に委ねる方にシフトすることになる。それはとりわけ、計画任務の移譲[7]、裁量余地の承認、及び不確定法概念の利用に見られるところである[8]。計画裁量、法効果裁量、判断裁量それぞれに存在する（というよりむしろ段階的な）差異を度外視すれば[9]、いずれにおいても行政は、衡量による決定をなさねばならず、そこでは環境へのあらゆる影響を顧慮しなければならない[10]。ゆえに、衡量は、『エコロジー法の中心的なカテゴリー』[11]となる。一見したところ、こうして、防御と受忍の厄介な二元論から相当程度は逃れられるかに見える。すなわち、そこですべからく要請される差違・分化と様々な理論構成[12]をひとまず置くと、相対立する法的地位の争いを、「全か無か原則」の意味において解決するのでなく、利益と不利益の査定と清算の意味で、衡量にとって重要なすべての要素を『調和化』（U・ショイナー）することを通じての解決を求めることは、いかなる衡量に基づく決定にも共通である[13]。衡量においては、その限りで、「敗者のない」妥協[14]を個別事案において可能にしなければならない[15]。しかしながら、衡量という形式が、普く存在するからといって、衡量の終わりには、一方の側、ないし複数の側で「損害」を甘受しなければならないことが定例である[16]

ことを忘れてはならない。計画における衡量は、まさに、計画目的に矛盾する諸利益が、一定レベルまで克服されうること、という特徴を持つ。それゆえ、獲得された調整は、大方はヴァーチャルなものにとどまる。相対立する利益の調和化は、よく見てみれば、人がもともと希求したようなあり方を結果として反映するものではない。立法者の規範による命令の代わりを、具体的ではあるが、なお弱く限定づけられるにすぎない、個々の法適用者の決定が務めるが、法適用者自身、様々な法的地位の一つの争いにおいて、一つの地位を優先させることを義務づけられる[18]。相当進んだ方法論的な洗練[19]、費用便益分析[20]、そして手続的な保障[21]にもかかわらず、そこで必要とされる、人々の間での利用をめぐる調整に不確実性が残り、それに平行する価値の判断余地と「算定不可能性」、それらの上に、以前と同様に衡量に向けられる不信が醸成され、かくして衡量による決定のアクセプタンスは限定される[22]。

2　補　整（Kompensation）

この点に関しては、利用をめぐる紛争を解決するもうひとつの別の可能性を、補整〔原理〕による規制構想が提供するが、その意義は増している。それによれば、他との関連なしに考察すれば禁止することが正当であり必要不可欠でもある、特定の自由な活動について、当該活動に起因するマイナスの作用が、他の方法で適正に補整される場合には、禁止を見合わせることが可能となる。この方法により、一方で個人の個々的な行為の余地は明らかに拡大し——なぜなら彼は、自身の経済的な選好ないし他の選好により、見込まれる侵害を回避するか、それとも回避せず、その代わりに見合った補償をなすか、どちらが自分にとって好都合かを決定できるからである——、他方で、相立対する第三者や一般公共の利益も、それ自体としては〔回避を〕要求できない負担を受入れねばならないところでも、十分な補整がなされる限りで守られる。最初に述べた（単純な）受忍と防御からなる二元論は、こうして、かなりの程度相対化する。と同時に、立法者による制御も断念する必要がない。補整の前提条件、種類及び範囲を事前に、規範的に定め、それと結びつく個々のオプションを詳細に形成することは、立法者の手中にあるからである。

ドイツ環境法において、補整による解決は、この間に、まったく様々な領域に、様々なヴァリエーションで見出すことができる。例えば、技術的・実際的な中立化措置（Neutralisierungsmaßnahmen, 例、行政手続法七四条二項、連邦自然保護法八条以下、二〇c条二項、水管理法六条、四条二項二a号、八条三項、一八条）、清算による解決（Saldierungslösungen, 例、連邦インミッション法七条三項、一七条三a項、四八条四号、六七a条二項）、及び補整賦課金の賦課（Kompensationsabgaben, 例、バーデン・ヴュルテンベルク自然保護法一一条三項、五項、同森林法九条四項）が挙げられる(23)。

補整モデルは、基本的に衡量モデルよりも合理性に富む。紛争事例における、二ないしそれ以上の権利領域と、その背後にある規範の言明につき、その重要度を秤り、互いを適宜位置づける代わりに、補整においては、他との関連なしに考えれば、「赤字欠損」とみなされる「状態」の事実上の補償が問題となるのであって、その「状態」が同時に、求められる調整措置の種類と範囲につき、基準を付与する。主体間の利用調整［思考］に基づいた優先権決定をここでは目指す必要はない。もちろん、補整に際しても、利益・不利益の等価関係の判断に鑑み、時として相当な価値判断余地が存続する。しかしそれは、衡量におけるものとは全く異なる。衡量によって産出されるものが、排他的に法適用者自らの固有の認識行為に帰せられるのに対して、補整は、少なくとも理論的には、強度に形式化された基本構造として認識できる、しっかりしたパラメーター（「あるべき」状態＝「そのままの」状態＋補整措置(24)）に基づく。その帰結としての、合理性と結果の確実性という利点は、自然美の喪失についての補整を行う場合のように、対応する有意かつ操作可能な価値要素に欠けるために、あるべき状態がもはや、必要な調整の基準たりえないところで、失われるにとどまる。

四　衡量と補整の規制混合（Regelungssynkretismus）の危険

ここで示した、補整による紛争解決モデルの利点によって、当然ながら、衡量が余計なものになってしまうわけではまったくない。一方では、すべての環境侵害を補整するという可能性は事実上無いし（例、認められた大気汚染）、他方では、補整はしばしば、財産と自由を侵害する場合のように、不可侵の利益の保護についての衡量による決定を前提とする。(25) さらに、段階モデルとして、両者は、至極重要に組み合わせることができる。例えば、計画確定［手続］においては、第一段階で、相対立する利益が衡量により調整され、［回避を］要求できない侵害は、第二段階で、補整［原理］による保護命令ないし補償金の支払いにより、調整されうる。(26)

しかし、のっぴきならず戒めるべきは、衡量パラダイムの優位のもとでの、規制混合である。ここで示した紛争解決モデルは、十分にモデルの一貫性につき配慮しないと、システム上の不都合を生じるのみでなく、合理性が大きく失われる。自然保護法上の調整措置の例で、この状況をはっきり示しておこう。かつては、Bプランの妥当範囲での、自然・景観への避けがたい侵害は、一定期間内に、自然・景観保護の措置により補整するものとされた（連邦自然保護法八条二項一文）。そこでは、侵害はその終了時に、重大な、あるいは持続性のある自然への影響が残存せず、景観の形象が、景観に適正なように回復されるか、あるいは新たに形成される場合に、補整可能なものとされた（同四文）。侵害が、実際に、補整可能なものではない場合には、衡量がなされなければならず、そこでは、自然・景観保護の利益を優先するかどうかを判断するものとされた。衡量を経てはじめて侵害が許容された。しかし、過去の事例において、補整措置を現実に行うことが困難にぶつかり、そうでなくとも措置そのものが障害物とみなされるものがあったので、立法者は、一九九八年の建設法改正の枠内で、侵害と補整の既存の組み合わせをすっかり破棄し、自然保護法上の補整義務を、他のどの利益とも同様に、衡量において克服しうる、純粋な衡量上の利益として位置づけた（建設法典一a条二項二号）[27]。自然への侵害について、補整しなければならないか？　するとしてどの範囲か？は、こうして市町村の計画裁量の中に置かれた。その際、看過されたのは、衡量と補整が全く異なる紛争解決モードに基づくということである。このように、二つの行動様式を融合させると、補整という思考は、責任の割り当てをはっきりさせ、かつ合理性を高める、その明晰な輪郭を、計画に内在する優先権決定という決断主義的な網のなかで、失うことになる。すべてから、何がしかを得ようとするものは、往々にしてより少なくしか得られないものなのだ［二兎を追うものは一兎をも得ず］！

（1）この点について、M. Kloepfer/S. Reinert, Umweltprobleme als Verteilungsprobleme in rechtlicher Sicht, in: C. F. Gethmann/M. Kloepfer/S. Reinert, Verteilungsgerechtigkeit im Umweltstaat, 1995, S. 23 ff. のみを挙げる。

（2）多極的紛争の様々な基本的構成につき、参照、M. Schmidt-Preuß, Kollidierende Privatinteressen im Verwaltungsrecht, 1992, 特に、S. 9 ff.

（3）参照、Bundesministerium für Umwelt, Naturschutz und Reaktorsicherheit (Hrsg.), Umweltgesetzbuch (UGB-KomE), 1998, S. 461 f.

（4）以下の叙述は、主として、一九九九年末に公刊された私の教授資格論文、„Das Kompensationsprinzip" に依っている。特に、S. 8-10, 46-48, 135-154 参照。

（5）参照、M. Kloepfer/H.-P. Vierhaus, Freiheit und Umweltschutz, in: M. Kloepfer (Hrsg.), Anthropozentrik, S. 29 ff.; A. v. Mutius/S. Lünenberger, Verfassungsrechtliche Aspekte einer umfassenden ökologischen Ressourcenwirtschaft, NVwZ 1996, S. 1061 (1065); W. Kluth, Verfassungs- und abgabenrechtliche Rahmenbedingungen der Ressourcenbewirtschaftung, NuR 1997, S. 105（107）; C. Enders, Kompensationsregeln im Immissionsschutzrecht, 1996, S. 63 ff. 他の見解として、特に D. Murswiek, Grundrechte als Teilhaberechte, soziale Grundrechte, in : J. Isensee/P. Kirchhof, HdbStR Bd. V, 1992, § 112, RN 83; ders., Privater Nutzen und Gemeinwohl, DVBl. 1994, S. 77（79 ff.）; ders., Die Ressourcennutzungsgebühr, NuR 1994, S. 170（175 f.）. 更に、先行業績として参照、H. Sendler, Wer gefährdet wen : Eigentum und Bestandsschutz den Umweltschutz- oder umgekehrt?, UPR 1983, S. 33（41 f.）; J. Wieland, Konzessionen und Konzessionsabgaben im Wirtschaftsverwaltungs- und Umweltrecht, WUR 1991, S. 128（134）; D. Lorenz, Wissenschaft darf nicht alles! Zur Bedeutung der Rechte anderer als Grenze grundrechtlicher Gewährleistung, in : FS Lerche, 1993, S. 267（275 ff.）; A. Scherzberg, Freedom of Information—deutsch gewendet : Das neue Umweltinformationsgesetz, DVBl. 1994, S. 733（742 f.）, R. Schmidt, Umweltrechtsschutz durch Grundrechtsdogmatik, in : FS Zacher, 1998, S. 937（956 f.）.

（6）この点につき、N. Luhmann, Das Recht der Gesellschaft, 1993, S. 165 ff. のみを挙げる。

（7）他の多くに代えて、W. Hoppe/M. Beckmann/E. Kauch, Umweltrecht, 2. Aufl. 2000, § 7, Rdnr. 7 ff. を参照。

（8）Bundesministerium für Umwelt, Naturschutz und Reaktorsicherheit（Hrsg.）,（N. 3）S. 461 も参照。

（9）J. Dreier, Die normative Steuerung der planerischen Abwägung, 1995, S. 51-54 が、この点につき有益である。更に参照、R. Bartlsperger, Das Abwägungsgebot in der Verwaltung als objektives und individualrechtliches Erfordernis konkreter Verhältnismäßigkeit, in : Erbguth u. a.（Hrsg.）, Abwägung im Recht, 1996, S. 79 ff.

（10）とりわけ J. Dreier,（N. 9）, S. 43 に明示されている。ドライアーは併せて、不確定法概念の解釈に際しても、衡量は行われるが、通常それは裁判における完全審査に服すると、正当に指摘している。特に、環境法分野での不確定法概念の『衡量によるウェート付け』の可能性について、M. Kloepfer, Umweltrecht, 2. Aufl. 1999, § 4 Rdnr. 54.

（11）R. Steinberg, Der ökologische Verfassungsstaat, 1998, S. 149.

（12）例えば、以下を参照。K. Larenz, Methodische Aspekte der „Güterabwägung“, in : FS Klingmüller, 1974, S. 235 ff.;

H. Hubmann, Die Methode der Abwägung, in : ders., Wertung und Abwägung im Recht, 1977, S. 145 ff.; R. Rubel, Planungsermessen, 1982, S. 92 ff.; R. Alexy, Theorie der Grundrechte, 1986, S. 71 ff.; W. Enderlein, Abwägung in Recht und Moral, 1992, S. 143 ff. und S. 281 ff.; J. Dreier（N. 9), S. 55-94; J. Sieckmann, Zur Begründung von Abwägungsurteilen, Rechtstheorie Bd. 26（1995), S. 45 ff.; N. Jansen, Die Abwägung von Grundrechten, Der Staat Bd. 36（1997), S. 27 ff.

(13)　F. Ossenbühl, Abwägung im Verfassungsrecht, in : Erbguth u. a.（Hrsg.), Abwägung im Recht, 1996, S. 25（33).

(14)　M. Kloepfer（N. 10), § 4 Rdnr. 53. 批判的見解として、W. Leisner, Der Abwägungsstaat, 1995, S. 235-242. も参照。

(15)　K. F. Röhl, Allgemeine Rechtslehre, 1995, S. 276 が代表例である。

(16)　H. -J. Koch, Die normtheoretische Basis der Abwägung, in : Erbguth u. a.（N. 13) S. 9（10) が „ubiquitären Entscheidungsmodus“ 普遍的決定形式という。

(17)　総括的なものとして、R. Steinberg, Fachplanung, 2. Aufl. 1993, § 4, RN 1 ff.; W. Hoppe, in ; ders./Grotefels, Öffentliches Baurecht, 1995, § 7, RN 81 ff. を参照。更に、E. Gassner, Die Überwindungslast bei der Abwägung öffentlicher Interessen durch die Verwaltung, DVBl. 1984, S. 703 ff. も参照。

(18)　K. Larenz, Methodenlehre, S. 404 f.; K. Stern, Staatsrecht, Bd. III/2, S. 818 f. に明らかである。

(19)　計画裁量について詳細なのは、とりわけ、W. Hoppe, in : ders./Grotefels（FN. 17), § 7 である。新たな展開については、W. Vallendar, Das Abwägungsbebot—ein alter Hut mit neuen Federn, UPR 1999, S. 121 ff. を参照。

(20)　この点について、例えば、N. Jansen, Die Struktur rationaler Abwägungen, ARSP Beiheft 66（1997), S. 152, 153-158 を参照。

(21)　文献注も含め、R. Steinberg（N. 11), S. 147-152 を参照。しかし、手続的保障は、今やいわゆる迅速化立法という枠組みによって再び解体されつつある。批判的見解として、B. Holznagel, Verfahrensbezogene Aufgabenkritik und Änderungen von Verfahrensstandards als Reaktionen auf die staatliche Finanzkrise, in : W. Hoffmann-Riem/E. Schmidt-

Aßmann (Hrsg.), Effizienz als Herausforderung an das Verwaltungsrecht, 1998, S. 205, 227 f.; A. Voßkuhle, Der Wandel des Verwaltungs- und des Verwaltungsprozeßrechts in der Informationsgesellschaft, in : W. Hoffmann-Riem/E. Schmidt-Aßmann (Hrsg.), Verwaltungsrecht in der Informationsgesellschaft, 2000, S. 349 (398 ff.) を参照。

(22)　これはとりわけ憲法に妥当する。B. Schlink, Abwägung im Verfassungsrecht, 1976, etwa S. 45 ff., 124 ff.; F. Müller, Juristische Methodik, 6. Aufl. 1995, S. 62 ff, 67 f.; E. -W. Böckenförde, Zur Lage der Grundrechtsdogmatik nach 40 Jahren Grundgesetz, 1990, S. 52 ff.; W. Leisner (N. 14) のみを挙げる。衡量に対する懐疑の様々な形につき、明確に指摘するのは、W. Enderlein (N. 12), S. 111 ff. である。それに対して、行政法においては、衡量と結びついた、法適用者の本来的な決定権限は広く受容されている。

(23)　[参照条文はいずれも二〇〇〇年当時のもの]。環境法・計画法における補整思考の様々な型の詳細については、A. Voßkuhle (N. 4), S. 103-317 を参照。そこでは五つの基本型を析出した。中立化モデル、清算モデル、構成変換モデル、賦課金モデル、損失補償モデルである。

(24)　自然保護法における、様々な価値判断手続と方法について、例えば、B. Bender/R. Sparwasser/R. Engel, Umweltrecht 4. Aufl. 2000, Kap. 5, Rdnr. 168 ff. による概観、及び A. Voßkuhle (N. 4), S. 394-406 を参照。

(25)　参照、A. Voßkuhle (N. 4), S. 281-291。

(26)　参照、A. Voßkuhle (N. 4), S. 105-132。

(27)　参照、H. Lüers, Bauleitplanung und Naturschutz, UPR 1996, S. 401 (405) ; M. Uechtritz, Die Naturschutzrechtliche Eingriffsregelung in der Bauleitplanung: Klarstellungen, NVWZ 1997, S. 1182 (1185) ; R. Stich, Rechtsprobleme der Umsetzung der Forderung des Umweltschutzes nach § la BauGB 1998 in der städtebaulichen Planung und deren Vollzug, UPR 1998, S. 121 (124 ff.) ; B. Bender/R. Sparwasser/R. Engel (n. 24), Kap. 5, Rdnr. 151 ff.; U. Battis/M. Krautzberger/R.-P. Löhr, BauGB, 7. Aufl. 1999. § 1a, Rdnr. 29.

【訳者注】

この報告原稿は、原注4で示されているように、フォスクーレ教授の教授資格論文『補整原理』(Andreas Voßkuhle, Das Kompensationsprinzip : Grundlagen einer prospektiven Ausgleichsordnung für die Folgen privater Freiheitsbetätiging—zur Flexibilisierung des Verwaltungsrechts am Beispiel des Umwelt- und Planungsrechts, 1999, Jus publicum 41)に基づいている。

「私人の自由な活動の帰結に対する、見通しのある調整秩序の基礎——環境法・計画法を例とする、行政法の柔軟化に向けて」という副題を持つ同論文は、環境・計画法分野という引照領域における法原理としてのみならず、一般行政法の嚮導概念として、補整原理の定立と彫琢を目指すものである。Kompensation の訳としては、「補償」ないし「埋め合わせ」も考えられるが、前者は、金銭による調整に限定される語感を持つし、後者は口語的に過ぎるので、「補整」の語をあてるとともに、Ausgleich は、「調整」として区別した。

最新の環境法体系書には、教授の理論に依って「補整原理」を——「事前配慮原則」や「原因者負担原則」と並べて——環境法の主要原則として取り上げるものも登場している(Bender/Sparwasser/Engel, Umweltrecht, 4. Aufl. 2000, S. 32f.)。

［　］内は、訳者による補足、太字は、原文で斜字体になっている部分である。

参考までに、補整と衡量の段階づけた組み合わせの例として示された、連邦自然保護法八条(現一八条)の判断プロセスについて、カール、フォスクーレ共著『環境法概説(第二版)』(Kahl/Voßkuhle (hrsg.), Grundkurs Umweltrecht, 2. Aufl. 1998)所収のチャート(S. 202. von M. Hornig)を編者の許可を得て以下に掲げる。九八年建設法典の改正で、Bプランのもとでの侵害の可否については、こうしたプロセスが採られないことになったのは本文の指摘するところである。

校正時に、中原茂樹氏による前記教授資格論文の紹介(国家一一六巻七＝八号、二〇〇三年、二一五頁以下)に接した。あわせ参照されたい。同紹介では、Kompensation に「代償」の訳を仮にあてている。また、勢一智子「補償原則

――ドイツ環境法にみる持続的発展のための調整原理」（西南法学三七巻一号、二〇〇四年、一〇八頁）でも前記論文の枠組みによる検討がなされている。なお、Bender 他の前記環境法体系書は、フォスクーレ氏も編者に加わった第五版が登場した。Sparwasser/Engel/Voßkuhle, 5. Aufl. 2003, S. 80 f.

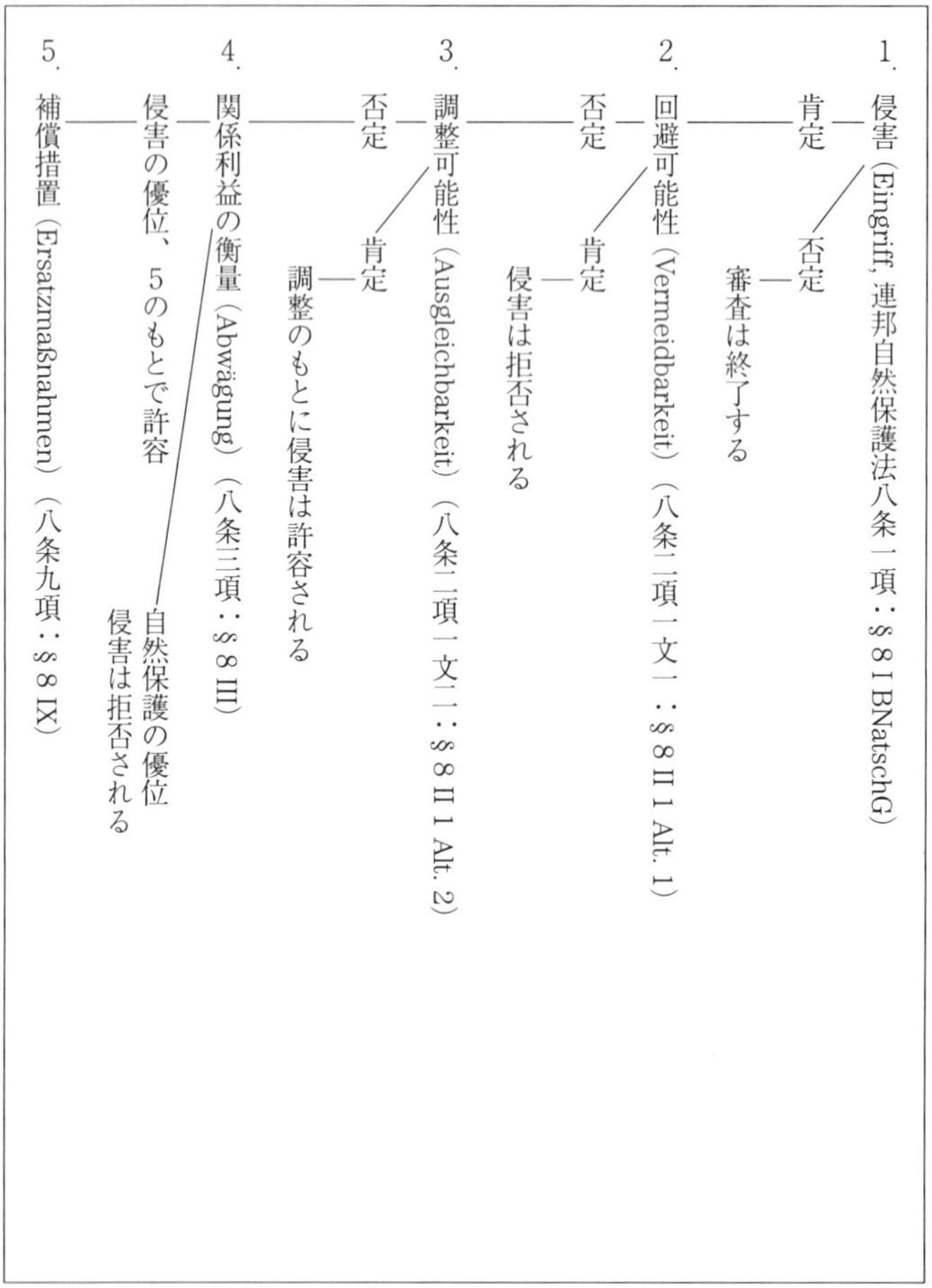

Grundkurs Umweltrecht: Einführung für Naturwissenschaftler und Ökonomen / Wolfgang Kahl/Andreas Voßkuhle (Hrsg.). 2., vollst. überarb. Aufl. 1998, S. 202 (Michael Hornig)

Ⅲ―3　日本の廃棄物法制の手法――協働原則ないし私人による環境保護――

高木　光

一　はじめに

レービンダー教授が指摘されているように、日本の環境法においても、従来、規制手法が中心となってきたことは明らかである。しかしながら、廃棄物法制においてはこれまで十分な規制手法が整備されていたわけではなく、また、とりわけ産業廃棄物についてはかなり「執行不全」の程度が大きい。

本報告では、以上のような日本の廃棄物法制の特徴を示す最近の二つのテーマ、すなわち、平成一〇年家電リサイクル法と、行政規制をクリアしている産業廃棄物最終処分場の民事差止をとりあげ、行政と私人の協働ないし私人による環境保護が日本においてどのように機能しているかを分析することにしたい。

二　平成一〇年家電リサイクル法

1　法律の内容

日本の行政手法の基本構造は、少なくとも行政法的な見地からは、ドイツと同一であるが、解決すべき問題やそのために用いられる法的な戦略は、かなり異なる。単純化すれば、日本は従来から「協働国家」であったし、おそらく将来的にもそうであるということができよう。

本報告の前半では、この点をよく示す一例、すなわち、一九九八年制定の「特定家庭用機器再商品化法」（以下「一九九八年法」ないし「家電リサイクル法」という。）をとりあげる。この一九九八年法は通産省が立案したものである。家電リサイクル法によって、製造者（及び輸入者）は、（使用済）製品の引き取りと再商品化を義務づけられる。この義務の対象となるのは、政令で指定される四種類の家電、すなわち、エアコン、テレビ、洗濯機、冷蔵庫である。将来的には、その範囲をパソコン、携帯電話、電子レンジに拡大することが望ましいと考えられている。

一九七〇年制定の「廃棄物の処理及び清掃に関する法律」（以下「廃掃法」ないし「一九七〇年法」という。）の一般的なルールによれば、これらの家電は、住民が「不要物」であると考えた場合には、「一般廃棄物」となる。この場合、住民ないし家庭が廃棄物の「排出者」ということになる。市町村は「一般廃棄物」を収集し処理する責務を有する。

しかし、一九九八年法によれば、小売業者は、自らが過去に販売した機器、及び家電を販売するときに引き取りを求められた同種の機器を引き取る義務を負う（法九条）。そして、小売業者は、引き取った機器を原則として製造者等に引き渡す義務を負う（一〇条）。製造業者等は、機器を引き取る義務を負う（一七条）。そして、製造者は、引き取った機器を分解し、使用できる部品を再利用し、あるいはリサイクルする義務を負う（一八条）。家電リサイクル法の定義規定（二条一項三号）によれば、ここにいうリサイクルには、マテリアルリサイクルとサーマルリサイクルの双方が含まれる。再商品化基準としては、一定のリサイクル率が政令によって定められることとされ（二二条）、当面は、五〇％とされる予定である。

小売業者及び製造者等は、原則として義務を自ら履行しなければならない。ただし、一定の条件のもとで、中小規模の製造者等は、再商品化等の実施を民法三四条に基いて設立された公益法人（指定法人）に委託することができる（三二条、三三条一号二号）。指定法人は、たとえば過疎地域などでは、市町村及び住民から機器を引き取り、製造者等に引き渡すことができる（三三条三号）。

小売業者は、引取りに際して、排出者（住民）から収集と運搬にかかる料金を請求することができる（一一条）。製造業者等もまた、引取りに際して引渡しをなす者から料金を請求することができる（一九条）。小売業者は製造業者等に引渡しをなす際に、再商品化等の費用もあわせて支払わなければならないので、小売業者の引取りの際の料金は、冷蔵庫の場合、最高で一万円（二〇〇マルク）程度に及ぶ可能性がある。

法案の準備段階では、通産省、厚生省、環境庁の三つの審議会で、製造者等が費用を負担すべきか、料金徴収を認めるのは適切か、デポジット制度を導入すべきではないか等について多くの議論がなされた。

製造者等は、経済学者が提案したデポジット制度の義務づけに強く反対した。強調されたのは、対象とされる家電が長期間にわたって使用され、事前にリサイクル費用を算定することが困難であることである。これに対して消費者団体は、平均的な主婦の生活感覚や不法投棄の可能性を考慮すべきであると主張した。

通産省は、消費者が「排出者」であり、法案の料金システムは教育的効果を有するという見解を示した。また、製造者等及び小売業者間の競争が促進されなければならないと主張した。実際にどのような状況が生じるかは二〇〇一年の施行を待たなければわからない。

2　汚染者負担の原則の射程

「汚染者負担の原則」あるいは「拡大生産者責任」（大塚直「家電リサイクル法の問題点と今後のリサイクル法制の展望」ジュリスト一一四二号八三頁以下参照）という観点からみると、一九九八年法は、部分的には進歩的であり、他の部分では不十分である。

すなわち、一方で、一九九八年法は製造者等及び小売業者に引取り義務を課した初めての法律である。一九九五年の容器包装リサイクル法では、市町村が「一般廃棄物」を分別収集する義務を負い、事業者（製造者、輸入者、小売業者）は、収集された容器包装についてのみリサイクル義務を負うものとされている。

他方で、一九九八年法による引取り及び再商品化の義務づけは部分的なものにとどまっている。すなわち、市町村には収集及びリサイクルを行う権限が残された。そして、これまで市町村が粗大ごみ収集のために設定していた料金は今回の引取り料金と比較して格段に安い。

そこで、仮に上記の四種の家電についての収集料金が同様のレベルにとどまるとすると、住民が常に事業者が設定した料金を支払う気になるかどうか疑わしい。家電のリサイクルは技術的にそれほど容易ではなく、またコストを要するものであるので、（全体としての）納税者は以前と同様に多くの負担を強いられざるを得ない。

３　事前の「協働」による有効な法執行？

法律の有効性という観点から見ると、家電リサイクル法は、相当程度効果をあげることが期待できると私は考える。第一に、他の製品の場合と比較して、家電の製造者の数は少数である。家電の製造者の多くは、世界的に事業展開している大企業である。これらの企業は、ＩＳＯの一四〇〇〇シリーズ（環境）の認証を得たり、製品のエコマークを取得する努力をしている。更に、これらの企業は通産省と良好な関係にある業界団体に属している。通産省と業界団体の「協動」は長い歴史を有している。

第二に、製造者は、自社の製品を専門的に扱う中小規模の販売業者のネットワーク（系列店）を有している。複数の製造者の製品を販売する大規模の小売業者の多くは、通産省に対して友好的である。また、小売業者は、長年にわたり、使用済みの家電を下取りする経験を積んできた。このような事業領域では、私人のイニシアティブを動員することが期待できるのである。

新聞報道によれば、目下、製造者相互及び小売業者の協議によって、新製品の販売に際して、デポジット制度を任意に導入することが計画されている。(以上のように)、国家と私人との事前の協働(調整)は、しばしば時間を要するものであるが、実際的な実行可能性を十分に考慮することを可能にする機能を有しているのである。

三　産業廃棄物最終処分場の民事差止

1　例外としての許可制度

本報告の後半では、廃棄物法制の分野における環境私法の役割を扱うことにしたい。

近年になって、近隣住民が民事の差止訴訟に付随した仮処分によって、産業廃棄物最終処分場の建設ないし操業を阻止した事例が散見されるようになった(潮海一雄「産業廃棄物をめぐる法的諸問題」『環境問題の行方』(ジュリスト増刊一九九九年)一八六頁参照)。

日本においては、ドイツの連邦イミシオーン防止法におけるような排出施設に関する一般的な許可制度は存在しない。電気工作物、ガス工作物、原子力発電所、石油精製所などの大規模施設については、個別の特別法に基く許可制度が存在するものの、一般的には事前届出の原則が妥当する。

計画法的な性質を有する一九九三年の環境基本法(それ以前は一九六七年の公害対策基本法)に誘導されて、様々な規制法律が個々の環境影響ないし環境メディア毎に存在する。

最初に、大気汚染防止の領域を例にとって説明する。環境規制の手法という観点からすると、この領域は「古典的」なものといえる。すなわち、四日市ぜんそく事件のような深刻な経験に基づき、廃棄物処理のような他の領域と比較して、この領域では、規制法的な手法がより早期に強力に実施された。

現行法である一九六八年の大気汚染防止法によれば、「ばい煙」（いおう酸化物、ばいじんその他の政令で定める有害物質）を排出する固定施設で政令で定めるものの設置には、事前の届出が必要である（二条一項、二項、六条）。

この届出義務は主として、行政庁が情報を収集することを目的としている。行政庁は排出基準が遵守されないことが見込まれるときには、六〇日以内に限り、施設の設置やばい煙の処理の方法に関する計画の変更、燃料の変更などを命令することができる（九条）。

一九七〇年の改正によって、排出基準違反に対しては、直接刑事罰が課されるので、届出をし、また事前に非公式な協議を行うことは事業者にとって重要である。

これに対し、近隣居住者の利益の法的保護という観点はほとんど考慮されていない。日本における秩序法上の手法は、行政庁と事業者の二面関係のみを規律している。すなわち、日本の行政法規の中には、ドイツの連邦イミシオーン防止法一四条などに相当する規定——許可が不可争になることによって、事業者が私法関係形成的効果によって一種の存続保護を受けるような規定——を見つけることはできない。

行政庁は事後的に措置命令によって排出の削減を命じることができるが、それを義務づけ訴訟によって実現するということは、（判例の消極的立場からみて）絶望的である。行政庁自身もまた、事後的な措置命令を回避する傾向にある。すなわち、「行政指導」（警告）によって問題を解決することが望まれる。ときには、違法行為がそのまま受忍される。執行不全を否定することはできないのである。

中央省庁の産業団体に対する行政指導は、日本経済の発展に重要な貢献をした。排出基準の段階的な厳格化と環境にやさしい技術の導入に対する補助金の組み合わせは、このような路線の延長線上にある。ドイツの問題関心からみれば、ここには一種の「規制に代わる」あるいは「規制を回避する」環境協定を発見することができよう。

全体としてみると、日本の大気汚染防止政策の主たる手法は、「間接的な」行動制御である。クレプファー教授は、規制的な環境協定の形式における自主規制が環境政策として成果を上げたかどうかの評価は分かれると指摘している。このような分析は、日本の大気汚染防止政策にも適用することができよう。自動車排ガスの規制の進展を分析した限りでは、私のみるところ、貨物自動車及びバス、そしてディーゼル車に対する規制はやや不十分なままである。鉄鋼業界、自動車業界のロビー活動の影響であるという環境保護活動家の指摘は正当であろう。

2　環境私法の役割

既に指摘したように、施設操業者と近隣居住者の間の紛争は、しばしば両者の交渉によって、そして最終的には民事訴訟によって解決されざるを得ない。

日本とドイツの環境政策の大きな相違点は、環境私法の役割である。歴史的にみれば、日本の裁判所の主たる活動領域は、事後的な損害賠償であった。

一九六七年から六九年に提起されたいわゆる「四大公害訴訟」は、私企業に対する不法行為に基く損害賠償請求であった。当時は、因果関係と過失の立証が被害者にとって大きな負担であった。しかし、裁判所は判例上の法創造によって、事実上、立証責任の転換および無過失責任を導入し、一九七一年、七二年にすべての請求を認容したのである。

これらの判決の結果、一九七二年には法律改正によって無過失責任が定められるに至り、また、行政的な補償を行うための基金制度が創設され、この基金から、行政が環境汚染の犠牲者であると認定した患者の医療費用が支払われることとされた。

事後的な損害賠償よりも、事前の差止めが望ましい。しかし、この点では、救済を求める原告は構造的な困難に直面する。第一に、日本には計画確定手続やそれに機能的に類似する許可手続は存在しない。したがって、差止めを求める原告は、直接、妨害者を被告にして訴える必要がある。更に、日本の行政訴訟においては取消訴訟以外の訴訟類型が未発達であるという事情もある。

この差止訴訟は、私企業を被告にして提起されるのみならず、公企業に対しても提起される。このような状況では、裁判所は、環境政策の代替ないし補完をすることが常に可能であるというわけではない。請求認容か請求棄却という二者択一は、時には、「国民経済や公益に対する配慮に欠ける」ものになるか、「裁判救済を拒否する」ものになりかねない。この二五年間ほどは、後者のケースが原則であった。イミシオーンの受忍限度は被害者の不利に設定された。事実上「受忍せよ、そして代償を求めよ」という原則が支配したのである。さらに、学説によって厳しく批判された最高裁判決（一九八一年一二月一六日：大阪空港事件）によれば、公企業に対する民事差止訴訟は、原告の不服が「実質的にみて」「公権力の行使」に対するものである場合には、不適法として却下される。この判例によれば、損害賠償しか請求できないことになる。

３　私人による廃棄物処理

一九七〇年の廃掃法は、処理業の許可制度及び処理施設の許可制度の双方を規定している。阿部泰隆教授が詳細に報告されたように、日本では産業廃棄物処理のいわゆる「悪循環」が存在する。上記の例外的に積極的な裁判所の立場は、現行の廃棄物法制の欠陥の反映とみることもできよう。

一九七〇年法は、廃棄物を「一般廃棄物」「産業廃棄物」という二つの基本カテゴリーに区分している。「産業廃棄物」とは、政令で限定列挙された種類の廃棄物であって、特定の産業から生じたものである。「一般廃棄物」

とは、「産業廃棄物」以外のすべての廃棄物をいい、したがって、産業や営業から生じる様々な廃棄物を含む。「一般廃棄物」の処理は一九七〇年法によれば原則として市町村の責務である。

これに対し、「産業廃棄物」の処理は事業者の責務とされている。「産業廃棄物」の排出者は、その義務をみずから履行するものとされる（三条）。しかし、排出者は、産業廃棄物の処理を他人に委託することができる。産業廃棄物の処理については更に三つの選択肢が存在する。第一に、市町村は、「一般廃棄物」の処理とあわせて、「産業廃棄物」の処理を行うことができる（一〇条二項）。第二に、都道府県もまた、産業廃棄物を処理することができる（一〇条三項）。第三に、民法三四条に基く公益法人であって、地方公共団体から拠出された基本財産を有するもの（指定法人）もまた、産業廃棄物の処理の委託を受けることができる（一五条の五、一五条の六の四号）。これら三つの可能性は、委託料が私企業と比較して高い傾向があることもあって、それほど利用されていない。

排出者の委託を受けて産業廃棄物を処理する私企業については許可制度が存在する。許可は、一九九一年の改正後は、収集・運搬と処理とで分けて与えられている（一四条）。

許可の条件には、事業者の信頼性も含まれる。許可権者としての知事には不許可にする裁量は認められない。一九七〇年の法律の前身は、衛生警察の観点から規律をしていた一九五四年の法律である。そこで、沿革的な理由から、事業者の許可は今日においても「覊束された」許可と考えられている。現在、全国でおよそ五万の企業が許可を受けている。その大半は、収集・運搬のみを請け負う零細企業である。中間処理あるいは、最終処分に特化している企業も存在する。

一九九〇年の改正によって初めて、「一般廃棄物」及び「産業廃棄物」の処理施設にはそれぞれ許可が必要となった（九条、一四条）。それまでは、届出が必要とされたにとどまる。さらに、かつては、行政庁が排出者に対して、有害・有毒物質を工場敷地の隅の地下に埋設するように行政指導していたとも推測される。

今日では、「産業廃棄物」は、原則として山間に埋設されている。私企業は、適地を見つけると、所有者に権利金を支払うか、もしくは土地所有権を取得する。行政庁の許可がスムーズに得られた場合には、最終処分場容量が少ないことから、かなりの利益を得ることができる。

上述のような廃棄物の二区分により、産業廃棄物の処理はほぼ完全に私人の責務とされている。そこで「産業廃棄物」の領域における「排出者責任の原則」は、事実上「自由競争」の原理を意味する。したがって、日本では「産業廃棄物」に関して、（ドイツにおけるような）「行政任務の民間化」という発想ははじめから不要である。

他方、（民間の処理施設に対しては）、常に、近隣住民ないし環境保護派の激しい反対運動がある。新聞報道によれば、一九九七年時点で、民間の産業廃棄物処分場に関する紛争は全国で六〇〇件にのぼっている。

一九七〇年の廃掃法によれば、廃棄物処理施設の許可は、施設が技術的基準を満たしている場合は与えなければならなかった（旧一五条）。この許可もまた、判例によれば羈束されたものと解されていたので、近隣住民は取消訴訟――もっとも発達した行政訴訟類型――の原告適格を有しない。

厚生省令によって定められた水質汚濁防止に関する技術的基準は不十分であると隣人や環境保護団体によって批判されてきた。阿部教授が前回に報告したように、最終処分場の三区分は、監視ないし検査の観点が欠けているため、問題であるというのである。

そこで、許可行政庁は、政策的な理由から、申請の取扱について苦慮することになっていた。法的には、許可の要件の審査は迅速に行われるべきである。そして、近隣住民が強く反対しているか否かにかかわらず、許可は適時に与えられなければならない。しかし、許可の実務においては、しばしば「行政指導」が行われた。行政庁が、近隣住民や市町村の同意書を添付することを求めることもあった。このような実務は、ある見方によれば、（法制度上）欠けている参加を補う機能を有している。しかし、「金銭」と「暴力」による圧力という危険性を否定することはできない。

許可された最終処分場も実際には法制度上期待されているほど安心できるものではないことが経験上明らかになった。私見によれば、仮処分を認容した裁判官は、環境意識を有するに至った平均的な市民の常識に依拠している。

一九九七年の法改正によって、いわゆる「ミニアセスメント」と住民参加が導入された(一五条二項から六項)。この改正によって、紛争の縮減が図られるかどうかは、まだわからない。

私見によれば、行政訴訟に関する裁判所の抑制的な姿勢によって、環境の領域では「行政訴訟の悲惨」を語ることができる。(高木光「環境行政訴訟の現状と課題」森島＝大塚＝北村『環境問題の行方』一〇八頁)。そこで、環境保護派は、近年、次第に「原発の賛否」「最終処分場の賛否」などの住民投票などの政治的手段を多用する傾向にある。

四　おわりに

家電リサイクル法及び産業廃棄物の領域における裁判所の積極的な役割をどのように評価すべきか?希望の糸口を見ることができるのか、それとも、「前近代的な」行政スタイルや規制手法の無力を嘆くべきなのであろうか?

答えは必ずしも簡単ではない。というのは、日本の行政制度が根本的な変革期にあるからである。一九九〇年代には、行政法の根本的な変化につながるような新たな法律が制定された。一九九三年の行政手続法、一九九三年の環境基本法、一九九七年の環境アセスメント法、一九九九年の情報公開法などは、大半がいわゆる「改革法律」である。これらの法律の制定は、私見によれば、法システム全体の不安定性の現われでもある。「命令による形成から社会における自己統御へという現在起きている原理転換は、規制緩和、官僚制打破、国家の負担軽減、スリム化、弱体化などという綱領的なキーワードによって表現される。ここにみられるのは、――とりわけ社会科学者によって展開された――国家の、あるいは法そのものの統御能力を疑う、懐疑的・諦観的なものの見方である。」このようなドイツ公法学者（シュミット・プロイス）の一九九六年の言明は、日本の現状をも表現している。

私が一九九六年に報告したように、一九九〇年代の日本の政治は一種の過渡期あるいはカオス状態と表現することが許されよう。そしてこのような不安定は、通説によれば、世界的な政治経済の変動と日本社会の構造的問題に起因している。大銀行や証券会社の危機は（日本人にとって）大変なショックであり、アメリカによる「軍隊なき占領」が語られている。行政の強さに関していえば、日本の行政の社会における地位はドイツのそれより弱いというのは、ひとつの「発見」であろう。大橋教授の説によれば、日本の行政が行政指導を用いるのは、行政が強い影響力をもっているからではなく、むしろ私人の協力に依存しているからである。

裁判制度及び法学部教育を考慮にいれると、ドイツで法治国家を保障している様々な要素が日本においては欠けていることが明らかである。我々日本の行政法学者は（そして、憲法学者も）常に、日本における法治国家の不完全性を嘆いてきた。更に、我々の多くは、法治国家が完全に近づくと、より環境保護がはかられるという見解を有してきた。

しかしながら、経済学者や技術者はしばしば別の見解をもっていた。日本の環境政策が一定の領域ではドイツにおけるよりも大きな成果をあげたのはなぜかと疑問をもってみると、あるいは、法律家や法学者の観念が常に正当なのかどうかを反省しなければならないかもしれない。いずれにしても、環境保護のために私人を動員する際には、ブローム教授が指摘するように、法改正のトータルコスト、とりわけ行政から裁判制度への負担の転嫁を計算しなければならない。

そして、私人のイニシアティブの利用の有効性は、最終的には、裁判所が社会において適切な積極的役割を果たしうるかに依存する。法学者の見地からは、更に、国家機関のうち、どの機関がより信頼に足りるかが問われるであろう。

一九九〇年代の日本において、多くの政治家及びエリート官僚が汚職によって不信の対象となった。日本の裁判官は（これに対して）、腐敗とは無縁であった。しかし、裁判官が近い将来に、環境政策における協働原則の適切な実現に寄与しうるのかどうかはなんともいえない。

Ⅲ―4　廃棄物法との決別か？
―― 媒体に関連した環境法と物質法との間における廃棄物法の地位について ――

エッカート・レービンダー
宮　地　　基　訳

一　序　論

廃棄物法は、ドイツ環境法の花形として知られており、国際的にも模範とされてきた。これは、環境政策の他のどの分野にも見られないことである。リサイクル法、包装容器令、住宅地におけるゴミ処理の技術的指導、および第一七次連邦環境汚染防止令は、現代の廃棄物法の基本的構成要素であり、これらを手段として、廃棄物による環境への負荷の軽減および資源の保護を目的とした廃棄物経済政策が実施されてきた。確かに、細かい点では多くの問題点や批判が存在する。しかし全体としてみれば、廃棄物法は、環境法の中で、独自の目的、戦略および手段をもった独立した一分野をなしており、その未来は確かなものに思われる。

しかしながら、もっと詳しく見てみると、このような廃棄物法の自信は少なからず揺らいでくる。廃棄物法は、その体系的なアプローチの点でも、また法政策的な観点からも、根本的な批判にさらされているのである。体系的には、廃棄物法は、通常の環境法の体系と調和しない方法を採っている。すなわち、通常の環境法は、環境媒体への負荷、または――多くの媒体を包括して――複合的な環境負荷の源泉である施設、または物質に適用される。施設に関連した廃棄物法のかなりの部分が連邦環境汚染防止法に移されたことによって、廃棄物法からその重要な構成要素の一つが既に切り離されたことになる。このような変更が行われたのは、廃棄物処分施設による環境への負荷と産業施設によるそれとの間に原則的な違いがなく、したがってどちらの施設も同じ要求を満たすべきだとの認識に基づいている。しかし、体系的観点に基づく批判の中心をなすのは、物質移動管理と、それに対応した物質法の形成をめぐる近年の議論である。この議論は、原料生産から廃棄物という産物に至るまでの生産活動サイクル全体を規制対象とすべきだと要求している。もしこのような観点に立つならば、廃棄物法の大部分は一つの包括的な物質法の中に解消することになり、少なくともこれまでのような環境政策上の主導的役割は失われることになろう。

法政策的観点から見ると、廃棄物法は、とりわけ廃棄物経済上の優先順位——処分よりも再利用を、エネルギー的再利用よりも物質的再利用を、物質的再利用よりも廃棄物を出さないこと（廃棄物の回避）を——を設定し、それを秩序法的な審査基準にすることによって、介入主義的な物質移動のコントロールを行っている。このようなコントロールが、環境政策上十分な根拠をもつといえるか、また法政策上主張しうるか否かには、根本的な疑問がある。これに対して批判的なモデルは、廃棄物経済上重要な活動をも含めた、環境に負担をかけるすべての行為について、エコロジーの面から確固とした枠を設定するだけにとどめ、その枠内において、廃棄物の回避、物質的再利用、エネルギー的再利用および廃棄物処分をいかに最適に組み合わせるかは、最終的に市場に委ねようとしている。

二　目　標

現行の廃棄物法が構想しているアプローチが、将来も有効なものかどうかの判断は、特に目標設定の問題にかかっている。歴史的な観点から見ると、これまでは廃棄物から生ずる環境への負荷、すなわち水質、地質および大気の汚染、ならびに土地利用も含めた自然と景観への構造的な侵害などをコントロールすることが、何よりも主眼とされてきた。廃棄物経済上の様々な選択肢を比較した場合、環境への負荷に軽重の差があると考えれば、それらの選択肢に優先順位をつけることは正当化されうる。資源保護という目標設定は、たしかに一九七五年の廃棄物経済プログラムにおいてすでに認識されていたが、——一九八六年の廃棄物法が比較的控えめなアプローチを採用したあと——それが法律上明確に定着したのは、リサイクルおよび廃棄物法が成立してからである。しかし、環境政策的に見てこれが有意義な目標設定といえるかという点では、かなりの争いがある。

天然資源、とりわけ再生不可能な資源の保護は、持続可能な発展という理念の枠内では、ほとんど自明の管理原則である。その際、資源の利用による環境への負荷と、将来の世代が原材料を利用できる可能性とは、もっと厳密に区別されなければならない(1)。

生産のあらゆる段階において材料が加工されることにより、必然的に環境が激しく消耗すること（採掘による損傷、環境汚染、汚染物質の緩慢な拡散、輸送、貯蔵、廃棄物）は、争いの余地がない。このような環境への負荷を減らすためには、二つの根本的に異なったアプローチが考えられる。すなわち、効果に関連した戦略と、利用に関連した戦略の二つである。効果に関連した戦略は、個別的な環境問題が発生した場合に発動されるものであって、——利用に関連した戦略のように——物質の移動が起きた場合に発動されるものではない。利用に関連した戦略は、個別的な物質移動、あるいは——廃棄物法はこれに限定されるわけだが——個別的な物質移動の一部に適用されて、物質循環を減少させようとする。私見では、原則として効果に関連した戦略が優先されるべきである。この戦略は、環境問題の緊急性に応じて優先順位を考え、また問題ごとに、どの物質移動を制御すれば、最小の費用によって環境への負荷を最大に減少させられるかによって、その物質移動に対策を集中させるのに適している。利用に関連した戦略は、材料の加工に必然的に伴う環境への一連の負荷を減少させることができるが、その場合には必然的に目標の厳密性が損なわれ、効率の損失も伴う。したがって、ヴッパータール研究「未来のあるドイツ」の見解ではこの戦略が現代の持続可能性政策への決定的な路線設定であると考えられている――そして資源保護にはそれほどの評価を与えない――が[2]、この戦略は、効果に関連した措置の不備を埋めるための、あくまで次善の解決策と考えられるべきであろう。

　将来の世代による利用可能性を確保するために、原料の消費、とりわけ再生不可能な原料の消費を減少させるという目標を設定する場合、それは狭い意味の環境問題ではなく、資源経済上の問題になる。したがって経済的な視点から見れば、ここで生じているのは各国間および世代間の資源の割当ないし配分の問題であって、その解決は原則として市場メカニズムの中に求め、原料市場――二次的原料の市場も含めて――への国家の介入を行わないという解決策が、まず考えられる。七〇年代における二度の石油価格ショックは、再生不可能な原料の採掘率の減少およびより経済的な利用を促進するという、市場メカニズムの適性を証明した。また、特定の原料の代替をして、将来の世代に同じサービスをもたらすことのできる新しい技術の開発についても、同様のことがいえる。しかしながら、自由主義的な資源経済を採用した場合でも、市場の不完全性によって、原料市場および技術革新の市場に悪影響がおよぶ可能性は認めなければならない。特に考えられるのは、所有権および処分権の配分が不十分であること、将来の不足についての情報が伝わらないこと、割引率に現れるような、将来の不足に対する個人的および社会的評価が崩れること、市場支配力の存在、および将来の原料価格が不確定であるためにリスクが忌避されることといった問題である。世代間の公正という目標も、市場を通じて自動的に達成されうるものではない。この場合、このような市場原理の不完全性に対する評価ごとに、アクセントの置き所は異なってくる。現在の不確実性を考えれば、さしあたり説得力があるのは、資源への配慮という意味で、材料の消費を減らす努力をすることである。このことは、連邦環境局の報告「持続可能なドイツ」[3]でも、唯一の目標というわけではないものの、前提とされている。

しかしながら、原料の節約という資源経済的動機をもった戦略の問題点は、多くの市場が国際的に密接に関連していることにある。先進工業諸国が原料を節約することは、価格への影響、すなわち需要の減少による価格低下を招き、中長期的に見ると、中進国および発展途上国における需要の増大を招きかねない。その結果、原料の消費は単に場所が移動するにすぎない、それどころか消費の増大につながるかもしれない。したがって、ここではグローバルな解決策が不可欠である。もちろん、原料に関する協定やカルテルの経験から見れば、それが確実に成功するとはいえない。一国による原料節約の戦略は、国際的なコンセンサスを呼びかける模範としての一時的な意味を持つにすぎず、長期的な目標を達成できるものではない。これに対し、資源の節約または代替につながる技術の開発や、おそらくはまた、そのような技術の市場への投入を促進する措置をとることは、いかなる場合でも有意義である。

このような状況においては、資源の利用が環境に及ぼす効果に関連する観点を重視し、その観点から、環境への負荷全体の減少ではなく、目標を絞ったコントロールを目指すというやり方に、おおかたの支持が集まる。原料を獲得および加工するときに厳格な環境保護および自然保護の条件を課すことは、材料の使用をコントロールする効果をも持ちうる。これは特に、エネルギー原料の場合にいえることで、二酸化炭素の排出を削減するために決められた政策が、副次的な効果として天然資源の保護にも寄与することになる。このような措置は、一般的・包括的に物質の量を最小限に減らすといった措置よりも、正当化されやすい。見方を変えて、資源保護を環境保護の上で同じくらい重要な目標だと考えた場合でも、廃棄物経済による資源保護は不完全であり、それどころか、物質移動全体に影響を与えることに成功しない限り、割に合わないこともある。たとえば、一年間の石油生産量全体のうち五％だけがプラスチック生産に使われ、九五％がエネルギー生産や暖房のために使われているとすると、効果的で効率的な資源保護のためには、真っ先にエネルギー生産や暖房をコントロールしなければならないということになる。そう考えると、プラスチック包装材のできる限り多くを物質的に再利用しようとする廃棄物経済上の努力は、すでにほとんど隙間の政策に近い。

三　廃棄物法と環境への負荷

現行法によれば、廃棄物法の特徴は特に次のような規制にある。

・経済的に可能な廃棄物経済上の選択肢のうち、環境の観点から最も有利なものを選ぶ（廃棄物の回避、物質的再利用、エネルギー的再利用、焼却、および埋め立てといった選択肢の間の優先順位の設定）こと。その際、絶対的および相対的（比較的）分類基準の複雑なシステムが存在し、その中でも無害性のメルクマールが、廃棄物法に特有の基準として中心的な地位を占めている。（ここでは、価値の高い再利用の原則が、追加的な義務なのか、それともプログラム原則にすぎないのかという、争いのある問題には立ち入らないことにしたい。）

・廃棄物処理施設の立地および運営についての基準

・廃棄物輸送についての基準（廃棄物の所在の証明）

・二次的原料に関する製造基準

これらの規制は、とりわけ次のような考え方に基づいている。すなわち、廃棄物および廃棄物経済上の措置から生ずる環境への負荷、つまり汚染や構造的影響は、一般的な環境法による介入とは異なるやり方の、市場操縦またはその他の規制による介入を正当化するという考え方である。とりわけ、廃棄物経済上の優先順位に関する規制は、実現不可能であり、結局単なる象徴的な立法にすぎないと批判されることが多い。よく聞かれる反応は、もっと規制を強めるべきだとか、命令や行政規定によって廃棄物法上の義務をもっと具体化すべきだとか、もっとしっかり執行すべきだといったものである。しかしながら、リサイクルおよび廃棄物法の基本構想自体も、根本的な疑問にさらされている。

一九九八年の環境鑑定書において、環境問題の専門家審議会は[4]、将来の、市場原理をより重視した廃棄物経済の構想を提示し、一方で、廃棄物経済上重要なすべての活動に対して、環境政策上の枠を定める厳格な条件を課し、他方で、この枠の中では、環境目標を達成するに当たって市場および競争プロセスが働く余地をより広く認めることを提案した。環境審議会の中心的な要求は、廃棄物政策上の規制の範囲および強度を、環境政策上実際に必要な程度まで縮減することにある。審議会は、規制されるべきは、廃棄物の流通ではなく、廃棄物経済上の活動だと主張する。この目的のためには、廃棄物処理によって環境にかかる負担（汚染、自然的生活基盤への構造的介入）の全コストを、秩序法的および市場経済的手段を用いて、できる限り迅速かつ直接に、原因者（たとえば処理施設の運営者）に負担させるべきだという。そしてエコロジーの観点から望ましくない処理方法は、禁じられるべきだと主張する。一部の廃棄物再利用についていえるように、廃棄物処理に課せられている現在の基準が不十分な部分では、――ここではいかなる犠牲を払っても再利用しようとする最近の傾向のことを考えているわけだが――現行法を強化することが望ましいと主張している。特に重要なことは、廃棄物経済から生ずるものであれ、他の経済分野から生ずるものであれ、環境に対する等しい負荷は等しく扱われるべきだという、環境審議会の要求である。廃棄物流通がコントロールできなくなる事態を避けるためには、生産活動サイクル全体について、統一的で一貫したエコロジー的な枠組みがつられるべきである。廃棄物焼却施設から出る汚染（第一七次連邦環境汚染防止令）と、他の技術的施設、とりわけ再利用施設および廃棄物燃料化施設（Mitverbrennungsanlagen）から出るエコロジー的には同等の汚染、（第一三次連邦環境汚染防止令、TA大気）とで、扱いが異なっていることは、この原則に対する違反の重大な一例である。逆に、埋立処分場によって土地にかかる負担が、なぜ廃棄物焼却施設や化学施設によってかかる負担よりも厳しく扱われなければならないのかという疑問もある。同じことは製品に関する基準についてもいえる。特に、一次原料と二次原料とで異なる基準を課す理由はない。

最近ではコッホとレーゼも(5)、分類基準の価値開放性と複雑性の点、およびそこに含意されているエコロジーへの「負担セット」の比較という点、さらにまた市場原理にあわないという理由でも、現行の廃棄物法を批判している。彼らは、物質、施設、および媒体に関連した環境法を一貫して適用するという枠内で、柔軟なコントロールを行うことがもっとも望ましいと考えている。

このようなシステムにおいては、処理に課されている環境政策上の基準を維持するためのコストは、一連の廃棄物発生者の間で次々に転嫁されていることになる。廃棄物処理の価格は、一方では様々な処理方法によって環境に対する負担が異なっていることの現れであり、他方では、処理能力が限られていることを示すものである。廃棄物処理の価格は、廃棄物発生者にとって、廃棄物を出さないように、あるいは再利用するようにさせる動機づけともなりうる。その際、原因者が相対的な価格に基づいて決定を下すのであり、この価格は、他方ではエコロジー的な枠組みとなる諸条件に決定的に影響を受けるものであって、決して国家が、回避、再利用または処分をエコロジーの観点から比較して、また再利用と処分の方法を比較して決定を下すわけではない。この結果、回避と再利用は、環境政策的にかつ経済全体からみて最適の水準で行われることになる。リサイクルは、国家のコントロールの結果ではなく、「正しい」エコロジー的な枠組みとなる諸条件の結果なのである。

もっとも、廃棄物経済において環境政策による枠組み規制を行う場合、その効果のほころびが一つの問題となる。特に、違法な規制逃れの行為、情報の欠如（たとえば廃棄物の組成に関する情報の欠如）、および次々に加工されていく過程の中で、コントロールのための誘因が薄まってしまうことがあげられる。この結果、比較的高い廃棄物処理価格が一連の原因者の間で次々に転嫁されず、最小のコストで可能な場合には、行動の調整を引き起こす可能性がある。このような効果のほころびを克服するために、特に不適切な処理によって比較的大きな環境問題が起きる場合（たとえば有害物質を含んだ電池の場合）には、回収義務または生産者が保証金を支払う義務を導入することが考えられる。このような手段によって、処理の責任が最終消費者から製品を流通させた者（生産者、輸入者）に移り、処理コストを後者に直接負担させることになる。様々な物質が入り交じった廃棄物の場合には、処分の秩序法的義務を課し、ここで追求されている市場モデルとは別に扱うことが適切かもしれない。違法な規制逃れの行為をコントロールするためには、あらゆる種類の廃棄物の所在を十分正確に追跡できるような、証明義務のシステムが必要である。

廃棄物の扱いに伴う環境へのあらゆる負荷に、適切な手段の導入によって限界が画され、効果のほころびが取り除かれれば、既存の介入主義的な廃棄物経済上の規制の多くは、なくすことができるであろう。これには、処分よりも再利用を優遇するための措置、供出義務（Andienungspflichten）（ただし、収集における規模の利益および合同の利益を確保するのに役立たない限りで）、狭い地域での自主処理、公の機関による処理の独占、収集および再利用の割当制などが含まれる。

もっとも、これらはすべて当面は机上のモデルにすぎない。これを実現するためには、危険の防止および将来への配慮という観点から、環境上の目標を正しく設定することが前提条件となる。しかしながら、純粋な法律制度としてはすでに十分なものに見えるとしても、廃棄物経済上重要な諸活動すべてを対象とするそのような完全なエコロジー的枠組みは、今のところ存在しない。(6) そのような枠組みは、汚染の側面から――包括的な汚染の数値および場合によっては排出量の制限によって——、行為者の自由な選択可能性によって生ずる「最悪の事態」に、適切に対処できるようなものでなければならないであろう。たとえば、行為者がすべての廃棄物を焼却すると決定した場合がそうである。ただし、焼却施設が少ないため、またその結果生ずる処理費用の高騰によって、そのような決定には限界があるだろうが。さらに、広く行われている技術的な配慮の結果、施設のタイプごとに違った基準が求められることになる。ここでも、若干の修正が必要になろう。特に、リスクに関連した排出数値のシステムが作られねばならず、あるいは少なくとも技術に関する排出数値の大幅な統一化がなされなければならない。最後に、これからは、一次原料から作られる製品に対する製品基準が、全体として廃棄物の特殊性、とりわけ様々な物質がひどく混じり合っているという特殊性を十分考慮に入れているとは考えられなくなる。原則的には、構造的侵害および汚染が環境に及ぼす影響に関する知識の欠如という問題点は、克服することが困難だと反論することもできるかもしれない。しかしながら、再利用率の設定や、廃棄物回避の要求による廃棄物量の制限といった、廃棄物経済に特有の規制も、同様に認知の問題を抱えていることは強調されなければならない。とりわけ、達成しようとする比率ないし数量目標によって、どのような環境への負荷の軽減がもたらされるのかが、知られていなければならない。最近では、前提条件や著者の立場によって違った結論が導かれる「環境収支評価の争い」が見られるが、これはこの問題を示すものである。それでも、これらあらゆる不確実性から見て、規制緩和およびそれに伴う廃棄物法の規制改革に際しては、慎重さが望まれる。賢明だと考えられるのは、漸進的な政策を採ることである。そしてその政策は、できる限り同じエコロジー的な枠組み条件を作り出すために、既存の授権を利用することを最優先の目標にすべきであろう。また、ドイツの廃棄物政策はヨーロッパレベルで設定される枠組み条件に拘束されており、根本的な変更もすべてヨーロッパレベルで達成されなければならないのであるから、長期的な展望をもつことが必要である。

四　廃棄物法と物質法

規制緩和のアプローチ ― 正しい規制緩和および規制改革のアプローチ ― によって、廃棄物法を大幅に廃止し、媒体および施設に関連した環境法を目指そうとする場合、物質移動管理の構想では、廃棄物法の特殊性を維持しながらも、これをより大きな全体の中に解消させようとする。物質移動管理の目標は、物質を最適にする経済、あるいは少なくとも物質を少なくする経済によって、生産活動サイクル ― 原料の獲得から廃棄物という産物に至るまで ― における資源消費および環境負荷を全体として減少させることにある。その際に中心的な地位を占めるのは、物質装入量および物質損失を減少させることによって、天然資源、とりわけ再生不可能な天然資源を保護することであるが、生産活動サイクルにおいて生ずる狭義の環境負荷だけを考えた場合にも、この構想を適用することができる。その場合には、基本テーゼは、包括的な形での物質装入量および物質損失を減少させることにより、大量の環境負荷を減少させるということになる。

物質移動管理の手段としては、秩序法的規制または経済的な手段のほか、生産活動サイクルに参加する行為者の自主規制という方法も考えられる。この方法によれば、この構想が必然的にある種の強制経済につながるのではないかという懸念が、緩和されることになる。

この種のアプローチをどのようにして法的に定着させるかについては、様々な提案がなされてきた。一九九三年に、ゲーバース、フエール、ヴォルニーの三人は、物質の流れを全地球規模でコントロールすることを提案した。(7) この提案によれば、有害物質の回避、資源投入の最小化、物質混合の回避および透明性といった基本的義務を行為者に課し、かつ物質移動の目標値を設定することによって、物質の流れをコントロールする。また、生産活動サイクルの各段階においては、特別の要求を課すことができると提案している。生産過程においては、自己規制を促すために、環境収支評価が定められるべきだという。

私自身も、一九九五年にドイツ連邦議会のアンケート委員会「人間および環境の保護」の依頼により、完結した物質法の構想[8]を開陳したことがある。もっとも、私は、物質移動管理という目標設定に完全に同意したわけではない。この構想では、物質政策の諸原則と行為者の基本的諸義務の他に、特に物質および材料についての目標設定をする権限を与えることとした。この目標設定は、場合によっては個別的な目標値を定めることにより、各部門、生産物および生産物群に割り当てることもできる。目標値の設定は、考量を通じて行われる。すべての手段は、オープンに作られているものとする。しかし、大量物質および資源としての材料については、経済的手段および柔軟な手段が優先される。

環境法典の委員会草案は[9]、総則の生産物の章において、有害物質だけではなく、大量物質および天然資源たる材料についても扱っている。これによってこの草案は、包括的な物質法の基礎を作り出しており、そこには物質政策の諸原則、環境への負荷および資源の消費をさけるべき生産者、販売者および利用者の基本的義務、および広範囲にわたる命令への授権がふくまれている。しかし、廃棄物法と結びつけることには成功していない。

ブラントとレックザイゼンによる最近の研究は[10]、これまでにあげたモデルとは逆に、演繹的ではなく、帰納的なやり方をとっている。すなわち、個別の物質移動――建築物資と自動車――を調べて、それに適した物質移動管理の手段を考えるのである。著者らは、手段を投入するための出発点として、代替可能性、すなわち資源への負担がより少ない物質または方式の可能性を確かめる際の、環境収支評価の重要性を強調している。建築物資の場合には、特に、建築物資投入のための取引可能なライセンスのシステムを導入するための基盤として、総量規制を行うことが提案されている。著者らの考えでは、これらの手段は、他の様々な物質移動についても、考慮の対象になるという。

すでに述べたように、私は、物質移動管理の構想にどちらかというと懐疑的な立場に立っている。その理由は、第一に、より強く目標に関連した（すなわち効果に関連した）政策がもっている、実効性および効率性という利点を放棄することになるからであり、第二には、中心的な位置を占めている資源保護という目的は、私見では、狭義の環境負荷を減少させることを目指した政策によって間接的に追求した方が、よりよく達成できるからである。[11]いずれにせよ、物質移動管理の構想により、廃棄物法の意義がかなり失われることは、疑いの余地がない。この構想は、それが一次原料であれ、廃棄物から得られる二次原料であれ、物質それ自体に目を向けるものであり、全体としての最適化を追求する傾向がある。これにより、廃棄物側に過剰な要求を課すことによる生産活動サイクルの終末部における一面的な最適化が避けられ、材料投入の際の減少可能性に目が向けられている。もちろん、すでに現行法の下でも、生産領域における廃棄物法の自律性というイメージからは決別しなければならない。リサイクルおよび廃棄物法二二条において生産物責任が定められていることからしてすでに、廃棄物に関連した一面的な最適化とは違っている。廃棄物経済上の優先順位の設定に関する規制、とりわけ再利用の優先および許容といった規制の中で、中心的な位置を占めている無害性の要求は、そのような要求が真っ先に物質法に向けられていること、とりわけ、内容的にも手続的にも、廃棄物法よりも実態に密着した規制を定めている化学物質法とそれにもとづく諸命令および建築生産物法に向けられていることを、おおい隠すものである。その限りでは、再利用に高い価値を与える必要性について、批判的に再検討されなければならない。

五　結　論

環境法の「経路依存性（Pfadabhängigkeit）」から見て、二つの競合する改革アプローチのうち、どちらかが近い将来に実現するという可能性は低い。このような――立場によつて懐疑的というか、慎重なというかはともかく――見通しの根拠として、さらに、ここで問題になっているのが単に環境法の体系化の問題だけではなく、きわめて重要な環境政策上の路線決定にかかわる問題だということがあげられる。さらに、これらの路線決定は、それに相応するＥＣ法上の前提条件がなければ、これを実現することができない。いずれにしても、これら二つの改革構想は、現行法の評価および今後の発展について、詳細にわたって考える重要なきっかけを与えてくれる。長期的な発展の展望を視野に入れれば、形式的意味での廃棄物法の将来は、決して確実なものとは思われない。もちろん、実質的な意味での廃棄物法は、常に存在し続けるであろうが。

（1）　Rat von Sachverständigen für Umweltfragen, Umweltgutachten 2000, Tz. 47.
（2）　BUND/ Misereor（Hrsg.）, Zukunftsfähiges Deutschland, 1996, S. 53 ff.
（3）　Umweltbundesamt, Nachhaltiges Deutschland, 1997, S. 40 ff. 174 ff.
（4）　Rat von Sachverständigen für Umweltfragen, Umweltgutachten 1998, Tz. 695 ff.
（5）　Koch/ Reese, Abfallrechtliche Regulierung der Verwertung – Chancen und Grenzen, DVBl. 2000, 300.
（6）　恐らくこれとは異なる見解として、Koch/ Reese, a. a. O., S. 311 f.
（7）　Gebers/ Führ/ Wollny, Ökologische Stoffwirtschaft – Grundanforderungen an eine Stoffflußregulierung, 1993.

(8)　Rehbinder, Konzeption eine in sich geschlossenen Stoffrechts, in: Enquete-Kommission „Schutz des Menschen und der Umwelt“ des Deutschen Bundestages (Hrg.), Umweltverträgliches Stoffstrommanagement, Bd. 2 (Instrumente), 1995.

(9)　Bundesministerium für Umwelt, Naturschutz und Reaktorsicherheit (Hrg.), Umweltgesetzbuch (UGB-KomE), Entwurf der Unabhängigen Sachverständigenkommission zum Umweltgesetzbuch beim Bundesministerium für Umwelt, Naturschutz und Reaktorsicherheit, 1998, §§ 115-123, Begründung S. 673 ff.

(10)　Brandt/ Röckseisen, Konzeption für ein Stoffstromrecht, Forschungsbericht 10106083 im Auftrag des Umweltbundesamts, 2000 (im Druck).

(11)　Hecht, Stoffpolitik als Ordnungspolitik, 1999.

Ⅲ―5　廃棄物処理に関するヨーロッパ法的諸問題

フリードリッヒ・ショッホ
川又伸彦訳

一　ヨーロッパ域内における廃棄物法の最近の展開

ドイツにおいて、今日、何れかの法問題に深く関わっている者は、法問題へのアプローチの視点を国内的な次元からヨーロッパ的な次元へと拡張することを避けられない。国内法の「ヨーロッパ化」は、いわばよく知られた名言にまで昇格した。この言葉で表される、国内法にヨーロッパ共同体法（EG-Recht）が浸透していく過程は、もちろん廃棄物処理法についても当てはまる。

1　ドイツにおける、廃棄物処理の部分的民営化

ドイツの廃棄物法に対するヨーロッパ法の影響をよりよく理解するためには、最近の展開を概観しておく必要がある(1)。一九九六年一〇月六日に発効したドイツ循環型経済及び廃棄物に関する法律の**目的**は、天然資源の保護のために循環型経済を促進し、廃棄物の環境に適合した処分（Beseitigung）を確保することである（KrW-/AbfG 一条）。循環型経済の**原則規定**は、廃棄物が、まず第一に（とりわけその量と有害性を減少させることで）発生が抑制され、第二に資源あるいはエネルギー（つまりエネルギー源）として再利用されねばならないと定める（KrW-/AbfG 四

条一項）。再利用されない廃棄物は、公益にかなうように――一定の法的基準に従って――「処分されなければならない」（KrW-/AbfG 一一条一項）。したがって、法律上、目的の明確な序列が存在することになる。[2] 廃棄物は、可能な限り、発生を抑制されなければならない。そして、これができないときに、処理されることになる。この場合、廃棄物の再利用が処分に優先する（KrW-AbfG 五条二項二文）。[3] であるから、**廃棄物の処理**（Entsorgung）は、廃棄物の再利用及び処分を含む（KrW-/AbfG 三条七項）。

しかし、ドイツ廃棄物処理法のこういった**二元的システム**は、上述した廃棄物の処分に対する再利用の優先という、環境法的要素だけを有しているわけではない。経済行政法的な要素も、加わっている。ある程度単純化すれば、――とくにいわゆる事業系廃棄物（Gewerbemüll）については――**廃棄物処分**が、その重点はあいかわらず（つまり旧廃棄物法のもとでと同じように）、公的な生存配慮の任務である（KrW-/AbfG 一三条一項及び四項一文を参照）[4] のに対して、**廃棄物再利用**は圧倒的に私的な法主体に義務づけられている（KrW-/AbfG 五条二項一文）[5] ということができる。したがって、廃棄物処理の部分的民営化について論じることができる。[6]

このため、ドイツの新法の基盤には、公的な廃棄物処理と私的な廃棄物処理の両方が併存している。[7] 法律の規制哲学に従えば、廃棄物は循環経済の再利用に供給されるべきであり、それ以外については、環境に適合した処分が確保されるべきである。[8] しかし、詳細に見ると、一見したところ明白な感のあるシステムは、矛盾や摩擦をしめす。こういったことは、とりわけ法的、経済的、そしてエコロジカルな性格を持っている。

・**法的**に、どの廃棄物が再利用されるべきでどの廃棄物が処分されるべきかということは、一義的に定められていない。法は、これについて簡単に「再利用廃棄物とは、再利用の対象となる廃棄物をいう。処分廃棄物とは、再利用されない廃棄物をいう」（KrW-/AbfG 三条一項二文）と定める。法律学は、議論は対立しているもののの――とりわけ原材料としての再利用及びエネルギーとしての再利用という基準（KrW-/AbfG 四条三項及び四項）

に関して ―― 実態及びルールの解明に努めているが[9]、裁判の具体例はあまり見当たらない[10]。

・**経済的**な原因は、利益に誘導された法的論争を多様に引き起こすことについて、決定的である。廃棄物処理は、いつのまにかきわめて儲かる仕事になった。「商品としての廃棄物」によって利潤を得られるようになって以来、ほとんど「廃棄物のための闘争（Kampf um den Abfall）」ともいうべき事態が生じているのである[11]。こういった背景のもとに、廃棄物処理の二元的システムにおいて、利潤追求に適った定義にしたがって、具体的な廃棄物を ―― 立場に応じて ―― 再利用廃棄物（私経済）と処分廃棄物（公共体）に仕分けしようとする経済的合理性が求められるようになった[12]。

・**エコロジカル**には、廃棄物の再利用は廃棄物の処分に対して、一般に、環境により適合した処理方法とされている。このため、民間処理に経済的に有利な、重要な議論が起こっている。しかしながら、廃棄物再利用の実態を見ると、所々で様子は異なっている。炭坑を廃棄物で埋設したり[13]、セメント工場のなかで［セメントの原料を加熱する際にエネルギー源と］廃棄物を一緒に焼却することは[14]、反対すべき「安価な再利用」として批判されている[15]。とりわけ、産業施設における廃棄物のいわゆるエネルギー的再利用は、煤煙浄化の要請が、廃棄物処分の場合の廃棄物焼却施設に対して適用される基準よりもはるかに低いレベルであるとして批判されている[16]。

こういった三要素をまとめると、いずれの危険及びいずれの帰結を ―― 再利用か処分かを決める ―― 廃棄物の仕分けと結び付けられるか、直ちに明らかとなる。

2　廃棄物法の国際化 ―― 廃棄物の輸送

問題は、利害状況の国際的な次元を考慮に入れると、その分やや複雑になる。廃棄物排出者及び廃棄物占有者に対しては、経済的な理由から、さまざまに、**外国での廃棄物処理**の提供がある。本稿の考察は、ヨーロッパ共同体（ＥＧ）加盟国の領域に限定される。廃棄物の処理が、ＥＧ加盟国内よりもＥＧ以外の国のほうが安価であれば、いわゆる廃棄物輸出は、儲かる商売となろう。**廃棄物輸送法**は、廃棄物の流れを操作するハンドルとなる。目下ヨーロッパ裁判所（EuGH）に係属している二つの最近の事例が、診断をより明らかにしてくれるであろう。

・複数のドイツの企業は、代替燃料として機能する混合廃棄物（おがくず、塗料やペンキの泥状になったもの、廃油の泥状になったもの、溶剤など）を、セメント工場の炉で焼却するためにベルギーに輸送しており、ベルギーでは、セメント産業において、本来の燃料源の三分の一まで代替で用いられている。ドイツの官庁が、こういった廃棄物の輸送に対して、廃棄物処分のために不法な輸送が行われているとして異議を申し立てたところ、ヨーロッパ委員会［ＥＧ委員会］は、二〇〇〇年六月六日に、ドイツ連邦共和国に対し、条約違反であるとの訴えを EuGH に提起した。[17] 委員会は、廃棄物再利用のための合法な輸送であると主張している。

・**特別に監視の必要な廃棄物**（「特殊ごみ」）については、ラント法上の提出義務があり、こういった廃棄物の排出者及び占有者はこの「特殊ごみ」を決められた場所に提出する義務を負い、集積場では、この廃棄物の処理をさせる場所、人及び手続を決定する。[18] 性質上、提出義務は、共同体内部における「特殊ごみ」の取引を制限する機能を果たす。学説では、輸送規制は、ヨーロッパ法上、処分廃棄物についてのみ許されるのか、それとも再利用廃棄物についても許されるかで争いがある。[19] ドイツ連邦行政裁判所は、EuGH に対して、国内法が、廃棄物を故意に国境を越えて輸送することを一般的に廃棄物の提出及び割り当て（Zuweisung）に関する固有の行政手続によって操作できるのか、という問題を移送した。更に、ドイツ連邦行政裁判所は、EuGH に対して、廃棄物を外国の処理施設に割り当てることを、その施設がドイツ法の環境保護要件に適合していない（もっとも、当該施設のある加盟国の方及び共同体法には適合している）ことを理由に拒否することが、ＥＧ法に反するかという問題も提起した(20)。

実務におけるこの二つの例は、廃棄物処理に関するEG法の意義を示唆するのみならず、むしろ同時に、「環境」と「経済」の緊張関係における紛争領域を明らかにし、国際的な法体制の構築を促す。というのは、基本的自由を伴ったヨーロッパ域内市場における各国の法秩序が、もはや、法に課せられた秩序付け統制する機能を十分に果たし得なくなっているからである。

EG法レベルの廃棄物輸送法の出発点は、国境を越えた廃棄物の流れが、結局、処理能力の違い、（処理）価格の相違及び廃棄物処理施設に対する実質的な要請に国による違いのあることを表すものであり、また実際の再利用と処分の過程を示すものであるという認識である(21)。EGの廃棄物輸送法はこれを出発点とし、市場統制の過程に介入している。問題のある廃棄物輸送を問題のない廃棄物輸出から区別しようとする試みがなされ、環境保護は、固有の廃棄物処理にあたって初めて考慮されるのではなく、国境を越えた廃棄物輸送の許容性を決定する際の前提として考慮され、市場メカニズムを通じての廃棄物の流れの統制には、行政法的な限界が画される。

EG廃棄物法は、本稿の問題関心との関連では、一つの規則及び一つの命令を根拠としている。

・廃棄物をヨーロッパ共同体の内部で、内部へ、及び外部へ輸送することの監視及び統制に関する一九九三年二月一の理事会規則（EWG）Nr.259/93（EG-AbfVerbrVO）は、共同体法レベルの規律体制の法的中心を形作っている(23)。この規則の制定は、EG条約の域内市場に関する権限（旧EGV一〇〇a条＝新EGV九五条）ではなく、環境に関する権限（旧EGV一三〇s条＝新EGV一七五条）に基づいており、その法的実効性は、EuGHによって明示的に確認された(24)。法形式の選択について注目すべきは、EGが、環境法においてはむしろ典型的とはいえない、規則という手法を用いたことである。このことは、共同体法の統制効果の意図を強調している。というのは、規則という形式は、一般的効力を有し、すべての部分が拘束力を有し、そしてすべての加盟国に直接に適用されるからである（旧EGV一八九条二項＝新EGV二四九条二項）。実質的に、ＥＧ廃棄物輸送規則は、再利用目的の輸送と処分目的の輸送とを区別している。廃棄物の再利用は、廃棄物の処分に比べて、一貫して自由なものとされている。この点については、後にまたふれる。(25)

・廃棄物に関する一九七五年七月一五日の理事会命令(26)――いわゆる廃棄物大綱命令（EG-AbfRRL）――は、第一に、廃棄物処分に関する法規定のＥＧ加盟国間での調和を目指しているが、さらに環境保護の領域では生活水準の向上をも目的としており、また競争条件の不均衡を排除することを通じて共同市場の活性化に貢献しようとしている。(27) ＥＧ廃棄物大綱命令に基づいて、EuGHは、ヨーロッパ廃棄物法に関する重要な一連の判決を下している。そして、裁判所は、ドイツ法の廃棄物概念が、経済的な再利用に適している資源及び物品も「廃棄物」概念に組み込んでいるＥＧ法の基準と、完全には一致していないと認定しなければならなかった。(28) この判決を裁判所は踏襲し、そして次のように強調した。すなわち、ＥＧ廃棄物大綱命令によって採用された監視と統制のシステムは、所有者が廃棄しようとしている資源及び物品のすべてを含むのであり、このことは、資源及び物品が交換価値を有し、商業的に、利用、再生、再利用の目的で回収されているときもそうである、と。(29) 別の判決で、EuGHは、ＥＧ法における廃棄物概念は、基本的に、［生産過程で生じる］残滓、副産物ないしその他の生産過程で生じる資源のいずれも排除するものではない、と判断した。(30) そして、裁判所は、廃棄物の「中継保管」もまた、ＥＧ廃棄物大綱命令の適用範囲にはいるとしたが、単なる「一時的保管」は含まれないとした。(31)

・全体として、ＥＧ廃棄物法は、この間に、広い適用範囲と――国内的廃棄物法の形成に鑑みて――軽視することのできないほどの［国内法への］介入とを獲得した。国境を越えた廃棄物輸送に関して、ＥＧ法は、国際法的な合意に組み込まれた。(32) 言及すべきものとしては、「有害廃棄物の国境を越える輸送及び処理の統制に関するバーゼル合意」があり、これは国連の場において締結され一九九二年五月六日に発効した。(33) EGは、この合意に加盟している。

3　EG条約の商品流通の自由による廃棄物輸出の保護

これまでの論述は、EG廃棄物法の環境法的な切り口を取り上げてきた。しかし、これによっては、実際問題の法的な側面が論じられたにすぎない。というのは、EG廃棄物法のエコロジカルな目的設定には、経済的な次元が補足されなければならないからである。

廃棄物輸送は、これについての典型的な例である。廃棄物輸出は、つまり、EG条約の基本的自由に組み込まれているのである。(34) このため、EG加盟国間の廃棄物輸送は、EG法の環境原理と市場原理の基本的な対立を際だたせている。(35)

こういった対立は、一九九二年にEuGHが、廃棄物は――それが再生や再利用のできるものであれそうでないものであれ――自由な流通のもとにおかれる「商品」と評価されるべきであり、その場合、この流通は原則として妨げられてはならないと明確に判断して以来、(36) 危険なものとなっている。確かに、EuGHは、環境との関係で、廃棄物は「特別な種類の物品」であると付言してはいる。(37) しかし、こういったそれほど明確でない言葉は、廃棄物の搬出または搬入の制限は法的な意味で商品流通の自由（旧EGV二八条、二九条＝新EGV三〇条、三四条）に対する侵害を構成するのであり、EG法的に正当化される場合にのみ認められ得るという確定的判断を何ら変えるものではない。(38) 廃棄物をベルギーのセメント工場へ燃焼させるために輸送することを国民国家的に（Nationalstaatlich）妨げる場合、いうまでもなく搬出の制限が問題となる。そして、同様にすでに言及した特殊廃棄物の場合のラント法上の提出義務は、結果として、「同じ効果を持った措置」を構成するのであり、やはり同じように法的

な正当化が必要である。(39)

量的な観点から搬入・搬出を制限することやそれと同じ効果を持った措置が法的に許されるかの判断にあたっては、EuGH の判決によると純粋に経済的な目的では商品流通の自由の制限を正当化することはできないことを、(40) まず想起するべきである。他方で、ＥＧ条約自身は、旧三〇条（新条約三六条）において、明示的に、商品流通の自由はとりわけ人の健康及び生命の保護のため制約されうると規定している。にもかかわらず、こういった理由は、上述の関連では、ほとんど与えられていないであろう。(41) もっとも、ＥＧ条約の環境についての章（旧 EGV 一七四条以下＝新 EGV 一三〇 r 条）に立ち返って、EuGH は、当該措置がその国で排出された廃棄物と搬入された廃棄物とを区別することなく適用されしかも比例原則を充たしているときは、環境保護の強い要請という理由からも商品流通の自由の制限は許されるとしている。(42) こういった要件が充たされているかどうかは、個別の場合に慎重な判断を要する。実務ではこういった場合、環境法的な規制には、処分廃棄物のほうが再利用廃棄物よりなじむ。

二　処分廃棄物と再利用廃棄物の法的区別

概観した範囲において、処分廃棄物と再利用廃棄物の区別は、具体的な法問題の解決にとって、きわめて重要な意義を獲得している。その限りで、事情は、ＥＧ法においても国内の廃棄物法においても変わらない。廃棄物の処分と廃棄物の再利用は異なった法的合理化に従っている。このことはとりわけ二つの点において明らかとなる。すなわち、処分廃棄物と再利用廃棄物とで原理が異なるということと、廃棄物輸出を阻止する官庁の可能性が異なるということである。

1　ヨーロッパ廃棄物処分法の基本構造

第一次的共同体法によれば、ＥＧの環境政策は、個々の地域の様々な実状を配慮したうえで、高いレベルを目指している（旧 EGV 一七四条二項一文＝新 EGV 一三〇 r 条二項一文）。このことは、いうまでもなく廃棄物法にも当てはまる。したがって、ＥＧ加盟国は、廃棄物大綱命令四条に従って、人の健康を害することなく、また環境に有害となり得るような手続きや方法を用いることなしに廃棄物を再利用しまたは処分することを確立するために必要な措置を講じなければならない。

この関連で、**自己処理**（Entsorgungsautarkie）の原則及び**直近処理**（Entsorgungsnähe）の原則は、実務上重要な意義が与えられる。これらの原則は、第一次的共同体法の原則に根拠をおいている。というのは、環境に悪影響を及ぼすものは、優先的にその源泉において制圧されなければならないからである（旧 EGV 一七四条二項二文＝新 EGV 一三〇 r 条二項二文）[43]。もっとも、「自己処理」及び「直近処理」は、ＥＧ廃棄物輸送規則（四条三項、さらに第一〇理由）及びＥＧ廃棄物大綱命令（五条）においては、廃棄物の**処分**ないし**処分施設**との関連で言及されているだけであり、したがってこれらの原則はその限りで妥当しているにすぎない。これに関して、EuGH は、ＥＧ法によって処分廃棄物と再利用廃棄物の扱いが異なっている点に、ＥＧの環境政策の発展においてこれら二つの廃棄物の果たす役割の違いが表現されているとコメントした[44]。

ＥＧ加盟国間での廃棄物の**輸送**の場合、処分とされた廃棄物に関しては、詳細に規律された行政手続きが定められている[45]。処分廃棄物を他のＥＧ加盟国に輸送しようとする者は、その旨を目的地の管轄官庁に通知する（notifizieren）とともに、発送地の管轄官庁に連絡（unterrichten）しなければならない（EG-AbfVerbrVO 三条）。目的地の管轄官庁は、廃棄物輸送計画に同意するかを決定する（EG-AbfVerbrVO 四条二項）。通知した者が、目的地の管轄官庁による許可を受けた後でなければ、輸送はできない（EG-AbfVerbrVO 五条一項）。そして、重要なことは、発送地の管轄官庁が、廃棄物輸送計画に対して**異議**を申し立てられることである（EG-AbfVerbrVO 四条三項）。こういったことは、とりわけ直近処理の原則及び自己処理の原則によっても支持される。[46] ここで明らかなことは、環境政策の目的設定が、結局、実現されるよう補助されていることである。[47]

2　ヨーロッパ廃棄物再利用法の基本構造

再利用廃棄物と、EG廃棄物輸送規則及びEG廃棄物大綱命令における自己処理の原則及び直近処理の原則は、関係がない。このEG法から、EuGH は、これらの原則は再利用することとされた廃棄物には適用されないと結論づけている。しかし、裁判所は、同時に、再利用の優先（EG-AbfVerbrVO 四条三項）に言及する中で、次のように強調している。[48]「こういった再利用を、共同体全域において、とりわけ可能な限り高い価値を有する技術を開発することによって促進するためには、この種の廃棄物の輸送が環境に対する危険をもたらさない限りで、再利用のために加盟国間で廃棄物の自由な流通ができなければならないと、共同体立法者は思料した。このために、立法者は、こういった廃棄物の国境を越えた輸送に対してより柔軟な手続きを定めたのであり、この手続きは、自己処理の原則及び直近処理原則とは相容れない。」

ＥＧ域内市場での自由な廃棄物の流通と、環境政策的な意図を有する国の自己処理との基本的な対立の調整にあって、商品流通の自由が基本的に優先されることが、ここで明らかとなっている。[49]

こういった考えは、**通知手続き**の形成において展開されている。他のＥＧ加盟国で再利用に用いられる一定の廃棄物（いわゆる「イエロー・リスト」）の輸送に関しては、目的地の管轄官庁に対する通知及び発送地の管轄官庁に対する連絡が規定されている（EG-AbfVerbrVO 六条）。異議が申し立てられなかったときは、三〇日の期間経過後に廃棄物輸送をすることができる（EG-AbfVerbrVO 八条一項）。発送地及び目的地の管轄官庁は三〇日以内に廃棄物輸送に対する異議を申し立てることができるが、この異議はきわめて限定された理由によってのみ維持される（EG-AbfVerbrVO七条二項）[50]。ここでは、列挙された異議理由のうち四つのものについて、具体的な法違反の回避が問題となっている。五番目の異議理由は、再利用しうる廃棄物とそうでない廃棄物との配分を適切な関係のもとにおこうとするものである。「自己処理」原則や「直近処理」原則などが何ら関係ないことは、ここからも明らかである。

3　小　結

ＥＧ条約は、経済指向性をかなり以前に放棄し、また環境保護をその規律対象にしているので、廃棄物処理の一定の再国家化（Renationalisierung）を促進しており、これは第二次的共同体法において具体的に形成されている。[51]もっとも、廃棄物の搬入及び搬出を国家的に規律することについての権限は、基本的に、処分廃棄物に関してのみである。その限りで、ＥＧ廃棄物法は、ＥＧ加盟国に対して廃棄物の流れの統制を可能にしている。[52]これに対して、再処理廃棄物は商品流通の自由のもとにおかれる。そして、加盟国の行政による規律の可能性はきわめて限定された範囲でのみ存する。

こういった考察によって明らかになったことは、個別の場合において再処理廃棄物と処分廃棄物を限界づけることがきわめて重要な意義を有するということである。これは、以下の考察に当てはまる。

三　処分廃棄物と再利用廃棄物の限界付け

1　限界付けの必要性

これまで述べたように、処分廃棄物と再利用廃棄物の区別が、ドイツ廃棄物法についてのみならずＥＧ廃棄物法にとっても、システムの基本を形式するものであるなら、個々の場合における両者の限界付けが必要となる。ある廃棄物の扱い方が法的に許されるかは、まさにどちらの廃棄物に関わっているかということに決定的に左右される。(53)

これとの関係で、EuGHは、いわゆるワロン判決（Wallonien-Urteil）で判例を変更し、再利用廃棄物と処分廃棄物との区別の可能性について懐擬的な考えを表明したが、これは有益とはいえない。裁判所の考えによれば次のとおりである。(54)

「実務的な観点からは、再利用可能な廃棄物とそうでない廃棄物とを区別するのは、きわめて困難であり、とりわけ国境での統制にあってはそうである。すなわち、そのような区別は、不明確な基準の上に成り立っているのであり、この基準は時間の経過とともに技術的な進展によって変化しうるのである。これに加えて、廃棄物の再利用可能性は、再利用のコスト、そしてまた意図している再利用の採算性にも依存しているのであり、こういった問題の判断は必然的に主観的となりまた変化する要因に左右されるのである。」

確かに、個々の場合において再利用と処分との限界付けが困難であろうということは否定できない。とりわけ問題となるのは、処理措置としての廃棄物の焼却の場合である。というのは、焼却は、一方では古典的な処分の技術に含まれるが、他方では廃棄物の原料としての性質をエネルギーとして用いることで、再利用の技術と位置づけることも可能だからである。(55) しかしながら、EG廃棄物法は――すぐに示すことになるが――、徹底して、再利用廃棄物と処分廃棄物を限界づける根拠を、焼却の場合についても示している。再利用手続きをいうためには、廃棄物を燃料としてもっぱら再利用すること（Hauptverwertung）が、確立していなければならない。(56) これについて、やがて次のようなことがいわれるようになった。すなわち、廃棄物所有者の供述や主観的観点が問題なのではなく、処理措置の性格付けについての客観的な基準が決め手になるのである、と。(57)

したがって、現行法によれば、廃棄物再利用と廃棄物処分とのシステムの基本を形成する区別を、避けて通ることはできない。(58) このため、限界付けの基準の問題に対する答えは、EG廃棄物法におけるシステムを特徴づける機能を有する。

2　EG廃棄物法の基準性

「廃棄物処分」及び「廃棄物再利用」概念の厳密な定義は、EG廃棄物輸送規則にもEG廃棄物大綱命令にもみることはできない。このため、さまざまに結論づけることができる。一つは、EG廃棄物法の具体化は国内の廃棄物法の基準に従うべきであるというものである。もう一つは、共同体法は全く執行できないというものである。(59) ちなみに、後者は連邦政府の立場でもある。(60) そこで、次に、ドイツ法（KrW-/AbfG 六条二項）に基づくエネルギーとしての再利用の許容性に関する廃棄物の発熱量をヨーロッパ法レベルでの再利用廃棄物と処分廃棄物の区別のために有益なものにしようとする試みや、廃棄物の有害物質の含有性を限界付けの基準にしようとする試み、あるいは混合廃棄物（Abfallgemische）をあっさりと「再利用」のカテゴリーから除外してしまう試みなどがなされている。(62)

国内の廃棄物法の基準に従ってEG廃棄物法を解釈しまた具体化しようといった努力は、法的には維持し得ない。ＥＧ廃棄物法が、本稿の問題関心との関係で、一定の開かれた部分を有していることは、確かである。しかし、このことは、特別なことでも無条件で不利なことでもない。もっとも、共同体法固有の法的合理性を理解するためには、共同体法の機能的観点に着目しなければならない(63)。しかし、こういった知的な挑戦は、ＥＧ廃棄物輸送規則が国境を越えた廃棄物輸送に関して広範な排他的規律を定めているという、法的な検討結果を何ら変えるものではない。したがって、ひとりＥＧ廃棄物法のみが、具体的な場面で再利用廃棄物が問題となっているのかそれとも処分廃棄物なのかに、答えを出すのである。

それゆえに、関わりのある法を共同体法固有に解釈するよう試みられるべきであり(65)、ＥＧレベルで再利用廃棄物と処分廃棄物を相互に限界づけるために国内法に立ち返ることは許されない(66)。そうでないと、共同体法の統一的な解釈及び適用も損なわれよう(67)。これに加えて、ＥＧ廃棄物大綱命令が、処分廃棄物と再利用廃棄物を（常に変化する科学的及び技術的進歩を視野に入れて）詳細に規定することを、明文でＥＧ委員会にゆだねていること（EG-AbfRRL 一七条、一八条）がある。このことも、ＥＧ加盟国が、固有の具体化権限を有していないことを帰結させるだけである(68)。

３　ＥＧ廃棄物法の機能的再利用概念

このようにして要請されるＥＧ廃棄物法の自立的解釈は、その出発点を、ＥＧ廃棄物大綱命令別表Ⅱにみることができる。そこには、「処分手続き」と「再利用手続き」が列挙されている(69)。廃棄物の焼却という本稿の問題関心との関連では、「野焼き（Verbrennung an Land）」（別表ⅡＡ、Ｄ一〇）が廃棄物処分とされているのに対して、「燃料としてもっぱら再利用すること」（別表ⅡＢ、Ｒ１）という意味での廃棄物の利用は、廃棄物再利用に含められている。

ＥＧ法にとって典型的な**機能的解釈**によれば、再利用手続きの承認にとっては、その手続きが廃棄物処分を超えた利用を可能にするかが問題である。使用目的の特別に高い価値は、求められていない。バーゼル合意に基づくという国際法的な起源に対応して、ＥＧ廃棄物法の再利用概念は、単なる処分を超えた目的のために廃棄物を利用することという広い意味で理解すべきである。(70)

ここから明らかとなることは、ＥＧ廃棄物法は、ドイツ廃棄物法よりも広い再利用概念を前提にしているということである。(71) 廃棄物が燃料として利用されているとき、すなわち廃棄物がエネルギーを発生させる目的で用いられているとき、再利用優先に同意が与えられることになる。(72) まさにこの意味において、ＥＧ委員会は、先に述べたドイツ連邦共和国に対する条約違反訴訟において、ベルギーのセメント工場における廃棄物の焼却を妨げていることを理由として、次のように主張している。

「手続きを定める規定の文言によれば、決定的に問題となるのは、廃棄物が**燃料**として用いられているかということである。製造物がその性質上燃料として用いられるのは、一方においてその燃焼によって熱エネルギーが発生し、他方においてこの得られた熱が実際に利用される場合のみである。他の場合は、ある素材は燃料として用いられているのではなく、焼却されているにすぎない。

ベルギーのセメント工場において、混合廃棄物が熱エネルギーを得るために燃焼させられ、その熱が実際に利用されていることについて、争いはない。廃棄物は、他に用いられている一次的熱源の三分の一まで、代替的に用いられている。したがって、七五／四四二／EWG 命令によって設定された［廃棄物］使用を再利用と性格づけることについての要件は、充たされているのである。」

つまり、機能的な観点のもとでは、**資源保護**が、廃棄物焼却の法的性格付けにあたって、本質的な役割を果たすのである。(74) 廃棄物をエネルギーとして利用することが一次的熱源を燃焼させることと比肩しうるのであれば、実際、再利用手続きを否定するいわれはない(75)。廃棄物処理の措置が、そうでなければ必要となる燃料の代替となり、これによって資源を保護する限りで、通常、廃棄物再利用の優先から出発すべきである(76)。発熱量が処分に付随する程度であり資源の代替ということが真剣には語り得ないようなときは、例外的に、いささか異なったことが考慮される。

したがって、ＥＧ廃棄物法は、――ドイツ法とは異なり――再利用廃棄物と処分廃棄物の限界付けについて、それ以上の基準を排除する。焼却施設の一定程度の火力は要請されていない(77)。同様に、廃棄物の有害物質による「環境への」負担も基準とはならない(78)。というのは、処理は常に環境に適合的になされなければならないからである。廃棄物の一定程度の市場価値も何ら法的に重要なことではない(79)。外国において稼働している廃棄物焼却施設がドイツの煤煙浄化の要件（BimSchV 一七条）に適っているかは、およそ問題とならない(80)。というのは、イミッション保護を外国において促進することは、廃棄物輸送法の課題ではないからである(81)。

四　まとめと展望

明白で執行可能な環境基準に慣れているドイツの法律家には、ここで行った概観の後で、結局、一定の不快感が残ったに違いない。ＥＧ廃棄物法の機能的方針は、開かれた法概念の具体化にあたって法的思考の転換を要求する。とはいえ、ここで明らかとなったのは、結局、ヨーロッパ法的基準を転換する際のドイツ環境法の一般的な困難さ以外の何物でもない(82)。しかしながら、そこからは、国境を越えた廃棄物輸送に関して、ＥＧ加盟国が、他のＥＧ加盟国への廃棄物輸送を妨げるために、処分廃棄物と再利用廃棄物とを限界づけることについて補充的な基準を設定する権能は、何ら導かれない。

法政策的には、ＥＧ廃棄物（輸送）法を発展させ、具体化し、調和させることは、望ましいことであり、また必要である。昨年［一九九九年］、ＥＧ委員会は、エネルギー的に再利用することを、焼却によって廃棄物を処分することと区別するための提案を行った。(83) その中では、とりわけ一定の発熱量（一七〇〇〇 kj/kg）が実用的な基準として定められており、しかもこれはドイツの基準（KrW-/AbfG 六条二項）を上回るべきものであった。環境法は、執行不全を縮減するため、この種の運用しうる基準に、緊急に頼らざるを得ない。したがって、ＥＧ加盟国が多数によってこの発熱量基準を拒否し、このためＥＧ委員会が EG-AbfRRL 一七条に基づくＥＧ廃棄物大綱命令の別表に技術杓に適合する別の方法を探さざるを得なくなったことは、残念である。(84)

法政策的な成果が報告されない限りは、委員会の次のような立場が当てはまる。(85)「別表が詳細化されるまでは、加盟国は、現在の定めに基づいて、廃棄物が焼却に際して現実に他のエネルギー源に代替しているときは、廃棄物の一定の発熱量、施設の一定のエネルギー利用の度合い、原料としての再利用との同価値性、あるいは焼却された混合廃棄物のそれぞれの部分の有害物質の内容といったことに左右されることなく、燃料として廃棄物を利用することを再利用と性格づけるべきであって処分とするべきではない。」

加えて、ＥＧ廃棄物法の進展が、法政策的に求められなければならない。このことは、廃棄物集積場に関する命令(86)や、廃棄物の焼却に関する命令(87)においても同様であった。ヨーロッパ環境法を創設し貫徹するための道具の発展可能性と、発展させる価値のあることは疑いない。(88) ドイツは、これに対して建設的かつ活動的に協力すべきであって、法的に疑いのある環境法的「独断専行」によって現行のＥＧ環境法と対決する道を探るべきではないであろう。

（1）　これについての詳細は、*Reese*, Entwicklungslinien des Abfallrechts, ZUR 2000, 57 ff.; とくに判例の展開について

は、*Eckert*, Die Entwicklung des Abfallrechts, NVwZ 1999, 1181 ff.; *Stuer*, Umweltrecht — Rechtsprechungsbericht 1998/99, DVBl. 1999, 1325 ff.

（2）以下の叙述に関して詳細は、*Schimenek*, Die abfallwirtschaftliche Zielhierarchie nach dem neuen Kreislaufwirtschafts- und Abfallgesetz, 1997, S. 26 ff.（廃棄物削減）、S. 94 ff.（廃棄物再利用）、S. 190 ff.（廃棄物処理）を参照。

（3）実務上の問題については、*VGH BW*, DÖV 1999, 830 = NVwZ 1999 1243 = VBlBW 2000, 80 ; *BayVGH*, NVwZ 1999, 1248 = BayVBl. 1999, 695 = UPR 1999, 396 = ZUR 2000, 114.

（4）包括的に地方自治の観点からは、*Hoppe/Bauer/Faber/Schink* (Hrsg.) の全集 Auswirkungen des Kreislaufwirtschafts- und Abfallgesetzes auf die öffentlich-rechtlichen Entsorgungsträger, 1996; *Kibele*, Der öffentlich-rechtliche Entsorgungsträger — ein Auslaufmodell ?, VBlBW 1999, 1 ff.; *Queitsch*, Gibt es noch „Abfälle zur Beseitigung" nach dem Kreislaufwirtschafts- und Abfallgesetz?, UPR 2000, 1 ff. ; 法政策的には、*Schink*, Kommunale Forderungen für Gesetzgebung im Abfallrecht, Der Landkreis 1999, 410 ff.

（5）*Weidemann*, Die duale Abfallwirtschaft — moderner Steuerungsansatz oder regulatorische Überforderung?, VerwArch. 90 (1999), 533 (539 ff.) ; 競争法の観点からは、*Cosson*, Begrenzungen kommunaler wirtschaftlicher Betätigung im Bereich der Abfallwirtschaft, DVBl. 1999, 891 ff.

（6）これについての詳細は、*Kahl*, Die Privatisierung der Entsorgungsordnung nach dem Kreislaufwirtschafts- und Abfallgesetz, DVBl. 1995, 1327 ff.; *Tettinger*, Privatisierungskonzepte für die Abfallwirtschaft, in: Festschrift für Friauf, 1996, S. 569 ff.; *Kummer/Giesberts*, Rechtsfragen der Privatisierung kommunaler Abfallentsorgung und Abwasserbeseitigung, NVwZ 1996, 1166 ff.; *Weidemann*, Übergangsprobleme bei der Privatisierung des Abfallwesens, NJW 1996, 2757 ff.; *ders*., Kreislaufwirtschaft contra dezentrale Verwaltungswirtschaft — von den Schwierigkeiten bei der Umsetzung eines Privatisierungsgesetzes, GewArch. 1997, 311 ff. ; *Schink*, Öffentliche und private Entsorgung, NVwZ 1997, 435 ff.

(7)　*Pippke*, Öffentliche und private Abfallentsorgung ― Die Privatisierung der Abfallwirtschaft nach dem Kreislaufwirtschafts- und Abfallgesetz, 1999, S. 62 ff.

(8)　*Gassner*, Von der Abfallwirtschaft zur Kreislaufwirtschaft ― AöR 123 (1998), 201 ff. ―「循環モデル」に批判的なものとして、*Ladeur*, Das Kreislaufwirtschafts- und Abfallgesetz als Schritt auf dem Weg zu einem „ökologischen Stoffflussrecht"?, ZfU 1998, 279 ff.

(9)　最近では、たとえば、*Dolde/Vetter*, Beseitigung und Verwertung nach dem Kreislaufwirtschafts- und Abfallgesetz, NVwZ 2000, 21 ff.; *Witthohn/Smeddinck*, Abgrenzung Abfall zur Beseitigung und Abfall zur Verwertung ― das unlösbare Problem?, NdsBVl. 2000, 77 ff.; *Dieckmann*, Die Abgrenzung zwischen Abfallbeseitigung und Abfallverwertung, ZUR 2000, 70 ff. ―対立する立場で詳細なものとして、一方で、*Dolde/Vetter*, Rechtsfragen der Verwaltung und Beseitigung von Abfällen, 1999 ; 他方で、*Weidemann*, Verwaltungsrechtliche Grundfragen der dualen Entsorgungsordnung ― zur Reichweite der Überlassungspflicht bei gewerblichen Abfällen, Rechtsgutachten März 2000.

(10)　最近では (jew.m.w.Nachw.) *VGH BW*, DÖV 2000, 39 = NVwZ 2000, 91 = UPR 2000, 39 = VBlBW 2000, 156; *VG Schleswig*, NVwZ 2000, 830.

(11)　これについて、競争法的な観点のものとして、*Schönberger*, Das Geschäft mit dem Müll ― Verstößt die Teilnahme der öffentlichen Hand an den Abfallentsorgungsmärkten gegen Wettbewerbsrecht?, GRUR 1999, 659ff. ; さらに、*Willand/Bechtolsheim/Jänicke*, Kooperation oder Konkurrenz ― kommunale Aspekte aktueller Entwicklungen der Abfallwirtschaft, ZUR 2000, 74 ff. これに対して、地方自治の観点からは、*Budde/Stapper*, Kommunale Abfallentsorgung ― Zulässigkeit der erwerbswirtschaftlichen Betätigung der Städte, StT 1999, 93 ff.

(12)　*Kunig*, Der Abfallbegriff, NVwZ 1997, 209 (214), は、廃棄物処理と廃棄物再利用をめぐる「定義論争」は、経済的な目的設定のもとで勃発したとしている。

(13)　連邦行政裁判所によって、不適法とされた (Eildienst LKT NW 2000, 302)。すなわち、閉山した炭坑の採掘坑を廃棄物で充填することは廃棄物処理である（廃棄物再利用ではない）とされた。もっとも、連邦炭坑法は、処理のために廃棄物を充填することを炭坑の充填として認めていない。さらに、*Stengler*, Bergversatz mit Abfällen — Verwertung oder Beseitigung?, NVwZ 2000, 645 f.

(14) これについて、実務の側からのものとして、*VG Magdeburg*. NVwZ 1998, 1214; *VG Neustadt a.d.W.*, Urt. v. 20.08.1999 — 7 K 1562/99. NW —を参照。

(15) *Koch/Reese*, Abfallrechtliche Regulierung der Verwertung — Chancen und Grenzen, DVBl. 2000, 300 (301).

(16) *Lübbe-Wolff*, Abfallmitverbrennung in Industrieanlagen, DVBl. 1999, 1091 ff.

(17) Rechtssache C-228/00.

(18) ニーダーザクセン州の提出規則（再利用廃棄物関連）が部分的に機能していないことについて、*BVerwG*, DVBl. 1999, 1523 = DÖV 2000, 32 = NVwZ 1999, 1225. —ラインラント・プファルツ州の法状態に関しては、*OVG RP*, NVwZ 1999, 676；これについて、*Scherer-Leydecker*, Landesrechtliche Andienungspflichten für Sonderabfälle, DVBl. 1999, 1251ff. —国内法について包括的には、*Jarass*, Organisation und Überwachung der Sonderabfallentsorgung durch die Länder, 1997.

(19) 制限的な立場として、*Unruh*, Die Zulässigkeit landesrechtlicher Andienungspflichten für Sonderabfälle, 1997, S. 33 ff.; *ders.*, Die Zukunft der Andienungspflichten, ZUR 2000, 83 ff.; より制限的な立場として、*Breuer*, Die Zulässigkeit landesrechtlicher Andienungs- und Überlassungspflichten gemäß § 13 Abs. 4 KrW-/AbfG, 1999, S. 7 ff., 75 ff.; *Stewing*, Andienungs-und Überlassungspflichten für Sonderabfälle, 2000, S. 13 ff., 39 ff.

(20) *BVerwG*, NVwZ 1999, 1228 = VBlBW 1999, 455. 原審は、*VGH BW*, NVwZ-RP 1998, 744 = VBlBW 1998, 263：バーデン・ヴュルテンベルク州の特殊廃棄物命令による提供義務のＥＧ法との合致。

(21) 以下の叙述について詳細は*Krieger*, Grenzüberschreitende Abfallverbringung, in: *Rengeling* (Hrsg.), Handbuch zum europäischen und deutschen Umweltrecht, Band II : Besonderes Umweltrecht, 1998, § 75 Rn. 1 ff.

（22） AblEG 1993, Nr. L30/1, 最近 Verordnung（EG）Nr. 2408/98 vom 06.11.1998, AblEG Nr. L 298/19 によって改正された。

（23） 命令の内容の外観は、*Winter*, Die neue Abfallverbringungs-Verordnung der EG, UPR 1994, 161 ff.

（24） *EuGH*, Slg. I 1994, 2874 = DVBl. 1994, 997 = NVwZ 1995, 261 – Tz. 17 ff.

（25） 後述のⅡ章二節を参照。

（26） ABlEG 1975, Nr. L 194/39, 最近 Entscheidung der Kommission 96/350/EG vom 25.05.1996, ABlEG Nr. L 135/32 によって改正された。

（27） ＥＧの廃棄物大綱命令は、ＥＧ旧条約一〇〇条（新条約九四条）すなわち、ＥＧ加盟国における法規定同化のための権限に基づいている。合法性を確認したのは、*EuGH*, Slg. I 1993,939 = DVBl.1993, 777 = NVwZ 1993, 872 – Tz. 5 ff.；これについては、*Voß/Wenner*, Der EuGH und die gemeinschaftliche Kompetenzordnung – Kontinuität oder Neuorientierung?, NVwZ 1994, 332 ff.

（28） *EuGH*, Slg. I 1995, 1097 = DVBl. 1995, 1003 = NVwZ 1995, 885 = EuZW 1995, 614 （m.Anm.Krieger）– Tz. 22 ff.；これについての評釈として、*Weidemann*, Umsetzung der Abfall-Richtlinien : Urteil des EuGH zum deutschen Abfallrecht, NVwZ 1995, 866 ff.

（29） *EuGH*, Slg. I 1997, 3561 = ZUR 1997, 267 = NuR 1999, 36 – Tz. 52.

（30） *EuGH*, Slg. I 1997, 7411 = NVwZ 1998, 385 – Tz. 28；これについての評釈として、*Gasser*, Abfallbegriff und Umsetzungspflicht, NVwZ 1998, 1148 ff.；さらに、ＥＧ法の国内法への変換との関連では、*Weiß*, Zur Wirkung von Richtlinien vor Ablauf der Umsetzungsfrist, DVBl. 1998, 568 ff.

（31） *EuGH*, NVwZ 2000, 57 = BayVBl. 2000, 271 – Tz. 40 ff.

（32） これについての簡潔な概観として、*Krieger*, Grenzüberschreitende Abfallverbringung（N.21）, Rn. 5 ff.

（33） 「バーゼル合意」に対するドイツの同意法律の展開については、BT–Drucks. 12/5278 und 12/7032.；「バーゼル合意」に対するドイツの執行法律については、BT-Drucks.12/6351 und 12/8085.

(34)　これについては、*Weidemann*, Abfallrecht: Grundlagen, in : *Rengeling* (Hrsg.), Handbuch zum europäischen und deutschen Umweltrecht, Band II : Besonderes Umweltrecht, 1998, § 71 Rn. 5 ff. を参照。

(35)　*Schröder*, Die steuernde und marktbegrenzende Wirkung umweltschutzrelevanter Prinzipien des EG – Vertrages am Beispiel des Abfallexportes, NVwZ 1996, 833 ff.

(36)　*EuGH*, Slg. I 1992, 4471 = DVBl. 1995, 232 = NVwZ 1992, 871 = EuZW 1992, 577 — Tz. 23 ff.

(37)　*EuGH* (Fn. 36), Tz. 30.

(38)　詳細については、*Frenz*, Grenzüberscheitende Abfallverbringung und gemeinschaftliche Warenverkehrsfreiheit, UPR 2000, 210 ff.

(39)　*VGH BW*, DVBl. 1998, 343 (345) = NVwZ-RR 1998, 744 (745) = VBlBW 1998, 263 (265) ; *Unruh* (Fn. 19), ZUR 2000, 83 (85).

(40)　*EuGH*, Slg. I 1998, 1831 = NJW 1998, 1769 = EuZW 1998, 343 — Tz. 39.

(41)　したがって、特殊廃棄物の提出義務の正当化に関して、*VGH BW*, DVBl. 1998, 343 (345) = NVwZ-RR 1998, 744 (745) = VBlBW 1998, 263 (265) によっても、拒否されている。同様に、*Stewing*, Andienungs- und Überlassungspflichten (N. 19), S. 48.

(42)　*EuGH* (N. 36), Tz. 34 ; *EuGH* (N. 28), Tz. 34 ff. ; *EuGH*, Slg. I 1998, 4075 = DVBl. 1999, 228 = NVwZ 1998, 1169 — Tz. 45 ff.

(43)　*VGH BW*, DVBl. 1998, 343 (345)= NVwZ-RR 1998, 744 (745)= VBlBW 1998, 263 (265)、これは、さらに、自己処理及び直近処理の原則は、EGに対して拘束力を有するバーゼル合意からも導かれると言及している。

(44)　*EuGH*, Slg. I 1998, 4075 = DVBl. 1999, 228 = NVwZ 1998, 1169 — Tz. 33.

(45)　これについて詳細は、*Giesberts*, Konkurrenz um Abfall : Rechtsfragen der Abfallverbringung in der Europäischen

Union, NVwZ 1996, 949 (951 ff.).

(46)　これについて詳細は、*Krieger*, Grenzüberschreitende Abfallverbringung (N. 21), Rn. 42 ff.

(47)　特殊廃棄物の提供義務についての例として、*VGH BW* (N. 43)。すなわち、バーデン・ヴュルテンベルク州の特殊廃棄物提出命令に含まれる商品流通の自由の制限は、自己処理及び直近処理の原則により正当化されるとしている。

(48)　*EuGH*, Slg. I 1998, 4075 = DVBl. 1999, 228 = NVwZ 1998, 1169 — Tz. 33.

(49)　*VGH BW*, DÖV 1999, 612 (613) = NVwZ-RR 1999, 733 (734) = VBlBW 1999, 387 (388)。すなわち、「まさに、再利用廃棄物において、─処分廃棄物とは異なり……─商品流通の自由がとくに重要となる。」

(50)　これについては、*Giesberts* (N. 45), NVwZ 1996, 949 (954) を参照。

(51)　*Weidemann*, Abfallrecht (N. 34), Rn. 6.

(52)　これについて詳細は、*Von Wilmowsky*, Das Nähe- oder Optimierungsprinzip des europäischen Abfallrechts, NVwZ 1999, 597 ff.

(53)　EG廃棄物法を遵守しなかった場合の、刑法上の帰結については、*BayObLG*, DVBl. 2000, 937 = UPR 2000, 277。すなわち、通知を義務づけられている者が、EG廃棄物輸送命令別表Ⅲ（「イエロー・リスト」）による再利用廃棄物を通知手続きを経ることなしに輸出した場合も、刑法典三二六条一項の意味における環境に危険を及ぼす廃棄物を、刑法典の妥当領域から必要な許可なしに搬出したことになる。

(54)　*EuGH*, Slg. I 1992, 4431 = DVBl. 1995, 232 = NVwZ 1992, 871 = EuZW 1992, 577 — Tz. 27.

(55)　*Weidemann*, Abfallrecht (N. 34), Rn. 71.

(56)　これについて詳細は、後述のⅢ章三節を参照。

(57)　*Dieckmann/Graner*, Die Abgrenzung der thermischen Abfallbeseitigung von der energetischen Abfallverwertung nach EG-Recht, NVwZ 1998, 221 (223).

(58)　*Weidemann*, Abfallrecht (N. 34), Rn. 40 は、現行法によれば、「自由な廃棄物（再利用）市場を干渉的な強制体制から明確に分離すること」が必要であるとする。そして、法政策的に譲歩して、処分廃棄物と再利用廃棄物の複雑な区別は結局あまり意味がないであろうとしている。

(59) *Dieckmann/Graner* (N. 57), NVwZ 1998, 221 (225)、これとは異なったものとして、*Petersen*, „Mit der Kreislaufwirtschaft Ernst machen“ — Überlegungen zur Konkretisierung des deutschen Abfallrechts, ZUR 2000, 61 (66 ff.)、もっとも、EG加盟国の具体化権能は、EG法の厳格な尊重の下にある。

(60) Parlamentarische Staatssekretärin *Probst*, Ziele zur Fortentwicklung des europäischen Abfallrechts und der europäischen Bodenschutzpolitik, Umwelt Nr.3/1999, 89 を参照。

(61) これについては、*NdsOVG*, NVwZ 1998, 1202 = NuR 1999, 52, mit Bespr. *Schwartmann*, Zur energetischen Verwertung von Abfallgemischen, NVwZ 1998, 1151 ff. さらに *OVG NW*, NWVBl. 1999, 344 を参照。

(62) *Dieckmann/Graner* (N. 57), NVwZ 1998, 221 (224).

(63) これについては、後述のⅢ章三節を参照。

(64) *Bothe*, Rechtliche Steuerung von Abfallströmen nach deutschem und europäischem Recht — Zur Problematik der Bestimmung des „Hauptzwecks“ nach dem KrW-/AbfG, Rechtsgutachten Dezember 1998, S. 33; *Engels*, Grenzüberschreitende Abfallverbringung nach EG-Recht, 1999, S. 98 f. und S. 264.

(65) *Oppermann*, Europarecht, 2. Aufl. 1999, Rn. 681.

(66) *Giesberts* (N. 45), NVwZ 1996, 949 (950); *Bothe*, Rechtsgutachten (N. 64), S. 33.

(67) *EuGH*, NVwZ 1999, 1214 — Tz. 40（廃油の処分の例）を参照。

(68) *A. A. Winter*, Die Steuerung grenz überschreitender Afallströme, DVBl. 2000, 657 (662 f.) は、補充性原理の観点から、EG加盟国に具体化権限を認めようとしてはいるが、ドイツの KrW-/AbfG は、共同体忠誠の要請からして行き過ぎであるとしている。

(69) こういったリストアップは、EG廃棄物再利用法によって、次のように受容されている。すなわち、EG-AbfRRL

一条e号およびf号と結びついたEG-AbfVerbrVO二条I号k号によれば、「処分」のもとで理解すべきは、別表ⅡAに挙げられた手続きのすべてであり、「再利用」は、別表ⅡBに挙げられた手続きのすべてである。

(70) *Bothe*, Rechtsgutachten (N. 64), S. 29 ff.

(71) *Scherer-Leydecker*, Europäisches Abfallrecht — Seine Umsetzung und Anwendung in Deutschland, NVwZ 1999, 590 (596).

(72) *Weidemann*, Abfallrecht (N. 34), Rn. 69.

(73) Klageschrift der Kommission vom 06.06.2000. in der Rechtssache C-228/00, Tz. 16.

(74) *Schöder* (N. 35), NVwZ 1996, 833 (835).

(75) *Weidemann*, Abfallrecht (N. 34), Rn. 73.

(76) *Scherer-Leydecker* (N. 71), MVwZ 1999, 590 (596).

(77) *Winter* (N. 68), DVBl. 2000, 657 (662) は、KrW-/AbfG六条一項を参照すべきことを指摘する。

(78) *VG Magdeburg*, NVwZ 1998, 1214 (1215); *Scherer-Leydecker* (N. 71), NVwZ 1999, 590 (596); *Petersen* (N. 59), ZUR 2000, 61 (67); *Weidemann*, Abfallrecht (N. 34), Rn. 76.

(79) *Petersen* (N. 59), ZUR 2000, 61 (66).

(80) *VG Magdeburg*, NVwZ 1998, 1214 (1215).

(81) *Engels*, Grenzüberschreitende Abfallverbringung (N. 64), S. 103.

(82) これについて有用なものとして、*Hansmann*, Schwierigkeiten bei der Umsetzung und Durchführung des europäischen Umweltrechts, NVwZ 1995, 320 ff. ; *Breuer*, Zunehmende Vielgestaltigkeit der Instrumente im deutschen und europäischen Umweltrecht — Probleme der Stimmigkeit und des Zusammenwirkens, NVwZ 1997, 833 ff.

(83) Kommissionsvorschlag zur Definition der energetischen Verwertung von Abfällen, Umwelt Nr.4/1999, 175を参照。

(84) 委員会提案注(83)に対する批判として、*Petersen* (N. 59), ZUR 2000, 61 (65 f.)を参照。

(85) Klageschrift der Kommission vom 06.06.2000 in der Rechtssache C-228/00, Tz. 19.

(86) Richtlinie 1999/31/EG des Rates vom 26.04.1999 über Abfalldeponien, ABlEG Nr.L 182/1.

(87) これについては、*Theben/Begemann*, Die künftige EU-Richtlinie über die Verbrennung von Abfällen, UPR 1999, 430 ff を参照。

(88) 詳細は、*Scheuing*, Instrumente zur Durchführung des Europäischen Umweltrechts, NVwZ 1999, 475 ff.

＊訳文中［　］でくくった部分は、訳者が補った語を意味する。また、原文中イタリックスで表記されていた語は、ゴチックで示した。

Ⅲ－6　ヨーロッパ環境法における規制と市場の自由

ディーター・H・ショイイング
工藤達朗 訳

一　はじめに

環境法における規制と市場の自由との関係は、複雑な性格を有している。このことは、ヨーロッパ環境法にもあてはまるが、ここでヨーロッパ環境法とは、ヨーロッパ連合の最も重要な部分を成しているヨーロッパ共同体（EG）の環境法を意味している。ここでは、ヨーロッパ環境法の第一次法の局面と第二次法の局面を区別することによって、最初の方向づけが獲得される。第一次法の観点では――すなわち、EG条約に定められているヨーロッパ共同体の憲法の視角からすると――「市場の自由vs規制」の問題が提起される。次に、EGの機関が制定した法のレベルでは、すなわち、第二次法の観点においては、「規制における市場の自由」の問題が重要である。

二　市場の自由vs規制

1　ヨーロッパ共同体による環境保護のための規制

ヨーロッパ共同体自体による環境保護のための規制について、第一次法の問題提起、そこでまずはＥＧ条約の準則に関して言えば、一九九三年一一月一日にマーストリヒト条約が発効して以来、ＥＧ条約は、自由競争を伴う開かれた市場経済を採用するという明文の経済憲法上の定めを含んでいる、という点が重要である。さらに、ヨーロッパ裁判所（EuGH）、つまり、ルクセンブルクにあるヨーロッパ共同体の裁判所は、共同体の立法機関が尊重すべき共同体の基本権を発展させてきたが、この基本権の中には、とりわけ、自由な企業活動の基本権が含まれるのである。さらに、EuGH は、構成国ばかりではなく、共同体の機関も、商品取引の自由やサービス取引の自由のようなＥＧ条約の基本的諸自由に拘束されることを肯定した。ここから明らかなことは、ＥＧ環境法を公布する場合には、その都度、市場の自由が規制に対して正当化されるのではなく、規制が市場の自由に対して正当化されなければならない、ということである。

しかし、このような正当化の可能性は、完全に存在する。なぜなら、一方では、マーストリヒト条約の定めは、自由競争を伴う開かれた市場経済の「原則」であるにすぎず、条約の基準をより詳細に定めることを留保して行われたものだからである。他方では、この条約は、別の箇所で、高度な環境保護の必要性をとくに強調している。後者から同時に推論されることは、ＥＧによる環境保護のための規制は、条約においてとくに強調されている公共の福祉の目標に役立つのであるから、自由な企業活動への共同体基本権や条約上の基本的自由と一致しないとされるのは、比例原則違反の場合に限られるだろう、ということである。

それ故また、ヨーロッパ共同体は、七〇年代以来、多数の指令や規則を環境法について公布してきたが、第一次法上の市場の自由に抵触して無効とされた法行為は一つも存在しない。むしろ、EuGHは、一九八五年にすでに、ヨーロッパ経済共同体（EWG）の廃油指令は通商の自由および商品取引の自由と一致する、と宣言していたのである。その後まもなくして、一九八七年七月一日に発効した単一欧州議定書は、当時のEWG条約――現在のEG条約――において環境保護が共同体の任務であることを明文をもって規定したのである。そしてそれ以来、EuGHは、私の知るかぎりでは、共同体法による環境保護のための規制を市場の自由に対して正当化するという問題には、もはや取り組むことはなかった。したがって、第一次法上の市場の自由は、EGによる環境保護のための規制に対する限界としての意義を有するが、それはむしろ理論的なものなのである。

2　構成国による環境保護のための規制

構成国が環境保護のための規制を行う場合には、事情は全く別である。構成国による規制は、広義のヨーロッパ環境法への部分的貢献と解されるべきものであるが、それらに対しては、第一次法上の市場の自由によって、厳格な限界が設定されているのである。このことは、該当する第二次法上にはEGの要求が存在しないにもかかわらず構成国が独自の規制を行う場合にあてはまるだけではなく、構成国がすでに公布されている第二次法上のEG環境法よりも保護を強化する場合にも――なお一層――あてはまるのである。

該当する共同体法上の要請が存在していないときに構成国が独自の規制を行った例としては、EuGHが一九八八年に判決を下したデンマークのデポジットボトル規定がある。その規定によれば、デンマークでは飲み物は原則としてビン入りでなければ販売することはできず、そのために、デンマークで許可されたただ一つの共同のデポジットボトル・システムが存在した。EuGHは、その判決において、確かに、環境保護が共同体の本質的目標の一つであって、構成国の規定が共同体内の商品取引を相当程度侵害しても、それを正当化できるものであるという理由で、この規定を原則として承認した。しかしながら、EuGHは、共同の回収システムの代わりに個別的回収システムしか設置されていないビンでの飲み物の販売について、製造業者一年あたり三〇〇〇ヘクトリットルまで認めるというデンマークの例外規定を、それでは十分ではないという理由で比例原則違反であるとして非難し、そうすることで、市場の自由を、部分的ではあるが、浸透させたのである。

構成国による保護の強化――すなわち、構成国の側が、第二次法上のＥＧ環境法が定めているよりも強力な環境保護の要請を行うこと――は、欧州単一議定書が第一〇〇ａ条四項と第一三〇条をEWG条約に挿入して以来、第一次法によって認められている。条約のこれらの規定は、これによってヨーロッパ環境法と構成国の環境法の間で最良の環境保護をめぐる競争が可能になった、と解することも可能であった。このような競争は、例えば、ハイドロクロロフルオロカーボンFluorchlorkohlenwasser（＝フロンFCKWs）やハロン（Halonen）の禁止の場合にも、ドイツ環境法とヨーロッパ環境法との関係で行われたのである。

しかし、市場の自由の旗印の下、構成国がＥＧ条約の旧一〇〇ａ条四項によって保護を強化する可能性は、EuGHの判例とアムステルダム条約によって決定的に制約されてしまったのである。

例えば、ペンタクロロフェノール（Pentachlorphenol＝PCP）事件では、ドイツ連邦共和国は、この発ガン性物質から保護するために、該当する共同体の指令より一〇倍強力な数値を維持しようとしたところ、ブリュッセルのヨーロッパ委員会は、ＥＧ条約旧一〇〇ａ条四項に従って、これがドイツの保護を強化するものとして問題がないことをドイツに対して承認した。そこでEuGHは、確かに、一九九四年五月のＰＣＰ判決において、委員会の承認決定を理由づけが不十分であるという理由だけで無効と宣言し、委員会は、それに基づいて、一九九四年九月、より強力なドイツの規定をＥＧ条約旧一〇〇ａ条四項に従って再度承認した。しかしながら、一方では、

EuGHは、委員会の承認決定まで構成国に待機義務（保護強化を適用しないでおく義務）を課したことによってすでに、市場の自由に一定の優越性を与えたのである。他方では、委員会はすでに最初の承認決定で完全な理由づけを行っていたことが強調されなければならない。すなわち、委員会は、ドイツのより強力な規定が環境保護を高める効果を有すること、したがって、それによる貿易障壁は受忍されなければならないことを指摘していたのである。EuGHがこれを十分だとは認めなかったために、委員会はその第二の承認決定において、ドイツのＰＣＰ規定はドイツがとくにダイオキシンに汚染されているが故に正当であることを追加的に詳論している。わたしの考えでは、これによって、保護を強化する可能性の範囲は、市場の自由のために不当に縮減されてしまった。名目にすぎない地理学上の特殊性が存在しなくとも、環境保護を強化するための備えという理由だけで十分だとされなければならなかったのである。

一九九九年五月一日に発効したアムステルダム条約は、その立場を、現在のＥＧ条約第九五条において、明文ではっきりとさせた。すなわち、この継承規定の適用領域においては、第二次的なＥＧ環境法の公布にかかわらず、構成国のより強度の環境保護規定は、維持されてよいばかりでなく、新たに導入されてもよい、ということである。また同条は、保護強化の許容性に関する委員会の決定について、承認されたものとみなす効果（Genemigungsfiktion）を伴う六カ月の期間を定めた。けれども、この新規定は、EuGHの採用した待機義務と理由づけ義務を否定したものとは解されない。それ故、これらの義務は今後も、構成国がより強力な環境法を単に維持しているにすぎない事例においてすら、適用されることになるのではあるまいか。いずれにせよ、ＥＧ条約第九五条は保護の強化の新たな導入を要請してはいるが、それはほとんど実現されることはないであろう。

以上から明らかなことは、市場の自由は、確かに、ヨーロッパ共同体による環境保護のための規制を有効にすることはできないが、しかし、環境法における構成国の独自の規制や保護の強化を効果的に制約することはできる、ということである。事の性格からして、このような異なる取扱いは納得できるものではない。構成国による環境保護のための規制が、とくに新たに導入されるべき保護強化という形態においては、一般的に保護主義的な性格であるということから出発しなければならないとすれば、話は別である。しかし、このような懸念は理由がない。さらに、いずれにせよ、ＥＧ条約第一〇〇ａ条がすでに保護主義に対する具体的なコントロールを定めていた——そして今やＥＧ条約第九五条が定めている——のである。それ故、共同体の環境立法と構成国の環境立法との分業的な共同作業を広範に制約することは、市場の自由のために命じられているわけではないと思われる。したがって、ＥＧ条約第九五条は、いずれにせよ可能な限り環境に好意的に取り扱われるべきであろう。

三　規制における市場の自由

次に議論すべきは、第二次共同体法である。そこで考察されるべきなのは、ＥＧによる環境保護のための規制は、市場の自由に対して、なおいかなる範囲で活動の余地を与えているのか、あるいはそれどころか、市場経済が環境保護の道具になるという議論の刺激を受けて、市場の自由がいかなる範囲で環境目的に適合するように組み入れられるのか、ということである。したがって、ここでの問題は、「市場の自由vs規制」ではなく、「規制における市場の自由」である。

この後者の問題提起を背景として、多様な現象を若干のものに整理しようとするならば、市場の自由との関連で、ヨーロッパ環境法における、四つの大きな規制類型が区別される。それは、市場の自由の排除から、市場の自由の制限と市場の自由の補完を経て、市場の自由の促進にまで及ぶ。

1　市場の自由の排除

極端な場合には、厳格な禁止によって、あらゆる市場の自由が排除される。そのための前提は、深刻な危険状態があり、対応する企業活動の禁止によってのみそれに対処できる、ということである。その一例を含むのが、オゾン層を破壊する物質に関する、一九九四年の理事会規則である。この規則は、とくに、フロンや四塩化炭素(Tetrachlorkohlenstoff)のようなオゾン層を破壊する虞のある物質を製造し、流通させることを禁止したのである。このような禁止が及ぶ限り、市場の自由が存在する余地はもはやない。

2　市場の自由の制限

しかしながら、主にしばしば用いられる第二の規制形式は、市場の自由の単なる制限である。その限りでは確かに、企業活動が肯定されているが、しかし同時に、環境を悪化させる影響は限定されるのである。これは、「指揮管理(command and control)」という典型的な秩序法的試みであって、とくに限界値の確定において、しばしば認可条件と結びついて、現れてくるのである。ヨーロッパ環境法からの例としては、例えば、危険物質の排出による水域の汚染に対して、一九七六年以来多数発せられた指令をあげることができる。このような環境秩序法は、とくに危険防止が問題となる場合には、不可欠なのであるが、しかしまた、硬直性、限界値を利用しようという誘惑、環境経済的に最良の手段を投入することの妨げ、不遵守および実施不足という戦略のような、一連のマイナスを必然的に伴うのである。そこで、市場の自由は、規制を差し引いた残余の現象としてある程度その余地をもっているばかりでなく、規制自体との関連で有意義な作用を実現することができるのか否かが問われなければならない。この点で考慮に値するのは、三つの異なる作用、つまり、制限を柔軟化するための市場の自由、制限を実現するための市場の自由、および、制限を回避するための市場の自由である。

⑴　制限を柔軟化するための市場の自由

第一の、制限を経済的に柔軟化するきわめて一般的な形式は、単なる目標準則への限定である。それ故、例えば、住宅地のゴミ焼却施設による大気汚染防止に関する一九八九年の指令は、確かに、その時々に排出量をどこまで減少させるべきかという結果は規定していたが、どのようにして排出量を減少させるかという技術については規定していなかった。これは、企業がその時々に最もコストの安い解決方法を選択することを企業に認めるものである。通常はこれに加えて、多くは指令という立法形式によって条件づけられて、これらの準則は、第二次法が発せられて数カ月後または数年後にはじめて達成されるべきものとされているので、企業は、命じられた技術革新と生産調整を長期的に計画し、その特殊事情に応じて行うことができるのである。

第二の、かなり広範な柔軟化形式は、取引可能な排出許可証を導入することであろう。このような場合、総排出量をその都度確定した後、個々の企業には、相互に譲渡可能な排出権が割り当てられる。このようにして、環境悪化は市場価格を有することになり、その結果、企業は最も少ないコストを追求するので、排出量を減少させる生産調整を行うようになる、というのである。

もちろん、ヨーロッパ環境法の中には、このような解決方法はこれまで存在しない。しかし、ヨーロッパ委員会は、二〇〇〇年春、京都議定書では二〇〇八年からの実施が予定されているこの種のメカニズムを先取りして、二〇〇五年から温室効果ガスの排出権の取引制度を共同体が導入するよう提案した。われわれの関連で重要なことは、ここでは、市場の自由は、いずれにせよ限られた範囲においてのみ効力を有しうるし、有すべきだということである。規制は、多様な観点においてなお必要であり、かつ困難である！　このことはすでに、総排出量の高権的確定にあてはまるし、さらに例えば、割当制度の選択（財産との関連または競売）や、許可証を蓄積することにより環境悪化が場所的に集中すること（いわゆる「ホットスポット（hot spots）」）に対する予防措置について、ならびに、維持と実現を確保するための規定についてあてはまる。また、環境保護のために、許可証の定期的な高権的切り下げや、そしてまた排出権の日常的縮減を定めることが命じられていると思われる。

最後に、制限を柔軟化する第三の形式として、環境税をあげなければならない。環境税を第二次法で導入することは、とくに原因者負担原理に適合しているといえよう。この原理は、EG条約では単にコスト負担原理として規定されているにすぎない。しかし、原因者の財政的責任は、ヨーロッパ環境法においてはこれまで廃棄物の領域で単に萌芽的に定められていたにすぎなかった。一九九二年にヨーロッパ委員がイニシアティヴをとった二酸化炭素（CO_2）税は、構成国のエネルギー政策に関する意見の相違のために失敗した。一九九七年以来、エネルギー製品の課税に関する指令の提案が理事会に提出されている。これは場合によっては成功の見込みがより大きい。なぜなら、京都の義務づけを実現するための指令が命じられていると思われるからである。

(2)　制限を実現するための市場の自由

規制による制限を実現するための市場の自由の投入に移ろう。この実現を目標とするのが、環境責任と環境協定に関する共同体のイニシアティヴである。

環境責任については、ヨーロッパ委員会は二〇〇〇年二月に一冊の白書を公表し、その中で、環境責任に関する共同体指令を公布することを支持している。環境保護に関する共同体法上の指令または規則に違反することによって引き起こされた損害については、故意または過失の有無とは無関係に広範な賠償責任が規定されるべきである。注目すべきことに、この賠償義務は、伝統的な人的・物的損害や（環境汚染の虞のある）古い廃棄物の場合だけではなく、特別保護区域内の生物学的な種の多様性を著しく侵害した場合にも及ぶものとされている。確かに、いずれにおいても具体的な因果関係が確定されなければならず、そのため、環境の領域でとくに重要な間接的・集積的被害（Distanz- und Summationsschaeden）は捉えられない。それ以外には、例えば、損害を与える可能性のある人に損害を引き起こすか損害を回避するかの自由な選択を与えることが問題とされているわけではない。むしろ、第一次的には、潜在的な原因者が、そうでなければ差し迫っている財政的帰結のために、損害を与える行為を最初からやめるという効果を及ぼすべきなのである。提案された規定は、副次的にのみ、その時々の原因者がコストを負担するという意味での原因者負担原理を目標としているのである。

市場に向けられた広範な実現手段として、ヨーロッパ委員会がしばらく前から宣伝しているのが、ＥＧ指令を実施するために構成国の行政庁と産業が環境協定を締結することである。周知のように、ＥＧ指令は構成国に国内法の制定（Umsetzung）を義務づける、すなわち、それぞれの指令の定める期間内に指令に適合した国内法を制定するよう義務づけるのである。委員会の考えによると、国内法を制定する代わりに環境協定を締結することが可能とされるべきである。しかし、一九九一年にすでに判決を下しているように、少なくとも環境指令が個人の権利の創設を目標としている場合には、正式の国内法を制定しないですますことはできない。さらに、指令の実施に役立つべき環境協定には、委員会が一九九六年の対応する勧告で述べたような一連の制限的な要請が置かれるべきである。つまり、請求可能な契約の締結、数量的に表現された目標と中間目標の確定、ならびに、行政庁と住民の報告による結果の継続的コントロール、協定の公式発表、そして新たな契約当事者が参加する可能性である。さらに、それぞれの個別的指令が、環境協定というやり方で実現されることを明文で認めていなければならない。しかし、適切な環境協定が、それぞれ国内法の制定期間が満了する前の適切な時期に、かつ、それぞれ関連する指令の規定の全適用領域について成立するということは、決して確実なことではないのである。この理由からしてすでに、上述のような環境協定が、構成国による国内法の制定にとって替わることは困難であって、せいぜいのところ補完できるにすぎない。この点で考えられるのは、例えば、それぞれの協定の実質的な射程範囲に応じて、協定の当事者を国内法の規定から一定の限度で解放することである。ところで、委員会の勧告は一九九六年に出されているにもかかわらず、これまでのところただ一つのEG環境指令も構成国の環境協定による国内法化の可能性を規定してはいない。計画されているポンコツ自動車（Altauto）指令においてはじめて行われることになろう。

⑶　制限を回避するための市場の自由

これに対して、ヨーロッパ共同体のレベルでは、――これはわれわれを、「規制的制限を回避するための市場の自由」の局面に連れて行く――委員会と産業団体の間の個別的な環境協定がすでに成立している。とりわけ、ヨーロッパ自動車産業の上部団体ACEAは、一九九八年七月、委員会に対し、二〇〇八年まで新しい乗用車の二酸化炭素排出量を削減するという自己義務づけを通知し、委員会はこれに対して、一九九九年二月、この自己義務づけの主要な要素を取り上げそれを是認する勧告をこの団体に対して発した。このACEA協定の作用は明らかである。産業団体が自己義務づけに同意し、その後で委員会が自動車（Kraftfahreugen）の二酸化炭素排出量に関する指令案を発表したこと、そして、委員会はさらに団体に対する勧告において、ACEAがその自己義務で定めた二酸化炭素排出量を二〇〇八年まで維持できない場合には、このような指令案を提出する意図を明示的に表明した（提出するにとどまるのは明らかだと思われる）こと、を想起すればよい。それ故、問題は、差し迫った規制的制限を回避することなのである。環境保護の目標が規制的介入とその排他的実現による代わりに一当事者の自由意思に基づく積極的参加によって実現される場合、これは大きな利点を有する。けれども、民主的正当化、手続的透明性および安定的実現可能性の要請の削減がどれほど甘受されなければならないのか、という問題が生じる。さらに注意を引くのは、ACEA協定の場合には、協定の目標は、最初宣言された共同体目標を明らかに下回っていることである。したがって、ここでも、規制を断念するのではなく、規制と拘束力ある契約上の義務づけとを適切に結びつけることを優先すべきであると思われる。

3　市場の自由の補完

第三の規制形式は、助成的規制による市場の自由の補完に目を向けることにしよう。ここで重要なのは、市場がそれ自体からは提供することができないため、補助金の支出によって人工的にコストを引き下げ、その限りで部分的に市場メカニズムを補完するという、特別の環境給付である。もちろん、この市場メカニズムがそれから介入の対象となるのである。

しかしながら、共同体のレベルでは、そのために控えめな手段しか使うことはできない。共同体は、環境協同（LIFE）基金のために、共同体の本来の環境基金として、一九九七年にEG総予算の約〇・一％を支給したにすぎなかった。さらに、環境保護のための措置は、構造基金や団結基金の資金からも助成されている。しかし、これらの補助金の大部分は、企業の役に立つのではなく、公的制度に役立つのである。

環境保護の目的のために共同体が企業に与える補助金はわずかであるが、それは、市場の自由に対する配慮によってよりも、むしろ共同体の手段を投入する際の政策的な優先順位の決定によって宣言されるべきだといってよいのに対して、委員会は、構成国の補助金に対するコントロールという自己に委ねられた権限を行使するに際して、構成国の環境補助金に対する疑念がますます増大しているとした。この補助金は、共同負担原理によって原因者負担原理を置き換えるという、市場原理に反する影響を与えるというのである。それ故、委員会は、委員会が一九七四年に立案し、それ以降継続的に発展してきた、「国家による環境保護のための補助金に関する共同体大綱」を、まもなく本質的により厳格に理解しようとしている。とりわけ、環境の必要条件の長期的な考慮は、「価格の真実性と明確性」を前提とするのだから、構成国は、共同体法上の環境保護の要請を実現する役に立つだけの企業投資に対し、もはや助成してはならないというのである。なお許されるのは、構成国の補助金が、いずれにせよ従うべき共同体の環境法を超える刺激を与えるものである場合に限られるのである。

4　市場の自由の促進

第四の、そして最後の大きな規制形式は、市場の自由の促進を目標とする。助成的規制によって、市場の固有の力の発展が、環境保護のために促進強化されるべきである。このために、ヨーロッパ環境法は、現在、自由意思に基づく二つの公的な環境証明スタンプを提供している。

第一の事例で取り扱われているのは、環境にやさしい製品に対するヨーロッパ環境マークであって、一九九二年の規則によって導入された。この規則が作った制度というのは、製品の製造業者と輸入業者は、その製品が環境にやさしいものであるか否かの審査を自由意思に基づいて受けることができ、場合によっては、共同体の環境マーク、つまり様式化された「ヨーロッパの花」のマークを製品につけ、そうすることでその製品を宣伝する権利を手に入れるのである。

審査の要求は、製品の種類に特有の環境基準を委員会が作成し、マークの個々の授与は、構成国の権限を有する機関の義務である。

審査されるのは、――環境法の強制的な要求を実現しているか否かを超えて――製品が狭い意味で環境にやさしい性質であるかだけでなく、いわば「ゆりかごから墓場まで」の環境総決算なのである。

このよく考えられた制度は、これまでのところ大成功を収めたとはいえない。これまで、製品の若干の種類についてのみ、環境基準が作成され、若干の企業がその製品のためにマークを申請したにすぎない。したがって、委員会は、この制度の改正を提案したのである。

われわれのテーマにとって確認しておくべきことは、ヨーロッパ環境マークの制度は、確かに、生産者と消費者が環境を損なわずに市場活動を行うよう、経済的刺激を与えようとしたものにすぎないが、しかしそのためには、公的規制――とりわけ審査基準の規制の不断の拡張を必要とし、かつ用意するということである。

市場の自由を補完するためのヨーロッパ環境法の第二の手段は、環境マネージメントと環境企業監査に関する共同体の制度であり、これは一九九三年の規制によって導入された。ここで重要なのは、現行の環境法上の要請を単に実現することを超えて、企業による環境保護を不断に改良するための刺激を与えることである。

この目的のために、企業は、その個々の所在地ごとに、ある複合的なプロセスに自由意思で参加することができ、場合によっては、「参加宣言」を使用する権利を有することになるのである。この参加宣言は、それぞれの企業が当該所在地で環境にやさしい経営組織であることを証明する。したがって、確かに、個々の製品の宣伝にはなり得ないが、しかし、おそらく、一般的な企業宣伝として使うことができるのである。

この共同体の制度は、義務的な環境保護以上の環境保護に対する企業自体のイニシアティヴと、私的専門家と公的機関による外部的コントロールを組み合わせたものであるが、この制度は、大きな共感を得たし、さらに、新しい職業、つまり環境監査士という職業を成立させたのである。

ドイツ連邦共和国においては、一九九五年以来、二〇〇〇以上の企業がこの共同体の制度に参加している。連邦環境庁が試算したところでは、そのためには、所在地ごとに平均一一万六、〇〇〇ＤＭの出費であるにもかかわらず、そうなのである。企業がこの制度に参加しようとする理由は、イメージ作りの必要性、環境意識の形成に伴う需要、協力者の動機づけの強化、例えばエネルギー消費の際や廃棄物が発生した際にはコストの節約が可能なこと、ならびに、有利な銀行信用条件および保険条件の見込み、といった概念によるのは明らかである。さらに、構成国に対して、参加企業に対しては環境法上の認可義務を廃止するといったような秩序法上の緩和措置をとることが、繰り返し要請されてきた。計画されている規則改正によれば、構成国は将来的にこのような緩和の可能性を検討するよう明文で要求されるという。実体法上の要求の削減は、ここではもちろん問題とならない。そうでなければ、例えば秩序法上の個々の認可条件や情報提供義務などの規定目標の実現が、共同体の制度への参加によって機能的に同価値の保障があるとみなされるという願望も全く正当だということになってしまうだろう。しかし、詳細に考察すれば、共同体の制度における企業組織の審査は、例えば、具体的な施設や具体的な製品がインミッシオン防止法上問題がないか否かについて、必ずしも常に十分な認識を持っているわけではない、ということは明らかである。いずれにせよ、歓迎されるべき補完制度を支える共同体の規制は、秩序法上の不公正な規制緩和のための単なる口実として濫用されてはならないのである。

四　おわりに

全体としてみると、規制も市場の自由もヨーロッパ環境法の中に確固たる位置を占めていることが自ずと認識される。規制と市場の自由は、相互に排除し合うものではなく、適切な補完関係に至るものでなければならないのである。その際、第一次法の観点からは、構成国がその独自の規制や保護の強化によって共同体の環境法を継続発展させることに貢献することが、市場の自由という理由で妨害されてはならない、ということが注意されなければならない。共同体の環境法を第二次法によって内容形成する場合、排除的、制限的、助成的または支援的な性格のいずれの規制も放棄することはできない。しかし、それと並んで、事実関係に応じて、市場の自由の強力な投入がきわめて適切である場合がある。とりわけ、現行法の要求以上の環境保護を行う努力を促進し容易にすべき場合である。環境意識の増大とともに、このような努力も増大するであろう。それ故、規制と市場の自由の関係も、常に繰り返し新たに規定されなければならない。したがって、ヨーロッパ環境法には、可能な限り最良の環境保護を恒常的に新たに求め続けるという課題が課せられているのである。

Ⅲ―7　日本における環境保全の課題の憲法化

岩間昭道

一　はじめに

日本の憲法学説は、今日、環境保全に関し、次のような決定に直面している。すなわち、第一に、環境保全の課題はどのようにして憲法化されるべきかという問題について態度決定をすること、第二に、もし憲法改正の方法を選択する場合には、どのような内容の環境保全条項を採用すべきかについて検討すること、第三に、自由、民主主義、社会的公正のみならず、環境保全をも憲法の基本価値とし、それらを最適化命令にしたがって実現するような新しい憲法理論を構想することである。第二と第三の課題の検討は別の機会に譲ることにして、ここでは、第一の課題についてごく簡単に述べることにする。

二　環境保全の憲法化の方法

1　環境保全の課題は、二つの方法で憲法化することができる。すなわち、憲法の解釈による方法と憲法改正による方法である。ドイツでは、従来は憲法解釈の方法によっていたが、一九九四年に憲法改正の方法が選択された。日本では、今日まで、憲法解釈の方法によっている。しかし、最近の世論調査によると、環境保全条項を憲法改正により憲法に採用することを支持する世論は八割近くにも達している。したがって、こうした状況にかんがみると、憲法改正による環境保全条項の憲法化が実現する可能性は小さくはない。このような状況のもとで、憲法学説は、どのようにして環境保全の課題は憲法化されるべきかという問題について、今日、態度決定を迫られている。

2　支配的憲法学説は、環境保全の課題にもっぱら憲法解釈によって対処してきた。すなわち、人権としての環境権については、幸福追求権を保障する憲法第一三条と、国民の生存権を保障する憲法第二五条によって根拠づけている。

しかし、こうした解釈に対しては、有力な批判が主張されてきた。すなわち、憲法二五条についていえば、二五条の基本的な狙いは、「資本主義経済がもたらした経済的不平等の是正」（奥平）あるいは「社会の弱者に対する生活援助の給付」（田口）にあるとみるべきであり、したがって、良好な自然環境が「健康で文化的な生存」にとって不可欠だとしても、こうした憲法二五条によって自然環境の保全を十分に根拠づけることは困難だ、という批判である。換言すれば、憲法二五条によって環境保全を根拠づけることは、同条の解釈の限界を超える疑いがあるという批判である。この批判には十分な理由がある。にもかかわらず、支配的憲法学説が憲法二五条によって環境保全を根拠づけることができるとしているのは、かなりの程度まで支配的憲法学説が採用する憲法解釈の方法によるものである。

3　戦後の日本の政府は、しばしば、憲法を過度に弾力的に解釈してきた。戦後の支配的憲法学説も、厳格な解釈よりも、概して条文の字義に拘泥しない弾力的な解釈方法を採用してきた。そうした例は、以下の諸学説にみられる。

①戦後の憲法学説を基礎づけたのは、宮沢俊義であった。宮沢の憲法解釈は、憲法制定から一九七〇年頃までの間、学界の解釈をリードした。宮沢は、戦前の全体主義の経験から、日本国悪法を憲法が規定した以上に個人主義的に解釈したが、そうした憲法解釈と同時に戦後の憲法学説に少なからぬ影響を及ぼしたのは、宮沢が戦前に公表し、一九六四年に部分的に修正した憲法解釈に関する見解であった。すなわち、「法の解釈」とは「法の創造」である、「常に具体的の場合においての正法の発見」である、価値判断である、という解釈観である。

②一九七〇年頃から今日までの憲法学説を指導してきたのは、芦部信喜である。芦部は、主としてアメリカの憲法学説を範として、日本国憲法を自由主義的・民主主義的に解釈した。芦部の解釈方法の特徴は、憲法は「絶えず進化発展する、生ける文書」だという憲法観にたって、「憲法の解釈」とは、「憲法の精神と原理」に反することなく、「憲法典の文言にその現代的意味を与える作業」だとし、「厳格な文字解釈」をさけて、「具体的に妥当な意義を見出してゆく」目的論的解釈方法をとるべきことを主張した点にあった。

③一九七〇年代以後の有力な憲法学者であり、また、最高裁判所判事でもあった伊藤正己も、憲法を自由主義的・民主主義的に解釈したが、解釈方法としては、アメリカ憲法の歴史に照らして、法文や制定者の意思にとらわれずに「時代によって変動」しうる弾力的な解釈方法をとるべきことを主張した。

4　ところで、支配的憲法学説は何故にこうした弾力的な解釈方法を採ってきたのであろうか。換言すれば、時代の要請に応じる方法として、何故に憲法改正の方法を採ろうとしてこなかったのであろうか。その主たる理由として、以下の諸点を指摘することができる。

①　第一に、アメリカの憲法学説の影響もあって、支配的憲法学説が多かれ少なかれ「生ける憲法」という憲法観に立っていることである。

②　第二に、支配的憲法学説が、アメリカの歴史に照らして、憲法改正によるよりも憲法の解釈による方が、憲法を現実に適合させる方法としてより適切な場合が多いと考えていることである。

③　第三に、明治以来、日本は西欧文明に由来する憲法原則や制度を継受してきたが、こうした法原理や制度を西欧とは異質な文化をもつ日本社会に適合させるためには、弾力的な解釈が不可避であったことである。

④　第四に、様々な理由から憲法改正はできるだけ避けるべきだと考えられてきたことである。そうした理由としては、(a)固の最高法規としての憲法は崇高なものであるから、安易に改正されるべきではないとする感情が、明治以来ひろく存在してきたこと、(b)明治憲法の原則への復帰を基本的に志向する保守党が戦後ほぼ一貫して政権を担当してきたため、こうした状況のもとで憲法改正を行なおうとすることは、結果的に日本国憲法の原則を弱めることになる可能性が少なくないと判断されたこと、(c)支配的憲法学説が大体において日本国憲法を最善の憲法とみていること、である。

以上のような様々な理由にもとづいて、支配的憲法学説は、時代の要求に対して、解釈の限界を超えると思われるような場合にも、もっぱら憲法解釈によって対応した。そして、憲法改正によって対応すべきだとする主張は、ほとんどもっぱら政党や政治家やジャーナリズムによって主張されてきたにすぎず、支配的憲法学説は、ほぼ一貫して憲法改正そのものに反対する立場をとってきた。

5　このような状況のもとで、環境保全はどのような方法で憲法化されるべきであろうか。この問題についての私見は、以下のとおりである。

①第一に、この問題に対しては、二一世紀における「あるべき憲法」にもとづいて対応すべきだ、ということである。

②第二に、日本国憲法のもとでの解釈方法としては、厳格な解釈方法よりも、原則として条文の字義に拘泥しない比較的弾力的な解釈方法がとられるべきである。

③第三に、日本国憲法が定める憲法改正手続の特徴は、憲法改正の最終決定権を主権者たる国民に留保しており、こうした憲法改正手続の趣旨に照らせば、重要な意義をもった憲法規範の重大な変更やそうした憲法規範の新たな創造については、かりにそれが解釈の限界内のものであったとしても、その最終的決定は、主権者たる国民に留保されていると解すべきである、ということである。したがって、こうした立場からすれば、環境保全が現代国家の最も重要な国家目標のひとつであるとすると、そうした環境保全条項の憲法化は、憲法改正の方法によらなければならないと考える。

⑷　第四に、国民の決定によって環境保全条項を憲法に採用することは、国民にとって憲法が一層身近で、魅力的なものになり、総じて憲法の安定性と実効性を一層強めることになる、ということである。

以上のように、私は、環境保全条項については、憲法改正の方法により憲法化されるのが理論上正しいと考えるが、問題は、こうした方法は、今日の日本の政治状況のもとでは、リスクを伴うということである。すなわち、たしかに環境保全条項は憲法に採用されるが、同時に自由が一層縮減されるような憲法改正を生ぜしめる可能性が少なからずある、ということである。だとすると、我々は、こうしたリスクを回避するために、環境保全についても憲法改正による憲法化を推奨することを差し控えるべきなのであろうか、それとも、立憲国家を形骸化しないためにも、「あるべき憲法」の観点から、自由を縮減する方向での憲法改正には反対を表明しつつ、憲法改正による環境保全条項の憲法化を主張しつづけるべきなのであろうか。日本の憲法学説は、今日、この問題にたいする態度決定を迫られつつあるように思われる。

Ⅲ―8　司法改革と行政訴訟改革――特に環境裁判を中心として――

阿部泰隆

一　司法改革の動き

1　司法の寂しい現状

日本では今行政改革に続き司法改革（Justizreform）が最重要国政課題の一つである。その理由は司法が小さすぎて国民の希望に応えないことにある。司法は、本来果たすべき役割の二〇％しか果たしていないとして、俗に二割司法といわれる。

民事裁判、費用と時間がかかるし、勝訴しても、執行が容易ではないことが多い。特に、医療過誤や知的所有権紛争など専門的な訴訟には時間がかかりすぎて、経済界はアメリカとの特許紛争に負けると憂慮している。

行政訴訟（租税事件、社会保障事件を含めて）は年間一、四〇〇件くらいしかなく、人口比でドイツと比較すれば、二五〇分の一、台湾、韓国と比較しても、三〇分の一にとどまる。行政庁相手の行政訴訟、国・地方公共団体相手の国家賠償訴訟では、勝訴率が数％と推定される。通常の弁護士にとっては、「行政事件はやるだけ無駄」である。

日本では法学部は全国に一〇〇近くあり、年間五万人弱の卒業生を出すが、司法試験（das erste Staatsexamen）

合格者は年間これまで約五〇〇人、法学部学生のわずか一％にすぎない。法学部卒業生の大部分は法曹資格を有することなく会社・官公庁へ就職する。ただし、最近の改革により本年は合格者が約一、〇〇〇人となった。

こうした法曹数抑制政策を反映して、弁護士数は欧米と比べて極端に少ない。人口一億二、〇〇〇万人の日本で、弁護士総数は一万六、〇〇〇人、裁判官はわずか約三、〇〇〇人にすぎない。人口当たりの法曹人口は先進国中最低のフランスでも日本の三・六倍、ドイツは七・九倍である。

その結果、弁護士は大都市に集中し、地方にはほとんどいない。地方裁判所（Landesgericht）の支所管内で、弁護士が一人または〇の地域も非常に多い、訴額九〇万円までの簡易裁判所（Amtsgericht）事件は弁護士に依頼しない本人訴訟が大部分である。弁護士の報酬（Honorar）は弁護士会報酬規定により一応の上限下限の定めがあり、交渉の余地が少なく、一種のカルテルで違法（kartelgesetzwidrig）ではないかという疑問が出されている。弁護士は通常の民事事件だけで生活できるので、専門分野を持つ弁護士が少ない。その結果、知的所有権のような高度の専門的訴訟を担当する弁護士はあまりにも少ない、国民（利用者）から見たら、弁護士にはアクセス（zugänglich）しにくい。

裁判もまたいわゆる官僚的な面があり、国民は近寄りがたい。しかも、裁判官一人で二〇〇件から三〇〇件も常時扱っているため、超多忙で、判決を書くのに非常に時間がかかり、なるべく和解（Vergleich）させようとする。当事者に丁寧に教示するなどという余裕はない。ドイツのように専門裁判所（Fachgericht）はなく、一審段階でおかれる家庭裁判所（Familiengericht）を除き、通常裁判所（das ordentliche Gericht）がすべての事件を扱う。一部の裁判所には、特許部・独禁法部など一定の専門部がおかれているが、行政専門部がおかれているのは東京と大阪の地裁だけである。その結果、裁判官の専門性が欠けるという問題点がある。

2　改革の方向

これまで政党は司法改革に関心を持たなかった。むしろ、司法が小さい方が政治の決定を妨害せず、国会議員の（しばしば違法は）活動を妨害する余裕もなかなか持てないだろうとして消極的に歓迎された。裁判所も裁判官の増員はかえって裁判官の地位の低下、その給与の低下をもたらすとして消極的であったし、弁護士は弁護士が増えれば競争が激化し生活が苦しくなると消極的であった。みんな限られたパイを平和裏に分かちあっていたのである。

しかし、二一世紀の日本では国際化や規制緩和が進み、不透明な事前規制型行政規制から透明なルールと自己責任に基づく事後監視型の社会に移行する。そうすると、紛争の多発が予想され、それを処理するのは司法ということになる。しかし、現状のままの小さい司法ではこの紛争に迅速的確に対応できない。そこで、この司法を「利用者の観点」（Verbraucherfreundlich）から改革することが急務となってきている。

そこで、政権政党である自由民主党も司法制度特別調査会を設置してこの改革に積極的に取り組みはじめた。その結果、一九九九年に司法制度改革審議会設置法が成立した。同議会では昨年七月から二年間の予定で、司法改革についてハードな審議が行われている。そこでは非常に多様な問題が同時に議論されている。

基本的には、国民の期待に応える司法の在り方がテーマである。まず司法改革の要は少なすぎる法曹人口であることから法曹人口の大幅な増加が提案され、また庶民の裁判へのアクセスを拡充するために法律扶助制度の強化、さらに法科大学院（law school）の導入、裁判の官僚化を防止する観点から陪審（das Schwur）あるいは裁判に職業裁判官（Berufsrichter）以外の者が関与する、いわゆる参審などの導入が論じられている。

法曹人口を増加することについては多数の合意があるが、どの程度増加するかについては意見はまだまとまらない。むしろ、弁護士会も大幅増員には消極的であり、最高裁は司法試験合格後の実務教育を行う司法研究所

（legal trainingcenter）を残すことが必要であるとし、その容量（収容定員）から逆算して、司法試験合格者は一、五〇〇人までという可能性が高い。

経済的な弱者が裁判を起こしやすいようにする民事法律扶助法が本年成立した。日本の司法は、陪審も、参審も認めず、純粋の職業裁判官だけで運営されている。これについて市民参加が必要だという意見が少なくない。しかし、アメリカ型の陪審については、素人の市民に事実認定をゆだねることに対する疑問・抵抗が多く、おそらく実現しないだろう。裁判の場に専門家が参加する専門参審制は、最高裁も賛成であるから、実現する可能性も高いが、それは司法を市民に近づけることになるのか、明らかではない。

今は、司法試験を受験するためには、ドイツと異なって、大学卒業も法学部卒業も要求されていない。そこで、司法試験受験生は、法学部に入学するものの、大学の授業よりも、司法試験予備校で受験勉強だけを行う。今はこれは合格率が約三％という日本一の難関の試験なので、受験生は試験に受かるように司法試験科目である実定六法（憲法、民法、商法、民事訴訟法、刑法、刑事訴訟法）だけを丸暗記で勉強し、論文を読まない。まして、法哲学、歴史法学、法社会学、政治学、行政法学、労働法などは勉強しない。こういう者が法曹になるのは望ましくない。そこで、司法試験受験生がしっかり勉強するように、アメリカ流に法科大学院を創設して、学部を終えたあとここでしっかり幅広く深く勉強した者が法曹になるようにという改革案が検討されている。これには文部省、政府与党も賛成であるから、実現するであろうが、その内容はまだ明らかではない。

私は行政訴訟の活性化を主張し、この審議会のテーマの一つとしても取り上げられているが、重点項目にはなっていないので、審議も進んでいない。行政法は司法試験科目から排除されており、法曹は行政法の重要性に対する認識がない。すでに行政訴訟はほぼ死んだも同然であるため、多くの弁護士は関心を持たない。裁判官は民事法的な発想にとらわれ、行政を適切にコントロールしようという意欲がない。行政はもちろんコントロールされることを嫌う。このように、行政訴訟の活性化の視点は一般的にみられない。しかし、この現状は市民の観点から見れば問題であり、改善が必要だという認識は審議会の委員の人も共有していると推察される。しかし、それでも環境訴訟の活性化というまでの視点は一般には見られない。

二　これまでの環境行政訴訟

これまでの行政訴訟（Verwaltungsrechtsschutz oder Verwaltungsprozess）は特に環境の分野ではほとんど活用されていない。その理由はまず原告適格（Klagebefugnis）と行政訴訟の対象である行政行為（Verwaltungsakt als Gegenstand der Anfechtungsklage）が判例（Rechtsprechung）上あまりにも狭く（zu eng）限定されているためである。原告適格は「法律上の利益」（rechtliche Interesse）を有する者に認められる（行政事件訴訟法（das japanische Verwaltungsprozessgesetz）九条）が、判例はいわゆる法律上保護された利益説（Theorie des rechtlich geschutzten Interesses）に基づき行為の根拠となる要件法規（Tatbestandsrechtssatz）が原告の住民たちの権利や利益を個々具体的に保護している場合に初めて原告適格を承認する。しかし、環境実体法（materielle Umweltgesetze）は環境を保護するという一般抽象的な規定を置くのみで、周辺住民の利益を個々具体的に保護するという条文を持たない。そこで、裁判所はそれは原告の利益を保護する規定ではないと解釈して、環境行政訴訟を却下しまう（als unzulaessig abweisen）。周辺に廃棄物処分場が設置されるとか海水浴場が埋め立てられるとか、山林が大規模に開発されるといった場合、環境という観点から住民に原告適格を認める判例はない。

例外的に行政訴訟で原告が勝訴した例があるが、それはたとえば日光太郎杉訴訟（東京高裁一九七三年七月一三日判決行政事件裁判例集二四巻六＝七号五三三頁）では、道路計画により切り倒される杉の生えている土地の所有者が訴えた事件であるし、大分県の臼杵埋立て訴訟（福岡高裁一九七三年一〇月一九日判決判例時報六三八号三六頁）も埋め立てられる海域の漁民が争ったケースで、いずれも所有権、漁業権にもとづいて争った例である。これに対して、都市計画道路の沿道者が騒音を理由に道路建設の許可を争ったケース（最高裁一九九九年一一月二五日判決）、あるいは埋め立てられる海域の隣の海域で漁業を営む漁民たちの訴え（最高裁判決一九八五・一二・一七判例時報一一七九号五六頁）はすべて原告適格なしとして排斥されているのである。

学説上（wissennschaftlich）は、「法律上の利益」に関する判例の解釈は狭すぎ、もっと柔軟に解釈せよとか、事実上の利益でも重要なものであれば原告適格の根拠とせよという批判が多い。判例は、学説の厳しい批判に応えたのか、最近は若干柔軟性を示している。しかし、それはたとえば山を削るという開発許可に対して崖崩れの危険のある周辺住民には危険防止の観点から原告適格があるとする程度のものである（最高裁一九九七・一・二八判決最高裁判所民事判例集五一巻一号二五〇頁）し、また原子力発電所設置許可（Genehmigung eines Kernkraftwerks）に対して周辺住民が「災害防止」という観点から原告適格を有する（最高裁判決一九九二・九・二二最高裁判所民事判例集四六巻六号五七一頁）といった程度のものである。その「災害防止」という規定だけではもともと抽象的であり、周辺住民に原告適格を認める規定としては不十分ではないかという論争さえあったところである。ただ原子力発電所の場合は万が一の事故にさいして生じうる被害の大きさに鑑みて原告適格を認めるという解釈がなされている。

それから、日本では、ドイツと違っていわゆる計画確定許可（Genehmigung des Planfeststellungsverfahren）という制度がなく、高速道路、大規模国道、空港などの大規模公共施設の設置については行政行為（Verwaltungsakt）が行われないので、これについては取消訴訟（Anfechtungsklage）ではなく、むしろ民事訴訟（Zivilrechtliche Klage）で争うというのがもともと一般的な考え方であった。しかし、最高裁一九八一年一二月一六日の判決（最高裁民事判例集三五巻一〇号一三六九頁）は、大阪空港の騒音を理由とする差止訴訟（zivilrechtliche Unterlassungsklage）において「行政訴訟はともかく」民事訴訟は航空行政権という権力（Gewalt als Luftverkehrsverwaltung）を妨げるから許されないとして却下（als unzulaessig abweisen）してしまった。では、行政訴訟は許されるか。行政訴訟としては、空港会社に対する事業免許の取消（anfechten）を求める方法が考えられる。しかし、飛行機が多数飛来するからその騒音が全体として受忍限度を超える（ueber die zumutbare Grenze）のであって、個々の飛行機のいずれが違法かという判定はできないから、その取消訴訟は実際上意味を持たない。新潟空港訴訟（最高裁一九八九・二・一七判決、判例時報一三〇六号五頁、判例タイムズ六九四号七三頁）は、一般論としては、空港周辺の住民に騒音被害を理由とする取消訴訟を提起する原告適格があると認めたが、それで原告たちを救済できるような仕組みを提供したわけではなかった。そこで、空港騒音訴訟では、結局は民事訴訟も行政訴訟も許されないとして、キャッチボールをして結局は何らの救済もしないという裁判の拒否という違憲状態（verfassungswidrige Situation）が続いている。判例は損害賠償訴訟において低額の賠償を認めるのみである。

ただし、これに対しては最近若干救済を進めた民事訴訟判決が出ている。大規模公害道路に対しては、もともと差止めは認められず損害賠償が認容されるだけであったが、神戸地裁二〇〇〇年一月三一日判決（判タ一〇三一号九一頁、判時一七二六号二〇頁）はいわゆる尼崎道路公害訴訟で、一部分についてであるが周辺住民の敷地に一定以上の騒音を侵入させてはならないとする一部差止判決を下した。行政側は車線の削減、高速道路における通行課徴金の導入、その他の手段で多少対応することになっているが、うまくいっていない。

三　環境行政訴訟不振の原因

まずわが国では、環境を保護する観点から行政庁を拘束する規定が実定法に乏しく、環境影響評価法(Umweltvertraeglichkeitspruefungsgesetz)も一九九九年六月にやっと施行されたところで、環境への影響のある行為の違法、適法を判断する法的な基準はそれまではほとんどなかった。民事訴訟で環境影響評価の不備を理由として差し止めた例もあるが、それはし尿処理場などで汚染がかなりの蓋然性を持って予測されたためである。もっとも最近では廃棄物処分場の管理の不備が明らかになったせいもあって、廃棄物処分場に対する民事の差止訴訟は結構認容されている。環境影響評価法が制定され、環境行政訴訟は多少活性化するかと思われる。しかし、環境許認可などが違法になるという規定が入ったので、「環境への適正な配慮」が欠けている場合はその事業の認可などが違法になるという規定が入ったので、環境行政訴訟は多少活性化するかと思われる。しかし、環境への適正な配慮が何かという具体的な基準がないうえ、この規定だけでは原告である住民の権利や利益を保護する趣旨と解釈されるかどうかがわからない。環境訴訟は原告側にとって大変な負担であり、弁護士にとってもほとんど儲からないので、熱心にやっている弁護士達は少ない。裁判官のほうは、民事裁判官であるから、行政の統制という課題を重要視していない。原告適格を狭くする最高裁判例もあることから、できるだけ訴訟を門前払い(却下)して早く片づけたいという誘惑にかられる。違法性の審査に入った場合もその判断基準はなかなか見つからない。しかも、二〇〇〇年の司法試験から行政法は試験科目から完全に排除され、選択科目としてもとることができなくなったので、これからは行政訴訟に精通している裁判官、弁護士はほとんどいなくなる。そして、被告側は行政法の知識を独占しているので、原告側と被告側の力の差はますます大きくなり、環境訴訟は住民側にますます不利になると思われる。

四　将来の展望

このような現状においては将来明るい見通しがあるわけではないが、まず司法改革の中で行政訴訟が不備であることを認識し、何らかの改革を講じよという提案がなされることが期待される。そして、さらに進んで、行政事件訴訟法の改正の動きまでつながることが望まれる。弁護士会その他でも行政事件訴訟法改正の提案が行われている。ただ、弁護士会はアメリカ流に原告適格について事実上の利益があれば争えるという非常に広い立場をとるのに対して、最高裁は現行の判例でよろしいとし、事実上の利益説では広すぎるという反論をしている。弁護士会の主張があまりにも広すぎるために逆に通らないということになりそうである。それから、訴訟の改革のほかに実体法の改革が必要である。個別の実体法が原告住民達の利益を守るような規定を置けば、裁判所も原告適格を承認せざるをえなくなるし、実体判断へ進むことができるように実体法上の判断基準を詳しく規定すべきである。さらに印紙代などの費用（Gerichtsgebuegren）もこのような集団訴訟（Gruppenklage）においては一人分払えばよいと軽減するとか、原告が勝訴した場合は社会公共に寄与したとしてさらに国家が弁護士費用（Anwalts-honorar）を払うこととして、訴訟を起こしやすくするような手段が必要である。ドイツの環境法典（Umweltge-setzbuch）で認められ、一部の州法（Landesgesetz）で導入されている団体訴訟（Verbandsklage）については、まだ本格的な議論はないが、学説上は認めるべきだという提案もある。しかし、それは個人の権利を保護するという現行裁判制度の枠を越えるので、相当本格的に議論が進まないと踏み切ることは難しいであろうと思われる。

また、ドイツのように行政裁判所（Verwaltungsgericht）を一審レベルで創設するか、少なくとも、今の司法裁判所の中に行政専門部（Fachkammer-Verwaltungssache）を多数設置することが必要だと提案されているが、実現可能性は高くない。

以上のように、環境裁判の活性化という観点から見ると、わが国の現状はまだまだ将来の見込みが低く、実体的な判断のあり方について、ドイツ法から学ぶというような余裕もまだまだなく、その手前の段階にあるというのが現状である。

【追記】

これは、二〇〇〇年九月にドイツ・フライブルクで行われた、「人間・技術・環境」と題する日独第二回共同研究会における報告原稿である。このドイツ文は、kobe law review 三五号（二〇〇二年）に掲載予定された。また、これはもと「環境行政訴訟の機能不全と改革の方向」法教二六九号（二〇〇三年）などをベースにしている。

その後、司法改革が進み、行政訴訟改革が行われたので、簡単にコメントしておく。

簡易裁判所の事物管轄は、一四〇万円までとなり（裁判所法三三条一項一号）、弁護士の報酬規定は撤廃された。

二〇〇四年に、定員六〇〇〇人弱の法科大学院が設置され、司法試験合格者数は、当面は一五〇〇人であるが、二〇一〇年には三〇〇〇人と予定されている。司法研修所は修習期間を一年に短縮して存続する。当面は、法科大学院の学生数に比し、司法試験合格者の枠が少なく、しかも、五年間に三回しか受験できないので、いわゆる三振アウトになる法務博士（法科大学院卒業者は法務博士の称号が与えられる）が激増する。制度設計の重大なミスである。

陪審なり参審制は、刑事で、裁判員制度として、導入されることになった。

法科大学院と新司法試験では、行政法学は、憲法と一緒に「公法」という科目を構成する必修科目になった。行政法に強い法曹がいずれは増えると見込まれる。

行政訴訟制度の改正では、「処分性」には何らの変更もないが、処分でない行為については、公法上の法律関係の確認訴訟の対象になるという方向での了解があり、処分取消訴訟の原告適格については「法律上の利益」という文言には変わりはないが、「考慮事項」が付け加えられた（新行訴法九二項）。これにより原告適格が拡大される場合があると期待される。義務付け訴訟、差止訴訟が明示された。しかし、第三者に例えば違反の除去とか改善を命ずる義務付け訴訟についでは、「一定の処分がなされないことにより重大な損害を生ずるおそれがあり、かつその損害を避けるため他に適当な方法がないときに限り、提起することができる」（新行訴法三七条の二第一項）との厳重な制約が課されたので、どこまで活用できるのかは不明である。

このテーマについては、筆者もこれから種々論ずるところであるが、さしあたり原稿を用意したものとして、「行政事件訴訟法の改正について」『研修叢書（現代法律実務の諸問題）平成一六年版　日弁連研修委員会（第一法規出版、二〇〇五年予定）があり、行政事件訴訟法の改正が環境訴訟に及ぼす影響については、環境法政策学会誌第八号（二〇〇五年発行予定）において論じた。

本文でふれた尼崎公害訴訟については、「尼崎公害訴訟の和解」『小高剛先生古稀記念』（成文堂、近刊）参照。

Ⅲ―9　日本の環境法における行政訴訟法上の諸問題について

神橋一彦

一　はじめに

ドイツと同様、日本においても、社会の産業化とともに、環境保護をめぐる訴訟が脚光を浴びるようになってきた。そして環境法をめぐる行政訴訟は、さまざまな計画、給付行政、あるいは行政指導などをめぐる行政訴訟と並んで、現代的な行政訴訟の中心的な問題の一つとして位置づけることができる。

一九四七年（昭和二二年）の現行憲法の施行とともに、通常の司法裁判所から独立した行政裁判所（一八八九年二月一一日の大日本帝国憲法六一条）は廃止され、その後日本の行政訴訟は、通常の裁判所によって扱われることになった。しかしながらこのことは、行政訴訟、例えば取消訴訟が民事訴訟と同様の訴訟手続に則って審理されるということを意味するものではない。行政訴訟と民事訴訟は厳格に分離され、それ故に、もし違った訴訟係属によって訴訟が提起された場合、その訴えは不適法として却下されることになるのである。すなわち、訴訟要件の問題というのはこんにちの行政訴訟をめぐる最大のテーマの一つであって、その複雑性の故に、実効的な権利保護の要請に対する障壁にもなりうるものである。

日本における現在の行政訴訟は、一九六二年（昭和三七年）一〇月一日の行政事件訴訟法によって定められている。そしてこの行政事件訴訟法は、四つの訴訟類型を定めており、その一つが抗告訴訟である。この抗告訴訟によって「違法な公権力の行使」に対する不服を主張することができるのである（行政事件訴訟法三条一項）。そしてこの訴訟類型は四つのさらに細分化された訴訟類型からなっている（行政事件訴訟法三条二項～五項）

(1) 処分取消訴訟

(2) 裁決取消訴訟

(3) 無効等確認訴訟

(4) 不作為違法確認訴

学説・判例において、義務づけ訴訟の可能性は否定されてはいないけれども、行政事件訴訟法において明示的な訴訟類型としては規定されていない。

環境法の領域においては、行政処分に対する取消訴訟がもっとも重要な役割を果たす。行政事件訴訟法三条二項によれば、これは「行政庁の処分その他公権力の行使に当たる行為」の取消を求める訴えである。そして、処分の取消を求めるにつき法律上の利益を有する当事者がこの訴訟を提起することができるのである（原告適格・行政事件訴訟法九条）。すなわち、どのような行政活動がここでいう処分にあたり、誰に原告適格が帰属するか、これが問題とされるわけである。

二　処分性の問題

取消訴訟の対象は、主として「行政庁の処分」である。日本では行政行為という概念は法文上使われていない。この概念は、講学上の概念であるにとどまる。そのかわりに、行政事件訴訟法では「処分」という概念を用いているのである。しかし、行政事件訴訟法における意味での「処分」は、講学上の行政行為概念とほぼ同じであるといってよい。この点について一九六四年（昭和三九年）一〇月二九日の最高裁判所判決は、「処分」の概念を定式化して以下のように述べている。

「……行政庁の処分とは……行政庁の法令に基づく行為のすべてを意味するものではなく、公権力の主体たる国または公共団体が行う行為のうち、その行為によって、直接国民の権利義務を形成しまたはその範囲を確定することが法律上認められているものをいう……。……行政庁の右のような行為は仮りに違法であっても、それが正当な権限を有する機関により取り消されるまでは、一応適法性の推定を受け有効として取り扱われるものであることを認め、これによって権利、利益を侵害された者の救済については、通常の民事訴訟の方法によることなく、特別の規定によるべきことにしたのである。」

この判例において問題となった事実関係は以下の通りである。東京都は、ゴミ焼却場の建設を計画し、そのための土地を購入し、都議会に建築計画案を提案した。都議会はこれを承認し、公報に掲載した。その後、都は建設会社とゴミ焼却場の建設について契約を締結した。これに対して、建設予定地近隣に居住する八名の住民が施設建設のために都が行ったすべての行為の無効を求めて提訴したものである。

本件において施設の建設に向けた一連のプロセスは、複数の行為からなっている。こうした行為を全体としてではなく、個々に分離して分析するとすれば、都議会の議決は行政内部の行為であって、市民の権利や義務を直接に形成したり、変更したりする法的な効果はもたないということになる。また、建設会社との間の契約の締結は、通常の私法上の法律行為であって、行政処分ではない。このような分析によれば、上述の判決の定式によって処分とされる行為を、施設建設のプロセスの中に見いだすことはできないということになる。それゆえに、施設の建設を抗告訴訟（取消訴訟）によって阻止することはできないのである。すなわち行政訴訟ではなく、建設の禁止を求める民事訴訟を起こすべきだということになる。

このような図式は、例えば火葬場や交通施設の建設といった他の事例にも適用可能である。そのような施設の建設を阻止するためには、行政訴訟で訴えるのではなく、建設ないし操業の差止を求める民事訴訟を起こさなければならない。

しかしながら、最高裁判所の判例が今日に至るまで論理的に一質したものか否かについては、学説上疑義が呈されている。

一九六〇年代、大阪国際空港の周辺に居住し、航空機の騒音に苦しむ人々が、民事訴訟によって夜の九時から翌朝七時までの空港の使用差止を求めて出訴した。この事件は、行政法および民事法領域における戦後最大の訴訟に発展していく。当時の支配的な見解によれば、空港の管理はそもそも非高権（公権力）的な作用である。そのことは、日本において空港は私人によっても設置され、管理されていることを考えれば明らかである。ところで大阪国際空港は、国営の空港であるが、原告の立場からすれば、その点は重要ではないということになる。実際に、第一審および第二審において原告の求めた差止請求は認容されている。しかしながら一九八一年（昭和五六年）一二月一六日の最高裁判所判決は、訴えの適法性を否定した。この判決は・公共施設の管理権限の本質は、非高権（非公権力）的であるということを承認する。そしてそれは、私法上の財産権に基づく民間空港の管理の場合と同様である。しかし大阪国際空港のような国営空港は、運輸大臣によって設置管理されている。その理由は、運輸大臣はそのような措置を執ることによって「航空行政権」を確実に行使しうるということである。このような理由を考慮すると、国営空港の管理は、「航空行政権」の見地からも考察されなければならないのであって、それを抜きにして直ちに非高権（非公権力）的作用と性格づけることはできない。国営空港の管理は、「航空行政権」と不可分の関係にあり、そうだとすれば、本件訴えは、「航空行政権」の行使の取消変更等を求めるものであって、

不適法却下されるというのである。(1)

「航空行政権」という概念は、法律上の概念ではなく、この判決によって新たに創り出された概念である。この判決が出されるまで、法律家ですらこの概念を聞いたことがなかったのである。当然のことながら、この判決については学説上強い批判を浴びることになった。この最高裁判決は、あたかも相撲取りが東から土俵に上がろうとしているときに、行司が西から上がってこいといい、今度は東から上がってこようとすれば、西から上がってこいというようなものである。

このような大阪国際空港訴訟の経験もあって、新潟空港の近隣に住む住民は別の戦略を採ることになった。すなわち、彼らは、新たな空路（定期航空運送事業）の免許の取消訴訟を提起したのである。この訴訟の適法性は一九八九年（平成元年）二月一七日の最高裁判決によって承認された（下記「三　原告適格について」を参照）。

さらに、一定時間における自衛隊機の飛行差止をどのような訴訟で求めるかという問題がある。厚木(2)にある軍事基地の近くに居住する住民が、人格権および環境権(3)に基づいて民事訴訟で夜八時から翌朝八時までの自衛隊機の飛行差止を求めて出訴した。第一審判決は、当該空港（軍事基地）の設置管理は、「防衛行政権」の行使であるという理由で、訴えを却下した。このような理由づけについては、大阪国際空港判決に対するのと同様の批判がこの判決にも妥当するであろう。しかし最高裁は、このような理由づけを採用しなかった。最高裁は独自の理由づけでもって訴えを不適法却下したのである。一九九三年（平成五年）二月二五日の判決において、次のように述べている。

「……防衛庁長官は、自衛隊に課された我が国の防衛等の任務のため自衛隊機の運航を統括し、その安全および航行に起因する障害の防止を図るため必要な規制を行う権限を有するものとされているのであって、自衛隊機の運航は、このような防衛庁長官の権限の下に行われるものである。そして、自衛隊機の運航はその性質上必然的に騒音等の発生を伴うものであり、防衛庁長官は、右騒音等による周辺住民への影響にも配慮して自衛隊機の運航を規制し、統括すべきものである。しかし、自衛隊機の運航に伴う騒音等の影響は飛行場周辺に広く及ぶことが不可避であるから、自衛隊機の運航に関する防衛庁長官の権限行使は、必然的に伴う騒音等について周辺住民の受忍を義務づけるものといわなければならない。そうすると、右権限の行使は、右騒音等により影響を受ける周辺住民との関係において、公権力の行使に当たる行為というべきである。」

この判決によれば、防衛庁長官の権限行使によって、周辺住民が受忍義務という義務を負われることを理由に「公権力の行使」にあたるというわけである。確かに、私人に新たに義務を課す行為は行政行為（処分）であり、公権力の行使に当たる行為である。しかし、本来法的義務というのは相手方にSollenを命ずるものであって（Sollenspflicht）、判決にいう「受忍義務」は特定の作為・不作為を私人に命ずるものではないから、真正の意味での「義務」とはいえないとおもわれる。また防衛庁長官の権限行使というのも、自衛官に対する規則制定行為とそれに基づく実際の自衛隊機の運航という少なくとも二つの行為からなる作用であって、本来、私人に対して何らかの義務づける内容をもつものであるとはいえない。従って、この判決は、「義務」の概念の誤った理解に基づく判例であるといえる。

以上が処分性をめぐる日本の最高裁判例の概観である。

三　原告適格の問題

訴訟要件の中で最も難解な問題は、原告適格の問題である。一九七〇年代から一九九〇年代に至るまで、取消訴訟の原告適格をめぐっては激しい議論が行われた。行政事件訴訟法第九条は次のように定めている。

「処分の取消しの訴え……は、当該処分……の取消しを求めるにつき法律上の利益を有する者……に限り、提起することができる。」

ここで問題となるのは、「取消しを求めるにつき法律上の利益を有する者」というのは、如何なる意味なのか、ということである。この問題は、とりわけいわゆる第三者保護の問題をめぐって議論される。

通説及び最高裁判例によれば、「取消しを求めるにつき法律上の利益を有する者」というのは、「当該処分により自己の権利もしくは法律上保護された利益を侵害され又は必然的に侵害されるおそれのある者」をいう。その際に問題となるのは、行政処分の根拠法規（授権規範）[4]がその関係者の利益を保護しているか否かである。もし根拠規範が当該関係者の利益を保護しているならば、当該関係者は、その違法な行政処分の取消を求める原告適格を有することになる。そしてこのような基準の下では、処分の根拠法規の解釈が議論の対象となるのである。このようなシェーマは、ドイツにおける「保護規範説」（Schutznormtheorie）に類似したものである。

環境法の領域においても、原告適格の問題は大きな問題である。一九八五年（昭和六〇年）一〇月一七日の最高裁判決は、公有水面埋立免許[5]に関する事例である。火力発電所を建設するために、ある電力会社が公有水面埋立免許を受けた。これに対して計画の対象海面周辺において操業している漁業者が、埋立事業とその後の火力発電所の操業によって漁獲高が減少するとして、免許処分の取消を求めたものである。しかし最高裁はこの訴えを不適法として却下した。その理由は、処分の根拠規範の中に原告の利益（すなわち周辺海域の環境的利益）を考慮した規定は存しないからである、というのである。一九二〇年（大正一〇年）四月八日の公有水面埋立法第四条は、免許処分の要件を以下のように定めていた。

「一　其ノ公有水面ニ関シ権利ヲ有スル者埋立ニ同意シタルトキ

二　其ノ埋立ニ因リテ生ズル利益ノ程度カ損害ノ程度ヲ著シク超過スルトキ

三　其ノ埋立カ法令ニ依リ土地ヲ収用又ハ使用スルコトヲ得ル事業ノ為必要ナルトキ」

確かに、周辺漁業者の利利益や環境について考慮した規定は見あたらない。しかしながら、我々はこの法律が一九二〇年に制定されたことを想起しなければならない。すなわち、一九二〇年の制定当時、未だ環境保護の思想が存在しなかったことについて、驚くに値しないであろう。現にこの法律は一九七三年（昭和四八年）に改正され、環境保護についての新たな条項が付加されるに至った。(6) 改正後の最高裁判例はないが、この新しい規定のもと、上述のごとき事例における漁業者は、原告適格を有する可能性がある。

今日に至るまで、最高裁判所は、このようなシエーマに立っている。しかし学説上の種々の批判もあって、最高裁は、同じシェーマを維持しつつ、処分の根拠法規を従来より緩やかに解することによって原告適格の可能性を拡大している。

例えば上述のように（「二　処分性の問題」）、最高裁判所は、一九八九年（平成元年）二月一七日の判決において、新潟空港の周辺に居住し、大阪国際空港の事例と同様騒音に苦しむ人々が提起した、新設航空路の許可処分の取消を求める訴えを適法とした。この許可処分が、航空会社を名宛人とする行政処分であることは疑いを容れないところである。ここで問題となる根拠規範は、一九五二年（昭和二七年）七月一五日の航空法（改正前）一〇一条一項である。この法律は、許可処分の要件を以下のように定めていた。

「一　当該事業の開始が公衆の利用に適応するものであること

二　当該事業の開始によって当該路線における航空輸送力が航空輸送需要に対し、著しく供給過剰にならないこと

三　事業計画が経営上及び航空保安上適切なものであること

四　申請者が当該事業を適格に遂行するに足る能力を有するものであること
五　申請者が次に掲げる者に該当するものでないこと
イ……
ロ……（略）」

最高裁判所は、原告の原告適格を航空法一〇一条一項三号に基づいて承認した。すなわち最高裁は、「事業計画が……航空保安上適切なものであること」という文言を、それは航空機の騒音防止の観点をも意味すると解釈したのである。このような解釈を行うに当たっては、処分の根拠法規（航空法一〇一条）以外の関連法規、すなわち航空法一条の目的規定と一九六七年（昭和四二年）八月一日の公共用飛行場周辺における航空機騒音による障害の防止等に関する法律を考慮に入れている。すなわち、航空法一条は、「航空機の航行に起因する障害の防止」を法律の目的として規定している。また公共用飛行場周辺における航空機騒音による障害の防止等に関する法律によれば、運輸大臣は、騒音の防止のための措置を行う権限を有することになっており、それ故に運輸大臣は、許可処分にあたっても騒音の防止を考慮すべきであるというのである。

原子力法の領域でも、原子炉施設の周辺に居住する住民の原告適格が承認されている。一九九二年（平成四年）九月二二日の最高裁判決では、原子炉施設から二九キロないし五八キロ離れた場所に居住する住民の原告適格が承認された。根拠規範である、一九五七年（昭和三二年）六月一〇日の原子炉規制法（核原料物質、核燃料物質及び原子炉の規制に関する法律）は、原子炉の許可について権限を有する官庁としての内閣総理大臣は、事業者に「原子炉を設置するために必要な技術的能力」と「原子炉の運転を適格に遂行するに足りる技術的能力」があるか否か（二三条一項三号）、そして「原子炉の位置、構造及び設備が……原子炉による災害の防止上支障がないもの」であるか否か（四号）について審査しなければならない。判決によれば、これらの規定は、周辺住民の利益を保護していると解釈することができる。

最高裁判所の判例を分析すると、最高裁は、環境保護、とりわけ原告の生命、健康が問題となっているような場合には、原告適格を承認する傾向にあるといえる。[7]しかしながら、原告適格をめぐる判例は、長年にわたって学説において批判されてきたのである。

ドイツにおける保護規範説は、「隠された列挙主義」であるとして批判された。同様の批判が原告適格をめぐる日本の最高裁判例について当てはまる。[8]学説においては、原告が当該行政処分によって事実上の損害ないし不利益を被っている場合には、その利益が法律上保護されているか否かにかかわらず、原告適格が認められるべきである、という主張もなされている。実際に立法者は、原告適格が誰に帰属すべきかといったことを考慮して、法律を作っているわけでもない。また原告適格をめぐる最高裁の法律解釈は、非常に複雑であり見通しのきかないものである（新潟空港判決など）。ただ他方において、裁判官の視点からすれば、例えば「事実上の侵害」「事実上の不利益」といった基準は抽象的であって、適用しづらいという面があるだろう。その意味で最高裁判例のシェーマは、裁判官の判決の理由づけを容易にするという限りにおいて、裁判官にとっての利点があるといえるだろう。

四　おわりに

以上紹介した日本の最高裁判例は、多くの問題を含んでいる。

⑴　まず、処分性をめぐる最高裁判例については、特に大阪空港訴訟判決以降の判例について論理的な一貫性をもって説明することが困難である。

⑵　原告適格については、憲法との関係が全く考慮の外におかれている。ドイツにおいても保護規範説を憲法（基本権）との関係を考慮しつつ再構成する動きがあるが、日本法についてもこのような考え方は参考になるものと思われる。(9)

⑶　さらに抗告訴訟はこのように訴訟要件が厳しいために、行政活動の適法性を求める訴えは、民衆訴訟である住民訴訟、さらには国家賠償訴訟へと流れる傾向が指摘できる。

（1）この判決は、空港の使用差止について行政訴訟による可能性を示唆してはいるが、具体的な方法については明言していない。
（2）厚木市は、神奈川県内に所在し、東京から約五〇キロ離れたところにある。厚木飛行場は、一九四五年八月、マッカーサー将軍が戦後初めて日本に到着した場所として有名である。同空港は、戦後、日本のみならず、アメリカ合衆国によっても使用されていた。
（3）「環境権」という権利については、日本の憲法学説などにおいて主張されているが、立法や判例においては法的権利として承認されていない。
（4）ここにいう「根拠規範」ないし「授権規範」とは、行政処分の要件及び手続について定めた規定をいう。
（5）公有水面埋立法にいう「公有水面」とは、「河、海、湖、沼其ノ他ノ公共ノ用ニ供スル水流又ハ水面ニシテ国ノ所有ニ属スルモノ」をいう（一条）
（6）「其ノ埋立ガ環境保全及災害防止ニ付十分配慮セラレタルモノナルコト」（改正法四条一項二号）
（7）尤も、例えば廃棄物処理施設の許可処分についての周辺住民の原告適格については、見解が分かれるところであったが、現行の一九七〇年（昭和四五年）一二月二五日の廃棄物処理法（廃棄物の処理及び清掃に関する法律）は、「生活環境の保全」を法律の目的としており（一条）、また許可要件の中で施設や事業者の能力が一定の基準を満たすものであることが要求されているので（八条の二、一五条の二）、周辺住民の原告適格は承認されるとおもわれる。

（8）日本でも、一九四七年（昭和二二年）旧行政裁判制度の廃止とともに、列挙主義は廃止された。

（9）日本でも、シュミット＝アスマン教授などの保護規範説を新たに再構成する学説が紹介されている。

【追記】周知のように我国の行政事件訴訟法は二〇〇四年に改正が行われたが、シンポジウムの記録として、その後の変動については加筆を行わなかった（筆者記）。

第Ⅳ部　生命科学

Ⅳ―1　日本国憲法における学問・研究の自由の限界とヒト・クローンの作製
――人クローン個体産生禁止法案とその論拠を素材に――

根森　健

一　はじめに――私の報告の視点の限定

一九七八年の世界初の試験管ベビーの誕生以来の、「生殖革命」とも称される不妊治療技術の急速な進歩は、その一方で、人間関係のパラダイム・シフトをもたらし、生物的な性を超越し、従来の倫理的な規範を破壊し始めている。クローン技術を応用した「クローン人間の創成」は、そうした生殖革命の究極に位置する最終的なパラダイム・シフトだとも言われる(1)。クローンとは、無性生殖的に生じる、遺伝子組成が全く同一な生物集団を指す用語であり、クローン技術には、クローン個体、クローン細胞、クローン遺伝子を作り出す三つの技術があるが、本稿では、日本におけるこのヒト・クローン個体の作製(クローン人間の創成／人クローン個体の産生)に関する昨今の法的規制の動きとその根底にある規制の理由付けの議論に着目しながら、日本国憲法の下での学問・研究の自由の保障とその限界について、考察を深めることができればと考えている(従って、以下では、人クローン個体を単に人クローンとも表記する)。というのも、学問・研究の自由については、これまで国家権力による介入、干渉を防ぐという観点から思想・良心の自由などと同様に手厚く保障されると解されてきたこともあって、その限界については、近年になって先端科学技術との関係で、ようやくに立ち入って論じられ始めたにすぎないからである。

考察の際には、本稿もまた、ライナー・ヴァール（ReinerWahl）教授が、前回のこの日独シンポジウムにおいて提唱された。「比較憲法のコンセプトとしての四次元モデル」(2)を踏まえながら、そのささやかな考察を繰り広げられたらと考えている。

二　問題の所在の確認——最近の日本でのヒト・クローン研究の法的規制の動き

1　クローン羊「ドリー」の誕生と日本におけるヒト・クローン作製禁止の動き

一九九七年二月の『ネイチャー』誌での、成体の羊の体細胞（乳腺細胞）の核移植技術を用いたクローン羊「ドリー」の誕生の公表が、世界に衝撃を与えたのは記憶に新しい。従来の受精後発生初期（胚）の細胞を用いたクローン動物の産生とは異なり、「ドリー」のように成体の体細胞を使用した場合、理論上、新しく産生される個体が持つ遺伝子の構成は元の体細胞の遺伝子とほとんど同一になる点やクローンを無限に産生できる点で、クローン技術を応用した「ヒト・クローンの作製」が、極めて現実味を帯び、「ヒトのコピー」、たとえば「ヒトラーのクローン」とかが許されるものなのかといった議論がSFの世界を離れ、一層切実なものと受け止められたからである。このこともあって、直ちに、国際社会で、クローン技術の人間への応用を禁止する決議・宣言・条約などが公表された。

日本でも、国際社会での反応を踏まえて、ヒト・クローン研究については、九七年三月に、文部省学術審議会や科学技術庁科学技術会議政策委員会で、それぞれ科学研究費課題の停止や研究費配分の差し控えの決定が行われた。その後、文部省では、学術審議会バイオサイエンス部会の最終報告『大学等におけるクローン研究について』（九八年七月三日）に基づき、「ヒトのクローン個体の作製を目的とした研究、又はヒトのクローン個体の作製をもたらすおそれのある研究及び研究でのヒトの体細胞（受精卵・胚を含む）由来核の除核卵細胞への核移植」をモラトリアム的に禁止する『大学等におけるヒトのクローン個体の作製に関する研究の規制に関する指針』を告示した（九八年八月三一日）。他方、科学技術庁科学技術会議（the Council for Science and Technology）に新設の生命倫理委員会（the Bioethics Committee）では、同委員会クローン小委員会（the clone subcommittee）がまとめた最終報告『クローン技術による人個体の産生等に関する基本的考え方について』（九九年一一月一七日。以下では、『基本的考え方』とも略記）を了承し、それを踏まえた短い『クローン技術による人個体の産生等について』という見解を決定としてとりまとめた（九九年一二月二一日。以下では、『見解』とも略記）。前述の文部省学術審議会の報告書が「ヒト・クローン個体の作製」と表現していたのに対し、この生命倫理委員会やクローン小委員会の文書では「人クローン個体の産生」といった表現に端的に表れているように、倫理的な観点からの議論が一層重視されている。(3)また、同委員会の『見解』では、規制の対象となる研究・技術応用の主体が、単に大学等の研究機関にはとどまらないこともあって、とくに人クローン個体、人と動物とのキメラ個体、ハイブリッド個体の産生に対して刑罰を伴う法律による禁止の必要性を強調するものとなった（こうした近年の日本におけるヒト・クローン研究の規制をめぐる動きと議論についての立ち入った検討は、今回のシンポジウムに論文で参加している、光田督良「日本における人クローン産生研究規制」を参照）。

2　日本における人クローン個体の産生を禁止する法案の作成

この生命倫理委員会（とそのクローン小委員会の見解を具体化した「ヒトに関するクローン技術等の規制に関する法律

案（以下、人クローン個体産生規制法案とも記述）が、内閣提出法案として、二〇〇〇年四月に国会に上程された（同法案は、結局審議未了で廃案となった。但し、政府としては、近い将来に、同法案を国会に再上程する方針である）。同法案では、「人の尊厳の保持、人の生命及び身体の安全の確保並びに社会秩序の維持に重大な影響を与える可能性があることにかんがみ」（第一条）、クローン技術等のうちクローン技術又は特定融合・集合技術により作成される胚、すなわち人クローン胚、ヒト動物交雑胚とヒト性融合胚（いわゆるハイブリッド胚）又はヒト性集合胚（いわゆるキメラ胚）を「人又は動物の体内に移植すること」を何人に対しても禁止する（第三条）ものであり、これに「違反した者は、五年以下の懲役若しくは五〇〇万円以下の罰金に処し、又はこれを併科する」（第一六条）。その他に、上述の胚を含む「特定胚」の作成、譲受、輸入及びそれらの行為後の取扱いの適正を図るために、生命現象の解明に関する科学的知見を勘案し、総合科学会議の意見を聴取の上、文部科学大臣は特定胚の取扱いに関する指針の策定（変更）をし、これを公表しなければならない（第四条）、となっている。そして、同法案の「附則」の第二条では、クローン技術を取り巻く状況の変化等を勘案して、法律施行後五年以内に必要な措置を講じるものとするとの見直し規定を置いている。(4)

日本でのこうした「人クローンの産生」（上述のように、人と動物のキメラ、ハイブリッドの産生も含む）だけを刑罰付きで禁止する法案の作成・提出に関しては、他の先端医療技術についてては法的規制といった規制措置を採ってこなかったのに、なぜ「クローンに関する技術の人への応用」の内でも、「人クローンの産生」だけをとくに法的禁止の対象とするのか（そのような異なった取扱いは妥当なのか）、といった疑問・批判が出されている。ここでは、一国の先端科学技術政策、ここでは生殖医療・生命科学政策の在り方そのものが問われてもいるのである。「これらの分野で、学問・研究の自由に「何らかの法的規制が求められることはありえようが、他方これら技術が往々にして国家が強くかかわって行われていることにも配慮しておくことが必要であろう(5)」。

三　日本国憲法における学問研究の自由（第二三条）

1　保障の背景と内容

ところで、日本国憲法は、比較憲法的には、ドイツの基本法と同様に明文で学問・研究の自由を保障する数少ない憲法の一つである。その第二三条は、極めて簡潔に「学問の自由はこれを保障する」と規定している。この第二三条の規範の内容としては、一般に、①学問・研究の自由、②学問・研究の成果の発表の自由、③学問・研究の成果の教授（教育）の自由及び④大学の自治が挙げられる。

ドイツでは、一八四九年のフランクフルト憲法や一九一九年のヴァイマル憲法でも、学問・研究の自由を保障していたのとは異なり、日本では、それ以前の大日本帝国憲法（旧憲法）には、学問の自由を保障する規定はなかった。このような自由を活かす経験の未熟さもあって、軍国主義の下で、思想統制・弾圧が一層進むに及んで、一九三〇年代には、自由主義的な学説や立憲主義的な学説を説く大学教授の教科書等の著作や講義・講演までが非難の対象となり、その著作が発売禁止の処分を受けたり、大学での教授を禁止されたりするに至った（その例として、滝川事件（京都大学事件）、天皇機関説事件、河合栄治郎事件など）。こうした旧憲法体制下での抑圧の反省として成立した、日本国憲法の精神的自由に関する個々の基本権規定は、この第二三条の規定を含め、法律の留保などを伴わない、無留保型の徹底した保障規定となっているのが特徴である。

2　自由保障の度合い――高められた保障

日本国憲法に、思想・良心の自由（第一九条）、信教の自由・政教分離原則（第二〇条）、表現の自由（第二一

条）といった精神的自由権規定に加えて、第二三条の学問の自由規定がある理由としては、一つには、上述のような、日本における学問の自由・大学の自治に対する弾圧の歴史を克服し、それらを真に確立する上で、「権力による抑圧から学問の自由を保護し、とくに研究・教育機関に従事する者の自由を確保することが必要と考えられた」[6]ためと解されている。第二に、学問研究の自律性とも言うべき特質が挙げられる。日本では、学問研究（学術）＝創造的な真理探究行為ととらえ、当該学問分野で受入れられた手続・方法に基づく真理の探究の自律性を確保すること、とりわけ政治や行政による学問研究への介入・干渉を防ぐことに特別の意義を憲法も認めたものと解されている[7]。

加えて、そもそも精神的自由の保障の理解としても、日本の憲法学説においては、アメリカ合州国での憲法論議とりわけ連邦最高裁判所の判例法理を発展的に継受する傾向があり、表現の自由の優越的地位の理論、違憲審査の基準についての「二重の基準理論」等が強く支持されている。学問の自由も、そうした高められた憲法的保障を受ける精神的自由権の一環をなすものである上に、上述したような学問研究の自立性に由来する、独自の（高められた）憲法的保障を受ける理由をもっていると解される。

3　学問・研究の自由の規制（限界）についての考え方

従って、まず学問・研究の自由は内面的活動にとどまる限りは絶対的保障を受けるが、学問・研究の自由も、その成果の発表や外部に現れた研究・実験遂行のための諸活動などがその他の重要な人権や法的利益との深刻な衝突を生み出し、とくにそれらを直接・具体的に侵害する危険が明白である場合には、規制を受けざるをえないであろう。その場合、学問・研究の自由に対する国家権力による規制は、規制の目的においてその目的が極めて重大な（compelling）ものであり、目的との関係において採られる規制の手段・態様・程度について、必要最小限のものでなければならない。しかも、極力、国家による介入を避け、自主的規制によるべきだとするのが学説における学問研究の自由の限界についての考え方であろう。

もちろん、日本でも、近年、原子力研究のような大規模技術や遺伝子・生殖に関する研究や技術など科学技術の急激な進展によって、人間の生存、身体、環境の根幹を揺るがすおそれのあるような研究・学問も出現し、これに対する法的規制の是非が憲法学でも議論されている。この領域の憲法問題に深い関心を持つ戸波江二教授は、ヒト・クローン研究や受精卵の実験使用の禁止など、特定内容の研究の限界を自主規制やガイドラインによってではなく、法律によって研究の限界を画定することも必要との見解を採るが[8]、学説では、「法的規制が「両刃の剣」であることからすれば、学問の自由の観点から規制に対して慎重に対応せざるをえない[9]」、とする法的規制慎重論の方が依然として有力である。筆者も、日本国憲法の保障する学問研究の自由の保障の解釈としては、やはりこのような法的規制慎重論に立つものである。

四　学問研究の自由の限界としてのヒト・クローン研究

1　人クローン個体産生規制法案と学問・研究の自由の限界についての考え方

既述の生命倫理委員会の『見解』は学問・研究の自由の一般論を述べるところはないが、クローン小委員会の最終報告『基本的考え方』では、学問・研究の自由とその規制形態についての考え方を次のように述べている。「研究者がどのような研究を行うかは、内面的な活動にとどまらない場合には無制限に自由であるものではなく、社会に対する責任との関係で議論されるべきである。人クローン個体の産生のように、必然性が乏しく、さらに、人間の尊厳上の問題、安全上の問題等社会に対する負の影響があり、また、国民の間に幅広い反対意識がある場合には、研究者自身が社会的責任を十分に自覚して対処しなければならないことは当然であるが、更に、必要な範囲で適切な規制を設けることは、研究の自由の不当な制限につながるとはいえない[10]」。

ここでは、学問研究の自由の限界画定に当たって、アドホックな比較衡量の手法が採られていることに留意しておきたい。というのも、人クローン研究のうち、人クローン個体の産生のみを取り出し、とにかく法律による禁止とし、ほかの人クローン胚を用いた研究などとその取扱いを分けたのは、一つには、人クローン個体の産生には後者とは違い、医療等への貢献などの「必然性が乏しい」こと、二つには、人クローン個体の産生さえ防げれば、人間の尊厳の侵害、安全性の問題等への「重大な弊害」を回避できると判断したからである。高められた憲法的保障を受ける精神的自由について、このようなアドホックな比較衡量のアプローチで済ますことができるかは大いに疑問である。加えて、非配偶者間人工受精を望まぬ夫婦における不妊治療の一つとして亡くなった子どもの人クローン個体の出産を望む両親の心の治療の一つとしてなど、想定される当事者個人たちの切実な「自己決定」を考えてみると、その願望に応えようとする研究者・医者・技術者の人クローン個体の産生への取り組みを、そのように簡単に「必然性が乏しい」と切り捨てることができるのだろうか、という素朴な疑問も沸く。

また、規制することによって保護される利益として挙げられているのが、「(人間の尊厳上の問題や安全性の問題等) 社会に対する負の影響」の回避というかなり曖昧なものであること、規制の方法として、研究者の自主規制を超えて、適切な規制として法的規制 (罰則付きの禁止) を取り込むことができる論拠として、これと併せて、「国民の間に幅広い反対意識がある」ことに求めていることなどは、学問・研究の自由を真摯に考えて行こうとする場合には、問題となるように思われる。

2　人クローン等産生の法的規制（刑罰による禁止）の具体的論拠について

(1)　生命倫理委員会『見解』等の「基本認識」

クローン羊「ドリー」誕生後急速にヒト・クローン研究・作製を禁ずる動きが世界的に広まった背景には、言いしれぬ社会的な不安や懸念・不快感や嫌悪感があった。だが、「極めて重大なケースでは、嫌悪感は深い知恵の情緒的表現であり、理性の力をこえ」たものだとして「嫌悪感という悪知恵（wisdom of repugnance）」を倫理的判断の規準に据える議論を、[11]学問研究の自由に対する法的規制の論拠に援用することはそのあまりの漠然さからいっても許されない。また、しばしば不安・懸念や不快感・嫌悪感の拠り所にもなる誤った認識を論拠に並べるべきでないのはもちろんである（例えば、「ＤＮＡが同一であれば、二つの個体といえども、人格は同一であるから、人格の尊厳を侵害する」といった意味での「人格の尊厳侵害」という論拠は、一卵性双生児の例を見てもわかるように誤りであろう[12]）。

この点、今回の人クローン個体産生親制法案の方向付けを行った、生命倫理委員会の『見解』やクローン小委員会の『基本的考え方』は、論拠がそうした漠然・曖昧としたものへと拡散するのを避け、人間の尊厳の侵害や安全性の問題として法的規制（禁止）の論拠を絞っている。例えば、生命倫理委員会の『見解』では、主に、次のような「基本認識」を提示していた。

「クローン技術の人個体産生への適用については、人間の育種や手段化・道具化に道を開くものであり、また、生まれてきた子どもは体細胞の提供者とは別人格を有するにもかかわらず常に提供者との淘汰が意識されるという人権の侵害が現実化する。このため、個人の尊重という憲法上の理念に著しく反することとなる。さらに無性生殖であることから、人間の命の創造に関する我々の基本認識から逸脱するものであり、家族秩序の混乱等の社会的弊害も予想される。

また、クローン技術による人個体の産生については、安全性に関する問題が生じる可能性を否定できない。このように、クローン技術による人個体の産生には人間の尊厳の侵害等から重大な問題があり、その弊害の大きさから、法律により罰則を伴う禁止がなされるべきである」[13]。

この『見解』は短い文書であり記述が簡単すぎる所もあるので、以下では、それが依拠したクローン小委員会の『基本的考え方』で理由付けを補いながら、人クローン個体産生に関する法的規制（刑罰による禁止）の具体的な論拠づけを逐次検討してみたいと思う。

この生命倫理委員会の『見解』が掲げる具体的論拠は、おそらくは、クローン小委員会の『基本的考え方』と同じく「人間の尊厳の侵害（個人の尊重違反）の問題」と「安全性に関する問題」とからなっているものと思われる。前者の「人間の尊厳の侵害の問題」としては、人間の育種、人間の道具化・手段化（に道を開くこと）、(b)体細胞提供者と異なる人格であるにもかかわらず、（他者・社会によって常にその関係が意識され、小クローンを理由に）産まれてくる子に対する人種侵害が現実化・明白化すること、(c)（有性生殖を基に成り立つ）人間の命の創造に関する基本認識からの逸脱、(d)親子関係等の家族秩序の混乱等の社会的弊害が挙げられているが、このうち、もっとも代表的な論点である(a)はともかく、(b)や(c)(d)は、「人間の尊厳」とどのように関わるのだろうか。こうした疑問も含めて、(a)(b)(c)(d)のさらなる検討は、次項で行うことにしよう。

もう一つの安全性の問題については、生命倫理委員会の『見解』の方は単に「安全性に関する問題」というだけでそれ以上の具体化はない。後述するように、クローン小委員会の『基本的考え方』では、もう少し論述がなされているので、それを手がかりにして、安全性についても、項を改めて3の項でいま少し検討してみることにしたい。

⑵　個別の具体的論拠と「個人の尊厳」または「人間の尊厳」

(i)　人間の育種（品種改良）、人間の手段化・道具化

『見解』や『基本的考え方』でまず最初に挙げられている⒜人間の育種（品種改良）や人間の道具化・手段化という論拠は、ある人を他の人や国家が人間にふさわしく扱うことに関わる問題である。ここでは、人間の尊厳についての「客体定式（objektformel）」（「具体的な人間が、客体、単なる手段、代替可能な存在に貶められるとき、人間の尊厳そのものが傷つけられたのである。」）が想起される。この客体定式にしても、この定式が依拠するカントのかの定言命法にしても、「単なる手段としての取扱い」を戒めるものであることをきちんと考えると、『見解』『基本的考え方』が挙げている⒜の論拠については、次のことを指摘することができよう。その一つは、人間の育種（品種改良）にしても、人の手段化・道具化にしても、必ずしも、人クローンの産生行為の全てがそうした意図の下に、またそうした意図だけで行われるわけではないだろうということである。そうだとすると、どうしても規制・禁止するというのなら、「人間の育種や人間の手段化・道具化とする目的での人クローン産生に限っての規制・禁止」とするのが筋であろう。もっとも、ホルスト・ドライヤー（Horst Dreier）教授が前回のシンポジウムで生殖遺伝子医療一般に関して確認しているように、消極的（遺伝病の治療を目的とした）及び積極的（人間の品種改良を目的になされる）優生学の間の境界は当然には存在しないという難問があるにはある。[14]『見解』や『基本的考え方』が、「人クローンの産生は人間の育種や人間の手段化・道具化に道を開くものである」（傍点は引用者。以下同じ）と述べているのも、この点を意識してのことかも知れない。いずれにしても、第二に、人クローンの産生が人間の育種や人間の手段化・道具化に「道を開くもの」とするなら、それに至る（極めて）高い蓋然性があることを、誰にもわかるように示すことが必要である。第三に、すでに人工受精や体外受精等でも精子銀行のように、こうした意図をもって行われることもあるのであり、なぜ、人クローンの産生だけが規制・禁止されるのかといった指摘

も出てこよう。第四に、仮に人クローンの産生に携わる研究者・技術者やそれを望む親がそうした意図をもっていたとしても、奴隷なみに取り扱おうとでもしない限り、生まれてきた子どもを人間として扱おうとしていないとは言えず、「単なる手段としてのみ扱う」ものとは一概に言えないのではないか、という指摘もある（加藤尚武）。ところで、もう一つの問題は、「人間の品種改良をねらうことが、憲法で禁じられているのか」という点である。これにつき、ドライヤー教授は、「その理由は、基本法の規定は、諸個人の個性、個々のアイデンティティーを保護すべきことにあるからである。しかし全体に目的のある操作によって生み出された人は、この種の人的個性をほとんど獲得することができないだろう。……基本法第一条一項は客観法的命題として、今日の関係者が後に続く世代の個性の刻印を無に帰せしめるようなことは何もしないように義務づけられているからである」[15]と述べていた。その上で、このことは、人間の品種改良だけにでなく、「他の人間存在の遺伝子上のコピーのみが作られる」にすぎない、人へのクローン技術の適用（即ち、一卵性双生児の人為的な作製）にもあてはまるとしている[16]。人クローンの場合、前述したように、遺伝子上のコピーであっても、置かれた環境や偶然の作用によって、コピー元の人間とは全く別個に独自の人格と才能の発揮と人生とをもつのであるから人的個性をほとんど獲得できないとは言えないのではないだろうか。また、ドライヤー教授が人間の品種改良について展開している、「全体に目的のある操作によって生み出された人は、この種の人的個性をほとんど獲得することができないだろう」という指摘についても、なぜそう言えるのか今少し説明が必要ではないだろうか。

以上のように見てみると、「人間の尊厳侵害」との関係ではもっとも理由のある、自明な論拠と思われた(a)についても、まだ論証しなければならないことがあることに気づく。

(ii)　生まれた人クローン（子ども）に対する人権侵害の現実化

(b)の論拠はいかなる意味で、「人間の尊厳」に関わるのだろうか？　ここでは、(a)の論拠とは異なり、人クローンの産生行為そのものの反「人間の尊厳」性が問題となっているのではなく、生まれてしまった「人クローン」である子どもだって、「人間の尊厳」を有するにもかかわらず、他者や社会や国家が「人クローン」を理由に差別するので、そうした子どもの「個人の尊重」や「人間の尊厳」が侵害されることになる、というものであろう。だが、そもそも、現時点で、そうした差別がどの位生じるのか、科学的に予想しうるのだろうか。

また、このような意味での「個人の尊重」(「人間の尊厳」)侵害は、当該人クローン側の問題ではなく、それを迎える側の問題である。この問題については、次のような倫理学者(高橋隆雄)のコメントこそ、憲法学も共有すべきものだと考える。「クローンとして生まれた子どもは、通常と異なる仕方での出生のゆえにさまざまな仕方で不利益を被るかもしれない。それは、例えば他人の精子や卵子を用いての体外受精で生まれた子どもについても言えることであろう。私は、このような子どもを差別的に扱わないということに人間の尊厳への尊重が現れるのだと思う。つまり、……出生の仕方(例えば、通常の出生、体外受精、クローン)等にかかわらず、人間として生まれてきた者を、権利の主体として、また権利を保護されるべき対象として扱うことが、人間の尊厳の基礎にはあるのではないか。そうであれば、人間の出生の仕方に関する社会通念に基づいて行う人間の尊厳の侵害の主張は、鋭得力に乏しいといわざるをえない。[17]」

このことを踏まえた上で、それでもなお差別的な社会の現実的(差し迫った)で重大な、人クローンである子への人権侵害(のおそれ)がある場合に、初めて、人クローン産生の法的禁止も含めて、立法による救済や保護の問題が出て来ることになろう。

(iii)　(有性生殖を基に成り立つ)人間の生殖に関する基本的認識からの逸脱

生命倫理委員会の『見解』(や同クローン小委員会の『基本的考え方』)が、続いて掲げる論拠は、(c)人クローンが「無性生殖であることから、人間の命の創造に関する我々の基本認識から逸脱する」という点である(もっとも、ここでは、この指摘は、次に続く(d)「家族秩序の混乱等の社会的弊害も予想される」の理由付けとして機能しており、法的規制（禁止）の論拠としての重点が(d)に移っていると見るべきなのかもしれない）。

周知のように、この(c)の論拠は、一九九七年に「ドリー」事件を契機にフランスのシラク大統領が人クローンに関する法的規制の検討を同国の「生命科学と医療のための国家倫理諮問委員会」に指示した際に、同委員会が人クローンの産生は、既存の法律で既に禁止されていると解釈できるとの回答を行ったときの重要な論拠であった。同委員会では、「生殖に男女の両性が関与し、かつ、偶然性が介在することにより、各個人の唯一性が確保されることが、人間の尊厳保護の基本的要件である」と判断した。ここで論点になるのは、人間の尊厳との関わりでの、各人の「唯一性」、「同一性」や「個体性」と、それを支える「偶然性」である。そこでいう「唯一性」、「同一性」が人格的なものをさすのであれば、遺伝子が同士であっても、一卵性双生児がそうであったように、各人の個性の中核をなす人格は、時代や環境や教育に大きく依存するのであるから、人格の同一性は必ずしも損なわれるものではないであろう。さらに、「個体や個人を決定するのは、クローンにおける核移植に際して与えられるドナー側の染色体上の遺伝情報だけではないこと、細胞質のなかにも、個体の形成に関与するものがあり、そうしたものすべての総合的な働きから、個人は形成されていくことも判っている」(18)のであれば、なおのこと「個人の唯一性」は確保される。だとすると、上の論拠でなお意味を持つのは、「有性生殖による偶然性の介在」という点であろうか。たしかに、この点では、人クローンと一卵性双生児とは決定的に違う。だが、「人間の尊厳」論の中に宗教的なものでも読み込まない限り、「有性生殖による偶然性の介在」と「人間の尊厳」との関連はつかないのではないだろうか。

(iv)　親子関係（等）の家族秩序（等）の混乱

上述のように、生命倫理委員会の『見解』では、さらに、(d)「家族秩序の混乱等の社会的弊害」が重要な論拠として挙がっている。クローン小委員会の『基本的考え方』での議論では、「親子関係等の家族秩序の混乱」と限定されていたのに較べて、『見解』では、「家族秩序の混乱」は「社会的弊害」の一つの例示に過ぎなくなっている。学問・研究の自由という極めて重要な基本権の限界を慎重に確定しようとする立場からは、このような曖昧な論拠の提示では規制目的の提示として未だ不十分であり、さらに明確にしていく必要があろう。

ところで、人クローンの産生が、「親子関係等の家族秩序」に大なり小なり混乱をもたらすことは考えられる。だが、それがどのような規模になるかは、民法等の立法による事前の整備や、人クローンに対する社会への国家や専門家による情報公開の有り様によって変わってもこよう。学説の中にも、家族共同体の人格的意味という観点の下に、親子関係等を遺伝的繋がりを重視して考える立場に立って、体外受精等の人工受精がもたらす親子関係等の家族秩序の混乱と、人クローンがもたらすそれとでは、前者の下では「誰が親なのか」という親子関係内部での位置づけが不確実になるだけだが、後者においては「親子関係それ自体」が不確実なものになるのであり、この点で、決定的に違うのだとして、人クローンの産生のみを一律に法律により禁止できる唯一の論拠に、この親子関係等の家族秩序の融解・崩壊を挙げる者もある(19)。だが、「家族共同体の人格的意味」という表現が何を包含するものか今ひとつ判らないが、言葉どおりに、「人格的」意味での家族につき考えるというなら、親と子との繋がり、兄弟・姉妹の繋がりは、遺伝子の後先とか同一か否かといったことで、ただちに決まるのではなく、むしろ、その後の「関係づくり」の中で、親は親に、子は子に……と、人格的意味づけがされてくるのではないだろうか。また、今日の人工生殖技術の下ではもちろんだが、旧来からの養子制度でも親子関係等の混乱等に繋がる問題は少なからず含まれていた(とくに明治憲法下での「家督相続制度」「イエ制度」では、血筋を絶やさぬための養子制度がいろいろな形で多用されていたのである)。人クローンの産生についても、人間の知恵によって十分に「混乱」を回避できるように思われる。

ところで、この項で取り上げた「家族秩序の混乱」との関連で付言すれば、ドライヤー教授は、「［ある人が］特定の世代に属していることが、それに応じた血縁関係の枠組みや家族構成の枠組みに組み込まれていることを含めて、自然的なアイデンティティーやパーソナリティー（個性）に数えられるとすれば、人クローン作製についても同様に、世代を飛び越えた人工授精や体外受精についても基本法第一条一項（人間の尊厳の原理）違反との異議にさらされる[20]」と述べている。ここでは、(i)自然的なアイデンティティーやパーソナリティーの保持ということが、「人間の尊厳」の内容として挙げられ、その中に、血縁関係の枠組みや家族構造を含めての、特定の世代に属していることが数え上げられている。また、(ii)この点での人クローンがもっている問題点は、凍結受精卵や精子などを利用した人工受精や体外受精も共有しており、ひとり人クローンだけの問題に留まらないことが指摘されている（従って、日本での議論で、人クローンだけを規制するのでよいのかというレベルでも、法的規制のあり方・範囲の妥当性を再考させる指摘となろう）。

ドライヤー教授の(i)の指摘に関して言えば、おそらく「家族秩序の混乱」といった問題を「人間の尊厳」に関わる問題として位置づけるとすると、このような論拠付けの仕方にならざるを得ないのではないだろうか。ただし、「人間の尊厳」の核心の保障にとって、果してそのような「自然的な」アイデンティティーやパーソナリティーを持ち出す必要があるのかは、より慎重に吟味してみなければならない。「自然的」という形容詞を持ち出すことが、結局は単に「非自然的＝人為的・人工的＝許されないこと」を言うだけに終わらないようにである。

以上、生命倫理委員会と同クローン小委員会の文書を手がかりに、人間の尊厳侵害という観点の下に提示されている規制の具体的論拠について検討してみた。その結果として、あらためて、「人間の尊厳」という言葉で直感的に許されないのではとか、自分個人の倫理観からは許されるべきではないと思われた人クローン産生の研究でさえ、少なくとも、その目的・態様を問わずにそれを一律禁止にできるほどに説得力のある論拠の提示は未だ無いという考察結果に筆者はたどりつくのだが、どうだろうか。

3　規制の具体的根拠としての安全性

(1)　規制の論拠としての安全性と日本国憲法

ここでは、もう一つの有力な規制論拠として、生命倫理委員会の『見解』等で打ち出されている、安全性という論拠について、簡単に見ておきたい。日本国憲法第一二、一三条二文で挙がっている「公共の福祉」という文言は、基本権行使の限界を画するものとして、判例・学説では一般に解されている。特に最高裁判所は濫用気味にこの「公共の福祉」を人権制約原理として広く利用してきた。学説ではそうした濫用を批判している。「公共の福祉」の内容の代表例ともいえる「安全性」もまた多義的概念であり、これだけでは内容が不明確であるから、安全性についても、よりきちんとした憲法の根拠法条の追求と、問題となっている安全性の具体的な中身を問う作業が必要になる。

生命・身体に対する安全が問題になる場合には、ドイツ基本法第二条二項の「各人は、生命への権利および身体を害されない権利を有する」という規定程に明確ではないが、日本国憲法では、第一三条二文の「生命、自由及び幸福追求に対する個人の権利」(いわゆる幸福追求権)規定が拠り所になる。また、刑事手続に関する人権の総則的な規定(第三一条)も根拠法条として考えられる。また、環境権の根拠規定の一つとしても援用される、「すべて国民は、健康で文化的な最低限度の生活を営む権利を有する」と規定する第二五条一項のいわゆる「生存権」規定も根拠法条として挙げることができよう。

このような根拠法条に基づいて、安全性に対する各人の権利の保護のために、仮に人クローンに関する学問・研究の自由もまた規制を受けるとして、問題になるのは、安全性の中身、体細胞移植した人クローン胚を移植される女性や、産生される人クローン（子ども）の生命や身体への安全に対する危険の度合いが問われることにもなろう。ここでも、ものさしとなるのは、本来は、「明白かつ現在の危険」であることが必要であろう。

(2)　人クローン個体産生規制の具体的論拠としての安全牲

安全性の問題については、先に引用したように、生命倫理委員会の『見解』の方は単に「安全性に関する問題」と述べるだけでそれ以上の具体化はなかった。これに対して、クローン小委員会の最終報告『基本的考え方』では、安全性に関する問題として、「体細胞由来の核を用いるクローン個体の産生抜術は、動物においても研究段階にある。現状では、この技術を人間に応用した場合、正常に発生し成長するか、テロメアの短縮により寿命が通常の受精による個体と違いがあるか等について十分な知見がない」ことを指摘していた。この報告に先立つ同委員会の『中間報告』（九八年六月）では、安全性の問題として、「正常の受精に比較して、高頻度で障害児が生まれたり、成長過程で障害が発生する可能性を否定できない現状では、産まれてくる人個体の安全性の確保は保証できず、そのような状況下で、クローン技術を適用することには問題がある」と記述されていた。上述のような憲法論から言うと、これらの『見解』や『基本的考え方』での安全性についての記述は、学問・研究の自由の規制根拠としての安全に対する危険の提示としてはなお漠然としすぎているように思われる。

クローン小委員会の委員でもあった、生命倫理学者の加藤尚武教授は、最近の著作の中で、クローン小委員会では受け入れられなかった自説を提示して、クローン人間を作ることを禁止する理由として、「人格の尊厳の侵害」が正当な理由とはならない以上、唯一可能な規制の論拠となるのは、安全性論法しかないと述べている。その上で、安全性に問題がないとわかった時点で、なおクローン人間を作ることを、永久に禁止し、刑事罰の対象とするような違法性を見いだすことはできないと述べて、次のような指摘を行っている。

「クローン人間を作ることが好ましいということでもない。人間の出産イコールクローン人間というような事態を招くことは絶対に避けなければならない。もしもそのために刑法で『クローン人間産出罪』という罪名を定めることが、クローン人間の出生の日常化を妨げる唯一の手段であるというのであれば、刑法で禁止することも便宜上、やむをえない。しかし、これは刑法の便宜的な利用である。刑法という最後の手段を使わなくても実効性のある規制ができるなら、その方がいい。必要なことは日本独自の『クローン人間規制』法案を作成することであるよりは、研究の現状を把握することだろう。[21]」安全性の観点から、人クローンの産生に繋がる研究を強い形で法的に規制しようとする場合、上述のような「明白かつ現在の危険」の存在が前提になると考えると、加藤教授が言うように、人間の出産イコールクローン人間といった「クローン人間の出生の日常化」というような事態に至る必然性が明白である必要があるのではないだろうか。

五　まとめに代えて——日本における生命科学・技術の規制の在り方について

1　人クローン個体産生規制法案と学問・研究の自由の限界

(1)　規制の論拠の妥当性について

以上、本稿では、学問・研究の自由の限界事例として、人クローンをとりあげ、とくに、この間に日本において、人クローン個体産生規制法案が国会に上程されたのを受けて、人クローンの産生研究について、その法的規制の論拠をチェックしてきた。これまでの議論で、筆者が確認してきたのは、それがうまくいったかどうかはさておき、人クローンの産生だけを取り出して法的規制（しかも刑罰による強い禁止規制）を行う論拠として提示されたものが、それを支えるだけの説得力を学問・研究の自由との関係ではなお十分に持つものではないということであった。

従って、人クローン個体産生規制法案は、その第一条「目的」で、「人の尊厳の保持、人の生命及び身体の安全の確保並びに社会秩序の維持に重大な影響を与える可能性があること」を掲げているが、そこに言う「人の尊厳の保持」「社会秩序の維持」という論拠付けが正当なものなのか、また「人の生命及び身体の安全の確保に重大な影響を与える可能性がある」のかは、法案提出の基礎になった生命倫理委員会の『見解』やクローン小委員会の『基本的考え方』に見る限りは、なお疑問として残るところである。

⑵　規制の手法としての刑罰による禁止という強い規制の妥当性について

従来、生殖医療に関わる先端科学技術については、法令に基づく規制ではなく、国の示すガイドラインによる規制、国による研究資金配分の停止、学会等によるガイドライン等による医師、研究者の自主的規制、個別の医療機関・研究機関等における倫理委員会審査等による自主的親制等によつて規制が行われてきただけに、なぜ、「クローン技術の人への適用の規制」について、それも人クローンの産生（人のキメラやハイブリッド産生を含むが）に繋がるところだけ、法律によって罰則付きで、研究や適用の目的を問わず一切禁止されるのか、生命倫理委員会の『見解』やクローン小委員会の『基本的考え方』の論拠づけには、必ずしも合理的に説明の付かないところがあり、そのため説得力を欠く面がある。

もちろん、戸波教授も指摘しているように[22]、規制を法律によって行うべきとする理由には、研究の自由という大切な人権を制限する以上、明確に限界を画定し、研究者の自主判断の尊重でかえって研究の萎縮を招くのを防ぐという、学問・研究の自由の保障に繋がる面もあり、今回、規制の手法として対置されている、国によるガイドライン方式が、場合によっては、かえって国による恣意的な規制をもたらすこともありうることを考えると、一概に後者より劣るとは言えない。ただ、これまで検討してきたように、人クローン個体産生に照準を合わせての規制の論拠づけからは、刑罰による禁止を伴った強い法的規制は引き出せないであろう。人クローンの産生に関しても、政府からの独立性の高いチェック機構の下での、学会等によるガイドライン等による医師、研究者の自主的規制によるべきだというのが、節の通った議論であろう。従って、仮に国によるガイドライン方式を採る場合には、その前提として、ガイドラインの策定に当たって、策定手続きおよび策定する内容に、学会や医師、研究者それに市民が十分に参加し、その意見が反映するものになっている必要がある。

2　人クローン個体産生規制法案と日本における生命科学・技術の規制の課題

学問・研究の自由の限界の画定という面からも、またさらにそれを超えて、今回の法案には、根本的な問題が含まれている。それは、同法案が、「国際協調（＝国際社会の動きに呼応しないと白い目で見られることへの懸念）」という点から、とりあえず、一種のスケープ・ゴートとして人クローン個体産生だけを明確に強い法的規制の対象に差し出し、時間を稼いで、生殖医療上利用価値の高いと考えられるＥＳ細胞（ヒト胚性幹細胞 embryonic stem cells）を含めたヒト胚研究の規制について、文部科学大臣が今後策定するガイドライン方式による規制の内容を固めていこうと臨んでいることに関わる。

既に紹介した加藤教授と同様に[23]、クローン小委員会のメンバーでもあった、科学史・科学哲学研究者の村上陽一郎教授も最新の著作で、クローン技術だけをとり出してそれだけを規制しようとすることは不合理であり、人クローン批判も、考えられているほど自明ではないとした上で、次のように、今回の法案に見られる「場当たり的な規制」の提示の仕方に根本的な疑問を述べている。

「クローン技術だけが倫理的に何かグロテスクなものである、という形で法規制の対象とし、……医学的に有用な研究に関しては規制から外すというような例外規定を設ける、というような形で、この問題が処理されること自体が、私にはあまり健全でないように思われる……。……今日、不妊技術のなかで行われているような様々な胚や胎児の扱いも含めて、もっと総合的な視点から、日本社会として受精卵も含めて、人間の生命をどのように考え、どのように守っていくのか、という点を、じっくりと議論する機会を作るべきなのである。そうした広い視野に立った議論の成果の一つの応用例としてクローン技術への対処もあるべきなのである。[24]」

トライブ（Laurence Tribe）教授が言うように[25]、間違った理由でクローニングを禁止しないためにも、こうした「総合的な生命を扱う倫理」とその責任ある担い手の育成への取り組みこそが、日本の生命科学・研究にとっての緊要な課題であろう。

（1）　クローン技術研究会『クローン技術』日本経済新聞社、一九九八年、一三七頁（西義介執筆）。

（2）　ライナー・ヴァール「日本とドイツの比較憲法」ドイツ憲法判例研究会編（編集代表：栗城壽夫、戸波江二、青柳幸一）『人間・環境・科学技術』信山社、一九九九年、一一頁以下所収。

（3）　このような両者の対象に向かう姿勢の違いを反映した表記のちがいについては、文部省の学術審議会特定研究領域推進分科会バイオサイエンス部会の報告『大学等におけるクローン研究について』自体の中で、「生物種としての「ひと」を指す語の表記としては、本報告では、学術用語でもある「ヒト」を用いているが、科学技術会議のクローン小委員会中間報告では、倫理的な観点からの議論をより重視し、社会的な存在としての人間の意味をも込め「人」の語を用いている」と言及している（http//www.monbu.go.jp/singi/gaksir/00000212/）。本稿では、このような議論のあることを了解しながらも、「ヒト・クローン（個体の作製）」と「人クローン（個体の産生）」とを併用する。ただし、後半部分での人クローン個体産生規制法案や、その基礎になった科学技術会議生命倫理委員会や同クローン小委員会での議論を検討する際には、「人クローン（個体の産生）」の表現を多用することになる。

（4）　このような強い法的規制が打ち出された背景の一つには、九八年実施の総理府によるクローンに関する有識者アンケート調査の結果などもあると思われる。なお、これらの近年の日本におけるヒト・クローン研究の規制をめぐる動きと議論の内容及びそれについてのより立ち入った検討は、今回のシンポジウムに論文で参加している、光田督良「日本における人クローン産生研究規制」に譲る。

(5) 大沢秀介『憲法入門』成文堂、一九九八年、一四二頁。

(6) 芦部信喜『憲法学Ⅲ』有斐閣、一九九八年、二〇二頁。

(7) 七〇年代、八〇年代をリードした代表的な憲法教科書の一つは、「学問の自由は、真理の究明には創造的な自由が不可欠だという認識のほかに、さらに、研究・教授に携わる専門家の良心と判断が、政治や行政の判断や要求に優先しなければならぬ、というもう一つの合理的な理由をもふくんでいる。だから、そうした意味での研究者の任務や独立性を尊重する社会的雰囲気を欠けば、学問の自由を支える社会力もそれだけ乏しくなる。学問の自由の実質的な裏づけには、何よりも学問に対する一般社会の敬意や期待や理解がなくてはならない」と述べている（小林直樹『憲法講義〔新版〕㊤』東京大学出版会、一九八二年、三八〇頁）。

(8) 戸波江二「科学技術規制の憲法問題」ジュリスト一〇二二号八五頁（一九九三年）、同『憲法（新版）』ぎょうせい、一九九八年、二七九頁。

(9) 辻村みよ子『憲法』日本評論社、二〇〇〇年、二六四頁。

(10) 科学技術庁のホーム・ページ（http/www.sta.go.jp/shimon/cst/rinri/clo91227_1.html）より引用。〔追記：科技庁廃止後の現在は、http//www8.cao.go.jp/cstp/cst/rinri/clo91227_1.html 参照〕

(11) Leon R. Kass, "The Wisdom of Repugnance" *New Republic* (June 2, 1997), p.17. のちに、Leon R. Kass, James Q. Wilson, *The Ethics of Human Cloning*, The AEI Press, 1998 に収録。もっとも、Kassも、クローン作製に反対するいくつかの議論を提示していないわけではない。以上のKassの見解については、高橋隆雄「ヒト・クローン作製をめぐる倫理的諸問題」（高橋隆雄編『遺伝子の時代の倫理』九州大学出版会、一九九九年）一五六頁以下より重引。

(12) 加藤尚武『脳死・クローン・遺伝子治療』ＰＨＰ研究所、一九九九年、一〇八頁以下、村上陽一郎『科学の現在を問う』講談社、二〇〇〇年、八七頁以下など参照。

（13）科学技術庁のホーム・ページ（http://www.sta.go.jp/shimon/cst/rinri/clo00215.html）より引用。〔追記：科技庁廃止後の現在は、http://www8.cao.go.jp/cstp/cst/rinri/clo00215.html 参照〕
（14）ホルスト・ドライヤー「人間の尊厳の原理（基本法第一条一項）と生命倫理」前掲註（2）文献・ドイツ憲法判例研究会編『人間・科学技術・環境』九四頁。教授は、「むしろどの遺伝子の欠陥が治療を必要とする病気として段階づけられるかについての、社会的コンセンサスが必要である」と述べている。
（15）同上。
（16）同九五頁。
（17）高橋隆雄・前掲註（11）「ヒト・クローン作製をめぐる倫理的諸問題」一六九頁。
（18）村上陽一郎・前掲註（12）『科学の現在を問う』九三頁。
（19）葛生栄二郎・河見誠『新版・いのちの法と倫理』法律文化社、二〇〇〇年、七一頁以下。
（20）H・ドライヤー・前掲註（14）「人間の尊厳の原理（基本法第一条一項）と生命倫理」九六頁。
（21）加藤尚武・前掲註（12）『脳死・クローン・遺伝子治療』第三章。とくに一三六頁以下。
（22）戸波江二・前掲註（8）各文献参照。
（23）加藤尚武・前掲註（12）『脳死・クローン・遺伝子治療』一四一頁は、場当たり的禁止の危険性を次のように指摘している。
「場当たり的に「クローン人間は禁止」という立法措置をとると、暗黙の内に他の事例について危険な判断を下している可能性がある。クローン人間の禁止は、あくまでも「クローン人間を出産できるように準備する行為」を違法と見なし、妊娠した女性や、万一赤ちゃんが出生した場合、その赤ちゃんをあらゆる意味での人権侵害から守るという趣旨のものでなければならない。」
（24）村上陽一郎・前掲註（12）『科学の現在を問う』九四頁以下。
（25）ローレンス・トライブ「間違った理由でクローニングを禁止しないで」マーサ・C・ナスバウム／キャス・R・

サンスタイン編『クローン、是か非か』（中村桂子・渡会圭子訳）産業図書、一九九九年、二四五頁以下所収。

【追記】

一　本稿は、本書『先端科学技術と人権』の編集方針に沿って、二〇〇〇年九月四日から六日にフライブルク大学で開催された「日独共同研究：人間・科学技術・環境」の第二回シンポジウムでのドイツ語報告「Grenzen der Wissenschafts- und Forschungsfreiheit in der Verfassung Japans und das Klonen von Menschen: Zum Beispiel des Gesetzesentwurf über das Verbot der Herstellung des Menschenklons」のために用意した原稿に注を復活させたものである。

その後、私は、本報告を用意する過程で持たれた何度かの準備研究会で述べた、科学研究の自由、とりわけ生殖医療に関する研究の限界を画するとされる「人間の尊厳」とはどのような内容・機能のものかという本来の問題意識について、本報告で展開した「人間の尊厳」に関連する部分をベースにして、本報告後の経過も簡単にフォローした上で、新たにごくささやかに考察を加えた拙稿「科学研究の自由の限界と『人間の尊厳』――ヒトクローンの個体産生研究の禁止を素材に――」をまとめ、掲載させてもらう機会を持った（栗城先生古稀記念論集『日独憲法学の創造力（上巻）』樋口陽一・上村貞美・戸波江二編集代表、信山社、二〇〇三年、二七三～三〇九頁所収）。この拙稿は、いわば、本報告の異父（異母）姉妹（兄弟）であり、重複する部分も多いが補う部分もあり、併せて参照頂ければ幸いである。

二　本報告発表後、本稿のテーマおよびその素材として言及した人クローン個体産生規制法案との関連で、国内・国際社会でいくつかの重要な展開があった。以下では、それについて簡単にフォローしておく。

1　まず、国際社会では、二〇〇一年八月のアンティノリ医師によるものなど、複数のグループによる「クローン人間計画」の公表に少なからぬ衝撃を受けた。たとえば、新興宗教団体ラエリアンの関連企業クローンエイド社は、クローン人間を同年末から一月にかけて三人誕生させたと公表したが、同社はクローン人間を裏付けるＤＮＡ鑑定を行わず、第三者の検証も受けようとしなかったので、その真偽は今もなおわからない。アンティノリ医師やザボス医師によるものも、その後断続的に現れるニュースからは、「生まれた」とするものはなかったようである。

2 こうした中で、国際社会では、人クローン個体産生（reproductive cloning）の禁止はもはや当然として、議論の焦点は、後述する日本を含めて、各国レベルでも、また、国連での「人クローン個体産生禁止条約」作成作業でも、難病治療のための人クローン胚などの作成・利用といったクローニング技術の治療・研究への応用（治療用クローニング therapeutic cloning）を認めるか否かに移っている。それは、再生医療において、あらゆる身体の組織や臓器になりうる可能性を持った、ヒト受精胚に由来するＥＳ細胞（胚性幹細胞）を作成する際に、たとえば、ヒト受精胚に代わって、除核されたヒトの未受精卵に患者本人の体細胞をクローニング技術によって融合させて、人クローン胚を作成・利用できれば、臓器や神経組織を移植するに際しても拒絶反応が低い可能性があるからである。

議論の傾向と現状をはっきりさせる意味で、ここでは、簡単に国連での動きに触れ、さらに若干の国での最近の動きを概観しておく。

(1) 二〇〇一年一二月、独仏からの「国連の場でクローン人間産生を禁止する条約策定を検討する」という提案を受けて、第五六回国連総会で、同条約の作成に向けてアドホック委員会の設置が決議され、〇二年秋からは、国連総会第六委員会（条約・法律問題）で、委員会に具体的なマンデートを与えるための総会決議案のとりまとめに取り組んできた。

ここでは、最初から、次の二つの決議案が対立し、結局調整はつかなかった。そのため、コンセンサス形式での決定を重視するイスラム諸国からの提案に従って、審議を延長することにした（〇三年暮れの国連総会で、一年間の延長が認められた）。

①コスタリカ提出決議案（共同提案国：米国、イタリアなど五〇カ国以上）は、人個体産生、治療用クローニングを含む全てのクローニングの禁止（包括禁止・全面禁止）を内容とする。その論拠としては、(ア)医療のためといえども胚を破壊する行為は人間の尊厳を傷つける行為であり許されない、(イ)治療用クローニングは女性を卵を取り出すための商品

とみなすことに繋がり女性の尊厳を傷つける危険がある、(ウ)代替手段として体性幹細胞の研究をすべきである、といった点に求められている。

②ベルギー提出決議案（共同提案国：独仏、日本など二〇カ国以上）は、ステップ・バイ・ステップ・アプローチ（早期の条約策定のためには、まず人クローン個体産生条約を策定し、その次にその他の人間に関するクローン技術について検討するという立場）に立つものであり、人クローン個体産生については禁止。その他のクローニングについては、「禁止」「モラトリアム」「規制」のオプションから加盟国が選択する、というものである（部分的禁止）。その論拠としては、(ア)条約を実効性のあるものにするには、多くの国の参加可能な条約を作る必要がある。(イ)治療用クローニングについては各国の考え方、国内制度が異なるため、それらを尊重したコンセンサスを得られるような内容の条約を作成すべきである、といった点に求められている。（以上は、文部科学省ライフサイエンス課生命倫理・安全対策室や外務省総合外交対策局国際科学協力室作成の「条約の検討状況」による。）

新聞報道によると、審議を再開した、第五九回国連総会第六委員会は、米大統領選挙での全面禁止派のブッシュ大統領再選の結果を踏まえ、医療目的のクローン胚研究を容認する「部分禁止派」が妥協を模索した結果、〇四年一一月一九日、「条約づくりを断念し、条約より拘束力の弱い『禁止宣言』の採択を目指すことを決めた」。「宣言の文案は作業グループが来年二月に固める。クローン人間づくりの禁止と、生命科学の応用にあたって人間の尊厳を尊重すること、それらを実現させる国内法整備を各国に求める内容になりそうだ。」（朝日新聞社インターネット版「アサヒ・コム」〇四年一一月二〇日の記事〔http://www.asahi.com/international/update/1120/009.html〕）。米国は今回の委員会の決定を「大きな前進だ。高く評価したい」と歓迎しているとのことだが、実際は、後述のイギリスや日本における議論の流れのように、法律による人クローン個体産生の禁止と、将来的には厳格な規制の下での例外的な医療目的での人クローン胚研究の容認といった方向へ向かうのではないだろうか。

⑵　各国レベルについて若干触れると、米国では、受精卵が生命と言えるかどうかをめぐり激しい議論があり、ブッシュ大統領は、研究目的のクローン杯の作成を含め、人に関するすべてのクローニングに反対する声明を出している。

受精卵から新たに胚性幹細胞（ＥＳ細胞）をつくる民間での研究に連邦資金の拠出を禁じているが、ヒト胚の取扱いに関する連邦レベルでの規制法はない。英国では、二〇〇一年のヒト受精・胚研究法（一九九〇年）の改正をふまえて、生殖医療や難病医療といった治療目的の範囲内での人クローン胚の作成が容認されることになった（許可制）。新聞によると、英国政府の研究監視機関は、〇四年八月に、医療目的でヒトクローン胚を作成し、胚性幹細胞（ＥＳ細胞）をつくる研究の許可を英ニューカッスル大学の研究グループに出したとのことである（共同通信社〇四年九月二九日ＨＰ[http://www.web-panteon.jp/kyodo/news/20040929010030951.html]）。近年、法律の制定を基礎にして、こうした治療目的ないしはそのための科学的基礎研究の目的での、一定の厳格な条件下での人クローン胚の作成を容認するという方向は、ベルギーや韓国などでも打ち出されている。韓国では、〇三年制定の生命倫理法が、人クローン個体の産生を禁止した上で、国家生命倫理委員会が作成することになるガイドラインに基づいて、ごく限られた人クローン胚作成研究を容認することにしている。また、オランダのように、五年間の禁止というモラトリアムの後に容認するという国もある。さらに、〇四年七月、フランス議会は、これまで禁止していた人クローン胚の研究を五年間の期間限定で容認する、生命倫理法（一九九四年）の改正案を採択した。一方でクローン人間づくりを「人類に対する罪」として禁じ、禁固三〇年と罰金七五〇万ユーロ（約一〇億二〇〇〇万円）の罰則規定を設けた（毎日新聞〇四年七月一一日東京版朝刊[http://www.mainichi-msn.co.jp/kagaku/science/news/20040711ddm003040109000c.html]）。ドイツにおける動きとしては、〇四年九月一三日に、首相直属の国家倫理評議会（Nationaler Ethikrat 〇一年設置）が、「生殖目的のためのクローニングと医学生物学研究目的のためのクローニング」という見解を発表し、その中で、「治療用クローニング」について、Ⓐクローン胚作成反対、Ⓑ厳しい条件下での作成許可、Ⓒ現時点では倫理的には許されない、という三つの意見に別れた――しかも、態度表明した委員の中では、Ｂの研究推進の意見の委員が、ＡとＣの意見の委員を足した数より多かったが過半数には達しなかった――のを踏まえて、「研究用クローニングは、いまのところ認められないという勧告で合意している」とする、研究用クローニングのモラトリアムの立場を打ち出している（松田純教授「ドイツ、研究用クローン胚作成を当面禁止」[http://life-care.hss.shizuoka.ac.jp/seika/20040922.pdf]による）。

3　最後に、日本における最近の関連する動向をフォローしておく。

⑴　本稿「二―2」で言及した人クローン個体産生規制法案は、本報告発表の終了後まもない、二〇〇〇年九月二一日に始まった第一五〇臨時国会に、改めて、クローン人間の産出禁止に違反する者に対する罰則を「一〇年以下の懲役若しくは、千万円以下の罰金に処し、又はこれを併科する」と強化する形で内閣より提出され、同年一一月三〇日に参議院本会議で可決、成立し、一二月六日に公布され、人クローン個体産生の禁止に関する部分は翌〇一年六月より施行された（特定胚の取扱いに関する指針に関わる部分については、公布から一年以内に施行。平成一二年法律一四六号。政府は、この法律の略称として、「クローン技術規制法」を用いている。この追記では、以下では、単に「規制法」と表すこともある）。この規制法のスキームは、あくまで、①クローン技術（ほか一定の技術）による人クローン個体（ほかに、人と動物のいずれかわからないような個体）の産生が、人の尊厳の保持、人の生命・身体の安全の確保、社会の秩序の維持に重大な影響を与える可能性があるが故に、人クローン胚等の人又は動物の胎内への移植を（刑罰をもって）禁止すること、②そうした人クローン個体の産生につながる可能性のある人クローン胚等の（第四条に、該当する胚を列挙）の「特定胚の」（作成・譲受・輸入やそのようにして入手した胚の研究・利用といった）「取扱い」については禁止とはせず、あくまで、その要件や手続について、（刑罰を伴った）指針を設けて適正さを確保する、というものである。この成立した「クローン技術規制法」に対しても、いったん廃案になった法案同様に、人工受精のあり方を含め生殖医療全体をきちんと見据えた議論を行い、その上で、もっと包括的、体系的に規制すべきだという立場からは、その他「人間に有用な生殖医療」の生き残りのための一種のスケープ・ゴート的に「ヒト・クローン個体産生のみ」が禁止される法になっているとの、同法のご都合主義的性格を批判する声が寄せられよう。

衆議院での審議の中で、同法案には、「法律の見直し」に関するその附則第二条について、①見直しの時期を当初の「施行後五年以内」から「三年以内」へと短縮し、②「法律の規定の検討」にあたっては、当初の「特定胚の取扱いに係る制度の検討」から、検討対象をより根源的に「ヒト受精胚」とし、しかもその際に「人の生命の萌芽としての取扱い」と書き込み、併せて、〇一年一月実施の中央省庁の改編を踏まえて検討を行う組織を「総合科学技術会議等」と明記する修正が行われた。

この第二点目は、上述のこの規制法に対する基本的な問題点、人クローン個体産生を含めた生殖医療研究の包括的、体系的検討の不十分さの改善に関わる論点を含んでいるが、例えば、ヒト胚の複製や胚性幹細胞を利用した生殖医療も同じように本質的には「人間の尊厳」に反するという立場などからは、そこでの検討が実効的なものになるか明確になっているわけではないこともあって、参議院では、同法に対して、以下のような附帯決議が付された。

【附帯決議】

政府は、本法の施行に際し、次の事項に関して特に配慮すべきである。

1　法第四条第一項の規定に基づき、本法施行後早急に指針を策定することとし、その指針には以下の要件が盛り込まれること。

ア　法第三条に掲げる胚以外の特定胚についても、人又は動物の胎内に移植された場合に人の尊厳の保持等に与える影響が人クローン個体若しくは交雑個体に準ずるものとなるおそれがあるかぎり、人又は動物の胎内への移植を行わないこと。

イ　特定胚を取り扱うことができる場合としては、事前に十分な動物実験その他の実験段を用いた研究が実施されており、かつ、特定胚を用いる必要性・妥当性が認められる研究に限ること。

ウ　特定胚の材料となるヒト受精胚、ヒトの生殖細胞の提供者の同意は、研究目的と利用方法等についての十分な説明を受けた上での理解に基づく自由な意思決定によるものでなければならないこと。特に卵子提供については、女性の身体的・心理的負担に配慮し、提供者に不安を生じさせないよう十分に措置を講ずること。

エ　特定胚及びその材料となるヒト受精胚、ヒトの生殖細胞の授受は無償で行うこと。

2　指針の策定、変更に当たっては、国民の意見を十分聴取すること。

3　ヒト受精胚は人の生命の萌芽であって、その取扱いについては、人の尊厳を冒すことのないよう特に誠実かつ慎重に行わなければならないこと。

4　ヒト胚性幹細胞については、ヒト受精胚から樹立されるものであることにかんがみ、その樹立に用いるヒト受精胚は余剰胚に限定するとともに、その樹立及び使用も必要性・妥当性が認められるものに限ること。

5　クローン技術が、比較的容易に実施し得る可能性があり、かつ、今後、急速な進展が予測されることから、本法施行後も、より実効性のある規制の在り方について引き続き検討を行うこと。

6　生命科学分野における研究は、医療等においては高い有用性が認められるものの、人間の尊厳の保持及び社会秩序の維持等に重大な影響を与える危険性も併せ持つことにかんがみ、その研究が、倫理的に、また、慎重に行われるよう十分な措置を講ずること。

7　本法及び指針で規制される内容、並びにクローン技術等の周辺技術である生殖医療、ヒト胚性幹細胞等による再生医療にかかるガイドライン等で規制される内容が、全体的に十分理解されるよう努めること。

右決議する。

(2)　そこで、省庁再編後の文部科学省は、まず、人クローン個体産生禁止法第四条で指針策定を義務づけられた、人クローン個体産生につながるおそれのある「特定胚の取扱い」と密接に関わる「ヒト胚性幹細胞（ヒトＥＳ細胞）の樹立及び使用」について、旧科学技術庁・科学技術会議生命倫理委員会ヒト胚研究小委員会の報告「ヒト胚性幹細胞を中心としたヒト胚研究に関する基本的考え方」（二〇〇〇年三月六日）に基づいて原案を作成し、新たに創設された内閣府・総合科学技術会議（生命倫理専門調査会）の検討（答申）を経て、「ヒトＥＳ細胞の樹立及び使用に関する指針」を策定し、〇一年九月二五日に告示、施行した（平成一三年文部科学省告示第一五五号。http://www.mext.go.jp/a_menu/shinkou/seimei/2001/es/010901a.pdf 参照）。次いで、前述の規制法第四条に基づいて、「特定胚の取扱いに関する指針」作りが進められ、前記附則第二条を踏まえて、内閣府・総合科学技術会議（生命倫理専門調査会）の検討・答申（〇一年一一月）を経て、〇一年一二月五日にその指針が策定された（平成一三年文部科学省告示第一七三号。http://www.mext.go.jp/a_menu/shinkou/seimei/2001/hai3/17_shishin.pdf 参照）。策定された指針は、前述の国会での附帯決議を踏まえて、特定胚の作成や取扱いの要件が規定され、その他に、文部科学大臣への届け出前に、機関内倫理審査委員会の意見を聴くことや特定胚の取扱いの成果の公開についても定めるものとなった。

(3)　文部科学大臣の諮問を受けて、総合科学技術会議でこの二つの指針の検討を実際に行ったのは、上述のように同会議内に二〇〇一年四月に設置された生命倫理専門調査会であった。この専門調査会は、クローン技術規制法第四条及び同附則第二条で規定された指針作りや規制法の見直しのための検討を行うために、総合科学技術会議令（平成一二年政令二五八号）第二条に基づいて設置された専門調査会の一つであり、総合科学技術会議議員（の内の専門委員で、議長である内閣総理大臣の指名による）七名と（この調査会の）専門委員一五名でスタートした（後者の専門委員の内訳は、自然科学系研究者・医師六名、法学、宗教学、倫理学などの人文・社会科学系研究者六名、言論人や学識経験者三名であった）。生命倫理専門調査会の会長は、親会議議長（内閣総理大臣）の指名する者で、途中後退があったが、いずれも親会議議員からのメンバーであった。

同専門調査会は、とりわけこれらの指針の検討を行った後、〇一年八月末から「ヒト受精胚の人の生命の萌芽としての取扱い」に関する基本的考え方をとりまとめることに専ら取り組んだ。ここでは、規制法によって要請されたヒト受精胚のみならず、規制法が（人クローン胚を始め）特定胚と位置づける胚もあわせて、何らかのヒトの要素を含む胚を「ヒト胚」として、そのヒト胚の倫理的地位とその作成・利用を伴う医学研究や医療への応用の原則について、会議に関連分野の有識者を招いてヒアリングを行ったり、事務局による有識者のヒアリングの結果も検討の資料として、二年以上に及ぶ議論を重ね、〇三年一二月には、その中間集約として『ヒト胚の取扱いに関する基本的考え方（中間報告書）』を公表した（http://www8.cao.go.jp/cstp/tyousakai/life/pubcom/chukan.pdf 参照）。その後二カ月ほどパブリック・コメント手続きやシンポジウム開催によって市民の意見聴取を行い、さらに生物学、医学研究の有識者に対するヒアリングや、再生医療に期待を寄せる医療を受ける患者団体代表へのヒアリングなどを行って、〇四年七月一三日の第三八回会議で最終報告書『ヒト胚の取扱いに関する基本的考え方』の原案を採択した。この原案は、同月二三日開催の第三八回総合科学技術会議でオーソライズされ、同報告書は、内閣総理大臣等に意見具申され、公表された（同報告書は、

http://www8.cao.go.jp/cstp/output/iken040723_2_1.pdf、http://www8.cao.go.jp/cstp/output/iken040723_2_2.pdf、http://www8.cao.go.jp/cstp/output/iken040723_2_3.pdf で見ることが出来る）。

この三年に及ぶ論議では、専門調査会メンバーの中では、例外もあったが概して、ヒト受精胚や人クローン胚の作成・利用に寛容な自然科学系の研究者に対し、法学、哲学・倫理学、宗教学の研究者は慎重だった。「慎重派」は、旧科学技術会議生命倫理委員会がまとめた報告書『ヒト胚性幹細胞を中心としたヒト胚研究に関する基本的考え方』（〇〇年三月。http://www8.cao.go.jp/cstp/cst/rinri/kihon00306.html 参照）を踏まえ、「人の尊厳」という観点から、研究や生殖医療等の場面でも、「人の生命の萌芽」としての「ヒト受精胚」の取扱いについて、十分に時間をとって、議論を尽くすべきだとするものであった。しかし、専門調査会としては、前記規制法附則第二条が「施行後三年以内」と期限設定した点に縛られて、上述の『中間報告書』や『最終報告書』をとりまとめることに重点が置かれた結果、十分な審議が行われなかったり、それらをまとめる際に、民主的な合意形成のルールを無視・軽視した形での議論集約が行われたりするということが起こった。生殖補助医療の研究目的でのヒト受精胚の作成の容認とか、「特定胚指針」で禁じている人クローン胚について、難病等に対する再生医療研究目的での研究での作成・利用の容認とかといった、従来の取扱いからの「踏み出し」は、そうした多数決方式による「見切り発車」的な検討によって可能とされたのであり、問題の重要性からいえば、問題の残るものであったといえよう。

(4)　総合科学技術会議（生命倫理専門調査会）の『ヒト胚の取扱いに関する基本的考え方』の内容（概略）

(i)　報告書の目的　報告書は、人の生命の萌芽としてのヒト受精胚等のヒト胚の取扱いについて、「人の尊厳」（人の存在や生命を尊重する）という我々の社会の基本的価値を堅持しつつ、生命科学の発展による人々の健康と福祉に関する幸福追求の要請にも応えられるような社会規範の基本的考え方を示すことを目的に据えている。ここでは、ヒト胚の取扱いという場面での、(a)（人の存在や生命の尊重に関わる）「人の尊厳」という社会の基本的価値の尊重 vs. (b)（生命科学、とくに生殖補助医療・再生医療による）人の健康と福祉に関する幸福追求の要請（という基本的人権に基づく要請）という問題の構図の理解と、その両者の適切な調整の必要という認識が呈示されている（ちなみに、先立つ『中間報告書』では、この(b)については、「「人の尊厳」に由来する人々の幸福追求権」というように、もう少し強く表現されていた)。最終報告書では、「人の尊厳」という概念の説明は、とくにない。報告書内の記述からは、「人の尊厳」(という社会の基本的価値)とは、「人の存在や生命を尊重するという我々の社会の基本的価値」のことである、といった位の緩い定義的なものが読み取れる程度である(同報告書一頁。もっとも、そこにいう「人の存在や生命を尊重するという」という文言が、「我々の社会」にかかるのか、「我々の社会の基本的価値」にかかるのか、曖昧な叙述になっている)。この点、中間報告書では、「「人の尊厳」の内容を明確に定義することは難しいが、人はそれぞれ個人として固有の価値を有し、尊重されるということが基本的な内容である」(同報告書一七頁)という定義的な記述がなされていた。

(ii) ヒト受精胚の位置付け　生命倫理専門調査会としての考え方として、ヒト受精胚の位置付けについて、「「人」そのものではないとしても、「人の尊厳」という社会の基本的価値の維持のために特に尊重されるべき存在であり、かかる意味で「人の生命の萌芽」として位置付けられるべきもの」としている(同報告書五頁)。この点、中間報告書では「人格を持つ「人」ではなく、単なる「モノ」でもない中間的存在」であり、これを「人の生命の萌芽」と呼ぶことにするといった生物学的なストレートな認識から出発して、「ヒト受精胚」は、「人の尊厳」の直接的主体ではないが、「人」になり得る存在(=「人の生命の萌芽」とも呼べる存在)であり、その尊重が求められ、その取扱いが厳しく制限されるのは、「人の尊厳」という基本的理念の堅持を図るために必要だからだとなっていた(同報告書一六〜一七頁)。これに比べると、上述の最終報告書では、「ヒト受精胚」自体を、「人の尊厳」と密接に結びついた存在であることを重視するような叙述になっている。また、「人の生命の萌芽」というキーワードの定義が、二つの報告書間では生物学的なものから倫理的なものへと変化していることがわかる(「慎重派」への配慮なのかもしれない)。

(iii) ヒト受精胚の取扱いの基本原則と例外　報告書は、(ii)の位置付けの下に、1)「人の尊厳」を踏まえたヒト受精胚尊重の原則を確認し、(ア)研究材料として使用するために、新たに受精によりヒト胚を作成しないこと、(イ)目的如何にかかわらず、ヒト受精胚を損なう取扱いは認められないことを原則としてあげている。例外は、(ア)人の健康と福祉に関する幸福追求の要請に応える場合(「目的の重大性」の要件とでも言うべきか〔根森注〕)であり、(イ)その場合には、a)ヒト受精胚を損なうような取扱いによらなければ得られない生命科学・医学の恩恵やこれへの期待が十分な科学的合理性に基づいたものであること（この条件は、a_1：具体的必要性とa_2：十分な科学的合理性の呈示になっているように思われる〔根森注〕）、b)人に直接関わる場合には、人への安全性に十分な配慮がなされること（安全性。報告書での検討から見る限り、研究目的での作成・利用については、この条件は機能していないようである〔根森注〕）、c)そのような恩恵やこれへの期待が社会的に妥当なものであること（社会的妥当性）、の三条件を満たすものでなければならない。(ウ)この三条件が満たされる場合でも、人間の道具化・手段化の懸念をもたらさぬように、適切な歯止めを設けることが必要としている（同報告書五～六頁）。

(iv)　ヒト受精胚の取扱いの目的別の検討

1)研究目的のヒト受精胚の作成・利用：条件を満たす場合には例外を容認し得る。

(ア)生殖補助医療研究目的での作成・利用は、上記の条件の、a_1、a_2、cを満たしており、容認し得る。

(イ)先天性難病に関する研究目的での作成・利用は、具体的必要性は確認できなかったが、容認する余地はあり、研究が進展し必要性が生じた時点で、改めて検討する。

(ウ)ヒトES細胞の樹立のための作成・利用は、a_2、cの条件を備えており、容認し得るが、現時点では必要性は確認されなかった。そのため、現時点では、ヒト受精胚の作成は認めず、余剰胚を利用したES細胞の樹立を認める。現行のES指針は有効である。

(エ)その他の研究については、新たに研究目的が生じた際に、基本原則に則り、容認の可否を検討すべきである。

2)医療目的でのヒト受精胚の取扱い

(ア)生殖補助医療：余剰胚の発生は、a_2、cの条件を備えており、容認し得る。

(イ)着床前診断：別途の観点からの検討も必要なので、本報告書では、その是非に関する結論は示さない。

(ウ)遺伝子治療：ヒト受精胚に対する遺伝子治療は、現時点では、確実性・安全性が確認されていないので、容認できない。

3)未受精卵等の入手の制限や未受精卵提供女性の保護を含めた、ヒト胚の取扱いに必要な枠組みの考え方：未受精卵の入手については、提供女性の保護や人間の道具化・手段化への懸念から、個々の研究において必要最小限の範囲に限定する。無償ボランティアからの未受精卵の採取も、原則、認めるべきでない。提供女性の保護を図る枠組み整備が必要である。また、例外的に容認される場合があるとしても、研究目的のためにヒト受精胚を作成しないという原則を徹底するために、制度的枠組みとして、国内全ての者に適応し、かつ国としての規制が必要である。

(v)　人クローン胚の取扱い

1)人クローン胚の位置付け：母胎内に移植すると人になりうる可能性を有する以上、人クローン胚も、ヒト受精胚と倫理的に同様に位置付けられるべきである。

2)人クローン胚の取扱いの基本的考え方：ヒト受精胚における基本原則が適用されるべきである。従って、「人々の健康と福祉に関する幸福追求という基本的人権に基づく要請に応えるための研究」における人クローン胚の作成・利用は、「そのような期待」がヒト受精胚について上述の諸条件を満たす場合に、例外的に認められ得る。取扱い期間も、ヒト受精胚と同様に、原始線条形成前（＝受精後一四日まで）に限定されるべきである。医療目的での作成・利用は、十分に安全性が確認されていないので、現時点では容認できない。

3)例外的に認められる研究：現在、他に治療法が存在しない──「現在根治療法が無い」を含むようである（根森注）──難病に対するヒトES細胞を用いた再生医療技術の研究では、拒絶反応問題の解決策として、人クローン胚から樹立したES細胞（＝体細胞核移植ヒトES細胞）の作成・利用は、「人として「尊厳在る生存」へのぎりぎりの願いに応えるためのものであり、健康と福祉に関する幸福追求という基本的人権に基づく要請によるものであると認められる」（目的の重大性。報告書一一～一三頁）。再生医療技術の研究に関して、難病等の治療に関する基礎的研究のための人クローン胚の作成・利用には、科学的合理性がある。パーキンソン病、インスリン依存性糖尿病、脊髄損傷等、「現在根治療法が無い様々な疾患や障害を抱え苦しむ多くの人々に治療法を提供することには、十分な社会的妥当性が認められる」（同一三頁）。中間報告書に対するパブリック・コメントの結果等を踏まえれば、「人クローン胚を用いない方法にも可能性がある段階で、あえて人クローン胚の作成・利用を行うことに」も、難病等の医療に関する基礎的研究に限定して、必要な規制を整備し、時代の生命倫理観への社会的影響を慎重に検討し、段階的に研究を進めるならば、患者のより早期の救済への期待に応えるものとして、十分な社会的妥当性が認められる（同一四頁）。臨床応用については、更なる知見の集積を待ち、安全性の十分な確認後に開始する必要がある。

4）人クローン胚取扱いに必要な枠組みの考え方：(ア) a）人クローン胚の胎内への移植の事前防止のため等の枠組みや未受精卵提供女性の保護のための枠組み、b）将来的には人クローン胚を用いた基礎的研究に科学的合理性が認められなくなることもあり得るので、継続的に科学的検証を行い、その結果を踏まえて必要な措置を講ずる枠組みを予め整備する必要がある。(イ)体細胞核移植ヒトＥＳ細胞の樹立・配布を国が適切に管理する必要性から、当分の間、研究能力や設備、研究の管理や倫理的な検討を行う体制等が十分整った限定的な研究機関で実施されるべきである。

(vi)　制度的枠組み

1）ヒト受精胚の研究目的での作成・利用：ヒト受精胚の尊重を求める社会規範は、当面は国のガイドラインとして整備すべきである。従って、今回の検討で限定的に認められることになった、①生殖補助医療研究での作成・利用、及び②生殖補助医療の際に生じる余剰胚からのヒトＥＳ細胞の樹立については、②には既に「ＥＳ指針」の枠組みが整備されているが、①については、本報告書の基本的考え方に基づいて基準を設け、この基準に基づいて、個別の研究について審査した上で実施を認める枠組みを盛り込んだガイドラインを新たに整備する必要がある。その際、作成・利王を計画している研究がガイドラインの定める基準に適合するか否かを審査する適切な枠組みを国が整備する。文部科学省と厚生労働省は、ガイドラインの具体的内容を検討し、策定する必要がある。

2）人クローン胚の研究目的での作成・利用：人クローン胚の研究目的の作成・利用を今回容認するに当たっては、

クロン規制法に基づいて既定された「特定胚指針」を改正すると共に、必要に応じて国のガイドラインを補完することによって、本報告書の基本的考え方を踏まえて必要な枠組みを整備すべきである。とくに、未受精卵の入手制限については、生殖医療の現場の知見も踏まえ、文部科学省と厚生労働省で、具体的な手続の検討に当たるべきである。また総合科学技術会議を中心として、科学的検証を行うための体制を整備する必要がある。

(5)　総合科学技術会議（生命倫理専門調査会）の『最終報告書』を踏まえた取り組みが、文部科学省や厚生労働省の生命倫理に関する部会等で始まっている。新聞の伝えるその一端の例として、①厚生労働省で、不妊治療研究で人間の受精卵を作製する際の指針を作るために、大学病院や不妊治療医院の実態を調査する研究班を設置。「研究班は、来年三月までに結果をまとめ、実際に指針を策定する検討会の基礎資料とする。研究班は産婦人科の医師らで構成。受精卵や精子、卵子を用いた研究の実態をはじめ、受精卵・卵子の入手方法、使用後の処分方法、研究を認める審査の基準などについて検討する。研究指針は、文部科学省とも協力し、来年度中の策定を目指している」（読売新聞〇四年九月二日HP http://headlines.yahoo.co.jp/hl?a=20040902-00000407-yom-soci）。②内閣府と厚生労働省、文部科学省は、研究目的の受精卵（ヒト受精胚）の取り扱いに関する指針策定や研究審査体制について、情報交換と調整に当たる連絡会議を設置することを決定。「文科省はヒトクローン胚分野、厚労省は不妊治療研究目的の受精卵取り扱いの部分を担当し、指針作成や利用の際の基準、審査機関づくりに向け、それぞれ専門の研究班や検討会設置などの準備に入っている。胚作成に必要な卵子の入手についてどう規定するのかなど共通する内容があるため、連絡会議で整合性を取ったり検討状況を確認したりすることにした」（共同通信社〇四年九月二八日HP:http://www.web-panteon.jp/kyodo/news/20040928010017231.html）。③文部科学省で、人クローン胚の研究に向けた検討を開始。「文部科学省は、一二月二一日、科学技術・学術審議会生命倫理・安全部会特定胚およびヒトＥＳ細胞研究専門委員会の人クローン胚研究利用作業部会の第一回目の会合を開き、ヒトクローン胚の研究に向けた検討を開始した」（日本経済新聞「日経バイオテク・オンライン」〇四年一二月二八日HP:http://biotech.nikkeibp.co.jp/news/detail.jsp?id=20028219）など。

三　この【追記】では、人クローン研究の規制の問題の重心が、人クローン個体（クローン人間）の産生の禁止・防止から、人クローン胚の生殖補助医療や再生医療目的での基礎研究や臨床応用の作成・利用の可否や法的規制のあり方等に移っている国内外の現状を確認する作業を、とくに、日本での内閣府の総合科学技術会議（生命倫理専門調査会）の報告書『ヒト胚の取扱いに関する基本的考え方』の内容を少しくフォローする形で行ってみた。その作業を通して、新たな展開を示しながら、規制・制約論拠としての「人間の尊厳」とは何かといった根本問題、人の生命や存在に関わる科学や医療の規制制度の枠組みとその中での法律の役割の問題等々、本シンポジウム報告稿で考察した、生命科学や生殖補助医療に関する科学研究の自由の限界に関わる諸問題が、依然として私たちの前に横たわっていることを確認する事が出来たように思える。別の機会に、前記、総合科学技術会議生命倫理専門調査会での三八回に及ぶ議事概要や様々な配付資料や、文部科学省や厚生労働省で生命倫理を検討する委員会・専門部会等の議論を、もっと丁寧に追いかけながら、この点につき更に考察を深めてみたい。

（二〇〇五年一月一〇日追記脱稿）

Ⅳ―2　学問の自由の限界――憲法上の？　それとも倫理上の？――

トーマス・ヴュルテンベルガー
古野豊秋訳

二〇世紀における自然科学の革命は、学問の自由の限界の問題を提起した。すなわち、科学者は、その研究成果の社会的、経済的、環境的な結果に考慮を払わなければならないのだろうか？　科学的研究のいかなる危険たとえば、創出によって操作された遺伝子のいかなる危険が甘受されなければならないのか？[1]　人間に対する研究上の実験の限界はどこにあるのだろうか？　これとの関係で、生成中の、そして死に直面している生命は、いかなる役割を演じるのであろうか？

自由な学問的研究に対する基本法五条三項の基本権の保障は、この限界の問題を明示していない。憲法により無制限に保障された学問の自由は、歴史的に見れば、認識および伝達の自由を保障している。更に、この自由は、一八、一九世紀の学問的な楽観主義の伝統の上に乗っている。同時に、人々は、学問の進歩の認識に関して、社会的および経済的な生活環境の改善やそれに伴うより良き将来への歩みを期待した。[2]　今日の観点からしても、学問的研究は、文明の発展の原動力の一つである。このことは、自由な研究に対する憲法上の保障に影響を与えざるを得ない。国家の干渉からの自由としての学問的研究の自由は、国家ではなく、むしろ個々の研究者の方が研究対象や方法を自分で自由に決定することにより、最大の研究成果を達成できるという信念の告白によって担われている。まさに、このような国家からの自由が、学問的研究の創造力を駆り立てるのである。学問的研究の最大の発展が保障されることによって、同時に最大限の文明の進歩が保障されるのである。しかし、科学技術的な進歩の原動力としての自由な研究は、人間、環境および自然に対する新たな危険をも招来する。[3] 自然の構成要素を人間が作る場合、自然を変え、破壊する可能性が常に懸念され、そしてコントロールされなければならない、ということについては、一般に意識されている。

学問の自由の憲法上の限界が問題とされる場合（第一節）、ただちに明らかなのは、この限界が憲法の解釈および考量によって決定されるのは単に部分的でしかないということである。まさに、この考量の分野においては、状況に即して、法的および考慮と倫理的な原則を熟慮との結びつきに遡って考えなければならない。このことは、学問の自由の法倫理的な限界が定められうるのか、そしてそれはどのようなものなのか、という新たな問題を提起する（第二節）。端的に言うならば、法的に定められた手続において展開される法倫理的な基準が憲法上保障された学問の自由を限界づけることができるのか、という問題である。

一　学問の自由の憲法上の限界

基本法五条三項の制約は、連邦憲法裁判所によって、次のように明確に述べられている。すなわち、学問の自由の保障と憲法によって保障された他の法益の保護との衝突は、基本法上の価値秩序を基準とし、そしてこのような価値体系の統一性を考慮して、憲法の解釈をとおして解決されなければならない。このような緊張関係においては、学問の自由が、同じく憲法によって競合的に保障された価値に対して優先するということは全くない。学問の自由は、とくに、尊厳、生命および健康、自由および人格の領域や、所有権の基本権的保障、あるいは平和的な共同生活の憲法上のプログラムと競合しうる。さらに、基本法二〇a条で国家目的にまで高められた環境保護も学問の自由に対して限界を設けることができる。

このような限界づけの問題を、多くの著者たちは、学問の自由の保護領域はかなり制限されたものだということによって回避しようとしている。極端な場合、基本法五条三項は、責任をもった自由の行使という留保によって内在的に制限されているというテーゼが存在し、したがって、基本法五条三項の保護領域は、「倫理的に制限されている」とされる。研究の自由に対するこのような倫理的な制限の試みは、確かに、説得力がある。しかし、それは保護領域の次元ではなく、もっぱら制約の次元においてでしかない（第二節以下）。別の見解によると、基本法五条三項は、単に、「許容された行為」だけを保障するものであり、健康または人格権に対する自己本位な侵害を排除しているとされる。さらには、「危険な技術的手段を伴った研究」は、基本法五条三項の保護領域には入らず、研究者は、基本法一二条一項の制約に服するという見解もある。このような保護領域の限界づけは、現代の自然科学的および技術的研究の自由を大幅に制限するものである。研究に対する懐疑という基本的気分がもとで、研究の自由の保護領域が基本権の衝突が殆ど生じないほどに狭く限定されているのである。現代の研究活動の重要な分野が基本法五条三項に対応しない一般的な法律の留保に服させられてしまう。確かに、この法律の留保は、比例性の基準による審査を可能ならしめるものであるが、しかし、研究の自由の重要性を必要な比例原則の審査から閉め出すものである。このように、保護領域の限界づけによって研究の自由を限定することは、拒絶されなければならない。それは、広く承認された原則、すなわち、最大限実効的に自由の保障を行うという理由から基本権の保護領域を広く捉え、そして衝突の問題を基本権の制約の次元で初めて解決するという原則に反するものである。(4)

限界の設定の難しさは、どのような場合に学問の自由の方が、そしてどのような場合に憲法上保障された他の法益や価値が優先するのかを決定しなければならない考量の場合に生ずる。(5)全ての考量の際に注意しなければならないのは、学問的研究は、人間の生命を縮減したり、危殆に瀕させたり、健康に重大な影響を及ぼしたりすることは許されず、そして人間の尊厳を尊重しなければならないということである。あらゆる基本権の行使の前提としての尊厳、生命及び健康の三つは、研究の自由に対して動かしがたい制約を課すものである。

このような核心領域の保護の外側では、必要な法的な規制を設ける場合、時には個別的なケースについて判断を下す場合に、分野の特殊性に応じて、学問の自由は、憲法上保障された他の法益や価値とともに、そしてそれらに対抗して考量されなければならない。(6) このような優先関係の形成は、憲法にはほとんど依拠すべき点が存在しない評価に左右される。(7) たとえば、憲法上要請された考量を行う場合に、学問的な実験または一連の研究が、対象になる人に対してではなく、(8) 他者に対して延命を図ったりまたは苦痛の緩和を図ることになるということは問題になりうるか。研究の自由に対抗しうるためには、個人の憲法上保障された地位はどのような重要性を持たなければならないのであろうか。人間の尊厳の保障のどのような構成要素が研究の自由を限界づけるのであろうか。(9) 人間の尊厳についての見解は、文化によって形成されているのであろうか、そしてそれは、知識や能力の新しい世界において価値観念の変更(10)があった場合には変更されうるのであろうか。研究の自由を限界づける生命の保護は、いつから始まるのであろうか。一方では学問の自由、他方では人格の保護、健康および生命の危険または自然および環境の侵害および危険との対立の解消に対して、憲法は何ら明確な基準を定めていない。このことは、人間の尊厳の尊重に対してもあてはまる。ただ、その概念の中核だけが、周知の客体定式（Objekt-Formel）および道徳的な自己決定に対する権利によって定義されて、研究の自由の絶対的な制約を形作っているにすぎない。しかし、それ以上の具体化は、考量に委ねられている。(11) そのような考量は、方法論的に見れば、なんら憲法上唯一の正しい結論に達しうるものではない。学問的研究の自由および第三者の他の基本権ならびに憲法上の価値が如何なるランクでもって考量されるのかは、むしろ憲法の解釈者によってなされる評価に依拠するし、さらにこの評価は、倫理的な根本問題に対する態度決定に依拠するものである。このような憲法解釈ないし憲法の具体化と倫理の結合[12]については、第二節で立ち入る。

考量の過程に最大限の合理性や間主観的な審査の可能性をもたらすためには、基本権の保障を状況に即して具体化することが必要である[13]。このことは、ここで検討している問題に関して言えば、次のことを意味する。すなわち、何故、学問的研究の自由がそれと競合する基本権[14]に対する優位を主張しうるのか（または優位を主張しえないか）、そして如何なる範囲でか、という問題は、それを判断する者が、具体的な状況を目の当たりにし、そして評価の誘因となっている論証の公開の下に、根拠づけるということである。

このような根拠づけの議論により、学問的研究の自由は、一定の状況および分野において特別の重要性を獲得することができる。基本法五条三項は、単に研究者の個人的な基本権としての作用においてその地位と重要性を持つだけではない。さらに、その重要性は、研究の目的によって決定される。その成果が生命や健康を保護するような研究には、その成果がライフスタイルにとって意義を有するような研究よりも高い重要性がある。このことは、次のことを意味する。すなわち、医学の領域における研究は、最新の化粧品の研究よりも広い自由の余地を有しているということである。

このことを前提にするならば、研究の対象とされない権利という基本法二条一項で保護された権利は学問の自由と対立するという一般的な法原則は、問題である。確かに、「インフォームド・コンセント」[15]は、人間の健康の分野におけるあらゆる研究実験の前提である。しかし、私的領域や情報に対する自己決定の権利を包括的に保護することは、医学的な研究のもっとも敏感な点をつくことになろう。したがって、当事者の基本権的に保障された利益と基本法五条三項で保障され、将来の苦痛の阻止または緩和に役立つ研究において特別の重要性をもつ研究者の利益との考量が必要である[16]。一連の比較に使用される個々人の医学上のデータは、通常は、同時に個人の病歴全体も入手できる場合に限って用いることができる。したがって、医学的なデータの匿名化は、しばしば、学問的研究の実際と衝突する。当事者が同意を拒む場合、医学の分野における学問的研究の質は悪化し、あるいは研究自体がまったく不可能になる。学問的研究の自由と人格権の保護との対立は、次のような場合に解消される。すなわち、その成果が生命や健康を保護するような学問的研究の場合には、患者のデータの使用に対する当人の同意は不要とされるとするのである。(17)当事者の人格権の侵害をできる限り少なくするためには、(18)もちろん次のようなあらゆる措置が図られなければならない。すなわち、個人のデータが実際に研究の目的のために必要であり、(19)もっぱら研究の目的のためにだけ使用され、医学的研究の分野以外の利用のために目的の変更がなんら行われず、そして秘密の保持が保障されることである。もし、これらのこと以上に、学問的研究の自由は死者の人格権によっても制限されることが要請されるとすれば、一般的人格権のこのような高い評価には説得力がない。

同じような考量が必要となるのは、学問的研究の自由と環境保護という国家目的とが衝突する場合である。基本法二〇ａ条で憲法価値にまで高められた環境保護は、学問的研究の自由に限界を設けることができる。もちろん、このことは、基本法五条三項が基本法二〇ａ条における法律の留保を伴って定められていることを意味するものではない。たしかに、環境保護は、先ず第一に、民主主義的に正当化された立法者によって、したがって法秩序によって実現されるものである。しかし、このことは、学問的研究の自由がもっぱら環境法の基準に従って保障されているにすぎないという帰結をもつ訳ではない。環境保護の立法が学問的研究の自由を制約する限り、一方では研究の自由という高い地位と他方では環境保護という高い地位との間で考量がなされなければならない。(20)このような考量の枠内で注意されるべきことは、次の点である。すなわち、人間の生命および健康にも同時に影響をもたらすような環境への危害は、回避されなければならないということである。

二　学問の自由の倫理的限界

学問の自由の憲法上の限界は、単に、原則的にしか明確には定められない。その具体化の点で困難さがある。個々のケースについて判断する場合に、次のような問題が存在する。すなわち、如何なる条件の下に、遺伝子工学的な実験が許されるのか、遺伝子を組み替えた植物の創出が適法とされるのか、動物またはヒトの遺伝子への介入ならびに第三者のための研究が是認されうるのか、あるいは胚の研究が許容されうるのか、というような問題である。(21) この場合、法は、倫理的な評価に立ち戻ることによって初めて、基準を定める機能を果たすことができるのである。(22) 繰り返し述べてきた考量の問題は、単に法律的な議論ばかりでなく、倫理的な議論をも必要とするものであり、そして単に法律的な専門知識ばかりでなく、科学的・技術的な知識をも必要とするものである。このような法と倫理の統合の必然性は、次のことからも明らかである。すなわち、人間の尊厳の保障は、一方では、基本法一条一項で憲法上根拠づけられているが、しかし、他方では、西洋の立憲国家の倫理の伝統に依拠しているのである。基本法一条一項の意味は、啓蒙哲学、とくにカントの哲学ならびにキリスト教の伝統から導きだされる。(23) したがって、基本法の憲法倫理の基礎としての基本法一条一項は、倫理的伝統を押し進める現代の倫理学に依拠して解釈されなければならない。このことは、次のような重要な帰結をもつ。すなわち、一方では人間の尊厳または健康の保護と他方では研究の自由との衝突は、それが解答の困難な評価問題に関するかぎり、法倫理的な議論によって解決されなければならないということである。この議論においては、法律家、研究者、哲学的な倫理学の専門知識が導入されなければならない。当事者の利益は、適切に主張されなければならない。このような議論によってなされるべき一般的および具体的な決定は、個人的および集団的な法倫理の基準によるものであり、このような法倫理は発展させ、そして実現させることが肝要である。

1　研究倫理の基準

研究倫理の一般的な基準[24]は、一部は、憲法原理および法的な評価によるが、しかし、憲法秩序および法秩序を越える場合もある。

研究倫理の第一の基準点[25]は、人間および人間について一般に抱かれているイメージである。個人をその尊厳および不可侵性の点で尊重し、保護することは、原理的には、基本法がその憲法倫理の項点に置いている最小限の倫理と同じものである。ここで、先ず第一に、肉体的な無傷性や幸福および自己の同一性の発展や保障の要求をもったものとしての個人が考えられているのであれば、研究倫理は更に先を行くことができる。つまり、将来の世代に対する責任において、病気や飢餓の危険がなく、幸福に生活を送ることを可能とするような生活条件が求められなければならない。このことを前提にすれば、次のような問題が答えられなければならない。すなわち、当の本人にとっては不利であるが、しかし科学の発展に寄与し、そして新しい治療法をもたらしうるような実験のリスクを当の本人に課すことが許されるのかどうか、そしてどのような限界において許されるのか、という問題である[26]。このような極めて困難な議論では、ピッカーとともに、病気との闘いの際、僅かな危険の可能性はあるものの、しかし大きな効果が期待されるような措置については、それを甘受するという「誰もが負う社会的な義務」というものに立脚することである。

研究倫理の第二の基準点は、リスクの評価であり、それは科学者の最高の知識および良心によってなされなければならないものである[27]。この場合、特定の実験およびテストによってどのようなリスクが人間や環境にもたらされるのか、という問題が提起される。環境および自然に対する影響という点では、研究の結果が自然管理や天然資源にとって有害かどうか、あるいは研究の結果が環境上有用なものとして考えられるかどうかが精密に検討されることになる。商業化を組入れるこのような評価については、しばしば適切な議論が行われている。こうした議論を行うことは、人間の生活の前提としての環境体系に対する研究の責任である[28]。

研究倫理の第三の基準は、乱用の危険性である。研究成果の乱用によって人間の尊厳または自然が如何なる危険に晒されているのか、ということが査定されなければならない。その評価においては、このような乱用に対抗できるのかどうか、そしてそれは如何なる確実性によってなのか、という問題が重要である。

倫理的な判断の最後の分野は、実験や一連の研究それ自身の構成である。危険が最小限に制限されるような実験や一連の研究だけが是認される。

研究倫理のこのような一般的な基準は、どちらかというと、論証の次元を示すものであり、研究の自由の領域での許容の問題に対しては未だ何らの解答も与えるものではない。

2　倫理的価値判断の表現および指針としての法律

民主主義的に正当化された法秩序が研究の自由の限界を定める。一連の国際法上の協定および（国内法上の）法律において、研究の自由の法的な限界が定められている。例を挙げれば、ドイツはまだ署名していないヨーロッパ評議会の「人権およびバイオ医学に関する取極」や遺伝子工学法、あるいは胚保護法などである。規制の密度は、非常に注目に値する。たとえば、遺伝子工学法では、数多くの超国家的な指針や命令ならびに国内の法規命令などがある[29]。立法者は、学問的研究の自由とその他の基本権、たとえば基本法二〇a条とを考量する際に、原則として、しかし必ずしも問題がないわけではない方法で法的および倫理的にも答えられるべき限界を設定した。立法者のこのような倫理的価値判断への依拠は、このような規制の取り入れをとおして、その規制に対するコンセンサスに重要な寄与をしている。

極めてはげしい議論がなされている法倫理的な分野では、これまで法律上の基準が当然ながら存在しない。このことは、とりわけ、ヒトの遺伝学、つまりゲノム分析および遺伝子治療に関わるものである。この場合、治療的・予防的な優生学は法倫理的に是認されるが、しかし改良的な優生学は人間の尊厳に一致しないと見なされるであろう[30]。より詳細な限界づけおよび価値判断（評価）は立法者の任務である。

3　超国家的、および国際的な観点における研究の自由の法倫理的な限界

倫理的に争いのある分野では、相異る法倫理的な価値判断がどのようにして学問の自由の限界を定める共通の分母でまとめられうるのかという問題が存在する。相異る倫理的な価値判断は、とくに超国家的および国際的な法の分野において存在する。たとえば、人権およびバイオ医学に関する協定の一七条二項において、いわゆる他人のために役立つ、病気に関わる研究に用いられる研究が同意能力のない者について認められる場合が定められているが、それは研究対象となっている人の権限ある代理人の承認があり、その研究が同一の病気に苦しむ他人に利用でき、そしてその研究によって生じうるリスクがその研究の利用の可能性に対して均衡を失しない場合である。当の本人にとっては、他人の治療に用いられるこのような研究は、最小限のリスクおよび最小限の負担をもたらす場合にだけ認められる。ドイツの観点からすれば、もはや自らは他人に用いられる研究に同意することができない患者を医学研究の単なる客体にするような規律に対しては反対である。というのは、このようなことは、客体定式によれば、人間の尊厳の保障に反するからである。その他の対立は、胚の保護の領域において存在する。すなわち、ドイツの胚保護法は、包括的な保護を定めているのに対して、超国家的な法は、単に適切な保護だけを要請しているにすぎないのである。

長期的な観点からは、研究の自由の倫理的限界は、もはや国内的ではなく、超国家的に定められる。全くの補充性にも関わらず、たとえばドイツの連邦主義の発展が示すように、長期にわたる発展は、ヨーロッパ法およびその法倫理的基礎の統一の方向を辿っている。[31] このことは、もっぱら実際的に、次のような様々な原因によってもたらされる。

ヨーロッパ連合の構成国の住民の価値観念および正義観念が同化する程度に応じて、また法秩序の同化が期待される。このことは、とりわけ、たとえば医療倫理および研究倫理の分野のように、国家の枠を超えた議論がなされるあらゆる領域についていえることである。同化の必然性は、結果の考慮によっても進められうる。すなわち、国内の法倫理的な基準が高度に設定され、その結果、研究の自由が非常に厳格に制限されると、その研究はヨーロッパ連合の他の構成国に移転する。そのように見ると、基本法五条三項は、研究に対するヨーロッパ的な自由の観点の下に解釈されなければならない。ドイツの研究をドイツとは違った研究の自由を評価している他国に追放するような基本法の解釈がなされうるのは、重大な理由がある場合だけである。

現実には、研究の自由の超国家的制限だけがその実施と実現の見通しをもっている。したがって、法倫理の基準の議論が国家的領域を離れ、ブリュッセルやストラスブールにおける立法と歩調を合わせなければならないとすれば、研究の自由は、倫理的な基準によって超国家的に、制限されるであろう。

研究の自由の法倫理的な限界に関するドイツの議論が超国家的な基準に向けられると、基本権の保護に対するある種のドイツ的な過度の強調が目についてくる。[32] 限界を設ける倫理的基準が超国家的な法共同体の同意を得ることができない場合に、研究の自由の限界を倫理的基準に基づく基本法解釈によって定めることには、とりわけ、その正当性が要求される。[33] ヨーロッパの法倫理的な基準によって基本法の解釈をすることは、一方では人間の尊厳、生命および健康、他方では研究の自由の分野での基本権の衝突の解決に対する統一化、したがってヨーロッパ化に至るであろう。国内の憲法はそのようなヨーロッパ化に対して自主性を保つことができるのか、あるいは保つべきなのか、そしてそれはどの程度なのか、あるいはどの程度であるべきなのか、ということは、なお一層議論されるべきである。このような議論において注意すべき点は、国内の憲法のテキストではなく、その解釈がヨーロッパ化されるということである。そのような憲法解釈のヨーロッパ化は、ヨーロッパ連合の他の構成国ではそうこうするうちに一般的になっているが、しかし、ドイツではどちらかというと抑制的にしかなされていない。

4　手続による研究の自由の倫理的限界

当該法規定を適用する際には、常に考量や評価の余地が存在する。さらに、立法者やその価値判断によっては配慮されていないような新たな問題状況が存在する。このような法的には制限つきでしか扱うことができない分野では、長い間、研究計画の実施に対する決定は、研究者の責任によっていたが、この責任はもっぱら刑法および債務法によって法的に限界が設けられていた。

もし決定が個々の研究者の責任に委ねられるべきではないとすれば、学問の自己規制および自己コントロールの特別の手続における議論が必要である。(34) このような手続の規範的な基準は、第一章で点描した考量の問題であり、それは、倫理的な責任において、そして必要な科学的・技術的な専門知識によって扱われなければならない。決定は、自主的な自己コントロールの他の手続の場合のように、医者、法律家、さらには倫理的に経験を積んだ人物からなる特別の資格を持った委員会に委ねられる。この委員会は、専門的な問題の決定については、行政官庁よりも優れている。

研究の自由の倫理的な、同時にまた法的な限界を手続的に定めることは、倫理委員会によって広範囲になされる[35]。その委員会への依頼は、一部は、法律で定められている。委員会の意思表示は、法的には拘束力をもたないが、しかし、かなりの影響力を研究の自由に対して持っている。大学病院の研究の場合、倫理委員会の見解を求めないか、あるいは無視することは、債務法上、注意義務違反であり、学術雑誌で研究成果を公表できず、そして、たとえばドイツ学術振興協会のような公的機関による助成を受けることができない。医師会または大学において設けられている倫理委員会の意思表示は、単なる管理行為として特徴づけられる。研究計画に対する同意が拒絶された場合、この分野での研究の自由は、事実上、不可能となる。

法治国家においては、倫理委員会[36]によって扱われるべき手続は、詳細に規律されなければならない。手続による基本権の保護が学問の自由に対して意味することは、学問の自由の限界の定めがもっぱら法治国家的に異論のない手続においてなされることである[37]。このような手続規定は、これまで、大幅に欠落している。この場合、立法者にとっては規制の必要性が存在する。さらに、次のような問題が存在する。すなわち、立法者は、第三者の基本権の保護のために研究の自由について介入する場合、倫理委員会に対してこれまで以上に詳細に、倫理的に作用する利得とリスクの考量の実体的な基準を定めなければならないのか、という問題である。この点は、肯定されるべきである。確かに倫理委員会の作業はとりわけ修正されたヘルシンキ宣言にしたがって行われている。しかし、このような職業倫理的な規範は、直接に基本権を憲法上制限することはできない。というのは、本質性理論によれば、立法者が、倫理委員会の決定の基準となる法倫理的に本質的な指針を定めるものだとされるからである。

5　研究の自由を限界づける倫理的な原理の具体化に対する法的コントロール

倫理委員会によって定められた事実上の研究の自由の限界が司法審査に服すのかどうか、という問題が提起される。ゾポタは、裁判官の審査の奥行きについての古い理論に依拠して、基本法一九条四項から次のような結論を引き出している。すなわち、倫理委員会の決定は、すべて行政裁判所で審査することができる。裁量の余地もなければ、価値判断の余地をもった法倫理的な概念も存在しないと。これに対しては、二つの理由から次のように反対しうる。

倫理委員会の決定は、法的に正しい問題解決と倫理的に正しい問題解決との合致を目指し、そして倫理的基準を法秩序に統合するものである。それは、法の領域をこえて道徳の分野に及ぶものであり、この分野は、一方では、法律家の法学的な論証において、他方では、道徳的・倫理的な専門知識を持った人物によって発展させられるのである。というのは、もし法律家や法学が他から完全に独立して、法的にばかりでなく、倫理的にも「正しい」決定を下さなければならないとすれば、それは過大な要求であろう。他の場合においても、たとえば「善良な風俗」とか「取引慣行」とかの一般条項をとおして倫理的および法的な価値判断が法の中に入りこむ場合においても、このような法と倫理ないし道徳の統合に考慮が払われているのである。

第二に、法倫理的決定が、基本法五条三項によって保障された研究の自由の余地を制限しうることは問題ないのである。この決定は、憲法によって要請された考量の解釈論の範囲内で展開されるものである。すなわち、当事者の生命および健康の保障ないし環境の保護、研究者の自由などと現在および将来の世代に対する研究の利用との調整が図られるのである。憲法によって要請された価値判断、評価、予測および考量は、単に法律的な専門知識によって答えられるばかりでなく、最初の介入においては、学問上多元的に構成され、学問的な経験と倫理的に最高の専門知識が備わった委員会の手に委ねられているのである。

このような倫理委員会の決定は、裁判上は、次の点で審査されうる。すなわち、委員会の決定の際、憲法上の枠や法律上の準則が遵守されているか、ならびに法的に定められた手続が守られているか、という点である。基本法二条二項、五条三項および二〇ａ条の憲法上の決定力が、（委員会の）決定の倫理的な次元のために制限されているので、倫理委員会は、法倫理上ないし行政上の自己責任を負う特殊な分野で決定を下し、そしてこの分野は司法によって尊重されねばならないのである。(38)

このような結論に対しては、次のようなことが論拠となる。すなわち、倫理委員会の方が法律家よりもよりよく影響評価を認可官庁の決定に入りこませることができ、学問的認識可能性と倫理的義務との間の相互作用をよりよく取扱うことができるから、倫理委員会状況に応じた倫理的基準の展開にあたって優先権をもっているということである。(39)（確かに、）倫理的に答えられるべき決定を行うためには、裁判手続は適切な場所ではなく、倫理委員会での法的に定められた手続がその場である。倫理委員会だけが法倫理的に必要な議論に対して、広く承認を受けられるように決定するための適切な組織構造と必要な専門知識を持っているのである。

学問の自由を制限するような法倫理的な基準の確定にあたり、倫理委員会の優先権が認められるとすれば、権利保護は、最近の傾向に応じて、手続的審査および明白性審査に限定される。倫理委員会の決定が攻撃される場合、行政裁判所は、単に、手続規定が遵守されているか、憲法および通常の法律の基準が適切に遵守されているかどうか、および倫理委員会の価値判断が検証可能な形で根拠づけられるかどうかについて、審査するにすぎない。倫理委員会においてなされた手続の当事者間の議論は、単に、合理性および恣意性の審査の基準に基づいて、事後的に審査されるにすぎない。(40)

（1）　創出の実験については、Ibelgaufts/Winnacker, Gentechnik, in: Lexikon der Bioethik, 1998, S. 48, 53.

（2）　研究、進歩および自由の関係については、Frühwald, Forschung/Forschungsfreiheit, in: Lexikon der Bioethik, 1998, S. 757.

（3）　科学技術の進歩の損得に関する研究については、Höffe, Moral als Preis der Moderne, 1993, S. 244 ff.

（4）　このような基本権の効力の実効化については、BVerfGE 32, 54, 71; 39, 1, 38; 48, 376, 388; Stern, Das Staatsrecht der Bundesrepublik Deutchland, Bd, III/2, 1994, § 77　III 1 m. Nw.

（5）　一般に、考量については、Hubmann, Wertung und Abwägung im Recht, 1977; Erbguth u.a.（Hg.）, Abwägung im Recht, 1996; Leisner, Der Abwägungsstaat. Verhältnismäßigkeit als Gerechtigkeit ?, 1997.

（6）　例えば、Bleckmann の場合、これについての考察が欠けている。Staatsrecht II ― Die Grundrechte, 4. Aufl. 1997, § 26 Rn. 139 ff.

（7）　このような価値問題については、Würtenberger, Rechtliche Optimierungsgebote oder Rahmensetzungen für das Verwaltungshandeln ?, VVDStRL 58（1999）, S. 139, 155 ff.

（8）　これについては、Picker, Menschenrettung durch Menschennutzung ?, JZ 2000, S. 693 ff. m. w. Nw.

（9）　胚保護法五条一項の禁止が人間の尊厳の保障によって要請されるのかどうかは、極めて疑わしいように思われる。肯定的にとらえものとして、Bickel, Möglichkeiten und Risiken der Gentechnik, VerwArch 87（1996）169, 174. 否定的にとらえるものとして、Dreier, in: ders.（Hg.）, Grundgesetz, Bd. I, 1996, Art. 1 GG Rn. 59 m. Nw.; Antiero, Embryonenforschung, in: Lexikon der Bioethik, 1998, S. 561 ff.

（10）　コンセンサスの問題については、Haniel, Klonieren, in: Lexikon der Bioethik, 1998, S. 403, 404; 一般的に、価値観念および正義観念の変遷については、Würtenberger, Zeitgeist und Recht, 2. Aufl. 1991, S. 116 ff.

（11）　価値判断の基準としての人間の尊厳については、Maunz/Zippelius, Deutsches Staatsrecht, 30. Aufl. 1998, § 22 II, 3, 4; より限定的なものとして、Dreier（N. 9）, Art. 1 GG Rn. 47 ff.

（12）　一般的に、法的論証と倫理的論証との分離、またそれらの補完については、Enderlein, Abwägung in Recht und Moral, 1992, S. 353 ff., 368, なお、Höffe（N. 3）, S. 258 f.

（13）　状況に即した法の具体化の必要性については、Dreier, Die Verwaltung 27（1992）, 137, 146 ff.; Schmidt-Aßmann,

Das allgemeine Verwaltungsrecht als Ordnungsidee, 1998, S.175; Würtenberger (N. 7), S. 157.

(14)　Wagnerによれば（NVwZ 1998, 1235, 1240）、生命および肉体の無傷に対する基本権は研究の自由の基本権に対してなんら絶対的に優位するものではないとされる。もしこのことを前提にすれば、考量が困難となる。考量の問題と必要な評価について詳細なものとして、Dickert, Naturwissenschaften und Forschungsfreiheit, 1991, S. 427 ff., 464 ff.

(15)　これについては、一九六六年一二月一六日の市民的及び政治的権利に関する国際規約七条二文（BGBl. 1973 II, S. 1534）を参照のこと。

(16)　この衝突状況については、McNeill, The Ethics and Politics of human Experimentation, 1993, S. 165 ff.; データー保護による医学的研究の障害については、DFG, Forschungsfreiheit, 1996, S. 74における例を参照のこと。

(17)　これに関する連邦データー保護法の考量条項については、同法一四条二項九号を参照のこと。なお、Bizer, Forschungsfreiheit und informationelle Selbstbestimmung, 1992, S. 248 ff. m. w. NW.

(18)　このような評価的な考量については、BVerfGE 67, 213, 227.

(19)　例えば、倫理委員会はこのことを決定することができるであろう。

(20)　Murswiek, Staatsziel Umweltschutz (Art. 20a GG), NVwZ 1996, 222, 230; Uhle, Das Staatsziel, „Umweltschutz“ und das Sozialstaatsprinzip im verfassungsrechtlichen Vergleich, JuS 1996, 96, 99.

(21)　胚研究および胚治療の倫理的な問題については、Gutmann, Gentechnik, in: Lexikon der Bioethik, 1998, S. 57, 60.

(22)　しかし、法の優越を主張するものとして、Broekman, Bioethics and Law, Rechtstheorie 28 (1997), 1, 19 f.

(23)　これについては、Bleckmann (N. 6), § 1 Rn. 28.

(24)　このテーマに関する数多くの文献の中から挙げられるものとして、Hubig, Technik- und Wissenschaftsethik, 1993; Lenk, Zwischen Wissenschaft und Ethik, 1992; Irrgang, Forschungsethik, Genthechnik und neue Biothechnologie, 19997; McNeill (N. 16).

(25)　結論は同じでも別の観点のものとして、Reiter, Ethische Aspekte der Genforschung und Gentechnologie, in: Reiter/Theile (Hg.), Genetik und Moral, 1985, S. 146,149 ff.

(26) 反対説として、Höffe, Sittlich- politische Diskurse, 1981. S. 188.

(27) 危険と倫理については、Höffe (N. 3), S. 74 ff.; Irrgang (N. 24), S. 139 ff; なお、危険の配慮による研究の自由の制限については、Gill/Bizer/Roller, Riskante Forschung, 1998, S. 99 f.

(28) 数世代にわたるこのような責任については、Jonas, Das Prinzip Verantwortung, 3. Aufl. 1982, S. 36; Eibach, Grenzen und Ziele der Gentechnologie, in: Klingmüller (Hg.), Genforschung im Widerstreit (1980), S. 117 ff.

(29) この点を概説するものとして、Bender/Sparwasser/Engel, Umweltrecht, 4. Aufl. 2000, Kap. 10 Rn. 44 ff.; 規制の密度および研究の自由の促進のための規制廃止の試みについては、Wagner, NVwZ 1998, 1235 f.

(30) この点については、Köbl, Gentechnik zu eugenischen Zweck — Niedergang oder Steigerung der Menschenwürde, in: FS für Habmann, 1985, S. 177 ff.; 極めて抑制的なものとして、Starck, in: von Mangoldt/Klein/Starck, Bonner Grundgesetz, Bd. 1, 4. Aufl. 1999, Art. 1 Abs. 1 GG Rn. 90. 彼は、重大な遺伝性疾患に限定している。

(31) 同旨のものとして、Picker, JZ 2000, 693, 697.

(32) ドイツの「道徳的標石」およびこれと関連するドイツの特別の歩みについては、Picker, JZ 2000, 693, 697f. m. Nw, in Fn. 25.

(33) このことは、例えば、ドイツの見解によれば、胚の研究が人間の尊厳の保障に反し、そして生命の保護と尊厳の保障の結合が外されないような場合である。これについては、Dreier (N. 9), Art. 1 GG Rn. 51 m. Nw.; DFG, Forschungsfreiheit 1996, S. 37f. 一般的に、ドイツ国内だけの価値観念の問題点については、Kunig, in: von Münch/Kunig, Art. 2 GG Rn. 28; Zippelius, Recht und Gerechtigkeit in der offenen Gesellschaft, 2. Aufl. 1996, S. 277.

(34) 一般的に、責任に関する議論については、Höffe (N. 3), S. 291 ff.

(35) これに関して詳細なものとして、Gramm, Etikkommissionen: Sicherung oder Begrenzung der Wissenschaftsfreiheit ?, in WissR 32 (1999), 209 ff.; Sobota, Die Ethik-kommission — Ein neues Instrument des Verwaltungsrechts ?,

in AöR 121 (196), 229 ff.; 倫理委員会の組織と手続の比較法については、McNeill (N. 16), S. 163 ff., 207.

(36) 倫理委員会の設置に対するラント法の授権については、§ 7 HeilberufeG NW および § 5 KammerG BW 参照。なお、Sobota (N. 35), S. 242 ff.; BVerwG NJW 1985, 2274 ff. 参照。

(37) 情報提供的な行政行為による基本権侵害に対する法律の留保の比較については、Würtenberger/Heckmann/Rigger, Polizeirecht in Baden-Württemberg 4. Aufl. 1999, Rn. 112 ff. m. w. Nw.

(38) 裁判所のコントロール権限のこのような抑制については、BVerfG NVwZ 1994, 894 f.; BVerfGE 84, 50; Schmidt-Aßmann, in: Schoch/Schmidt-Aßmann/Pietzner, VwGO, Einleitung, Rn. 188; Würtenberger (N. 7). S. 162 f.

(39) 認可官庁のそのような決定がなされる場合、認可官庁は研究者の専門知識を必要とするし、原則として個々の鑑定に依拠する。これに対して、倫理委員会に対しては、個々の鑑定の一面性や裁判手続での「上位の鑑定」の回避に役立つことが期待される。

(40) 基本的観念としての「事後審査」については、BVerfGE 85, 26, 58; Würtenberger (N. 7), S. 170 m.w. Nw.

Ⅳ－3　人間の生をめぐる憲法問題

嶋崎健太郎

一　はじめに

前回及び今回のシンポジウムのいくつかの報告で指摘されているように、日本の近代の法制度は、憲法を含め、欧米の法制度を継受したものである。その場合には、日本は、欧米の中でもどこの国から、法制度・法思想を輸入するか、どのようにそれらをミックスさせるかという問題に直面してきた。他方、欧米の法制度・法思想の輸入は、輸入された法制度・法思想と国民の中に存在してきた意識との間のずれや対立という問題を生じさせてきた。その際、日本人は、そのずれや対立を、輸入された法制度の運用によって緩和しようと努めてきた。

私の報告で扱う、日本における未出生の生命の憲法上の地位というテーマもまた、今日に至るまで、輸入された欧米の法制度・法思想と既存の国民の意識との間の対立や、どの国の制度・思想をどのように輸入すべきかという問題を提起し続けている。

本報告では、日本人の生命観、特に未出生の人間の生命の地位に関して日本的特色を概観し、近年の憲法学説の状祝と若干の私見を述べることとする。未出生の生命の地位の議論は、歴史的には、①妊娠中絶において治児は人間とみなせるかという議論、②体外受精等によって生じた受精卵・胚は人間かという議論、という二段階を経る。[1] ②の段階が生じたのは歴史的にはごく最近であるから、主に中絶との関係が考察の中心となる。しかし、①の議論が十分に尽くされぬまま、②の段階の状況が、今日日本において、未出生の生命の地位という問題についての緊急の対応を迫っている。

二　法制の歴史

1　堕胎罪（一八八〇）

日本において堕胎を犯罪として禁止した最初の法律は、フランス刑法をモデルにした一八八〇年刑法である。これは、胎児の生命保護が優先したというよりも、堕胎罪が富国強兵のための人口政策と一致した結果であると考えられる。[2] 一九〇七年に改正された現行刑法も、堕胎罪を、法定刑を重くして引き継いだ。しかし、刑法の堕胎罪にもかかわらず、現実には多数のヤミ堕胎がおこなわれていたと推測されている。[3]

2　国民優生法（一九四〇）

堕胎罪が国家による人口管理政策の量的側面であるとしたら、人口管理政策の質的側面が優生学である。優生学は、一九世紀末にイギリスとドイツにおいてほぼ同時期に提唱され、わずかなタイムラグで日本にも導入された。[4] 日本が戦時体制を強めて行く中で、優生学者が恐れる逆淘汰の危険が叫ばれ、欧米列強との植民地争奪戦に負けないための民族改良の必要が優生学者により説かれる。その中で、一九四〇年国民優生法案が成立、施行された。[5] 同法の直接のモデルは、一九三三年のナチス・ドイツの断種法（遺伝病子孫防止法）である。[6] 同法は、優生思想に基づき、悪質な遺伝素質を防禦し、健全な素質の増加による国民素質の向上を目的に、[7] 断種を許可又は強制する。しかし同法は、優生断種についてのみ定め、優生学的適応事由による中絶規定を含まなかった(8)。

3　優生保護法（一九四八）

第二次世界大戦後の一九四七年、アメリカの影響を受けた日本国憲法が施行された。他方一九四八年、国民優生法を受け継ぎ、優生保護法が施行された。同法は、優生保護と母性保護という二つの目的を掲げ、合法的妊娠中絶及び優生手術を定めた。同法は、優生思想の観点から見ると、戦前の国民優生法では断種の対象外であった非遺伝病であるハンセン病や非遺伝性の精神病・精神薄弱を断種の対象とするなど、優生思想をむしろ強化していた(9)。他方、同法は、刑法の堕胎罪に対する特別法として、中絶合法化に道を開いた。同法は、基本的に適応規制型を採り、①優生学的適応事由（但し本人又は配偶者の遺伝疾患の場合）のほか、②医学的・経済的適応事由（一九四九年改正で追加）、③犯罪学的適応事由による中絶について、胎児が母体外で生命を維持しえない期間（厚生事務次官通達により、当初は七カ月未満、その後二二週末満）の中絶を合法化した(10)。同法は、一見すると欧米に先駆けた中絶自由化法であり、女性の自己決定権を保護しているように見える。しかし、人権として女性の自己決定、それに対抗する未出生の生命の地位については明確ではなかった。また、医学的・経済的事由の拡大解釈により、刑法の堕胎罪の規定はほとんど空文化された。

4　母体保護法（一九九六）

優生保護法は、一九九六年に改正され、母体保護法が施行された。母体保護法は立法目的から優生目的を削り、母性保護のみを目的とする。また、優生目的での断種規定が削除され、中絶の適応事由からも、優生学的適応が除かれた。こうして、法制上は、優生思想に決別した。しかし、中絶については、他の適応事由は残された。同法の、立法過程においては、依然として優生思想の批判的総括や、未出生の生命の地位についての吟味はなされていない(11)。日本においては、依然として、堕胎罪を維持しながらも他方で事実上広範な中絶を黙認するという、堕胎罪と優生保護法・母体保護法の二重構造が維持されている。この二重構造の中で、未出生の生命の地位はなお不明確なままである。

三　日本人の生命観

日本において未出生の生命の地位が不明確なまま放置されてきた精神的背景は何であろうか。

1　連続的生命親

日本人の生命観を見るとき、生も死も、絶対的一回的なものではなく、あの世（神の世界）からこの世（ヒトの世界）へ、そしてこの世からあの世へと転生し、生と死が互いに補完しあい、連続する世界として捉えてきたといえる。人間の出生についても、一個の生命はあの世とこの世を行きつ戻りつしながら次第にこの世に定着して行くものと考えられた。このような連続的生命観は、未出生の生命と出生後の生命の境界はあいまいである(12)。日本において、間引きがしばしば子を「戻す」「返す」と表現されたり、中絶された子が将来この世に生まれかわるのだという表現されたり、「七つまでは神のうち」と表現されるのもこの種の生命観のあらわれといえよう。

2　宗　教

カトリック教会が教義に基づき妊娠中絶や人工生殖を否認してきたように、キリスト教がヨーロッパの生命観に強い刻印をしていることは周知のとおりである。ドイツに限っても、カトリック系の中絶相談所に対するローマ教皇の圧力はごく最近の事例である。しかし、日本におけるキリスト教徒はカトリック、プロテスタント等を併せても全人口の一・五％に過ぎない。(13)キリスト教以外の日本の諸宗教も、早く世俗化し、ヨーロッパのキリスト教のような求心力を有していない。教義の上からも、次で見るように未出生の生命の地位は不明確である。

(1)　仏　教

仏教は、輪廻転生を説く。この点を強調すれば、そもそも生命の始期は存在しない。修行者のみが悟りにより無限の輪廻転生から逃れうる。修行者ののための教義にあっては生（生存）欲は煩悩であり、放棄すべきものである。胎児や受精卵は煩悩と執着の原因となる。生殖の前提としての男女の性欲も煩悩である。しかし仏教は、無限に輪廻転生を繰り返さざるをえない大衆に対しては、（未出生の生命も含め）あらゆる生命の不殺傷を説く。また、仏教にあっては、人の年齢は母親の胎内の期間も算入される（数え歳）。このように、仏教の教義は多義的であり、(14)未出生の生命の地位やその扱いについて明確ではない。中絶、生殖補助技術等に対する仏教者の見解も揺れている。

主に仏教にかかわる現象として、一九七〇年代から一挙に拡大した水子供養がある。水子の崇りは本来の仏教の教義に反するとされるが、檀家からの要請や寺院の商業主義を背景に拡大した。女性が水子の崇りを信ずる理由の一つとしては、胎児が人間なのかどうかが仏教において未確定であり、もしかしたら人間を殺してしまったのかもしれないとの不安に駆られることが挙げられる。(15)

(2)　儒　教

儒教が宗教であるかは一個の論点であるが、これは日本人の生命観に大きな影響を及ぼしていることは疑いない。儒教は、祖先崇拝の思想であり、祖先を崇拝することは子孫の義務であり、子孫を残すことにより自分自身も死後に復活できるとされる。[16] 同一の祖先を頂く血縁集団が家である。儒教は、仏教と異なり生に対し肯定的である。自分と血のつながる子を作るためであれば、生殖医療の利用は肯定されよう。[17] 女性は男子を産む道具という考え方も儒教的というならば、借り腹（代理母）も積極的に認められるはずである。[18] しかし、女子の出生に対しては冷淡になるだろう。また、未婚や姦通による出産は「家の恥」として、中絶が強要されることになる。儒教も未出生の生命の地位についてはやはり多義的である。

(3) 神　道

神道は、仏教が主に死にまつわる儀礼を担当するのに対して、出生にまつわる儀礼を担当してきた。「自然」の流れを尊重する教義からすれば、自然の「授かりもの」であり、夫婦間の生殖をこえた非配偶者間の生殖技術や代理母は反神道的ということができよう。しかし、その教義も中絶や生殖補助技術との関係で未出生の生命の地位を明らかにしていない。[19]

以上のように、未出生の生命に関する日本の伝統宗教の教義は多義的であり、未出生の生命の地位は明確ではない。もっとも、宗教の立場からすれば、こういった多義性は当然のことということもできる。医学・生物学が未発達であり、精子も卵子も発見されていなかった時代に成立した宗教が、科学技術の発達に伴い生じた問題に一義的な解答を用意していないことも、当然のことである。この点に関するキリスト教の教義も、本来多義的であるとの指摘がある。[20] むしろ、ヨーロッパと日本の違いは、ヨーロッパにおいてキリスト教会が、生殖補助技術や遺伝子操作といった今日的問題に直面して、教義の再検討を続けてきたのに対し、日本の宗教界が元来の教義の視野に入りきらない問題に対する解答に消極的であり、その問題提起自体を拒絶する傾向がある点だといえる。[21]

3　自然的・血縁的家族観と「内なる優生」

主に中絶との関係で日本人の生命観を見てきた。他方で、生殖補助技術の発達は、他人の精子や卵子を用いた生殖を可能にしている。そのため、遺伝的に無関係な子を作ることが可能である。そこでは、血のつながった家族関係と異なる、社会的家族関係が生ずる。この点で日本的特徴として挙げられることは、血のつながった親子という自然的・血縁的家族関係が、血のつながらない社会的家族関係よりも重視されることである。各種調査では、他人の精子や卵子、受精卵を用いた生殖補助技術に対しては、自然に反するものとして拒否反応があることが示されている(22)。

また、現在の日本人の生殖観には、国民優生法から優生保護法へと続いた優生学的政策が反映していることは否定できない(23)。国家の強制によらない、社会的圧力や意識に根ざした優生、すなわち「内なる優生」の問題が生ずる。しかも、現在の日本人の前には、着床前診断、出生前診断、遺伝子操作、クローンといった優生学的に利用可能な技術が存在する。さらに、日本においては、先に述べたように自己の血統を重視する家族観がある。残す子孫は「優秀」(24)であることが望まれるだろう。こうした日本人の意識に支えられて未出生の生命の選別が促進される危険もある。

4　小　結

以上のように、日本人の生命観を見る限り、未出生の生命そのものの地位に関する明確な言説を発見することは難しい。こうしたあいまいな生命観は、未出生のヒトの生命の地位を、一定の時点を区切りにして、明確に確定する欧米の思考には適していない。しかし、こうしたあいまいな生命観の長所は、一刀両断に答えることのできない生殖技術の利用について柔軟な対応が可能なことである。この意味では、日本人の生命観は健全ですらある。他方、短所は、マスコミや世論の反応に流され、生植技術への対応があまりに無原則・場当たり的になされやすいことである。無原則・場当たり的でなく、かつ柔軟な法的理論は可能なのであろうか。

四　日本国憲法における未出生の生命の地位

ドイツの憲法学とは対照的に、日本の憲法学も宗教同様に未出生の生命の地位については明確には答えてこなかった。すでに見たように日本人の意識において未出生の生命の地位は不明確であり、伝統的に中絶に寛容であったことから、この問題は刑法や民法に委ねておけばよいとの立場もありうる。しかし、受精卵に対する遺伝子操作さえも可能となり、それらに何らかの法的規制が必要であり、その規制が親の自己決定権や学問の自由など他の憲法法益と対立する可能性があるならば、憲法学は未出生の生命の地位につき何らかの意思表示をすべきであろう。

1　日本国憲法と「生命」の権利 ―― 断片的・分散的生命権

日本国憲法は、少なくとも条文上はドイツの基本法とは対照的に[25]、「生命」＝「生」については多くの規定を置いている。すなわち、前文において「平和のうちに生存する権利」（平和的生存権）を、一三条に「生命、自由及び幸福追求に対する国民の権利」（幸福追求権）を、二五条において「健康で文化的な最低限度の生活を営む権利」（生存権）を、三一条で「法律の定める手続きによらなければ、その生命若しくは自由を奪われない権利」（法定手続を求める権利）を保障している。しかし、平和的生存権は、多数説によれば裁判規範ではなく、裁判規範性を認めるにせよ、軍隊や戦争という場面での生命権に過ぎない。また、生存権は、通常、社会権に分類されるから、社会国家以前の古典的な生命の尊重としての生命権をカバーするか疑問である。また、適正手続を求める権利は、通説によれば、手続の法定と適正のみならず、刑罰の実体の法定とその適正を含むとされるが、少なくとも刑罰以外の場面での生命の実体的保護を含むかも疑問である。また文言上、私人による生命権侵害にも対処しえない。さらに、一三条の幸福追求権について通説は、「生命」権「自由」権及び「幸福追求」権を相互に独立した権利ではなく、三者を「幸福追求権」として統一的に肥握し、「生命」権を独立の権利としていない。そして、この幸福追求権から導かれる新しい人権の一つであるプライバシー権の、さらにその中の一コロラリーとしての自己決定権の、さらにその一コロラリーとして、尊厳死など生命の処分を決める自由としての生命の自己決定権を導いている。生命の自己決定権を導くプロセスはいかにも迂遠であるし、導かれた生命の自己決定権も、自己決定能力を欠く人間の生命の問題などを考えれば、生命権の全体をカバーするものではない。以上のように、日本国憲法における生命権の保障は分散し、それぞれが断片的である。(26)通説は、それら断片をつなぎ合わせれば生命権の全体をカバーしうるから、一三条において生命権を独立の権利とする必要を認めてこなかったのかもしれない。しかし、断片をつなぎ合わせても、生命権の豊富な内容をカバーしうるかは疑問であるし、カバーしえたとしても、権利の主体や保障範囲、限界についての統一的思考は困難である。本報告との関連で言えば、従来、未出生の生命の憲法上の地位につきまともに検討されてこなかった原因の一つは、通説による生命権の断片的思考方法にあったのではないか。そこで、少数説が主張するように、一三条の包括的な「幸福追求権」から「生命権」を切り離し、独自の個別特権利として把捉するほうが合理的である。(27)この場合、一三条以外の生命に関する規定は、一三条の一般的生命権に対する特別法規定と考えられる。

2　未出生の生命の基本権主体性

このように日本国憲法における生命権の位置づけについては不明確にされてきたが、生命権の存在自体は否定されてはいない。日本においても、ようやく未出生の生命の憲法上の地位につき検討が始まっている。本報告のテーマとの関係では、特に未出生の生命の生命権主体性が問題となる。

主体性の肯定説は、近年有力に主張されている[28]。ただし、基本権主体性の始期については、受精時を示唆する見解、脳の形成時とする見解、さらに独立生存可能時とする見解がある[29]。他方、主体性の否定説も、有力に主張されている[30]。

学説の対立の背景には、現に存在する個人の権利よりも現在存在しない（生まれる前の、ないし将来生まれる）人間の利益を優先し、生殖も生命権や人間の尊厳といった公共の秩序にかかわる事項として、個人の権利も一定の制限を受けるとするドイツ的発想と、現在存在しない人間よりも現に存在する個人の権利（親の自己決定権、学問の自由など）を最大限尊重し、生殖は私的自治に委ねられるとするアメリカ的発想の対立を見て取ることも可能である[31]。

しかし、どちらの立場も現実には貫徹することは難しい。ドイツ的発想に立って未出生の生命に生命権主体性を認めると、母体の健康保護以外の中絶理由を認めることは困難であるし、体外受精において両親の死亡や離婚により生じた余剰胚の処分、（受精時説を採った場合）着床阻止的ピルの販売の正当化が困難となる。反対に、アメリカ的発想に立った場合、出生前診断による胚の選別や胎児の実験利用などに法的規制を加えることは困難となる。既に述べたように、未出生の生命の発育段階に応じた段階的解決策が必要になっている。そこで無原則・場当たり的でなく、かつ柔軟な法的理論が求められている。

3　客観法的保護の対象としての未出生の生命

基本権の主体論は、基本権主体か否かという、オール・オア・ナッシングの議論に陥りやすい。また、特に問題になる生命権自体も、生きるか死ぬかというオール・オア・ナッシングの権利であり、二重の意味で硬直的結論に至りやすい。しかし理論的には、基本権主体でないことは、ただちに客観法的保護の対象でないことを意味しない。基本権主体でないとしても、国家は生殺与奪の権利を持つわけではない[32]。従来の基本権主体論では、基本権主体か否かでオール・オア・ナッシングの硬直的な解答が導かれる危険があるが[33]、基本権主体ではないとしても客観法的保護を受ける対象を想定することにより、柔軟な処理が可能になるのではないか。

すなわち、未出生の生命は、基本権主体ではないとしても客観法的保護を受けるものであると考えられる。未出生の生命は、基本権主体ではないとしても、やがて主体になりうる存在であり、生命権の客観法的命令として保護される[34]。この客観法的命令は、第三者からの基本権侵害に対して未出生の生命を保護することを国家に許すのみならず、保護を義務づける（国の保護義務）。その保護の程度と方法は原則として国家に委ねられ、出生後の生命とは異なった取扱をする可能性が認められるが、保護を全く解除することは許されない。以上のような考え方は、ドイツの保護義務論[35]と共通性を有するが、ドイツの通説が基本権主体の範囲と保護の対象の範囲を重なり合うものと考えているのとは異なり、基本権主体と保護の対象とが切り離される。

4　「世代間倫理」と憲法

基本権主体と保護の対象との切り離しは、生命・環境倫理学でいう「世代間倫理」[36]を憲法学に採りこむ理論的枠組みともなる。現在の世代が行う生命操作が、将来の世代の遺伝子プールを減少させたり、生活環境を悪化させる危険が指摘されている。日本人にとって、「世代間倫理」という言葉自体は新しいが、「子供や孫のことを思う気持ち」と考えれば、日本人の生命観にとって親近性がある。しかし、法理論的には、将来の世代はいかに概念を拡張しても、基本権主体とみなすことは難しい。とすれば、世代間倫理を憲法論に採りこむならば、将来の世代の保護は客観法的命令として考えざるをえない。また、日本国憲法（前文、一一条、九七条）は、われらのみならず「われらの子孫」のためにも確定され、現在のみならず、「将来の国民」にも基本的人権を保障していることは示唆的である。(37) 従来、これらの規定は注目されてこなかったが、将来の世代の生存の客観法的保護を特に命じていると解釈することも可能である。同様のことは、基本権主体ではない動物や自然の保護にも応用できる。

（1）　さらに、第三段階として、脳死状態の人は人間かという議論との関係でも論じうる。柘植あづみ「誕生をめぐる『生命』観の変遷」『講座社会学・病と医療の社会学』（岩波書店、一九九六）五一頁参照。脳死については、シンポジウムの他の報告（岡田俊幸報告およびM・アンデルハイデン報告）を参照願いたい。

（2）　加藤久雄「優生保護法・精神保健福祉法における医療と強制」大野真義編『現代医療と医事法制』（世界思想社、一九九五）二八五頁参照。もっとも、最近の研究では、一八八〇年刑法の制定時には人口政策的観念は希薄であり、その後日本が日清・日露戦争を経て、軍国主義的色彩を強めて行くにしたがい、富国強兵論的人口政策により堕胎罪取締りが強化されたとの指摘がある。この点、藤目ゆき『性の歴史学――公娼制度・堕胎罪体制から売春防止法・優生保護法体制へ』（不二出版、一九九八）一二一頁以下参照。

（3）　中絶原因としては、私通が七〇％以上を占め、貧困一四％、母体の健康と多産がそれぞれ約四％であった。石井美智子『人工生殖の法律学』（有斐閣、一九九四）一七〇頁以下。

（4）　一八八一年に福沢諭吉が優生学の始祖であるゴルトンの著作に触れ（ゴルトンの著作からわずか一二年後）、一八八四年には福沢門下の高橋義雄が『日本人種改良論』で富国強兵のための白人との雑婚を提唱している。一九三〇年には永井潜を中心に日本民族衛生学会が設立された（現在も存続）。日本の優生学の歴史につき、鈴木善次『日本の

優生学』（三共出版株式会社、一九八三）参照。
（5）　同法に先立ち一九三五年、日本民族優生保護法案が衆議院提出、審議未了で廃案となった。
（6）　ただし、注意すべきことは、同種の優生法（断種法）はナチス以前に、アメリカ（一九〇七、インディアナ州他三〇州）、カナダ（一九二八、アルバータ州他二州）、メキシコ（一九三二）などで成立し、ナチス断種法自体もアメリカ・カリフォルニア州法をモデルにしていたのであり、優生法はナチスの専売特許ではないことである。優生法＝ナチス＝巨悪という皮相の図式の危険性については、近年たびたび指摘されている。この点とりあえず、米本昌平・松原洋子・橳島次郎・市野川容孝『優生学と人間社会』（講談社、二〇〇〇）参照。
（7）　「悪質なる遺伝性疾患の素質を有する者の増加を防遏すると供に健全なる素質を有する者の増加を図り以て国民素質の向上を期する」（一条）。
（8）　同法は、敗戦後の一九四八年優生保護法により廃止されるまで施行されたが、同法に基づく優生手術の実施は少なく（強制断種は実施されず）、優生政策としてはほとんど無力であった。
（9）　優生保護法は、断種手術の事由として国民優生法に存在しなかった非遺伝性の感染症であるハンセン病や、非遺伝性の精神病・指針薄弱が新たに加えられている。また、国民優生法下では実施されなかった強制断種も優生保護法下で実施された。
（10）　同法及び後継の母体保護法は、適応規制方式をとるが、「身体的または経済的」理由が広く解釈されることにより、事実上妊娠二二週までの中絶を広く規制する「緩やかな期間方式」が妥当しているとされる。前田達明・稲垣喬・手嶋豊執筆代表『医事法』（有斐閣、二〇〇〇）一五七頁（松宮孝明執筆部分）参照。
（11）　この法改正が衆議院への法案提出から参議院での可決成立までわずか五日で「スピード違反」と言われるほど拙速であり、多くの問題が積み残されていることについて、松原洋子「戦後の優生保護法という名の断種法」米本他・前掲書注（6）二三九頁以下参照。
（12）　こうした生命観について、佐々木保行編著『日本の子殺しの研究』（高文堂出版社、一九八〇）四三頁以下（入江宏執筆部分）、落合恵美子「近世末における間引きと出産――人間の生産をめぐる体制変動」脇田晴子／S・B・ハンレー編『ジェンダーの日本史・上――宗教と民族　身体と性愛』（東京大学出版会、一九九四）四三二頁以下、四三六頁以下参照。

(13) 池田政章の指摘するように、日本の各宗教といっても、多様な宗派を含んでおり、かつ日本独特の重層信仰構造の中で相互に混合し合い「日本宗教」とも言いうるものになっている。池田政章『憲法社会体系Ⅲ』（信山社、一九九九）四四四頁。その意味で、本文で各宗教について述べることは一つの傾向に過ぎない。

(14) 中野東禅『中絶・尊厳死・脳死・環境――生命倫理と仏教』（雄山閣、一九九八）二一頁、五四頁、六二頁参照。

(15) 末木文美士・前川健一「妊娠中絶と水子供養」関根清三編『死生観と生命倫理』（東京大学出版会、一九九九）一八七頁。このほか、仏教の死生観について、玉城康四郎『生命とは何か――ブッダをとおしての人間の原像』（宝蔵館、一九九三）特にⅠ章・Ⅱ章、小林孝輔他監修・池田英俊他編『現代日本と仏教Ⅰ・生死観と仏教』（平凡社、二〇〇〇）、中村元監修・峰島旭雄編『比較思想事典』（東京書籍、二〇〇〇、三一三頁以下（川崎信定執筆部分）、新村拓『出産と生殖観の歴史』（法政大学出版局、一九九六）四四頁・三〇二頁参照。

(16) 加地伸行『儒教とは何か』（中央公論社、一九九〇）二〇頁。加地によれば、肉体はＤＮＡを運ぶ乗り物にすぎないという最近流行の「利己的遺伝子」の理論と親和的である。同『沈黙の宗教――儒教』（筑摩書房、一九九四）六二頁参照。

(17) 現に「儒教的文化圏」に属するとされる韓国、台湾は生殖医療の利用に積極的である。

(18) 永田えり子「宗教は生命倫理を語れるか」仏教三四号（一九九六）一四一頁参照。

(19) ある神道の教義によれば、「ヒト」は一般に「霊（ヒ）の止（ト）どまる所」を意味すると理解され、霊魂は二つの部分からなり、一つは肉体の無意識の活動をつかさどるクニミタマで、妊娠時に現れ、他の一つは両親の霊魂であるワケミタマで、これが肉体に入った時に、霊魂は完備し、子供が誕生するとされる（ジュアン・エルベル『神道――日本の源流』〔神社本庁、非売品、一九七〇〕八〇頁以下）。前者の霊魂を強調するならば、生命の始期は受精や着床であろうが、後者によれば出生となろう。神道の生命観につきさらに、安蘇谷正彦『現代社会と神道』（ペリカン社、一九九六）二章、井澤正裕「脳死論議における諸問題――神道的対応をめぐって」神社本庁教学研究所紀要三号（一九九八）一〇五頁以下も参照。

(20)「聖書は中絶について、まったく論じていない」と言われ、人の始期、中絶、人工生殖の可否についてキリスト者の間でも論争がある。グレゴリー・E・ペンス（宮坂道夫・長岡成夫訳）『医療倫理Ⅰ』（みすず書房、二〇〇〇）一八五頁、二五七頁参照。

(21) 木村利人によると、日本のキリスト教会も「信仰の問題というのを、極めて厳密な意味での福音的に理解し」、「この世のことに直接にかかわりを持たない純粋な信仰に依り頼む」伝統があるという。木村利人・島崎光正「対談生命と尊厳」全国キリスト教障害者団体協議会編『喜びのいのち――出世前診断をめぐって』（新教出版社、二〇〇〇）二一〇頁。この点は、脳死移植に対する、キリスト教と日本の宗教の取組み方の違いについても言える。この点につき、西谷幸介『脳死移植を考えるⅠ――キリスト教徒としての肯定的理解に向けて』書斎の窓四八八号（一九九九）三三頁以下参照。

(22) たとえば、松川正毅「人工受精に関する日仏共同アンケート」日仏法学一八号（一九九三）一〇四頁。

(23) 松原洋子「優生問題を考える（2）――優生保護法の『消滅』」婦人通信四六四、（http://ehrlich.shinshu-u.ac.jp/tateiwa/1990/970900my.htm で入手）参照。

(24) 最後に、日本とドイツに共通の問題として、社会国家（福祉国家）と優生思想の関係がある。高度な福祉国家とされるスウェーデンにおける強制断種に象徴されるように、社会国家と優生思想はむしろ親密な関係にある。市野川容孝「北欧――福氏国家と優生学」『優生学と人間社会』〔注（6）〕一〇九頁参照。この点、ドイツが一九九五年改正刑法でいわゆる「胎児条項」（胎児適応）を廃止したことが注目される。玉井真理子・足立智孝・足立朋子「出生前診断と胎児条項――ドイツの胎児条項廃止とドイツ人類遺伝学会」信州大学医療技術短期大学研究紀要二四巻四九頁以下、松尾智子「ドイツ人工中絶法における胎児条項をめぐる問題」法の理論一九（二〇〇〇）五九頁以下参照。

(25)　ドイツの基本法においては、二条二項の生命権規定が唯一の生命に関する規定であったが、近年（一九九四年）の改正で、自然的な生活基盤（Lebensgrundlage）の保護規定（二〇ａ条）および連邦の競合的立法権限としての人工受精・遺伝情報研究・臓器移植規定（七四条一項二六号）が加わった。

(26)　それらの断片を体系化する試みとして、石村修「基本権の体系における生きる権利の意味」法学新報九六巻一一・一二号（一九九〇）八五頁以下参照。

(27)　近年同様の立場をとると思われるものとして、棟居快行「幸福追求権について」ジュリスト一〇八九号（一九九六）一七九頁、藤井樹也『「自由」に対する権利？（二・完）法経論叢（三重大学）一四巻二号（一九九七）八〇頁。より明確に主張するものとして、山内敏弘「基本的人権としての生命権の再検討」『杉原先生古稀記念・二一世紀の立憲主義』（勁草書房、二〇〇〇）三三六頁以下。

(28)　石村修「憲法における胎児の人権」専修法学論集二八号一五二頁（一九七八）、光田督良「胎児の権利」駒沢女子大学研究紀要二五号一〇頁、戸波江二「憲法（新版）」（ぎょうせい、一九九八）一五〇頁、山内・前掲論文注（27）三三四頁。

(29)　受精時を示唆するものとして、戸波・前掲書注(28)、脳形成時説として、葛生英二郎・河見誠『いのちの法と倫理（新版）』（法律文化社、二〇〇〇）一〇八頁、独立生存可能時説として、光田・前掲論文注（28）八頁。

(30)　竹中勲「生命に対する権利と憲法上の自己決定権」佐藤幸治・初宿正典編『人権の現代的諸相』（有斐閣、一九九〇）三〇頁、高井裕之「医療と憲法問題」前田他編『医事法』前掲注（10）一一六頁、初宿正典『憲法2基本権』（成文堂、一九九六）一三六頁。なお、「個人の尊重」との関係で長谷部恭男「憲法から見た生命倫理」法律時報七二巻四号（二〇〇〇）六六頁参照。

(31)　この点生命倫理の問題との関連で、アメリカ、フランス、ドイツという三つの憲法モデルを対比させ、日本とドイツの違いを強調する見解として、高井裕之「医療技術の発展に伴う生命倫理問題についての憲法学的考察」比較法史学会編『比較法史研究八・複雑系としてのイエ』（一九九九）二七五頁以下がある。

(32)　中山茂樹「基本権を持つ法的主体と持たない法的主体――『人格』をめぐる生命倫理と憲法（二）完」法学論叢一四三巻四号（一九九八）六四頁参照。

(33)　青柳幸一「先端科学技術と憲法・序説」ホセ・ヨンパルト教授古稀祝賀『人間の尊厳と現代法理論』（成文堂、二〇〇〇）六五四頁。

(34)　（本報告前に送稿済みではあったが後に出版された）嶋崎健太郎「憲法における生命権の再検討――統合的生命権に向けて」法学新報一〇八巻三号（二〇〇一）五四頁。

(35)　基本権保護義務については、小山剛『基本権保護の法理』（成文堂、一九九八）参照。

(36)　たとえば、加藤尚武『バイオエシックスとは何か』（未来社、一九八六）一三頁以下、同『環境倫理学のすすめ』（丸善、一九九一）、ハンス・ヨナス（加藤尚武監訳）『責任という原理』（東信堂、二〇〇〇）四七頁以下参照。

(37)　佐藤孝道『出生前診断』（有斐閣、一九九九）二〇四頁参照。

【追記】　本稿は二〇〇〇年のフライブルクにおける私のシンポジウム報告原稿に、原則として当時利用した文献の注を付したものである。シンポジウム後（二〇〇〇年一二月）、本報告のテーマと関連して、日本で「ヒトに関するクローン技術等の規制に関する法律」（クローン規制法）が制定された。同法については、本報告と重なるテーマを扱った嶋崎健太郎「日本人の生命観と未出生の生命の憲法的地位――ドイツの理論との接合可能性」（ＤＡＳ研究会編『ドイツ公法理論の受容と展開――山下威士先生還暦記念』（尚学社、二〇〇三）三四五頁以下）で触れた。またシンポジウム後出版された文献についても同論文を参照されたい。

Ⅳ―4　臓器移植法と死期の憲法問題(1)

ミヒャエル・アンダーハイデン
畑尻　剛　訳

一

われわれすべては、人間がいつ生を受け、いつ死ぬのかを知りたいと思ってる。実際、ほとんどの場合、生と死を区別することはそれほど困難ではない。生者は死者から区別されるのが常である。しかし、争いのある事例に目をむければ、まさしくここに問題が存在する。なぜなら、生者は非常に多様な形で死者から区別され、そしてこのような区別はすべて同時にあらわれるわけではないので、その中で生者と死者の区別のいくつかがすでに現われているが他の区別はいまだ現われていないようなプロセスが存在するからである。いかなる区別を問題とすべきか。そして、どのようにしていかなる区別が重要であるかをわれわれは特定するのか。本稿では第二の問題が決定的であると主張することになる。すなわち、まず第一に特定すべきは、生者すべてが共通にもっているものは何か、死者すべてが共通にもっているものは何か、したがって、人が「生きている」あるいは「死んでいる」ということはどのような意味かである。このような概念上の前提問題を解決してはじめて、われわれは困難な事例を区別することができる。これに対して、われわれが直ちには明確に生者のグループか死者のグループに分類することができないような人間をたんに観察することによって「生」と「死」の区別を得ることは不可能である。なぜなら、これはそのような人間がわれわれに主観的に与える外面的な印象に着目することを意味し、その現象を決定的であるとかそうでないとか評価することが問題であるにもかかわらず、まさにその諸現象によって方向づけられるということになってしまうからである。まさにわれわれはそのような諸現象に着目して、われわれの印象からそのように見えるものを死と宣言しているのである。むしろ、たんなる印象から解き放たれてしばしばすぐれて抽象的にうち立てられる理論的な問題設定に興味をもつこと、つまり、可能な限り観察されうるものを範疇化することが、一九世紀の科学の発達の一つである。すなわち、本稿では、新しいそして確実な認識を得ることができるようにするために、概念的な分類からはじめる。今や、まさに「生」と「死」を区別するというような重要な領域について再び諸現象に着目する場合、このことは単純素朴なものとなる可能性がある。しかしまた、それは、すべての学問に関連しそしてそれゆえ憲法学者にとっても非常に意義のある、学問的な新しい方向づけの表現でありうるし、その可能性はきわめて高い。良き学問、すなわち自然科学、社会科学そして精神科学の美意識についてのあるコンセンサスが長い間妥当した。次のような学問がよりよいものとされた。すなわち、

・より少ないが、しかし（経験的に）再審査可能な諸前提の上にうち立てられ、

・他のアプローチよりも明確で単純でそして正確で、

・多数のそして多様な応用の機会を与える学問がそれである。

これにより、また、学問を駆り立てている昨今のやり方がなぜ危機に陥っているかも明白である。これらの評価についてのコンセンサスは微妙になっている。なぜなら、憲法論もまた例外ではないような、ある明確な学問理論上の変化がみてとれるからである。

・もはやより少ない前提がよいものとはみなされず、むしろできるだけ数多くのそして不特定の諸前提が導入

され、そして、しばしば強調されているように、つねに変転する概念に目を向けること。(2)

・整理したり、背景をさぐることができない多数の諸現象として結果として議論を支配することになる個人的な印象や体験のような原理的に証明できない諸前提から出発すること。(3)

・最後に、そもそも科学は現実を把握する一つの方法であり、これと並んで他の観察方法や理論が導入されなければならず、これらを顧慮することが（一面において！）科学においてもまた必要なことを理解することこそが追求するに値することである。

このような科学による抽象化と具体化の営為の帰結が本稿の主題である。そこから、基本法二条二項一段における生命の概念について、特に生命の終期からみて、いかなることが明らかとなるか。

第一のテーゼ：たとえば生とか死というものが現実に存在するということをわれわれは期待できない。われわれがそれについて言語的に適切な表現、まさに、「生」と「死」という概念を見いださなければならない。それ故、このような概念は次のような二重の意味で単純な自然科学の概念ではない。(4)

一方において、純粋に描写するということは存在しない。すなわち自然科学の記述は常にまたそして本質的に評価である。他方、本稿の対象である自然科学、すなわち生物学と化学（が対象とするの）は、複合的な進行過程である。これに対して、あるものを否定すること、すなわちその非存在も、特定の進行過程に限定することあるいはその進行過程の特定の段階及び特定の時点に限定することは自然科学的な意味で高い価値をもつものではない。いつからヒトはもはや生きていないのかという特定の時点を自然から観察によっては導き出すことはできない。

自然科学者がこのような限定と思考像をもちいて作業しているとすれば、それは自然科学者がこれらを理由はともあれ常にまた自ら作り上げてきたからである。自然科学では概念と重要な研究方法及び研究目標を明確にし、そしてその上で進行過程を「観察する」ことがまず重要である。[5] したがって自然科学者は自然科学者にあらかじめ生命という概念が明らかである場合にのみ、特定の「生物学的・生理学的所与」を、生きているものに分類することができるのである。このことは、生理学的な進行過程がもっぱら「心臓死」と「脳死」の間で問題となる場合に、典型的なやり方で明確になる。すなわち、生物学又は生理学は、その観察から独立して、「生」とか「死」の概念と基準がすでに決定的に定義されていない間は、このような経過が生体におけるプロセスなのか死体におけるプロセスなのかを判断することはできない。[6] このことは、特定の研究の際に新たな概念形成の必要性が明白となること、逆にいえば、概念が納得のいかないものとなる可能性があることを当然に否定するものではない。[7] それでもやはり、「生」又は「死」の自然科学上の概念を自然から導き出すことは不可能である。むしろ、「生」と「死」があり、そして生きとし生けるものはある時点で「死ぬ」ということは、ひとつの約束事なのである。

それゆえ、たんに法律家としてだけではなく、われわれは「生」と「死」という日常用いられる概念をそこから個々の科学にとって有用な概念が得られるような形で、どのように抽象化することができるのかを一般的に決め、そして問いかけなければならない。したがって、法律学、医学及び哲学において「生」と「死」について非常に様々な概念が存在しうるにしても、われわれがドイツにおいて、「生」と「死」の概念の構成要件である以下のような共通の前提となる確信を共にしていることはまぎれもない事実なのである。

(1)　生と死は完結した対概念である。第三の道はない。したがって「死に逝く」という別の状態は存在しない。瀕死の者は生きているのである。

(2)　「生」と「死」は互いに排他的である（相容れない）。生きている者は死んではいないし、死んでいる者は生きていない。生と死の重なりは概念上排除される。

(3)　人間は死者をよみがえらすことはできない。その限りで死は不可逆的なものである。

(4)　生きとし生けるものすべてはただ一度だけ死ぬ。[8] 現代物理学は個々の対象の永遠の生命を認めていない。あるものが二度死ぬことを認めることは（(3)によれば）、一方ではこの世のものではないものの積極的な介入を前提とし、他方ではいま（再び？）生を得たものが同一のものであるか否かを不明確にする。

(5)　生者は意識をもってまたは意識なしに存在することができる。死者は意識的に計画するとか行為を企図することはできない。[9]

個別の専門分野に共通するコンセンサスというものがだいたいにおいて存在する場合には、ドイツの憲法はこのようなコンセンサスに広範に依拠し、それによって「生」と「死」の概念を厳密に定義する。

(6)　憲法全体で生・死の概念は一つだけである。基本法二条二項一文が基本法一〇二条において禁止されている死刑、一四条で保障されている相続権あるいは（黙示的による）五七条、六九条二項及び一一五h条一項二文において言及されている連邦大統領及び連邦首相の任期満了前の（職務保持者の死の場合は争いがない）「職務の終了」と同じ生と死の概念を前提としていることは明白である。このことは、基本法三三条五項において基本法上定められている「職業官吏制度の伝統的諸原則」に数えられている公務員の終身雇用原理[10]の場合と同じ概念である。九七条二項二文は「終身で」任用されている裁判官、一三二条一項一文は「終身で」任用されている公務員と裁判官を前提としている。（生命の始期からみて）一一a条一項及び四項、三八条二項（これと結びついた一一八a条）、五四条一項一文という一連の規定は年齢について定めている。一一三条二項は生命の危険[11]を前提としている。税は一部は（生きている）住民の数に応じて配分される（一〇六条五項一文、一〇七条一項一文）。これらの規定について生と死の様々な概念を要求することはきわめて不適切であろう。このことは法的安定性及び信頼保護を損ない[12]、それ以上に実効的ではない。[13]

(7)　死の主体は基本法二条二項一文の文言（「各人」）からいっても個々の人間でなければならないが、それはたんに人間の身体やその機関だけではない。このことをなお正確にあらわすことができる。すなわち「生命」を「身体の不可侵性」と並んで独立した保護法益とすることは、「生命」に対するあらゆる侵害が身体の不可侵性に対する侵害として十分に再構成できる場合には不必要であろう。したがって「生命」はたんなる生理学的なもの以上のものである。このことは他の基本権から「一層」明らかとなる。さらに（生きている）人間は基本権においては肉体的な存在であるとともに精神的な存在として語られていることが多い（特に基本法六条五項において明確かつ明示的に）ので、生と死の憲法上の概念は人間を肉体的な存在と精神的な存在、物心両面の統一体とみなす人間像と必然的に結びつくことになる。

これに対して、人間の「アイデンティティー」を必然的に基本法二条二項一文の保護法益とみなすことはできない[14]。けだし、基本法はアイデンティティーの変化それ自体ではなく、外部の操作によって自由意思に拠らずに引き起こされるような変化に対して保護するものであるからである。このようなアイデンティティーの保護は、基本法一条一項、二条一項、四条一項及び三項三文、五条一項及び三項、八条一項並びに九条一項の相互作用から明らかである。すなわち、人格、行為自由を憲法秩序及び宗教的寛容の枠において相互に承認することを基本法は外部的行態においても「通用」させている。これによってのみ各人は特定のアイデンティティーをもった個人としてみなされうるのである。しかし、だからといって人間はその名前、性あるいは宗教的紐帯のようなアイデンティティーが変化することによって死ぬということはない。タルススへの道でユダヤ教徒サウルスはキリスト教徒パウロになるのである[15]。この道がドイツにあったとしても、ドイツの憲法はそのことをことさらに配慮するということはないであろう[16]。

このことは、アイデンティティーの前提、つまり、意識と自意識に関係する。意識と自意識の継続的な欠如は確かにアイデンティティーの形成を不可能にするが、しかし、生と死の限界づけとは何の関係もない。むしろ生きている者は、その者が死ぬ前に、己のアイデンティティーを変化させ、場合によると継続的な意識の喪失によりその者の（人格と理解される）アイデンティティーを失う（本稿ではこの点についての言及はしないが）可能性がある。

(8)　最後に、憲法論上、基本法が憲法としての地位を有することから考えなければならないことがある。生・死の憲法上の概念はそれ自体ある一定の永続性を示すべきであろう。このことは、個人的に常軌を逸していることの発露や争いのある、正当性を主張できないような規範的含意を確定することが排除されるように、実際上の配慮をも排除する。実際上の配慮とはそうでなければ殺人の禁止に抵触するような（新しい）技術を適用できるようにするためにのみ生・死の概念を変えるような場合である。もっぱら臓器移植の可能性のためにのみ死の概念をそれに沿う形で定義する場合にはこのような実際上の配慮があるといえよう。[17]生・死の概念を他者とよく話しあって熟考することなしに自分の判断で変更するような者は、個人的に常軌を逸しているといえるであろう。結局このような態度（行動）には民主的な基盤が欠けているのである。最後に憲法上の生・死概念は、もっぱら信仰上決められた規範的な正当性の主張によって基礎づけられるような要素に拡大されるべきではない。個々の宗教のこのような正当性の主張に対して基本法はその四条によって禁欲的であり、そしてその意味で中立的であり続ける。[18]

二

ドイツの憲法学で議論されている死の基準に目を転じると、全脳死基準がこのような概念上の要求をみたす。[19]

これに対して、概念構成要素の⑷と⑺は一方ではいわゆる一部脳死基準を排除する。なぜならこの基準はもっぱら人間の意識を生命にとって決定的な働きとして着目したものだからである。[20]他方でこの概念構成要素は、もっぱら肉体的な存在の上にうち立てられた死の基準すべてを排除する。

一部脳死基準のみが人間の諸関心（そしてそれのみ）を基本権上保護する状況を正当に評価するという理由からこの基準を支持する者は、これによって関心能力の基礎、したがって、人間の意識を十分に保護しなければならないであろう。基本法のこのような解釈は、基本法二条二項一文における生命の保護の他の基本権との概念的及び体系的連関をとくことに目をつぶれば可能である。上記⑺と最初に挙げた「単純な」理論の重要性についての学問理論上の主張（上記⑴）はこれに反対する。一部脳死基準が基本法全体において死の基準とみなされるべきであると主張する場合には、このことは一連の基本権の解釈を要求するだけではない。このことは基本法二条二項一文における身体の不可侵の保護において特に明確になる。身体の不可侵性は人間の肉体の保護によって個々人の意識が保護される場合にのみなお理由づけられる。継続的に意識を失っている者の場合、身体的な侵害というものは従来明らかにされなかった他の基礎の上に構築されなければならなくなる。同様に基本法における人間の身体性のあらゆる保護は解釈上このような身体性の保護の利益という狭い穴を通して考えなければならなくなるであろう。[21]さらに、それは、基本法一条一項における「人間の尊厳」概念の特定の解釈を必要とするが、その解釈は関心のない自己目的性と結びつくことはできないが、個々人が試行錯誤の上でもたらす人間の営為に着目しなければならないであろう。[22]基本法一条一項のこのような解釈は人工妊娠中絶に関する判決において連邦憲法裁判所によって明確に排除された。[23]同様の問題はそれとは逆にもっぱら肉体的な存在に向けられた生命の概念についても生じる。再び基準⑺が議論になる。人間の精神のあらゆる保護は今や逆に身体の不可侵性に還元されなければならなくなる。一つだけ例を挙げれば、基本法六条五項における非摘出子の「精神的成長」は、――意識哲学が一貫して有力に主張するように[24]——すべての精神的及び心的事象が完全に物質的・生物学的進行過程に還元される物理学上の一元論が憲法上受け入れられる場合にのみ、肉体的な成長の一部として理解される。しかしながら、争いのある哲学上の議論を憲法の中にこのような形で導入することは、現在のところ予想できない。加えて、このことは他の法分野における、短期的には克服することができないであろう大きな変化を招来することになるであろう。[25] それゆえ、このような導入は上記⑻の条件にも反するであろう。

加えて、なぜ、「生命」とたんなる物質的存在が関連するのかがただちには明白ではない。死体もまた通常は「存在」するのである。これは殺人についてすらあてはまる。襲撃が失敗したとしても、その襲撃の被害者は物質的存在という意味では死者と同じである。「消すということ」は謀殺のメルクマールでも殺人の要件でもない。それゆえ、物質的存在は生者と死者の区別を示すことができない。ほかならぬこのような自明なことにドイツにおける死の心臓・肺基準（心臓死）の非常に著名な法律家の主張者、ヘーフリングとリクッセンは注意を払っていない。[26] われわれはその中心的な論拠に十分に注意を払おう。

「基本法二条二項一文の生命に対する権利は身体的な存在を保障する」[27]。そしてヘーフリングとリクッセンはそこから次のようなことを導き出そうと試みる。それは「したがってたんなる生物学的・物質的存在に対する権利である」。彼らはさらに続けていう、「生の概念は生きている者、したがって未出生及び死と対置される人間の身体的な存在形式を表す」。

今や身体的な存在に対する権利が物質的ではあるが生物学的でない存在に対する権利以上のものとしてはもはや存在しない。しかしながら、基本法二条二項一文は通常、死体もまたしばらくは生体と同様に保護しているであろう。けだし、死体は物質的には通常そして少なくともしばらくは存在するからである。——しかしこれは非常識である。

その論拠は生物学的――物質的な存在の（付加的な！）要件に向けられている場合にはまた説得的でもない[28]。一般的に生化学的な反応があるということを生物学的と考える場合には、（死んだ）体がその反応によって朽ちはてていくということを想起しなければならない[29]。生化学的な進行過程がたんに存在することによって生者は死者からは区別されえない。

しかし、特定の生化学上の進行過程が生きている者にとって特徴的なものであるか、ましてや死者とは違うということが言える場合には、最初に強調したように、あらかじめそしてこのような進行過程とは関わりなく、いつ人間は生きているのかいつ死ぬのかが確定されなければならない。たんに生物学的――物質的に存在することはこのような区別にとってどのみち十分ではない。

さらに、何が生であるかを生きているものが規定するということは、明白で非生産的な循環論法である。また、「生きているもの」という存在形式もまた生の従来の定義によって判定される。結局ここでもまた次のことが妥当する。すなわち、生きているということが特定の経験的な現象に関係づけられるべきである場合には（「生物学的」という言葉についての他の意味の可能性[30]）、あらかじめいかなる現象がそれと関連しているかを規定しなければならない。これについては再び生あるいは生きているものという一つのコンセプトが先行的に必要となる。

ところで、ヘーフリングとリクッセンが生きているものは一つの存在形式、すなわち存在の一つの形であるということを前提としている場合には、彼らは暗に、生きているものを形作るのは存在それ自体ではないということを認めているのである[31]。したがってわれわれは次のような考えを維持する。ヘーフリングとリクッセンの論証は補完が必要であるが、補完する能力に欠けている。なぜならヘーフリングとリクッセンの論証は循環論法に拠っているからである。

それ故、人間の身体性のみを引き合いに出すことによっては死の心臓・肺基準（心臓死）は基本法と一致することができないのである。死の心臓・肺基準（心臓死）の他の基盤（歴史、目でみえる現象）[32]はより一層説得力がない。これら死の心臓・肺基準の他の根拠づけを憲法解釈学的に考察することはさらに行われなければならない。しかし、このような死の基準を主張する法律家はいずれにせよこのような根拠づけを体系的にも行っていない。

三

以上のような考察の結果によって手短ではあるが確認できることは、一九九七年一一月五日のドイツの臓器移植法（正式名称は『臓器の提供、摘出および移植に関する法律』――訳者）がその三条二項二号（「摘出前に、臓器提供者について、大脳、小脳および脳幹の全機能の最終的で回復不可能な消失が、医療上および科学上の知見の水準の合致する判定手続のルールにより確認されていないかぎり」臓器の摘出は許されない――訳者）において、一部脳死基準を選択するという一方の極に傾くことなく、いずれにせよ脳死という基準と結びつけたことが妥当であったということである。その際もちろん強調されなければならないのは、この死の基準を採用したとしても移植医療において移植が随意に行われるわけではないということである。むしろ結果的には、死んだ提供者からの臓器移植は今や生きた提供者の臓器提供とは異なる法的な判断基準に服するということになる。憲法のこのような限界について臓器移植法は考慮している。これについてここで詳細に言及することはできない。もちろん、全脳死基準は、それがはじめて臓器移植が行われた際に導入され、したがって、実際上の考慮がその成立にあずかっているがゆえに、上記(8)に抵触すると主張することはできる。これに対してさしあたり一般的に指摘されるのは、生成（過程）は有効性を排除しないということである。さらに、六〇年代から七〇年代における一連の発展によって現代心臓外科は、当時の「新しい」手術が全体として道徳的に厳しく非難され、法的に禁止されていたであろう場合ですら答えなければならなかったような概念上の問題を提起した。したがって、基準をめぐる考察を必要としたのは、臓器移植だけではなかった。

そこから導かれる心臓・肺という死の基準（心臓死）の難点は人工心臓の例で特に明らかになる。[33] 問題は、人工心臓を埋め込んだ人が死んだかどうかである。心臓・肺基準（心臓死）は死んだと答えるであろう。なぜなら、それによれば人間はいずれにせよそのものの心臓が不可逆的にもはや鼓動しない場合には死んでいるからである。このことは、自分の心臓の外装（外植）の際に妥当する。したがって、これによれば人工心臓の移植者あるいは心臓移植者は死んでいることとなる。このような観念は日常的な経験に根本的に反する。死者はコークも飲まないし、臓器移植者も今日ときどき健康を気づかって飲むような、コカコーラ「ライト」も飲まない。

しかしながら、その身体においてその人のものでない心臓が鼓動しそして血液循環が維持されている人は「生きている」というように、心臓・肺基準（心臓死）を違った形で理解すれば、人工心臓の移植者は生きているのである。しかし、この場合、彼の脳が彼の血液循環を制御することを止めているというまさにこのことによって、彼は死なないという別の問題が提起される。取り替えられた人工心臓は独立して鼓動し続け、そして現代医学はその血液循環を場合によって一日中外部から制御、維持することができる。明確に確定する必要から、あるいはたんなる偶然にではなく、人間の死期として電気の供給の停止を想定することは奇妙なことのように思われる。しかしながら、このことは、人工心臓の可能性を面前にしても心臓・肺基準（心臓死）を維持しようとすれば当然の帰結なのである。それゆえ、たんに臓器移植の可能性だけではなく、機能に応じた人工心臓の開発もまた、心臓・肺基準からの離脱を必然的なものとする。

四

それ故、心臓死基準に反対する論拠は、逆に概念のレベルでのみ有望なもののようにみえる。しかし、まさに死の基準について考える場合に、上記一の(1)から(5)においてまとめられたヨーロッパにおいては一般的である諸前提とは異なった文化的な背景に照準を合わせることは、われわれドイツにおいてはとりわけ困難であるように思われる。われわれは考えうる他の選択肢のみを挙げる。

・生と死を互いに分けそして相互に関係する第三の区分としての死に逝くということ、

・生と死の重複、

・人間の手による死の可逆性、

・再生、

・死者についても意識と行為可能性を認めること、

これらいくつかは個々の文化において一定の形で広まった見解であろうがドイツにおいてはそうではない[34]。議論される死の基準につき複数の考えられうる選択肢からいかなる問題が生じるか。最初の二つの観念の選択肢はそれ自体死の基準の転換を示すには十分なものとはいえない。たとえば、生と死の間に第三の段階が存在し、われわれがそれを「死に逝く」と呼ぶことができるとすれば、それがどこで始まりどこで終わるのか、その特徴は何か、このような段階において人間にどのようなことが起こりうるのかがさらに規定されなければならないであろう。同じ問題は、生と死が重複する可能性がある場合にも存在する。ヨーロッパ的な死の概念の二つのどちらかといえば形式的な構成要件（上記(1)と(2)）は、確かに原理的にその背景を問うことができるが、しかし、これによって概念が変動するとしても、そのことが最も受け入れやすい死の基準をめぐる議論に影響を与えるものではない。

死の概念のこれ以外の構成要素とヨーロッパ的概念との相違はより大きな影響を与える。もちろんこのような死の概念の変動はヨーロッパの感性にとってユートピア的にも感じられる。それにもかかわらず私はこのような変動をいわゆる不条理の論拠（argumentum ad absurdum）の一部として挙げ、われわれが実際には何らかの別の選択肢を有していないことを示したいと思う。

・再生という基本思想は、それが他の肉体においてそして、あるいは他の意識において生起する限りにおいては本稿では特別の問題とはならない（「魂の不滅」）。

・これに対して、同じ精神をもった同じ肉体の再生（「復活」）は真っ先に、「アイデンティティー」、「身体」そして場合によっては「意識」というわれわれの概念並びに時間というものに対するわれわれの概念に挑戦するものである。「不可逆性」に基づくすべての死の基準は除外される。

・死者に意識及び（又は）行為可能性を認めることは、死者にいわば「生命を」与えるように思われる。生体から臓器を取り出すことがその文化においてはつねに処罰されるように、このような処罰は死者からの移植にも一応は転用されるであろう。意識を根拠とする死の基準はこのような状況においては誤りとなるであろう。

死んだ人間を再び生き返らせる可能性は、死の基準及び移植医療への影響を把握するためには十分に具体的に検討されなければならないであろう。死者を生き返らせる可能性もわれわれの概念の座標に、医療を「治療」に合わせて構築することから挙げられた基準のいずれとも結びつけることができないような「死」の概念に至るまで、相当強力な影響を与えざるをえないことは疑問の余地はない。

しかしまたこのことは死の概念の最初に観念される構成要素がいかに深くわれわれの文化に根ざしているか、

修正を要求することがいかに困難でユートピア的なものですらあるかを明らかにする。これに対して、以下のように憲法上想定することは様々な形で可能である。

・憲法では基本法において同じ概念がさまざまな意味をもつ例が多くある（たとえば、基本法二条一項二文ないし二〇条三項の「憲法秩序」）。また「生」ないしは「死」の複数の概念も憲法上考えられるが、それだけのことである。しかし、このような概念をことさらに採用するためには特段の理由が必要となる。このような理由は基本法の文言および体系からは出てこない。

・他の憲法はまた基本法二条二項一文に反して、生命の保護の基準点として全体としての人間ではなくたんにその物質的あるいはただ精神的な側面のみを挙げているかもしれない。確かにこれらは現在広くいきわたっている物心両面の統一体という人間像に比べれば不十分であろう。しかし、これにともなって現れる感じられた状態である生命保護が他の社会においては受け入れられる可能性があろう。その固有の歴史をもつドイツにおいてはこのような可能性は問題とはならないであろう。

・また、たとえば個々人が通常社会や集団において経験する社会的結びつきのような、人間像の広範な諸側面は、ドイツにおいてよりも強く法的に重要なものとみなされることもある。もちろんこのことは死の概念とこれと結びついた死の基準にとって必然的に決定的なものとなるというわけではない。個々人は死ぬ以前にしばしばその社会的な結びつきを失う。つまり、逆にいえばその集団帰属性がその他の集団の成員にとって終わるか否かそうであるとすればどのように終わるのかはその死とは関わりないことである。(35)

結局は憲法の安定性についての憲法論的考察（上記⑻）は他の文化において共有されないこともあるであろう。——われわれが「憲法」という場合にはそれぞれさまざまなことについて語っているのである。しかし、社会の法的基本法にとって一定の安定性は不可避となる。——少なくとも法がその社会において社会生活にきわめて重要な役割を果たす限りは[36]。

結局、専制的な支配は、ドイツの民主主義とは違って、支配者の偏奇さに耐えることができ、あるいは、たとえば、特定の身体の一部が魂であるとか、魂がそこに宿るとかということから当然のように出発するような信仰の正当性要求を認めるものである。しかしながら、これによって生と死の概念をめぐる学問的営為は終焉を迎えるであろう。このことが本稿の主題であった。そして私は、臓器移植法において規定された（全）脳死基準のみがドイツにおいて憲法上用いられている生・死の概念と合致するということ、そしてなぜそうなのかということを明らかにしようとした。

（1）　本稿は、二〇〇〇年九月の第二回日独憲法シンポジューム（フライブルク大学）における講演に序論及び注を補充し、訂正したものである（二〇〇〇年一一月一五日）。シンポジュームにおいて報告の機会を与えていただいたヴァール教授と翻訳の労をお取りいただいた畑尻教授に感謝いたします。

（2）　社会科学に関して一般的に、Ph. Selznick: The Moral Commonwealth. Berkeley 1992, S. 358 は次のようにいう。「有用な規律とは、社会理論における定義は弱く、包括的で相対的に論争的でないものであるべきであるというルールを堅持することである」。なぜ、定義が「弱く」、なぜ「論争的でない」ものであるべきなのか、そして、なぜ定義の考え得る論争性が同時に再び相対化されるのか。決定的なのは、しかし、なぜ定義が「包括的」であり、厳格なものであるべきではないのか。

（3）　憲法に関して、一九九九年のドイツ国法学者大会における「宗教」を定義することの必要性をめぐる G. Robbers („Staat und Religion“, VVDStRL 59, 231-263（234 ff.）und in der Diskussion, S. 331 f.）と M. Heckel（VVDStRL 59, 304 f.）及び他の論者（E. Schmidt-Aßmann, VVDStRL 59, 327 f., G. Roellecke, VVDStRL 59, 329）との間の論争を参照。哲学に関しては、概念の定義可能性に反対する有名な主張（J. Derrida, R. Rorty）がある。

（4）それ故、また、脳死概念に対するドイツにおける非常に有力な法律学者の批判者 W. Höfling und St. Rixen : Verfassungsfragen der Transplantationsmedizin. Tübingen 1996, S. 65. また、St. Rixen: Lebensschutz am Lebensende. Das Grundrecht auf Leben und die Hirntodkonzeption — Zugleich ein Beitrag zur Autonomie rechtlicher Begriffsbildung. Berlin,1999, S. 32 ff. 参照。残念ながら Höfling/Rixen はこのような認識を主張していない。これについては、注（26）参照。

（5）学問理論及び認識論的にみて、このようなプロセスを言語的に把握して名付けるということが実証的に理解される自然科学の一部であったことは未だ一度としてない。このような前提においてのみそもそも自然科学における質的な進歩、パラダイムの変化及びそれに類似したものについて語ることができるのである。Thomas S. Kuhn : Die Struktur wissenschaftlicher Revolutionen, 1962, deutsch 2. Aufl. Frankfurt 1976 参照；学問概念の発展について、Bayertz : Wissenschaft als Prozeß : Die antipositivistische Wende in der Wissenschaftstheorie. München 1988 参照。

（6）このような所見は、デューリッヒが自然科学について述べたような支配的見解に反する。G. Dürig, in : Th. Maunz und G. Dürig : Kommentar zum Grundgesetz. München（1958）, Art. 2 Abs. 2 Rdnr. 9-11 参照。しかし、医者にとっては、現代の分業社会においては、死を確定するための（仮の死の概念とこれに適合した諸基準にとって）適切な診断を展開しそして適用することのみが残されている。

（7）基礎科学と応用科学を分けることに意味があるのはこのような理由からだけである。実際上のフィードバックや内容上のかみ合わせがなければ、このような区別はたんに実利上の理由からのみ考えられうるであろう。

（8）このような最初の三つの条件は、基本法二条二項一文における生命保護と一〇二条の死刑の禁止の対立からただちに引き出されうる。

（9）このことをすでに、生きている者にのみ関わる基本法二条一項の一般的行為の自由の保護法益が明らかにしている。死後の諸権利はいずれにせよ基本法一条一項との関連で保障される。これについて、I. Klinge : Todesbegriff, Totenschutz und Verfassung : Der Tod in der Rechtsordnung unter besonderer Berücksichtigung der verfassungsrechtlichen Dimension. Baden-Baden 1996, S. 203 f. 参照。

(10) BVerfGE 9, 268 (286) 及び G. Lübbe-Wolff in : H. Dreier : Kommentar zum Grundgesetz. Band 2, Tübingen 1998, Rdnr. 81 ff. zu Art. 33 GG. 参照。

(11) I. Klinge (N. 9), S. 98 ff. は、正当にも、異なった法のコンテクストにおいて生と死の概念を使い分けるという以前の若干の試みに反対している。

(12) このような二つの憲法上の法益、それらの基本法上の根拠及び相互関係については、K. Sobota : Das Prinzip Rechtsstaat. Tübingen 1997, S. 154 ff., 517, 524 参照。

(13) 実効的な基本権保護の要請はそれ自体再び基本法一九条四項から導き出される。BVerfGE 35, 263 (274) ; 61, 82 (111) 及び Sobota (N. 12), S. 211 参照。

(14) Klinge (N. 9), S. 139, 147 は、少なくともこの点において誤解を生みやすい。しかし、いずれにせよ、Klinge が生という概念をおそらくは目的論的な解釈において生物学的―体系的観点から「器官の自己生産と自己保存の能力」として考えることによって、本稿と同じ結論に到達している。なぜ、生物学的―体系的観点が憲法解釈にとって重要であるかは不明確なままである。

(15) このような例によっても、多元主義社会という現代憲法の基盤が示される J. Rawls: Politischer Liberalismus. Frankfurt a. M. 1998, S. 101 mit Fn. 34 参照。

(16) ドイツの憲法においてとりわけ続いたアイデンティティーの変転は、ドイツ市民への変転かドイツ市民からの変転である。これについて、基本法一一六条及び「ドイツ人の諸権利」参照。

(17) その限りにおいて、Höfling/Rixen (N. 4) は、それ自体、有効性についてなにも語っていない「脳死概念」の展開を正確に批判している (insb. S. 53 ff.)。

(18) 基本法四条一項において国家によって保障されるのは個々人が個人的に宗教あるいは世界観に依拠しあるいはまたなにものにも依拠しないことである。このことは、宗教の正当性要求とは何の関係もない。同様に死体の取り扱いは基本法上、一条一項によってのみ制限され、四条一項ではない。一条一項のこのような用法に批判的なものとして、Chr. Enders : Die Menschenwürde in der Verfassungsordnung. Tübingen 1997, S. 470 f.

(19)　全脳死基準は、基本法の歴史的解釈にも適合する。生命の基本権はナチズムの反省として基本法の中に加えられたものである。しかし、ナチズムの人種差別的イデオロギーは、基本法二条二項一文（生命への権利）の同様に把握される保護領域によって（のみ）ではなく、基本法適合的な介入正当化の諸条件を通してはじめて排除される。基本権介入の正当化に関する諸要件が弱すぎる場合には、基本権の広範な定式化でさえ同様の国家による介入に対抗しない。それ故、歴史的な反省及び不安は、生と死の領域においては人間的に理解できるものであるが、しかし、全脳死基準に対する反対するという点においては誤ったものである。

(20)　一部脳死基準の根拠は、存在論的なものである（ちなみに、それは全く違った形でうち立てられた全脳死基準に反対する「すべる坂道」理論を排除するものである）。これについての存在論的な理論は、意識を人間の唯一の又は少なくとも決定的な存在形式とみる。意識がなければ、人間は何かあるものに関心をもっているということはいえなくなる。人間的な生とは、関心をもつ、それゆえ意識する生である。高度な脳の部分なくして意識する生などありえないので、このようなアプローチによれば、このような脳の部分を欠いた人間の生はありえない。その際、このような脳の部分がそもそも存在しない（無脳児）かどうか、あるいは、意思形成活動を継続的に行うことができないほどの損傷をうけているかいないかは重要ではない。一部脳死基準によれば、この場合人は死んでいるのである。このような一部脳死基準は、アメリカの著名な生命倫理学者によってのみ提唱されている（たとえば、R. M. Zaner (Hrsg.) : Death : Beyond Whole-Brain Criteria. Dordrecht 1988 参照）のではなく、一九九〇年の連邦最高裁判所の Cruzan v. Director, Missouri Department of Health 事件判決（110 S. ct. 2841）における少数意見でも支持されている。N. Cruzans の「命は、彼女自身の関心に従って決められ、それ故、彼女の生命は、彼女の生物学的な存在が彼女自身の関心のために奉仕することを止める時に、終わる」という Stevens 裁判官の少数意見（110 S. Ct. 2878 (2889)）．が多数意見に対して説得力あるものとみなされた。

(21) 基本法二条二項一文、三条三項（性別、種族、門地）、六条二項（子どもの養育）、六条五項（非嫡出子の身体的成長）等々。

(22) このような見解は、N. Luhmann: Grundrechte als Institution. Berlin 1965, S. 53 ff., 68 ff に帰着する。たとえば、これにしたがってA. Podlech, in: Kommentar zum Grundgesetz für die Bundesrepublik Deutschland. Band 1, 2. Aufl. Neuwied 1989, Art. 1 Abs. 1 Rdnr. 11 f. は次のようにいう。Bruggerが人間の具体的な展開可能性もまた基本法一条一項によって保護することを支持する場合には、Bruggerはこの見解に与するものである。W. Brugger : Menschenrechte, Menschenwürde, Grundrechte. Baden-Baden 1997, S. 32 ff., 36 ff. 参照。

(23) BVerfGE 39, 1 (41) 及びこれについてChr. Hillgruber: Der Schutz des Menschen vor sich selbst. München 1992, S. 81 f.; BVerfGE 88, 203 (267) 参照。

(24) さしあたり、Th. Metzinger (Hrsg.) : Bewußtsein. Paderborn 1995, Teil 3. の論集におけるいわゆる「物理主義」に関する諸論稿参照。

(25) もしそうであれば、刑法ではたとえば主観的構成要件と客観的構成要件の区別は時代おくれとなるであろう。

(26) Höfling und Rixen (N. 4), S. 70, そこではまた、以下の引用。

(27) このような見解はもちろん共有財産であり、本質的にデューリッヒの叙述 (N. 6), Art. 2 Abs. 2 GG, Rdnr. 9-11. に拠っている。

(28) 同様に、Klinge (N. 9), S. 127 生命は「生物学的事実」である。

(29) Klinge ebd., auf S. 126 もまた暗にこれを示唆している。

(30) 脳死の通常の説明は脳死は外見上死とは見えないということである。さしあたり、J.-Chr Student, Wenn die Zeit zum Abschied fehlt ...Transplantationsmedizin und Trauer, in : U. Herrmann in Zusammenarbeit mit Chr. Dommel (Hrsg.) : Die Seele verpflanzen? Organtransplantation als psychische und ethische Herausforderung. Gütersloh 1996, S. 43 (45) ; B. Putz: „Psychische Belastungen des Pflegepersonals", ebd., S. 69 (70) 参照。「心的なもの」と「心理学的

なもの」を区別することは困難ではないのに対して、「生物学的なもの」には同様の区別は存在しない。それ故、「生物学的なもの」は、一方では「生物に関するもの」と考えられ、他方では、「生物の科学」に関するものと考えられている。

(31) Klinge (N. 9), S. 126も表向き同じ見解から出発しているが、しかし、もはやこのような見解に立ち戻ってはいない。

(32) 法学的な視点とは異った視点から、Herrmann (N. 30) の諸論稿参照。

(33) このような人工心臓は七〇年代に開発され長期的な移植をめざして八〇年代には最終的には七症例、アメリカ合衆国とスウェーデンで行われた。医療社会学者のこれについての批判的報告J. Swazay und R. C. Fox: Spare Parts. Organ Replacement in American Society. Oxford, New York 1992 参照。さらに、人工心臓は、臓器被移植者がそうしなければ適切な提供心臓が利用できるようになる前に死んでしまうような臓器移植を可能にするための橋渡しとして用いられているのである。

(34) 韓国においてはごく最近では、死に逝くということを生と死の両者を相互に結びつける両者の間の第三の領域とみなしている（この情報はK. Seelmann 教授より得た）。

(35) 一つの集団モデルの基盤の上にある社会としての日本についてR. Wahl: „Die Person im Ständestaat und im Rechtsstaat. Vergleichende Betrachtungen zur europäischen und japanischen Entwicklung.“ in : R. Grawert, B. Schlink, R. Wahl und J. Wieland (Hrsg.) : Offene Staatlichkeit. Festschrift für Ernst-Wolfgang Böckenförde zum 65. Geburtstag. Berlin 1995, S. 81-105 (S. 101 ff.) 参照。

(36) これに関するドイツと日本の比較については、R. Wahl (N. 35), S. 103 f. 参照

Ⅳ―5　日本における臓器移植法の憲法問題

岡田俊幸

一　はじめに

1　ヴァール教授は、一九九八年に東京で開催された第一回シンポジウムの基調報告において、生命医学は、生命の始期および終期に関して新たに提起された諸問題に対する人間の尊厳の観念と個別的基本権の意義の理解に根源的な挑戦を突き付けていること、さらに、人間の尊厳の観念も生命・健康を求める基本権および一般的人格権も、その法的対応能力が験されていることを指摘した。[1]「生命の終期における憲法問題」をテーマとする本報告においては、私は、臓器移植問題の憲法上の側面を明らかにしつつ、臓器移植問題に対する日本国憲法の保障する基本権の法的対応能力について考察する。

2　日本では、長い論争の末、一九九七年一〇月一六日に「臓器の移植に関する法律」（以下、「臓器移植法」という）が施行された（同時に、死体からの角膜および腎臓の移植について規定した「角膜及び腎臓の移植に関する法律」が廃止された）。ドイツにおいても、一九九七年一二月五日の臓器移植法[2]が一二月一日に施行された。もっとも、実務にとっての臓器移植法の意義は、両国ではまったく異なる。ドイツの臓器移植法は、二〇年間以上実施されてきた実務に法的基礎を与えるものであった。これに対して、日本の臓器移植法は、脳死者からの臓器摘出に対する障壁を除去しようとするものであった。日本においてもドイツにおいても法律の審議の過程で議論されたのは、死の概念と臓器摘出における承諾要件であった。これらの点について、日本の臓器移植法六条は次のように規定している。「医師は、死亡した者が生存中に臓器を移植術に使用されるために提供する意思を書面により表示している場合であって、その旨の告知を受けた遺族が当該臓器の摘出を拒まないとき又は遺族がないときは、この法律に基づき、移植術に使用されるための臓器を、死体（脳死した者の身体を含む。以下同じ。）から摘出することができる」（一項）。この場合の「脳死した者の身体」とは、「その身体から移植術に使用されるための臓器が摘出されることとなる者であって脳幹を含む全脳の機能が不可逆的に停止するに至ったと判定されたものの身体」をいう（二項）。臓器摘出のための脳死判定は、臓器を摘出される者が、臓器を提供する意思の表示に併せて、脳死判定に従う意思を書面により表示している場合であって、「その旨の告知を受けたその者の家族が当該判定を拒まないとき又は家族がないときに限り、行うことができる」（三項）。

この規定から明らかなように、日本の立法者が「狭い同意方式」を選択したことが注目される。加えて、日本の臓器移植法の特色として次の二点を指摘することができる。第一に、臓器移植法は、法律の文言を忠実に解釈する限り、二つの死の概念を認めたように見えることである。つまり、この法律は、本人の書面による同意に基づく移植用臓器の摘出の場面に限って脳死を人の死と認め、その以外の一般の場合には心臓死をもって人の死としていると解されるのである（「死の相対的解決」）。しかも、この法律は脳死判定の実施を本人の承諾と家族の拒否の不存在に結び付けており、この法律は本人及び家族に脳死か心臓死かの選択権（「死の選択権」）を与えたものと解釈することもできる。第二に、本人が臓器提供および脳死判定に同意している場合でも遺族に拒否権が認められている。

臓器移植法は、施行三年後の見直しを予定している（附則二条）。法改正を主張する者は、脳死説の明示的な採用と、承諾要件に関して本人意思が不明な場合には遺族の承諾のみで臓器摘出を可能とすることを主張している。

3　本稿は、脳死と臓器移植の問題に憲法の視点から考察を加えようとするものであり、臓器移植法に対する憲法上の枠組みを確定することを目的とする。それ故、脳死と臓器移植の問題については日本の刑法学において膨大な議論が積み重ねられてきたが、(3) 刑法学上の議論に言及することは差し控える。本稿の対象は、憲法上の議論に限定される。もっとも、ドイツにおいて臓器移植法に対する憲法上の枠組み、とくに臓器提供者の基本権保護について議論が深められているのに対して、日本の憲法学においては、脳死と臓器移植の問題に対する取り組みは極めて不十分である。そのため、以下の考察は、ドイツの学説を参照しながら行われる。

二　死の概念

1　脳死を人の死と認めるべきかどうかについては、日本でも激しい論争の歴史があり、なお決着が付いていない。例えば、内閣総理大臣の諮問機関として設置された「臨時脳死及び臓器移植調査会」は、二年間の審議の後、一九九二年に最終報告書を提出した。しかし、脳死は人の死かという論点については調査会の委員の間でも一致が得られなかった。多数意見は次のように説く。すなわち、医学および生物学は、「人」を意識・感覚を備えた一つの生体システムあるいは有機的統合体としての個体としてとらえ、この個体としての死をもって「人の死」と定義している。各臓器・器官が一体となり、統一的な機能を発揮しうるのは、幹脳を含む脳を中心とした神経系がこれらの各臓器・器官を統合・調節しているためである。従って、意識・感覚等、脳のもつ固有の機能とともに脳による身体各部に対する統合機能が不可逆的に失われた場合、人はもはや個体としての統一性を失う。これが脳死であり、たとえ個々の臓器・器官がばらばらに若干の機能を残していたとしても、もはや「人の生」とは言えない、と。

これに対して哲学者の梅原猛らの少数意見は、次のように説く。「有機的統一体論は甚だ特殊な一哲学的見解にすぎない」。また、「仮に有機的統一体論を認めたとしても、『脳死』が死であるということを論証することはできない。なぜなら、生命は全体として有機的統一体なのか、それとも部分において有機的統一を司る器官があるのかどうか、それがあるとしたら、それは脳であるか心臓であるかは一概に決定できない問題である」。加えて、少数意見は、多数意見は科学主義、理性主義、人間機械論、西欧主義という思想的前提に立つと批判し、少数意見は、人間の身体を精神と同様に独自の個性的生命の宿るものとして重視し、人間を他の生物のもちえない理性をもった特別のものと考えずに、人間と他の生命との共通性を認識するものであると主張した。

死の概念の問題は、法律学においても活発な論議の対象となってきた。注目すべきことに、日本の法学者、とくに刑法学者の間では、脳死批判者が少なくない。その論拠は多様であるが、脳死批判者によってしばしば持ち出される根拠は、社会的合意の欠如である。この見解によると、人の死は医学的な問題であるのみならず、社会的・法的問題でもあり、脳死を法的に人の死とするためにはこれについての「社会的合意」が必要であるが、日本ではこうした社会的合意はなお成立していない(4)。

2　脳死説に対する根強い批判を回避するために、日本医師会生命倫理懇談会は、すでに一九八八年の「脳死および臓器移植についての最終報告」において、脳死による死の判定を是認しない人にはそれをとらないことを認め、是認する人には脳死による死の判定を認めることを提案している。この提案は、「自分のことは自分できめるとともに、他人のきめたことは不都合のないかぎり尊重するという、一種の自己決定権にも通じる考え方」に基づく。現行の臓器移植法は、この提案の考えを結果として受け入れることになった。臓器移植法六条は、臓器提供者の書面による同意に基づく臓器摘出の場合に限って脳死を人の死と認めたので、その限りでは、脳死を認めるかどうかを個人の選択に委ねることを容認したように読める（ただし、刑法学では、脳死説の立場から臓器移植法六条を解釈し、死の概念を脳死説によって一元的に理解する見解や、逆に、三徴候説の立場から死の概念を一元的に理解する見解もある）(5)。立法過程では、自己決定の思想が強化されたと説明された。しかし、これに対しては、次のように批判されている。尊厳死のような死に関する自己決定権は、死にいたるプロセスに関する決定権であって、死そのものの決定権ではない。死の基準は、本人の意思に左右されるものであってはならず、何人にも等しく定められるべきである、と(6)。すでに指摘したように、臓器移植法においては、施行三年後の見直し作業が予定されており、そこでは、脳死説の一元的採用が議論の中心になることは確実である。日本の憲法学者は、脳死が人の死であることを法律で確定することが憲法上どのように評価されるべきか、という問題に取り組まなければならない。

3　それ故、日本の憲法学者にとって、九〇年代半ばからドイツにおいて脳死説に対して鋭い批判がなされていることは注目に値する。ケルンの国法学者ヘーフリング教授は、臓器移植法において脳死を人の死と定義することは憲法違反であると見ている。

基本法二条二項一文は、生命権を保障している。ヘーフリング教授は、「生命」の概念を広くかつ包括的に解釈し、脳死の人は基本法二条二項の生命権の意味でなお生きていると主張している。彼によると、脳機能の停止が何故、「基本法の意味における人の生命」を終了させることになるのか、その理由が憲法許される仕方では根拠付けられていない。彼は、従来の脳死説を「人間学的に根拠付ける説」と「生物学的に根拠付ける説」に分類した上で、前者は「違憲の人間理解および死の理解」から出発している点で、後者は「不十分な判定基準」を基礎としている点で妥当ではないと批判している。加えて、彼は、脳死説の背後に「縮減された人間像」を看取する。この人間像は、生と死についての構想と観念の伝統的多元性との根本的な断絶である。同時に、彼は、脳死説を「基本法の開かれた人間像」の拒否と捉える。何故なら、人間の状態としての基本権は、人間の処分不可性、非完結性および不確定性を前提としているからである。基本法一条一項の人間の尊厳も基本法二条二項における人の生命の保障も、画一的な本質決定を阻止する。(7)

これに対して、ゼングラーとシュミットの両氏は、生きている人間の本質的メルクマールは肉体的・精神的統一の能力であり、それは脳死により不可逆的に失われるから、脳死は適切かつ憲法上許容された人の死の基準である、と反論している。(8)

4　ドイツの学説とは対照的に、日本では、脳死を人の死とすることが「生命権」の侵害であると説く学説はない。たしかに、日本国憲法一三条は、「生命、自由及び幸福追求に対する国民の権利」を保障している。しかし、日本国憲法一三条における「生命」の概念の解釈によって死の概念を定義することは試みられていない。こうした議論不在の中で注目されるのが、高井裕之教授の見解である。同教授は、「脳死あるいは心臓死のいずれをもって人の死とするかも、憲法が一義的に指示してはいない」(9)こと、また、裁判所は「実体的な倫理的価値判断は、国会に委ねるべきであ」り、「脳死を人の死とすること自体は国会の判断を尊重し、裁判所が憲法の名のもとにその是非を判断すべきではない」(10)ことを主張している。

それでは何故、日本の憲法学説は死の概念を憲法解釈によって確定することをしてこなかったのだろうか。

ここでは、以下の三点を指摘しておきたい。第一に、日本国憲法一三条後段は、「生命」に対する権利、「自由」に対する権利、「幸福追求」に対する権利という三つの基本権を保障しているのではなく、一つの統一的な基本権を保障していると解釈されており、「生命権」という独自の基本権が保障されているわけではない。この点で日本の憲法解釈論は、生命権を独自の基本権と解釈してきたドイツの学説とは異なる。第二に、日本の憲法学説は、ドイツの学説とは異なり、国の基本権保護義務の理論を認めていない。臓器を摘出する医師は、通常の場合は私人であって、私人による法益侵害を憲法の理論枠組みによって捉えることはできない。ドイツの学説は、私人である第三者（医師）による侵害から生命を保護する国の義務を基本法二条二項に基づく生命権から導出する。例えば、ヘーフリング教授は、リクセン氏との共著の中で、「脳死」の臓器提供者が「死体」とされる場合、生命権は、その「防禦次元および保護次元」を発揮することができなくなると説いている[11]。基本権保護義務論を採用していない日本の基本権解釈学説を前提とする限り、臓器摘出の場面を憲法問題として捉えることは困難である。第三に、ドイツの学説は、生命の始期を生命権の保護領域の範囲画定の問題と捉えており、この点に関して豊富な議論の蓄積が存在するが、日本の憲法学説が生命の始期を憲法解釈の問題として扱うことは極めて例外的なことであった。ともあれ、ドイツの学説に倣って、日本国憲法一三条の「生命」の解釈によって死の概念を定義する解釈論を組み立てようとすれば、乗り越えなければならない理論的障壁が待ち構えていることは確かであろう。

三　臓器摘出要件

1　すでに述べたように、日本の臓器移植法の立法者は、「狭い同意方式」を採用した。日本では、本人が臓器提供について事前に書面で同意する意思表示を行った場合にのみ、臓器摘出を行うことができる。これに対して、ドイツの臓器移植法は、「広い同意方式」を基礎としている。ドイツでは、本人が臓器提供の意思表示を事前に明示的に表明していない場合には、近親者が決定を行うことができる。なお、いわゆる「異議方式」は、一九九七年に可決された法律の審議においては、日本でもドイツでもまったく考慮されなかった。すでに述べたように、日本では、施行三年後に予定されている臓器移植法の見直しにおいて、現行法を「広い同意方式」に基づく法律へと改正しようとする動きが前面に出てくるのは、確実である。従って、日本の憲法学者には、「広い同意方式」が憲法上の要請を充たしているかどうかについて検討することが求められている。

2　まずは、日本の状況について説明しなければならない。ドイツにおいては、死の概念の問題は臓器摘出における承諾要件の問題に大きく影響する。このことは、日本にもほぼ当てはまる。日本の脳死批判者も、脳死者からの臓器摘出を一切認めないとしているわけではない。例えば、脳死臨調少数意見も、「限りなく死に近い状態とはいえ、まだ死ではない状態の体を移植でしか助からない人のために捧げるのは、キリスト教の愛の行為とも、仏教の菩薩行とも矛盾しない」として、臓器移植医療それ自体には反対していない。日本の刑法学者は、三徴候説を前提としながら臓器移植医療を可能にするために違法性阻却論などの理論構成を提供している。脳死批判者は、「生体」からの臓器の摘出を認めるのであるから、臓器提供者の明確な意思表示の必要性を強調することになる。例えば、日本弁護士連合会案は、違法性阻却論に立脚しつつ、「脳死状態にある者が、当該臓器を移植術に使用されるために提供する意思を書面により表示している場合」に限って臓器摘出を認めている。日本でも、脳死批判者は、通常の場合、「狭い同意方式」を支持する。

これに対して、脳死説の論者は、「広い同意方式」を支持する。一九九四年に国会に提出されたが、廃案となった臓器移植法案は、脳死説を採りつつ、「死亡した者が生存中に当該臓器を移植術に使用されるために提供する意思を書面により表示している場合及び当該意思のないことを表示している場合以外の場合であって、遺族が当該臓器の摘出について書面により承諾しているとき」、臓器を脳死体から摘出することができると規定していた。ところが、現行の臓器移植法の土台となっているいわゆる「中山案」は、脳死が人の死であることを前提としつつ、「狭い同意方式」をとった。これは、脳死説を支持する人々が、臓器移植法を成立させるために、脳死説をとらない人々に歩み寄った結果だと言えよう。そのため、承諾要件の問題については、議会の審議において議論が十分にはなされなかった。それ故、脳死説の支持者が「広い同意方式」に基づく臓器移植法を獲得しようと努めていることは、容易に想像ができるのである。

3　「広い同意方式」が合憲かどうかという問題に答えるためには、臓器摘出が臓器提供者のいかなる基本権に影響を与えるかを明らかにしなければならない。私見によると、この問題に関するドイツの憲法学者の取り組み[12]は、日本国憲法の解釈の手掛かりとなる。

脳死の人がなお生きているという前提から出発すると、臓器摘出は基本法二条二項の生命権を侵害する可能性がある。もっとも、脳死批判者も、臓器移植医療の実施が生命権の侵害であり、まったく許されないと主張しているわけではない。ヘーフリング教授によると、臓器摘出は、手続法上および組織法上保障された「狭い同意方式」に基づいて憲法適合的な形で規律することができる。脳死の人は、その意思に反して生命を維持させられないという憲法上基礎付けられた請求権を有する。従って、脳死の人は、集中治療の中止 —— それによって死がすぐに訪れることになる —— を求める権利を有するが、そうだとすると、脳死の人には、他の死に方、つまり、臓器移植医療に貢献して死んでいくという死の様式を選択する権利が与えられるはずである。臓器提供についての臓器提供者の事前に表明された承諾は、第三者の生命を救うために生命を短期間延長させるという承諾を意味し、憲法上の視点からすると、臓器摘出の不可欠の実体的正当化基準である。[13]

これに対して、脳死を人の死とする前提をとった場合には、臓器摘出は、臓器提供者の生命権の保護領域に介入しない。生命権を保障する基本法二条二項は、生きている人に対して妥当するので、死後の臓器摘出、つまり、死の直後に実施される臓器移植医療によって基本法二条二項が影響を受けることはない。

しかし、死が訪れた後でも、臓器提供者に基本権保護は与えられる。ここでは、基本法二条一項に基づく一般的人格権および基本法一条一項に基づく人間の尊厳の原則がかかわってくる。ドイツでは一般的に、基本法二条一項に基づく一般的人格権は、自己の事柄について原則として自ら決定できる権利を個人に与えるが、この一般的人格権は死後も効力を有することが認められている。生存中に行使した自己決定権は、死後も効力を発揮し、従って、死後の臓器摘出にも及ぶ。死者の近親者に代行判断権を与える「広い同意方式」は、臓器提供者の一般的人格権の保護領域に介入する。それ故、こうした介入に憲法上の正当化根拠が見出し得るかが問題となる。[14]

人間の尊厳は、現在支配的な見解によると、死者にも与えられ、生命の終期をこえて効力を有する。[15]それ故、臓器移植法の合憲性は基本法一条一項に基づく人間の尊厳の原則によっても判断されなければならない。もっとも、移植目的による死者の身体への介入は、原則として人間の尊厳の侵害ではないと解されている。しかし、基本法一条一項は、臓器摘出の様式について限界を設定している。デューリッヒによって展開され、判例によって受け入れられた客体定式に従えば、死者は、たんなる客体に貶められてはならない。それ故、利用可能と思われるすべての臓器を摘出し、備蓄のために臓器バンクへと運ぶのであれば、それはこの限界をこえると説かれている。[16]

4　それでは、日本国憲法における基本権の解釈に取り組むことにしよう。以下では、かりに脳死説に立ったとして、（潜在的）臓器提供者にいかなる基本権保護が与えられるのかについて考察する。

私は、臓器移植法に対する憲法上の判断基準となる規範は、日本国憲法一三条であると考える。日本国憲法一三条は、以下のように規定する。「すべて国民は、個人として尊重される。生命、自由及び幸福追求に対する国民の権利については、公共の福祉に反しない限り、立法その他の国政の上で、最大の尊重を必要とする。」

この規定は、二つの文から成っている。まず、前段は、「個人の尊重」の要請が国の最高の価値であることを明らかにしている。青柳幸一教授が第一回シンポジウムの総括報告の中で言及したように[17]、日本の憲法学では、日本国憲法の「個人の尊重」とドイツ基本法の「人間の尊厳」が同じ意味かどうかについて、長い間争われている。もっとも、この議論は、日本の憲法学の通説に従う限り、本報告の課題にとって重要ではない。通説によると、日本国憲法一三条前段における「個人の尊重」は、独自の基本権を保障したものではなく、むしろ、それは「個人主義の原理[18]」あるいは「すべての法秩序に対して妥当する原則規範[19]」であると解釈されなければならない。それ故、裁判所は、日本国憲法一三条前段における「個人の尊重」を国の措置の合憲性を判断する規範として用いることはできない。日本国憲法一三条前段のこうした解釈は、臓器摘出が場合によっては臓器提供者の「人間の尊厳」の侵害であるという主張を行うことをはじめから排除するものである。

他方で、ドイツ国法学における基本法一条一項の解釈を日本国憲法一三条前段の解釈に取り入れようとする見解[20]が日本の憲法学説において支持を集めつつあることが注目される。この見解によると、日本国憲法一三条前段における「個人の尊重」は、「人間の尊厳」の原則も含むものであり、これは、裁判的統制の基準として援用され得る。こうした解釈によってはじめて、臓器移植法の合憲性を日本国憲法一三条前段における「個人の尊重」によって判断する可能性が開かれる。この見解は、客体定式を日本国憲法一三条前段の「個人の尊重」から導出する。この立場に立つと、日本でも、「人間の身体を利用し尽くすこと[21]」が「個人の尊重」に含まれる「人間の尊厳」を侵害し、それ故に憲法違反となる可能性が出てくる。

日本国憲法一三条後段は、「生命、自由及び幸福追求に対する国民の権利」を規定している。この権利は、当初は、判例・学説において、たんなる願望の表明あるいはプログラム的権利と解釈された。しかし、今日支配的でありかつ正当な見解によると、日本国憲法一三条後段においては、主観的権利、つまり、訴求可能な基本権が保障されている。この基本権の保護領域は、通説においては、個人の人格的生存に不可欠の利益に関連する一定の限られた領域と理解されている。[22] この通説に対して、一部の憲法学者は、幸福追求権を「一般的行為の自由」と理解すべきだと主張している。[23] いずれにしても、日本国憲法一三条後段は、個別的基本権に対する「受皿基本権」であり、基本権の補充的保障の役割を果たす。

通説によると、幸福追求権から自己決定権が導出される。[24] それ故、日本国憲法一三条後段は、個人に対して、一定の私的事柄について自ら決定する権利を与えている。私的事柄の範囲は、日本国憲法一三条後段の保護領域を狭く解する見解に賛成するか、それとも広く解する見解に賛成するかによって異なる。しかし、臓器提供を行うかどうかに関する個人の決定がこの私的事柄に属することは、どちらの見解に立っても、肯定されるだろう。

むしろ、ここで決定的な問題は、自己決定権の憲法上の保障が死後にも及ぶかどうかである。たしかに、死後の基本権保障について、日本の憲法学説は十分な議論をしてこなかったと言わなければならない。私見によると、日本の憲法学者は、まったく自明なものとして、基本権を享有する能力は死亡とともに失われ、死者はもはや基本権享有主体ではないということを前提としている。ただ、ドイツの国法学でも、死者自身が基本権享有主体であると解する見解は例外的であって、学説は、むしろ、基本権保護、とくに人格権の保護が死後も引き続き効力を有すると解しているのである。[25] 従って、ドイツと日本との間で解釈の違いをもたらした要因は、基本権の客観的機能に対する日本の憲法学者の懐疑的態度に求められるだろう。小山剛教授によると、日本の通説は、憲法を原則として国家を消極的に拘束する規範の体系と理解し、ドイツの憲法理解・基本権理解を、日本の憲法とは両立しない「価値実現的」憲法構想と特徴づけている。(26) 国家に対する個人の主観的防御権としての基本権理解に従うとすれば、死者は、基本権をもはや行使できない以上、基本権保護も受けられなくなる。

しかしながら、近年、日本の憲法学において若干の変化が見られる。例えば、戸波江二教授は、彼の教科書の中で、死者の基本権享有主体性について言及し、死者も場合によっては人権の享有主体となり得るとはっきりと述べている。(27) 工藤達朗教授は、戸波教授のテーゼをさらに発展させている。(28) さらに、日本の有力な憲法学者の一人である佐藤幸治教授も、一九九八年の日本公法学会の総会報告において、「臓器移植に関し本人の意思を尊重する仕組みを考えようということになると、人は死とともに『物』になるといってしまうことには釈然としないものが残ります。……人の死後も『人間という個別的生命の残映』というべきものがあり、端的に人権享有主体ではないとしても、個別的利益主体として憲法的に扱うべき存在とみる余地があるのではないかという気がします。」と述べている。(29)

5　以下では、基本権保護、とくに自己決定権が死後も引き続き効力を有するという前提から出発して、「広い同意方式」が憲法上の要請を充たしているかどうかを検討することにしたい。「広い同意方式」によると、死後の臓器摘出は、本人が事前にこれについて賛成の意思も反対の意思も表明していない場合には、近親者の同意があれば許される。近親者に代行判断権を与える「広い同意方式」は、日本国憲法一三条後段によって保障された消極的自己決定権への介入である。それ故、こうした介入が憲法上の正当化根拠を見出すことができるかどうかが問題となる。

まず、近親者の代行判断権は、本人が生存中に自己の見解をすでに表明していて、近親者はこの見解を伝えるにすぎない場合とは区別されなければならない。この場合に近親者は、本人の推定される意思に従った決定を行うことができるだけであるので、近親者のこの決定は、本人の自己決定権と両立する可能性がある。ここでは、むしろ、本人の同意についてどの程度の記録や証明を必要とするかが問題となる。

こうした推定的意思が確定できない場合にはじめて、近親者は独自の代行判断権を行使することになる。ゼングラーとシュミット両氏の見解によると、近親者の代行判断権は、基本法二条一項によって憲法上保障された、近親者に帰属する死者保護権から導き出すことができる。(30) しかし、死者保護権は基本的には、死者の利益のためにだけ行使されるものである。死者の臓器を臓器移植のために提供する近親者の代行判断は、第三者の利益のために行われる。同じことは日本にもほぼ当てはまる。近親者の代行判断権は、日本国憲法一三条後段の自己決定権に介入している。

それ故、ホイン教授は、身分証明書などへの明確な記録の可能性を確保した異議方式が近親者の代行判断権よりも憲法上問題が少ないように思われると主張している。(31) しかしながら、異議方式も憲法上の疑問を免れるわけではない。異議方式によると、本人自らが反対の意思を表明していない限り、臓器摘出は許される。それ故、自己の身体から臓器を摘出されることを防ぐためには、本人が自ら事前に臓器摘出に反対する特別の意思を表示しておかなければならない。異議方式によって、すべての市民は、死後の臓器移植の問題について決定しておくことを余儀なくさせられる。すべての市民は必ずこの問題を考えなければならない。異議方式は、日本国憲法一三条の保障する潜在的臓器提供者の消極的自己決定権に介入するものである。何故なら、自己決定権は、一定の問題を意識的に考えない権利や意識的に決定しない権利を含むからである。

他方で、日本国憲法一三条の自己決定権も無制約に保障されるわけではなく、むしろ、公共の福祉によって限界づけられる。それ故、自己決定権への介入は、立法者が正当な目的を達成しようとしているとともに、立法者により採られた手段が適合的で、必要で、かつ比例的である場合には、基本権侵害ではない。臓器が必要な人に対して十分な数の臓器を確保するという立法目的が正当であるとすれば、採られた手段が立法目的達成のために適合的で、必要でかつ比例的かどうかについて、信頼できるデータを基礎として慎重に判断しなければならない。

6　日本の臓器移植法のもう一つの特徴は、遺族の拒否権である。本人が臓器提供の意思を書面で表示していたとしても遺族が拒否すれば、摘出はなされない。このような「遺族主義」は、どのような思想に基づくのであろうか。遺族の拒否権をどのように評価すべきか。

日本の民法学の通説は、ドイツとは異なって、死体は慣習法により埋葬権を有する者の所有権に服すると解する。また、古い判例であるが、人の身体は死亡によって「物」へと転化し、相続人に承継されるとするものもある。いずれにしても、死体に関する権利は、死者本人の権利ではなく、相続人や埋葬権者の所有権あるいは慣習法上の埋葬権であり、埋葬行為などの死体に関する処分権はこの所有権や埋葬権に由来する。生前に死者本人が自己の死体の処分に関する指示を表示していたとしても、相続人や埋葬権者がこの指示に従うかどうかは道義的な問題にとどまる(32)。

一九七九年の「角膜及び腎臓の移植に関する法律」は、こうした考え方を継承している。同法三条三項によると、「医師は、……死体からの眼球又は腎臓の摘出をしようとするときは、あらかじめ、その遺族の書面による承諾をうけなければならない。ただし、死亡した者が生存中にその眼球又は腎臓の摘出について書面による承諾をしており、かつ、医師がその旨を遺族に告知し、遺族がその摘出を拒まないとき、又は遺族がないときは、この限りではない」。従って、死者本人が臓器提供を承諾している場合であっても、遺族がこれを拒めば摘出はできない。加えて、本人が生前に明示的に臓器提供を拒否していても、遺族がそれを承諾すれば摘出ができるという解釈も可能である。

刑法学者の金澤文雄教授は、一九八四年の論文において、自分の死後に臓器を移植のために提供するかどうかを決定する権利は人格権に属するものであって、本人の決定は死後においても効力を保つこと、遺族の固有の人格権は死者に対する哀惜の念と敬虔感情を害されないという利益であるが、死者の尊厳と敬虔感情は死者の明示の意思を拒否することによってかえって損なわれることになること、そうすると臓器摘出を認めた死者の人格権は遺族の人格権に優先することは明らかであって、死後にも継続する人格権を無効にするような遺族の拒否権は認められないことを主張した。さらに、同教授は、本人に摘出拒否の意思表示のある場合でも遺族の承諾による摘出が可能だとする解釈は、死者の人格権ひいては人間の尊厳の侵害であり、これを認める法律は日本国憲法一三条に違反すると主張した。[33] この学説に、「生きている者として自らの生活の仕方を自由に決定する権利」という遺族の固有の自己決定権[34]や「緊密な家族共同生活を通して作り上げてきた精神の相互浸透性から派生する、自らの手に帰した遺体に対する遺族自身の自己決定権[35]」を持ち出し、本人の自己決定権と遺族の自己決定権との間で優劣を付けることはできないとする見解が対置していた。

一九九七年一〇月一六日に施行された臓器移植法二条一項は、「死亡した者が生存中に有していた自己の臓器の移植術に使用されるための提供に関する意思は、尊重されなければならない。」と規定し、本人意思の尊重へと方向転換した。しかし、この法律は、遺族の拒否権も認めた。遺族の拒否権は本人の自己決定権の侵害であると多方面から批判されている。[36] しかし他方で、遺族の拒否権を肯定的に評価する意見もある。例えば、生命倫理学者の森岡正博教授は、「脳死」は「関係性の問題」、「人と人との関わり方」であり、「家族による死の受容のプロセス」が重要であるという視点を打ち出し、家族は多くの場合、脳死の人が死んでいるとはとても思えないのであり、「そのようなリアリティをもつ人たちがいることを前提として考え、もしそのような人たちが、脳死の人の温かい身体を看取って過ごしたいと希望するなら、移植よりも前にそのような希望をかなえ、保障していく」仕組みを整備することが臓器摘出の前提条件であると主張した。(37) しかし、本人の自己決定を覆す遺族の拒否権を憲法上正当化することができるかどうかは、なお慎重な検討が必要であろう。

四　結　語

日本国憲法で保障された基本権は、今まで、脳死と臓器移植の問題においてはほとんど役割を演じてこなかった。それ故、日本国憲法で保障された基本権の法的対応能力はまだ験されていないと言わなければならない。日本においては、刑法学者と医事法学がこの問題に精力的に携わってきた。私には、日本もドイツと同じように脳死と臓器移植の議論を憲法レヴェルへと格上げすることが目的適合的でありかつ適切であるかどうか、なお確信がもてない。本報告においては、ドイツの学説に触発されて日本国憲法の解釈を試論的に展開してみたが、ドイツの基本権理論と日本の基本権理論との相違を確認しただけで終わったのかもしれない。

（1）　ライナー・ヴァール（小山剛・中野雅紀訳）「日本とドイツの比較憲法」ドイツ憲法判例研究会編（栗城壽夫・戸波江二・青柳幸一編集代表）『人間・科学技術・環境』（一九九九年、信山社）一一頁以下、一三頁。

（2）　BGBl. I, 1997 S. 2631 ff.

（3）　刑法学における議論については、*Hirokazu Kawaguchi*, Strafrechtliche Probleme der Organtransplantation in Japan, 2000 によって詳細な検討がなされている。

（4）　脳死の「社会的合意」については、例えば、中山研一『脳死論議のまとめ　慎重論の立場から』（一九九二年、成文堂）に所収の諸論文を参照。

（5）臓器移植法六条の解釈に関する学説状況については、井田良「臓器移植法と死の概念」法学研究（慶應義塾大学）七〇巻一二号（一九九七年）一九九頁以下、二〇八頁以下およびそこに掲げられた文献を参照。

（6）例えば、平野龍一「三方一両損的解決——ソフト・ランディングのための暫定的措置」ジュリスト一一二一号（一九九七年）三〇頁以下、一二一頁。

（7）*Wolfram Höfling*, Um Leben und Tod: Transplantationsgesetzgebung und Grundrecht auf Leben, JZ 1995, S. 26 ff.; *ders.*, Plädoyer für eine enge Zustimmungslösung, Universitas 1995, S. 357 ff.; *ders.*, Hirntodkonzeption und Transplantationsgesetzgebung, MedR 1996, S. 6 ff. ヘーフリング教授の解釈論については、岡田俊幸「死の概念と生命権（一）」信州大学法学論集四号（二〇〇四年）一頁以下、五頁以下で詳しく紹介しておいた。

（8）*Helmut Sengler/Angelika Schmidt*, Verfassungsrechtliche Fragen einer gesetzlichen Regelung des Transplantationsrechts, DÖV 1997, S. 718 ff., 719.

（9）高井裕之「自己決定能力と人権主体」公法研究六一号（一九九九年、有斐閣）七〇頁以下、七一頁。

（10）高井裕之「医療技術の発展に伴う生命倫理問題についての比較憲法学的考察」比較法史学会編『複雑系としてのイエ　比較法史研究——思想・制度・社会⑧』（一九九九年、未来社）二七五頁以下、二八三頁。

（11）*Wolfram Höfling/Stephan Rixen*, Verfassungsfragen der Transplantationsmedizin: Hirntodkriterium und Transplantationsgesetz in der Diskussion, 1996, S. 65.

（12）ドイツの学説について詳しくは、岡田俊幸「臓器移植法と基本権——臓器摘出要件をめぐる憲法問題——」石川明編『櫻井雅夫先生古稀記念論文集（仮題）』（近刊予定、信山社）を参照されたい。

（13）*Höfling*, Hirntodkonzeption, a. a. O.（Anm. 7）, S. 8.

（14）*Hartmut Maurer*, Die medizinische Organtransplantation in verfassungsrechtlicher Sicht, DÖV 1980, S. 7 ff., 10.

（15）*Horst Dreier*, in: Horst Dreier（Hrsg.）, Grundgesetz-Kommentar, Bd. I, 1996, Art. 1 I, Rn. 52.

（16）*Maurer*, a. a. O.（Anm. 14）, S. 9 f.

（17）青柳幸一「人間の尊厳と個人の尊重」ドイツ憲法判例研究会編（栗城壽夫・戸波江二・青柳幸一編集代表）『人間・科学技術・環境』（一九九九年、信山社）三六七頁以下。

（18）宮沢俊義『憲法Ⅱ［新版］』（一九七四年、有斐閣）二一三頁。

（19）佐藤幸治『憲法［第三版］』（一九九五年、青林書院）四四五頁。

（20）根森健「人権としての個人の尊厳」法学教室一七五号（一九九五年）五二頁以下、戸波江二「幸福追求権の構造」公法研究五八号（一九九六年、有斐閣）一頁以下、一一頁以下、青柳幸一「『個人の尊重』規定の具体的権利性」ドイツ憲法判例研究会編（栗城壽夫・戸波江二・青柳幸一編集代表）『未来志向の憲法論』（二〇〇一年、信山社）五七頁以下。

（21）*Werner Heun*, Der Hirntod als Kriterium des Todes des Menschen – Verfassungsrechtliche Grundlagen und Konsequenzen, JZ 1996, S. 213 ff., 217.

（22）例えば、芦部信喜（高橋和之補訂）『憲法第三版』（二〇〇二年、岩波書店）一一五頁。

（23）例えば、戸波江二「自己決定権の意義と射程」芦部信喜先生古稀記念『現代立憲主義の展開（上）』（一九九九年、有斐閣、）三二五頁以下。

（24）芦部・前掲注（22）一二〇頁以下、佐藤・前掲注（19）四五九頁以下。

（25）*Maurer*, a. a. O.（Anm. 14）, S. 10.

（26）*Go Koyama*, Der Doppelcharakter der Grundrechte aus japanischer Sicht, in: Joachim Burmeister（Hrsg.）, Verfassungsstaatlichkeit, Festschrift für Klaus Stern zum 65. Geburtstag, 1997, S. 875 ff., 879.

（27）戸波江二『憲法［新版］』（一九九八年、ぎょうせい）一四九頁以下。

（28）工藤達朗「生まれる前の人権、死んだ後の人権」同『憲法の勉強』（一九九九年、尚学社）一四四頁以下、同「死者の取扱いに関する若干の考察」ドイツ憲法判例研究会編（栗城壽夫・戸波江二・青柳幸一編集代表）『未来志向の憲法

論』（二〇〇一年、信山社）五七三頁以下。
(29)　佐藤幸治「人権の観念と主体」公法研究六一号（一九九九年、有斐閣）一三頁以下、二七頁。
(30)　*Sengler/Schmidt*, a. a. O. (Anm. 8), S. 723.
(31)　*Heun*, a. a. O. (Anm. 21), S. 218.
(32)　岩志和一郎「臓器移植と民法」ジュリスト八二八号（一九八五年）四六頁以下、四九頁。
(33)　金澤文雄「臓器移植と承諾 ― 角膜・腎臓移植法の解釈をめぐって」広島法学八巻二・三合併号（一九八四年）一頁以下、一四頁、一六頁、一九頁。
(34)　平林勝政「各国立法の小括と『承諾』権の一考察」比較法研究四六号（一九八四年、有斐閣）一一八頁以下、一三五頁。
(35)　石原明『医療と法と生命倫理』（一九九七年、日本評論社）一九八頁。
(36)　平野・前掲注（6）三八頁、川口浩一「臓器移植法改正問題」法律時報七五巻二号（二〇〇三年）六一頁以下、六四頁。
(37)　森岡正博『増補決定版　脳死の人 ― 生命学の視点から ― 』（二〇〇〇年、法藏館）五七頁以下、二四九頁、二六九頁。

【追記】　本稿は、二〇〇〇年九月六日にフライブルク大学で行った報告のドイツ語原稿を日本語に翻訳し、必要最少限度の注を付したものである。文章が翻訳調なのはそのためである。ところで、本稿が日本の状況についての極めて表面的で出来の悪い叙述に終始してしまったことを、ここで率直にお詫びしなければならない。適任者である先生方が報告を固辞されたため依頼された報告を、従来まったく研究対象としていなかったテーマにもかかわらず、安易な気持ちで引き受けてしまい、十分な準備作業を行わないままに報告することになってしまった。そこで、報告の後、このテーマについて改めて勉強し直し、報告原稿を全面的に書き改めようと思い、若干の作業も行いつつあったが、これも間に合わず、結局十分な手直しはできなかった。本稿は、大変に未熟なものでお恥ずかしい限りではあるが、シンポジウムの記録として本書に載せていただくこととした。また、右のような理由で最終原稿の作成に手間取り、本書の刊行の遅れに大きく寄与することとなってしまった。この場をお借りして他の報告者および翻訳者に心からお詫び申し上げる次第である。

＊本文で引用した脳死臨調最終報告、日弁連の意見書、日本医師会生命倫理懇談会最終報告などは、町野朔・秋葉悦子編『脳死と臓器移植［第三版］』（一九九九年、信山社）に収録されている。

Ⅳ―6　動物保護の憲法問題

M・クレプファー*
赤坂正浩　訳

一　序　説

動物保護と憲法――この二つのテーマの間にはどんな関係があるのだろうか。純粋に実定法的に考えるならば、さしあたりたいした関係はない。たしかに、基本法七四条二〇号では、動物保護は［連邦とラントの］競合立法の包括的権限カタログの対象となっている。しかし、以下で詳論するように、これまでのところ動物保護は、憲法価値として憲法に定錨されたわけではない。動物保護の国家目標［規定を基本法に導入する］努力は、目下のところ二〇〇〇年四月に頓挫してしまった。にもかかわらず、動物保護と憲法との間に内容的な結びつきがないとは言えない。（たとえば、狩猟法・漁業法におけるように）［連邦とラントの立法権が］重複する領域では、権限問題が生じることもある。しかし、動物保護の視点は、とりわけ基本権の行使にとって重要な場合があり、ここからさまざまな憲法問題が発生しうる。その際、動物を保護するための［基本権の］利用であれ、動物を保護するための基本権の制限であれ、動物保護は基本権に対して重要な影響を及ぼすことがある。

たとえば、動物を保護する行為は、基本権で保護された行動様式であることもある。例として次の場合を想像してみよう。

・学生が動物実験に参加することを拒否する場合（良心の自由）、
・動物愛護者が動物保護団体の集会に参加する場合（集会の自由）、
・市民が動物実験に反対する声明を公的におこなう場合（意見の自由）。

ほかの例も難なくあげることができるだろう。

反対に、多くのケースでは、動物保護は基本権の行使を制限することができるのか、どの程度できるのかという点が問題となる。ここでも若干の例をあげてみよう。

・宗教上の理由から、動物が犠牲として捧げられる場合（信仰の自由）、
・研究者が動物実験をおこなう場合（学問の自由）、
・芸術家が芸術活動で動物を使用する場合（芸術の自由）、
・養鶏業者が卵の販売で生計を立てている場合（職業の自由）、
・養豚業者が豚を屠殺する場合（所有権の自由）。

こうした多くの例にこれからも立ち戻ることになるだろうが、まずはじめに（後述二では）現行憲法上の動物保護の位置づけについて説明することにしよう。その次に（後述三において）動物保護と基本権行使との関係を詳述し、締めくくりの前に（後述四で）「動物保護」の国家目標規定を基本法に受容した場合に、どんな効果が引き起こされるかという問題を検討することにしよう。

二　現行憲法上の動物保護の位置づけ

きわめて支配的な見解と確立した判例は、相変わらず動物保護それ自体に対しては、基本法レベルでの憲法的

地位を認めていない。(1)

にもかかわらず、これまでにも法学文献のなかには、動物保護に対して憲法的地位が、現行の基本法ですでに認められているとする見解がある。こうしたアプローチを可能にする三つの根拠条文を、以下で簡単に説明しておこう。そのあと、さらに第四点目として、個々のラント憲法への動物保護の定錨について触れることにする。

1　権限の指定を通じた憲法的地位？

第一に、動物保護が憲法的地位に立つことを、基本法七四条二〇号から導きだす［見解がある］。この規定は、動物保護の領域で法律を制定する権限を連邦に与えている。しかし、この規定から、動物保護が憲法に定錨されていることを読み取ることはできないし、動物保護の内容的な条件を読み取ることもできない。なぜなら、立法権の分配に関する章で動物保護があげられているのは、他の政策領域と同様、連邦国家原理に唯一その原因があることを、明瞭に理解しておかなければならないからである。諸国家が原則的に有する全権限は、ドイツ連邦共和国の場合にはラントと連邦とに分配される必要がある。しかし、このような国家組織上の権限分配は、とりわけ国家目標規定に表現され、さらには基本権において表現されている国家の実体的条件に対して影響を与えるものではない。そうでなければ、単なる連邦制度上の権限分配から、すべての基本権を制限する一般的法律留保が帰結することになってしまう。ともかく基本法七四条二〇号は、動物保護のための法律を制定する優先的権限を連邦に与えており、一九七二年に連邦立法者はこの権限を行使した。この法律［動物保護法］については、またあとで立ち戻ることにしよう。もちろん、権限カタログに列挙されたことに、内容的な帰結がまったく伴わないわけではない。権限カタログに列挙されたことは、それによって動物保護という目標が憲法上正当化されることは疑いないかぎりで、法律の比例性審査の枠内で意味をもつことになる。

2　人間の尊厳の構成要素としての動物保護？

人間の尊厳から動物保護を導きだし、基本法一条一項に人間の尊厳が定錨されていることで、動物保護にも憲法的地位が備わっているとする人もいる。たとえば、昨年公刊された教授資格論文は、動物に痛みや苦しみを与えることは人間の尊厳と合致しないという考え方と結びついた、「感情中心主義的 pathozentrisch」動物保護を要請している(2)。こういう想定に対する内容的な疑問とは別に、とりわけ方法が批判されなければならない。すなわち、基本法一条一項は、いずれにせよ人間の尊厳と直接の関係をもたないさまざまな政治的要求の入口として利用されてはならないのである。

3　「環境保護」国家目標規定の構成要素としての動物保護？

最後に、ごくまれには、次のようなテーゼが主張されることもある。すなわち、ドイツ統一の過程で設置された合同憲法委員会の提案にもとづいて、基本法二〇a条に受容された環境保護の国家目標規定が、動物保護法一条の意味での動物保護も含んでいるというテーゼである。これに対しては、そもそもその当時、独立の国家目標として動物保護を基本法に受容することを求めた動議が、必要な多数を得られなかったという歴史的事実の確認が反証となる(3)。この点に、他の国家目標規定の構成要素という形でも、動物保護を憲法には定錨させないという、憲法改正立法者の意思が明瞭に表現されている。

たしかに連邦議会は、基本法二〇a条の採決に関連して、動物も基本法二〇a条で保護された自然的生命基盤にまさしく含まれるとする決議を、単純多数で議決した(4)。しかしながら連邦議会では、この決議に至る議論のなかで、人間の責任で飼育され経済的に利用されてきた動物は、自然的生命基盤の保護のなかに含めることはできないのではないかという疑問が、正当に提起されていた(5)。

この疑問と軌を一にして、学説も判例も、連邦議会のこの（拘束力のない）[6]決議に従ってはおらず、動物保護が基本法に定錨されたとは見なしていない。[7]基本法二〇a条で規定された自然的生命基盤の保護は、むしろ種の保存と、場合によっては（野生）動物の生存領域を破壊から保護することだけに関するのであって、個々の動物［の個体］それ自体と、個々の動物の必要に応える人間の態度に関するものではない。[8]

4　ラント憲法の動物保護

ところで動物保護は、いろいろな表現形式で、したがって異なる強度で、たとえばバイエルン、[9]ベルリン、[10]ブランデンブルク、[11]ニーダーザクセン、[12]ザクセン、[13]テューリンゲン[14]などいろいろなラントの憲法に定錨されている。バーデン・ヴュルテンベルクでは、同様のラント憲法改正法案が、すでに一九九八年二月にラント政府によってラント議会に提出され、それ以来最終的な議決を待っている。

これらの多様な規定に直面して、連邦領域内の法の統一性を確保するためには、必然的に動物保護について連邦レベルで規律しなければならないという見解が、少なくとも政治の世界では主張された。これには厳しく反対しておかなければならない。ラントの諸憲法がさまざまな内容をもっていることは、ラントが固有の国家であることに対応している。連邦制度の核心にあるのは、（ラント間の）相違を目指した委託であり、権限である。

唯一正しいのは、さまざまなラント憲法は、それぞれのラント権力のみを拘束するという確認である。したがって、ラント憲法上の国家目標規定は、連邦法の規定を制限することも解釈適用することもできない。ラント憲法上の国家目標規定は、とりわけ基本法上の基本権、すなわち連邦憲法上の基本権への介入を正当化することができない。だから以下では、ラント憲法上の国家目標境定は考察しないでおくことにしたい。

三 動物保護と基本権の行使

このように動物保護が（連邦）憲法には定錨されていないとしても、動物保護と基本権行使との関係は、基本権にとって、したがって憲法にとってきわめて重要な意味を示す。その際、一方で動物を保護するための基本権の利用と、他方では動物を使用する基本権の利用とが区別されなければならない。第一のケースでは、動物を保護する行為が個別基本権の保護領域に含まれるかどうか、どの程度含まれるかが問題となるのに対して、第二のケースは、動物保護によって基本権利用に限界を設けることは可能かという問題にかかわる。

1 基本権行使としての動物保護

動物を保護する行為は、通常は一般的行動の自由、つまり基本法二条一項に含まれる。支配的見解によれば、この条項は—憲法的秩序という広い制限可能性を伴っているので —— 比例性原則の枠内で比較的簡単に制限されうる。この規定と並んで、動物保護者は、たとえば意見表明の自由、プレスの自由、集会とりわけデモ行進の自由、結社の自由、そして最後に請願権など、公民の一般的自由を享受する。

動物保護の立場が、特定の良心または信仰上の決定にもとづくときには、動物保護者は、場合によってはさらに、良心ないし信仰の自由という留保なしに保障された基本権を援用することもできる。

2 基本権行使の制限としての動物保護

しかし、特に動物保護と憲法について考察する場合、前面に出てくるのは、基本権の行使としての、自由の利用としての動物保護ではなくて、むしろ基本権行使の制限としての、自由の限界としての動物保護である。動物保護は動物実験に終止符を打たせることができるのか。動物保護は動物の大量飼育と対立するのか。宗教上の理由から、麻酔なしに動物を屠殺することは、もはや許されないのだろうか。

これらの問いに答える場合、法律により、または法律の根拠にもとづいて制限できる基本権と、原則的に留保なく保障されている基本権とを区別しなければならない。

(1)　法律の留保を伴う基本権（特に基本法一二条、一四条）

最初にあげた［法律の留保を伴う］基本権に数えられるのは、たとえば職業の自由である。職業の自由は、法律によって内容を形成されうるのみならず、法律によって制限されることもある。こうした法律の側も、当然のことながら一定の限界を守らなければならず、特に法治国家的比例性原則を満たさなければならない。しかし、この限界のなかでは、権限をもつ立法者は、職業の自由の基本権行使を制限することができる。同じことは所有権の自由にもあてはまる。

このような法律による制限の可能性は、動物保護の領域にもあてはまる。たとえば、すでに述べた動物保護法は、とりわけ動物の飼育、動物殺、動物の手術と動物実験、動物の養殖と販売を取り扱っている。動物保護法は、民法・刑法・行政法の諸規定によって補完され、行政法としては狩猟法・漁業法・環境法の諸規範によって補完されている。(15) これら動物保護法上の諸条件は、憲法で許されたやり方で、職業の自由・所有権の自由を制限している。だからこうした制限をおこなうために、動物保護を憲法に定錨する必要はないだろう。動物保護に関する法規命令が、法律上の授権根拠および基本法八〇条の憲法上の条件と合致している場合には、法規命令にも同じことがあてはまる。

これに関連して次のことが思い出される。すなわち、連邦憲法裁判所が一九九九年七月六日の決定で、檻で飼育する産卵鶏の保護に関して、雌鶏飼育令を無効と宣言したこと、しかもその中心的な理由が次の二点だったことである。第一に、この命令は、檻の床面積の決定にあたって、動物保護法二条一項一号が規定しているような仕方で、動物保護という利益を考慮していないとされた。しかし特に第二には、この法規命令は、基本法八〇条一項三号が要求しているほどには、授権の根拠を十分に表示していないとされた。そのかぎりで、この命令が無効となったのは、第一義的には動物保護という内容的な視点にもとづくものではなく、形式的な理由にもとづいている。そうだとしても、いずれにせよ雌鶏飼育令が無効となったことで、既存の養鶏施設の存続は保護されるものの、新たな檻施設はもはや許可を受けられないことになる。

⑵　留保なしに保障された基本権

留保なしに保障された基本権の場合には、状況はまったく異なっている。この種の基本権には、学問・研究・教授の自由と並んで、芸術の自由、良心の自由、宗教の自由が数えられる。たしかにこれらの基本権もまったく無制約というわけではないが、連邦憲法裁判所の確立された判例によれば、これらの基本権は、第三者の競合する基本権によって、あるいは憲法的地位に立つ他の法価値によって、例外的に制限されうるにすぎない(16)。こうした、いわゆる憲法内在的制限の可能性は、憲法の統一性という要請から、そして憲法が保護する価値秩序を考慮することで、決定的に導きだされる。

こういうドグマーティク上の抽象的な確認の背後には、動物保護者の目から見た問題、特に動物実験という具体的な問題が潜んでいる。学問的な方法にもとづく知識の獲得に貢献する動物実験は、原則的には基本法五条三項の研究の自由の基本権保護に属しており、その際、研究が非営利的なものか営利的なものかは関係ない。しかし、動物保護のほうは――すでに述べたように――これまでは憲法的地位を認められていないので、研究の自由を制限するために直接に動物保護を援用することはできない。

とはいえ実際は、この規範的考察が示唆するほどには厳格ではない。たとえば、動物保護の個別の視点が、間接的に、すなわち（たとえば道徳律のような）他の憲法価値を通じて、研究の自由を制限するために慎重に援用されうることは排除されていない。他者の基本権が研究の自由の内在的制約をなしうる場合にも、具体的なケースでは、個別のケースの事情に応じた比較衡量に際して、研究の自由を制限するために他者の基本権が重視されなければならない。

単純法律のレベルでは、動物保護法も動物実験の許容性を取り扱っている。動物保護法全体と同じく、この法律の動物実験に関する章も、保護水準の段階化という特徴をもっている。すなわち、脊椎動物は無脊椎動物よりも強く保護され、恒温動物は変温動物よりも強く保護され、感覚生理学的に高度に発達した動物は感覚生理学的な発達段階の低い動物よりも強く保護されている。(17) これらの保護レベルに従い、基本権によって保障された学問・研究・教授の自由に考慮しながら、実験をどうしても必要な範囲に限定し、特別の専門的技術をもった人だけに実施させ、国家のコントロールに服させることが、［動物実験に関する］法律規定の目的なのである。(18)（動物保護法九条の無脊椎動物を使った実験に関する）単なる届出義務から、（動物保護法八条の脊堆動物を使った実験に関する）許可制、そして（動物保護法七条五項のタバコの生産開発・洗剤開発・化粧品開発のための実験という）例外を伴った禁止を経て、（動物保護法七条四項の兵器の開発・テストのための動物実験の）全面的禁止に至る国家的な介入規律の差異は、このような目的および必然的に段階化された要件に対応したものである。動物実験に対するこうした段階的な実体的要件と形式的要求からも、現行の単純法律の構造では、動物保護が基本権で保障された研究の自由との関係で相当な位置価値（Stellenwert）をもっていることがわかる。動物実験については、動物保護は、憲法自体で原則的に前提されている場合のように、留保なしに保障されているわけではなく、この点についても、動物に対する侵害のあり方と実験が意図する目的の違いに応じて大きく変化する一定の要求に服している。(19) もちろん、

［動物実験を規制する］こうした可能性を過大評価することは許されないので、――いずれにせよ、これまでの学問と技術の水準に従えば――その他の動物実験行為が合憲となることはたしかだろう。

とはいうものの、判例からの次の三つの簡単な例示からわかるように、留保なしに保障された基本権が、動物保護に対して貫徹されうるかは疑問である。

連邦憲法裁判所は、ベルリン行政裁判所の移送にもとづいて、動物保護法七条三項一文の合憲性について決定しなければならなかった[20]。この規定によれば、脊椎動物を使った実験は、被験動物の予期される痛み・苦しみ・損傷が、実験目的の観点から倫理的に適切な場合にかぎって実施することが許される。異議申立をおこなった学者自身による「倫理性」の評価を、権限官庁は再審査することができるのか、どの程度できるのか、この点が問題となった。連邦憲法裁判所は次のように決定した。すなわち、動物保護法七条三項の憲法適合的な解釈、つまり基本法五条三項によって方向づけられた解釈によれば、官庁自身の審査権は認められない。倫理的適切性を評価するためにおこなわれるべき、一方で被験動物の苦痛と他方で実験目的の学問的意義との比較衡量は、たしかに許可官庁による「厳格な合理性（qualifizierte Plausibilität）のコントロール」に服する。しかし、許可官庁は、異議申立をおこなった学者による実験目的の意義の評価を、官庁自身の評価で置き換えることはできない[21]。したがって、連邦憲法裁判所は、原則的には無制約の研究の自由を支持する憲法的価値判断を、国家の介入を正当化する動物保護の上位に置いたのである。にもかかわらず、連邦憲法裁判所は、権限官庁が「厳格な合理性のコントロール」をおこなう権限をもつと認めた点では、動物保護にも適切な位置価値を認めたことになる。許可条件を満たしている旨の学問的に根拠づけられた説明をおこなうよう、動物保護法八条三項一号によって研究者が義務づけられており、これは単なる説明義務以上のもの、まして主張義務以上のものであるかぎりで、これで十分と考えることができる[22]。

連邦行政裁判所は、動物保護と留保なしに保障された基本権との別な緊張関係［の事案］、つまり、基本法四条一項で保障された宗教の自由を取り扱わなければならなかった。特にユダヤ教徒とイスラム教徒は、宗教上の確信と規律にもとづいて、教義に従って屠殺された動物の肉しか食べることが許されていない。(23) 動物保護法四a条二項二号によれば、教義に従った屠殺、つまり事前に麻酔をかけずにおこなわれる恒温動物の屠殺が許されるかどうかは、特定の条件の下でのみ付与されうる例外的許可に依存している。連邦行政裁判所は、この規範を次のように解釈した。すなわち、ある宗教共同体の強制的な戒律が、教義に従って屠殺されていない動物の肉の摂取を禁止していることが客観的に確認される場合にのみ、例外は認められる。これに対して、このような禁止が存在するという個人の信仰上の確信だけでは十分ではない。(24) 集団的な信仰の自由と個人の信仰の自由とのこうした区別は、動物保護法四a条の文言と一致しているが、少なくともこの解釈が基本法四条と合致するかどうかを疑問視することは可能である。

最後に、一九九七年六月一八日の連邦行政裁判所判決も注目に値する。(25) この場合には、基本法五条三項の教授の自由と動物保護との比較衡量が問題となっただけではなく、むしろ基本法四条一項で同じく無制約に保障されている良心の自由が、動物保護のために戦ったのである。その基礎となったケースでは、ある女子学生が、授業のなかで動物に心理的・肉体的な苦痛を与えることを、自分の良心と合致させることができなかった。連邦行政裁判所は、一方で大学教師に（基本法五条三項の［教授の］自由があるにもかかわらず）、良心の自由に介入する度合いがより少ない教授方法をとったり、認めたりできるかを検討することを義務づけ、他方で自分の良心の自由を援用する者に対して（基本法四条一項の［良心の］自由があるにもかかわらず）、同等の価値をもつ別の教授方法の存在を示す義務を負わせることによって、対立する同格の利益の調整をおこなった。連邦憲法裁判所が、この連邦行政裁判所判決に向けられた憲法異議を、［法廷による］決定のために受理しなかったことは（二〇〇〇年三月二〇日の［部会］決定）注目されよう。

四　基本法への動物保護〔の受容〕

これまでのところ動物保護は憲法に定錨されていないという、先に述べた憲法上の確認を出発点として、動物保護を国家目標として基本法に受容し、留保なしに保障されている基本権、とりわけ研究の自由に対して、「憲法的地位に立つその他の価値」［としての動物保護］を対峙させようとする無数の試みが現れた。

動物保護国家目標規定の受容が、合同憲法委員会によって提案された［基本法］改正の過程で一九九四年に——すでに述べたように——失敗したあと、連邦参議院は一九九七年一一月にラインラント・ファルツ州とザクセン・アンハルト州の提案を取り上げ、この提案にもとづく基本法改正法案を連邦議会に提出することを承認した。連邦参議院の改正草案は、以下のような文言からなる基本法二〇b条を、基本法へ導入することを目指すものであった。

「動物は、同じ被造物（Mitgeschöpfe）として尊重される。動物は、法律の枠内で、回避可能な苦痛と損傷から保護される。(26)」

にもかかわらず、連邦議会はこの動議の議決に至らなかった。［連邦参議院の］改正草案は、まず法規委員会で停滞し(27)、続いて最初は夏期休会の犠牲となり、そのあと立法期不継続原則の犠牲となった。

しかしながら、このテーマは、第一四立法期が始まるとすぐに、今度は与党［SPDと緑の党］会派(28)とFDP会派(29)・PDS会派(30)によって再び取り上げられた。法規委員会は、これらの改正草案をひとつの提案(31)に取りまとめた。それによると、動物保護は独立の条項として基本法に定錨されるのではなく、基本法二〇a条をその趣旨で補充すべきだとされた。その結果として、基本法二〇a条は次のような文言となる。「国家は、将来の世代に対する責任においても、憲法的秩序の枠内で立法により、法律および法の基準にもとづいて執行権および裁判により、自然的生命基盤と動物を保護する。」いずれにせよ、基本法二〇a条改正のこの動議は、CDU／CSU会派[33]が賛成を拒否したので、必要な三分の二の多数[32]を得ることができなかった（二〇〇〇年四月一三日の連邦議会議決）。そのかぎりで基本法は、いくつかのラント憲法に遅れをとったままである。ラントの憲法は、連邦の憲法の先駆者であることを、場合によっては新たに示すことがあるのだが、これは［連邦憲法よりも］規範力が小さいという犠牲を払って購っているのである。

さまざまな改正草案と具体的な動議が、これまでのところ成果を見ずに終わっているにもかかわらず、動物保護国家目標規定を求める声は消えていない[34]。したがって、以下においては、このような国家目標規定が連邦の憲法にもたらすであろう影響について簡単に説明しておきたい。その際、四つの視点を選びだすとしよう。すなわち、こうした規範［動物保護国家目標規定］と他の国家目標規定との関係（1）、基本権の利用に対する動物保護国家目標規定の影響（2）、国家諸権力の相互関係に対する影響（3）、そして最後に憲法自体の性格に対する影響（4）［という四つの視点である］。

1　他の国家目標規定との関係

動物保護が憲法に組み込まれても、特別の保護が認められるとは言えない。むしろ動物保護は、他の憲法諸原理との比較衡量の下に置かれなければならないだろう[35]。「動物保護」国家目標規定と他の憲法諸原理との関係は、さしあたり形式上は同格と見なされうるだろうが[36]、その際、基本法二〇条に掲げられた諸原理と基本法二〇a

条で規定された環境保護との間には、一定の相違を認めることができる。将来の基本法二〇b条は、基本法のなかでの体系的な位置のゆえに、基本法七九条三項の永続条項の保護、すなわち、憲法改正による改変禁止の保護を享受しないので、動物保護は基本法二〇a条に規定された環境保護とは形式上同格だが、基本法二〇条に定められた諸原則に対しては劣位に立つことになろう。この地位関係は、――最終的な改正草案が規定していたように――動物保護が基本法二〇a条のなかに組み込まれる場合にも、やはりあてはまることになるだろう。

しかし、こうした形式上の関係とは別に、憲法法益間の比較衡量にあたっては、内容的な意義に従った特別の評価も排除されてはいないことを指摘しておきたい。その結果として、環境保護国家目標規定のほうが日常的なものとなるという帰結が生じうるだろう。なぜなら、環境保護は現代国家の宿命的な任務であるのに対して、動物保護は、どちらかというと特殊なテーマだからである。

2　基本権行使に対する影響

「動物保護」国家目標規定と基本権との関係は、原則的には形式的同格性の原理によって特徴づけられ、具体的な決定事案において、利益衡量ないし、より正しくは相互の慎重な最適化が必要となる。(37)「動物保護」というありうべき国家目標に対して、基本権が原則的な形式的優位を獲得するのは、基本権の核心領域が基本法一条ないし基本法二〇条の国家構造原理（法治国家原理）を通じて、基本法七九条三項の特別の保護を享受する場合だけである。こうした紛争事案においては、動物保護は人間の福祉と調整されなければならないだろうし、いずれにせよ、その保持が憲法の不動の命令である人間の尊厳と抵触することは許されないだろう。動物保護と、人間の尊厳によって核心が保護されている基本権内容との利害対立においては、――獰猛犬種の禁止をめぐる最近の論議で、正当にも明らかになったように――比較衡量ではつねに後者の優位が保たれる。(38)

ところで、「動物保護」国家目標規定は、（動物保護者の側の）基本権を拡張する効果と、（動物使用者の側の）基本権を制限する効果とを展開することになるだろう(39)。

(1)　基本権拡張効果

動物保護国家目標規定の基本権拡張効果については、簡単に次の点だけを強調しておきたい。すなわち、直接に国家目標規定からも、国家目標規定と他の基本権とのありうべき協働作用からも、動物保護を求める主観的権利が導かれることはないだろうという点である。個々の市民も、動物保護団体も、動物保護の侵害を理由とする訴えを提起する行政訴訟ないし憲法訴訟上の権限を、「動物保護」国家目標規定から獲得することはない(40)。こうした訴訟法上の権限が認められるためには、単純法の改正が必要であろう(41)。そのかぎりでは、「動物保護」国家目標規定は、訴権に関するこれまでの規定を変更するものとは言えない(42)。

(2)　基本権制限効果

しかし、「動物保護」国家目標規定は、とりわけ基本権を制限する広範な効果を、その支持者がまさに指摘するようにもつことになろう。なかでもその場合、留保なしに保障された基本権が、動物保護を根拠として部分的に制限されるはずである。なぜなら、このような［留保なしに保障された］基本権を制限できる条件中の第一のハードル、つまり憲法的地位を備えた別の法価値［でなければならないというハードル］は、「動物保護」国家目標規定が［憲法に］定錨されることで問題なく取り除かれるだろうからである。これに対して、具体的な個別事案における、それぞれの基本権との比較衡量という第二のハードルは、単純法律で特定の類型的な区別化をおこないうるにすぎない立法者の影響力を、広い範囲で免れることになるだろう。個別事案に関する比較衡量は、結局は執行部の義務であり、場合によっては司法部によって確認または訂正の意味で再審査されよう。

とりわけ立法者が規律していないケースについては、［執行部・司法部という］二つの権力が憲法に依拠することは不可欠である。つまり、個別事案において、一方で留保なしに保障された基本権と他方で動物保護との間の、［法律で］規律されていない緊張関係が問題となる場合には、（場合によっては司法部による訂正を伴うが）執行部だけが具体的決定の任務を負う。(43) これは、研究の自由だけに関することではない。「動物保護」という国家目標で、憲法改正立法者が注目しているのは、主として動物実験の限界づけ、すなわち学問の自由の制限なのかもしれないが、(44) いったん雪崩現象がおこった以上、基本権を実際には制限できない場合でも、きわめて多くの基本権に少なくとも影響を与えることになるだろう。たとえば、現に議論されてきたサーカス・バラエティーショー・動物映画の制限や、［それらのための動物の］トレーニングの制限を思い起こすことができる。だから基本権の行使を動物保護の留保の下に置くことは、留保なしに保障された基本権の包括的な制限に至る可能性がある。

法律の留保の下でのみ保障された基本権は、もちろん「動物保護」国家目標規定と関係することになろう。基本法二〇a条の「エコロジーの制限」によって、立法部の内容形成の可能性が影響を受けているのと同様、(45)「動物保護」国家目標規定も、立法者の行動の余地を全体として拡張するだろう。当初の予想によれば、事実的な観点からは、動物の飼育、動物の輸送、動物商の職業の諸分野、動物の養殖者、そしてまた（たとえばスポーツのような）余暇の行動、これらのあらゆる形態が［動物保護と］関係することになる。法的観点からは、特に職業の自由と所有権の自由［が動物保護とかかわりをもつ］。憲法的秩序（基本法二条一項）や公共の福祉（たとえば基本法一二条・一四条）の留保が、立法者に広範囲の行動の余地を与えていることはたしかだが、疑わしい場合の比較衡量に際して考慮されるべき比例性原則が、つねに最大限の自由の確保のために戦っている。過剰規制の禁止は、国家の介入に対する法治国家的な限界づけとして、基本権制限の縮減だけを要求するのであって、基本権制限の拡大を要求するものではない。(46)「動物保護」国家目標規定が導入されても、比例性原則がもつこのような方向性には原則的に何の変わりもないが、動物保護という利益は、（その場合には憲法上前提された）公共の福祉の一部として、高い法的位置価値を獲得することになり、かくして基本権を一層制限することが可能となるだろう。比例性原則を類型化したものと理解されている基本法一二条に関する三段階理論の枠内では、職業の遂行に対する特定の規制だけが、動物保護法の観点から一般の福祉の上で合理的な根拠があるとして正当化されうるのに対して、動物保護が憲法に定錨されれば、動物保護は（憲法）裁判によって、おそらく「優越的重要性をもつ共同体利益」に数えられ、こうして職業選択の制限の許容性も根拠づけられることになるだろう。これは動物の集中的な飼育や輸送に関するばかりではなく、動物園もより広範な制限の下に置かれることになろう。最終的には非営利的な動物の飼育も、新たな制限の可能性に直面するはずである。

3　国家権力の相互関係に対する影響

「動物保護」国家目標規定を新たに受容すれば、三つの国家権力間の相互関係にも影響を及ぼすことになろう。国家目標規定は、第一義的には立法に対する行動委託であり、同時にこの行動委託の充足に対する規範的なガイドラインであろう。これまでは、基本法七四条二〇号が、連邦立法者に対して動物を保護する法律の制定権限（だけ）を与えてきたのに対して、［動物保護国家目標規定が導入されれば］いまや連邦立法者は、それを明示的に委託されることになる。しかし、提案されている形式での「動物保護」国家目標規定によって、立法者は実際に新たな権限を獲得するわけではない。むしろ、新たな国家目標規定はすべて、原則的に立法部の行動の余地を狭めるものだという点を、確認しておかなければならない。すなわち、動物保護がいったん憲法に固定されれば、立法者の決定に際して、これを度外視することはもはや許されないのである。(47) つまり、憲法上前提された決定の指針は、立法者にとってはより総合的なものであり、立法者の柔軟性はおそらくはより小さなものとなるであろう。(48)

これに対して執行部は、「動物保護」国家目標規定によって、法規命令と行政規則に関する新たな内容形成余地を獲得するばかりでなく、とりわけ新たな衡量と解釈の基準を獲得することになるだろう。(49) 行政が法律を適用するにあたっては、このことは特に、例えば「公益」とか「一般の福祉」といった不確定法概念の充足に際して意味をもつだろう。しかし、「動物保護」国家目標には、行政による裁量的決定に際して裁量を指導する機能が特に認められよう。(50) こうして、「動物保護」国家目標規定からは、動物保護への配慮が、相当にそしてさしあたりは一方的に、その意義を増大させることになるはずである。〔動物保護国家目標規定が受容された〕のちには、法律の解釈および決定の余地を充足する場合に、動物保護を尊重しないことはもはや許されないからである。(51)

最後に、裁判権に関しては、「動物保護」国家目標規定は、執行権の場合と類似の意義を獲得するであろう。裁判権は、執行権による法律適用行為をコントロールする場合に、国家日標から具体的な法的帰結を引きだし、とりわけ法律の解釈（および法の継続形成）のなかに国家目標を流し込む新たな可能性を与えられることになる。(52) この場合にも、「動物保護」国家目標規定の機能は、第一義的には不確定法概念の解釈や裁量的決定のコントロールを、動物保護に有利に作動させることにあろう。その際、裁判権は国家目標規定の名宛人として、法律の欠缺の充足が求められている場合には、国家目標規定に直接に依拠する権限をもつことになる。もちろん、ある法律が憲法で要求された動物保護の水準を満たしていないために、新たな国家目標規定を基準にすると瑕疵があるように思われたり、その種の法律そのものが存在しない場合でも、裁判権が立法者の肩代わりをすることは認められないだろう。こういうケースでは、基本法一〇〇条一項にもとづく移送だけが考慮され、(53) 連邦憲法裁判所の最終的決定に至ることになる。

新たな国家目標規定の導入に伴う、立法部から執行部を経て司法部に至る決定権の移動は、環境保護国家目標の場合にも現れている。たとえば、現在、連邦憲法裁判所には、あるゲマインデの森林地での市民マラソンの開催を許すか、それとも森林保護、したがって環境保護のために開催に反対するか、この点を連邦憲法裁判所で決定しなければならない事案が係属中である。――［これは、本来は裁判所よりも］（市議会にせよ、管轄官庁にせよ）ゲマインデのレベルのほうが、よりよい決定ができる［事柄であろう］。

4　憲法の性格に対する影響

最後に、「動物保護」国家目標規定を新たに受容することは、基本法それ自体の性格にも影響を与えるだろう。基本法上の国家目標規定は、これまでのところ全体としてはまれな例外的現象であることを、まず考慮しなければならない[54]。基本法は、拘束力をもつ憲法律という性格をもち、拘束力のない憲法上の約束を拒否していることに、まさにその特徴がある[55]。国家目標は、単なる政治的な企てを［憲法に］規定することだという健全な懐疑が、憲法立法者のなかでは優勢である。

第一には、プログラム規定としての（programmiert）憲法への失望が、国家目標への懐疑の原因かもしれない。そのことを動物保護を例にして示してみよう。一方の動物保護と、他方のこれと対立する利益との比較衡量は、どんなケースでも必然的に動物保護に有利な結果となるわけではない。だから国家目標が、たしかに短期的に見れば政治的な成功として支持者から祝福されても、この憲法上の約束の現金化が請求され、具体的なケースでそれが実現しないことが悲しみの種となるやいなや、長期的に見れば失望の源に発展することも、おおいにありうる（予想できる）ことである[56]。

基本法への国家目標の受容が手控えられたことは、第二に、国家目標の受容が議会の弱体化および執行部の強化と典型的に結びついていることから説明できる。憲法を制定する議会ないし憲法を改正する議会は、［通常の］立法をおこなう議会を、最も可能性の高い実定法上の実現段階のプログラム、つまり憲法上のプログラムによって拘束することで、立法をおこなう議会から広い内容形成の余地を奪うことになる[57]。たしかに憲法［規定相互］の抵触は、立法による調整と内容形成の余地を開くけれども、国家目標が定錨されることで、すべての国家権力が憲法の拘束を受けていることとも相俟って、国家目標の具体的内容形成とコントロールは――法律の定める条件の枠内でだが――、同時に執行部と司法部に広範囲に移行する結果となる。執行部と司法部は、基本法二〇条三項によって立法部の行為に拘束されているが、国家権力の一部としては、基本法一条三項と結びついた二〇条三項に従って、憲法にも拘束されているからである。

さらに、（環境保護と動物保護という、もちろんその意義はきわめて異なる）二つの新たな国家目標規定が、時間的間隔をさほど置かずに導入されれば、国家目標憲法への道が開かれかねないことも、「動物保護」国家目標規定の導入に反対する［理由となる］。国家目標憲法は、合同憲法委員会も意識的に変更しなかった基本法の伝統と理解とを破ることになるだろう。基本法上の国家目標規定を無原則に拡大すれば、憲法の規範力の弱体化が容易に生じ[58]、基本法一条三項の基本権の拘束力の相対化にも結びつくであろう。この［基本権の拘束性という］基本法七九条三項のゆえに原則的には不可侵の原理から、憲法改正立法者は、多数の国家目標規定によって基本権カタログを内側から掘り崩したり、まして置き換えたりしてはならないという帰結が生ずる。個別の基本権自体はたしかに永続性の保障を受けてはいないのだが、基本法上の諸自由は、それらの意義においても多元性においても、真正の基本権であり続けなければならず、異質なものの影響を過度に受けてはならないのである[59]。

最後に、「動物保護」という新たな国家目標規定を要求することには、根本的なパラドクスが含まれている。多すぎる憲法規範は、結局のところ憲法の拘束力を――初めに想定されたようには――決して強化せず、むしろ緩めてしまう。このことは、憲法［の諸規定］の拘束力が互いに緊張関係に立ち、そのため相互に相対化しあう場合には、特にあてはまる。［憲法の］拘束を受けている国家権力が、――抵触を解決するために――ひとつの特定の憲法規範［だけ］に従う決定を下せば、その場合はまず、とりわけ執行部による選択的憲法執行の危険性が想定できる。

抵触を解決するための調整がおこなわれれば、それはより意義深いことであり、憲法をより慎重に扱うことになろう。この場合には、権限をもつ国家機関は、二つの憲法規範の緊張関係を内容形成の余地と理解し、一方の憲法規範を完全に駆逐することなく、二つの憲法規範を互いに相対化してひとつの決定に至ることで、抵触を解決する調整のための決定をおこなう。抵触しあう憲法上の諸目標を、抵触の相互調整によって可能なかぎり実現するという意味での、憲法の最適化のイメージで、この現象を方法論的に把握することができるであろう。しかし、憲法規範がより多くなれば、国家の諸権力による内容形成の余地も大きくなって、それだけ憲法の拘束力が小さくなることを意味するという洞察が、これによって遮られてはならない。たしかにこうした状況は、抵触を解決する立法者をさしあたりは強化するように見えるが、憲法の具体的かつ間接的調整の領域では、執行部（と司法部）が非常に広い縄張りを獲得する結果となるだろう。

五　総括的考察

要約すると、現行法秩序も、動物保護に対しては十分な位置価値を認めていることを、はっきりと確認しておかなければならない。したがって、「動物保護」国家目標規定の導入は、原則的には推奨できない。第一に、国家目標規定の支持者が期待する動物保護の改善は、単純法律ないし法規命令、または行政規制のレベルで、あらゆるケースについてもっとずっと実効的かつ精密に実現されうる。もちろん、法律・法規命令・行政規則は、憲法とりわけ研究の自由の枠を守らなければならない。

動物保護は、憲法改正によるよりも、単純法によるほうがはるかに改善されうる。要するに、動物保護のための法改正に、あまりに多くの期待をかけるべきではないということである。むしろ法律の執行の改善、そして特に動物と自然に対する責任意識の向上によってこそ、より大きな進歩を期待することができるのである。

＊　本稿の作成に対して惜しみない協力をして下さった助手のMatthias Rossi氏に御礼を申し上げる。

（1）　さしあたりBVerwG 6 C 5.96, Urteil v. 18.06.1997参照，結論的には同じくBVerfG 1 BvL 12/94, Beschl. vom 20.06. 1994, NuR 1995, 135; 文献としては、たとえば*Kloepfer*, JZ 1986, 206 ff.; *ders*., Agrarrecht 1986, 33 ff.; *Händel*, ZRP 1996, 137, 138; *v. Loeper*, ZRP 1996, 143, 144; a.A. *Lübbe*, NuR 1994, 469, 471.

（2）　Caspar, Tierschutz im Recht der modernen Industriegesellschaft, 1999.

（3）　BT-Drucks. 12/6000, 69 ff. 参照。

（4）　BT-Plenarprotokoll 12/238, 21038 A.

（5）　全体的には、*Kloepfer*, Verfassungsänderung statt Verfassungsreform, 2. Aufl. 1996, 48 f.; *v. Loeper*, ZRP 1996, 143, 144. 参照。

（6）　Händel, ZRP 1996, 137, 140が、「憲法改正に必要な三分の二の多数を得られなかった事柄を、単純多数の決議によって事後的に補正することはできない」と述べているのは正しい。

（7）　さしあたり、BVerwG 6 C 5.96, Urteil vom 18.06.1997; *Händel*, ZRP 1996, 137, 138; *v. Loeper*, ZRP 1996, 143, 144; a.A. *Lübbe*, NuR 1994, 469, 471; *Kuhlmann*, NuR 1995, 1, 2 ff.; *Schink*, DÖV 1997, 221, 224. 参照。

（8）　Bericht der Gem VerfKom, BT-Dr 12/6000, 69; *Händel*, ZRP 1996, 137, 140; *Murswiek*, in: *Sachs*, Grundgesetz-Kommentar, Art. 20a, Rn. 31; *Uhle*, DÖV 1993, 947, 953.

（9）　（一九九八年二月八日の国民投票で導入された）バイエルン憲法一四一条一項は次のように規定している。「自然的生命基盤の保護は、将来の世代に対する責任を銘記して、個々人および国家共同体による特別の配慮に委ねられたものである。動物は、生命として、および［人間と］同じ被造物として、尊重され、保護される。自然の資源は、大切に節約して取り扱わなければならない。」

(10)　ベルリン憲法三一条二項は、「動物は、生命として尊重され、回避可能な侵害から保護されなければならない」と規定している。

(11)　ブランデンブルク憲法三九条三項は次のように規定している。「動物および植物は、生命として尊重される。種および［それぞれの］種にふさわしい生活空間は、維持され、保護されなければならない。」

(12)　ニーダーザクセン憲法六ａ条は、「動物は、生命として、尊重され、保護される」と規定している。

(13)　ザクセン憲法一〇条一項一文は次のように規定している。「ラントは、特に土壌、大気および水、動物および植物、ならびに動植物が成長する場所を含む全体としての国土を保護しなければならない。」

(14)　テューリンゲン憲法三二条は次のように規定している。「動物は、生命として、および［人間と］同じ被造物として、尊重される。動物は、その種にふさわしくない取扱、および回避可能な侵害から保護される。」

(15)　包括的な概観としては、*Lorz*, Tierschutzgesetz, 5. Aufl. 1999, Einführung Rn. 35 ff.; *ders.*: NuR 1994, 473, 475 ff. 参照。

(16)　BVerfGE 28, 243, 261.

(17)　典型例として、動物保護法四条一項、五条一項一文、六条一項一文、七条三項、八条一項一文（脊椎動物）、動物保護法四ａ条一項、五条一項二文、九条二項三文一号（恒温動物）、動物保護法九条二項三文一号（感覚生理学的発達段階）参照。Lübbe, NuR 1994, 469, 471 が「こうした区別の根拠は、『人間との近さ』である」と述べているのは正しい。

(18)　*Lorz*, NJW 1987, 2049, 2050 f. 参照。

(19)　一九九七年一一月二七日に連邦議会で可決され、現在連邦参議院に付託されている動物保護法改正案は、全体としてこの要求を厳格化している。BT-Drucks., Prot. vom 27.11.1997, 18908 ff. 参照。

(20) ベルリン行政裁判所による手続の中止および移送決定についてはNVwZ-RR 1994, 506.

(21) この説示が、行政裁判所が最終的に訴えを認容する決定的な理由となった。Urteil vom 7.12.1994 VG 1 A 232.92- ZUR 1995, 201 ff. とCasparの評釈を参照。

(22) 反対説として *Händel*, ZRP 1996, 137, 138.

(23) 詳細は *Kluge*, ZRP 1992, 141 ff., 同じく *Kuhl/Unruh*, DÖV 1991, 94 ff. 参照。

(24) BVerwGE 99, 1, 1.

(25) Abgedruckt bspw. in NJ 1/1998 (im Erscheinen) mit Anmerkung von *Brandner*.

(26) Vgl. BR-Drucks. 742/97 vom 29.9.1997.

(27) Bericht des Rechtsausschusses vom 17. Juni 1998, BT-Drucks. 13/9723. を見よ。

(28) BT-Drucks. 14/282.

(29) BT-Drucks. 14/207.

(30) BT-Drucks. 14/279.

(31) BT-Drucks. 14/3165.

(32) 〔この時、基本法改正のためには連邦議会で〕四四九票の賛成票が必要だったのに対して、キリスト教民主・社会同盟会派の二〇五票が反対に回ったため、〔賛成は〕三九一票しか獲得できなかった。

(33) 理由についてはBT-Drucks. 14/3197を見よ。

(34) 議会は二〇〇〇年四月一三日、社会民主党と緑の党の基本法改正案、自由民主党の基本法改正案、民主社会党の基本法改正案を処理済と宣言することなく、これまで〔動物保護国家目標の問題を〕取り扱ってきた委員会に再付託することを決定した。

(35) たとえば Art. 20a GG については、*Schink*, DÖV 1997, 221, 226; *Kloepfer*, BK, Art. 20a, Rn. 15, jeweils m.w.N.

（36）　基本法二〇a条の「環境保護」国家目標について、同様の問題に関する通説については、たとえばKloepfer, BK, Art. 20a, Rn. 15. 参照。

（37）　*Kloepfer*, BK, Art. 20a, Rn. 16; *Maunz/Dürig/Herzog-Herzog*, Art. 20 VIII Rn. 41, 42.

（38）　環境保護国家目標規定については、*Kloepfer*, DVBl. 1988, 305, 313; *Henneke*, NuR 1995, 325, 329; *Waechter*, NuR 1996, 321, 324; *Schink*, DÖV 1997, 221, 224.

（39）　その点で動物保護は環境保護国家目標と類似するといえよう。これについては、*Kloepfer*, BK, Art. 20a, Rn. 17. 参照。

（40）　Art. 20a GG については、*Murswiek*, in: *Sachs*, Art. 20a, Rn. 73; *Kloepfer*, BK, Art. 20a, Rn. 18; *Schink*, DÖV 1997, 221, 229; *Peters*, NVwZ 1995, 555.

（41）　たとえばBündnis 90/DIE GRÜNEN, BT-Drs. vom 19.11.1997. が提案した法律案のような改正である。

（42）　もちろん、「動物保護」国家目標規定の遵守［の有無］が、場合によっては別の行政訴訟・憲法訴訟上の法的救済手段によって、偶発的に審査されることはありうる。

（43）　芸術の自由と環境保護との緊張関係について、環境保護に軍配を上げたBVerwG, NJW 1995, 2648 ff. は、この問題については比較可能であり、教訓的でもある。

（44）　この点についてはdie Bundestagsdebatte vom 13.11.1997, Prot. 18417 ff. 参照。

（45）　*Kuhlmann*, NuR 1995, 1, 10.

（46）　*Kloepfer*, Agrarrecht 1986, 33, 36.

（47）　環境保護については*Kloepfer*, BK, Art. 20a, Rn. 27, m.w.N. 参照。

（48）　憲法による拘束が「過剰」になると、結果として（［拘束的な憲法規範間の］競合を解決する）立法者の形成の自由が増大することになる。

（49）　環境保護国家目標については、たとえば*Peters*, NuR 1987, 293, 295.

(50)　Art. 20a GG については、Hennecke, NuR 1995, 325, 333; *Peters*, NVwZ 1995, 555, 556; *Kloepfer*, DVBl. 1996, 73, 75; *Schink*, DÖV 1997, 221, 228; これらの論文で指摘されている計画裁量の重要性は、「動物保護」国家目標の場合には背後にしりぞくことになろう。

(51)　同様に、基本法二〇 a 条によって、環境保護という観点の意義が増大した。*Kloepfer*, BK, Art. 20a GG, Rn. 44. 参照。

(52)　*Kuhlmann*, NuR 1995, 1, 2.

(53)　*Kloepfer*, BK, Art. 20a GG, Rn. 47. 参照。

(54)　二〇条・二〇 a 条と並んで国家目標規定と見なされるべきは、おそらく基本法一〇九条二項の経済全体の均衡義務だけである。これについてはMerten, DÖV 1993, 368 ff. 参照。

(55)　*Merten*, DÖV 1993, 368, 373.

(56)　国家目標一般については、*Merten*, DÖV 1993, 368, 376.

(57)　*Kloepfer*, DVBl. 1996, 73, 79 参照。拘束力の問題について詳しくは、*Isensee*, in: 2. Öffentliche Anhörung der Gemeinsamen Verfassungskommission vom 16.6.1992, 7.

(58)　憲法の規範力については、*Hesse*, Grundzüge des Verfassungsrechts, 19. Aufl. 1993, Rz. 42 f. 参照。

(59)　*Merten*, DÖV 1993, 368, 374.

【訳者追記】　このクレプファー講演の段階では、キリスト教民主・社会同盟の反対で否決された動物保護規定の基本法への導入は、市民運動の圧力などによって再び政治日程にのぼり、二〇〇二年六月二一日に、二〇 a 条に動物保護の文言を追加する基本法改正が成立した。

Ⅳ―7 「環境権」は不要か

戸波江二

一　環境権論の現状とその評価

環境権は、一九六〇年代の高度成長の時代に発生した大気汚染、水質汚濁、騒音などの公害に対して、「良好な環境を享受する権利」として提唱された新しい人権である。憲法学説は、憲法一三条の幸福追求権、ないし憲法二五条の生存権を根拠に、それを憲法上の人権と認めてきた。もっとも、環境権を具体的な権利であると解する学説は多くはなく、判例でも総じて環境権の主張は取り上げられていない。しかし、大規模施設の設置・操業を争う訴訟では、操業による生命・身体の侵害という「人格権」に基づく付近住民の差止請求は適法と認められてきている。その意味で、環境権は判例でも実質的に保障されているということもできる。

環境権論は、一九六〇～七〇年代の公害の被害者の救済と公害対策立法・行政の推進に大きく寄与した。それは、裁判上の救済の法的根拠としては学説・判例に受け入れられなかったが、環境保護を行政の重要課題と認識させ、環境保護施策に積極的に取り組ませる動因となり、大きな成果をあげた。

環境権は、環境保全が現代社会での最重要の課題の一つである以上、憲法解釈によるにせよ、憲法改正条項によるにせよ、憲法上の要請とみるべきであることは疑いないが、それを環境「権」という権利として保障すべきかどうかが問題となる。そして、現在の環境権論では、その「権利」性を重視することは困難であるようにみえる。

第一に、環境権論は一九八〇年代以降、理論的にも実務においても停滞している。まず、環境裁判において、環境権が環境汚染行為の差止の根拠として主張されているが、判例はほぼ一貫して環境権を具体的権利とは認めず、差止の根拠としてむしろ人格権を援用してきている。ただし、人格権による差止請求の適法性を認めることは、実質的には、環境権侵害を理由にした差止請求を認めたものと解することができること、そしてまた、判例のなかには、「環境権に基づく差止請求も人格権に基づく請求と基本的に同一である」という前提から、環境権による差止請求を適法とした判決が登場していることも注目されるべきである（たとえば仙台地判平六・一・三一判時一四八二号三頁）。

これに対して、学説でも、環境権を具体的権利とみなす説はみられず、多くは抽象的権利にとどまると説いている。たとえば、有力な環境法学説は、環境権が行政に対する公共的な環境保全を求める抽象的権利としてはともかく、個人の市民法的権利としての私権としてはいえないと説いている（大塚直「環境権」法学教室一七一号三五頁（一九九四年））。このような判例・学説の状況において、具体的権利としての環境権論は、出口を見出せないでいる。

第二に、環境保全問題が地球規模の問題へと転換したことである。地球温暖化、オゾン層破壊、酸性雨、熱帯林伐採、砂漠化、種の多様性の減少など、環境問題が地球規模に拡大するとともに、国際的取り組みが進展した。一九九二年の「環境と発展に関する国連会議」においてリオ宣言とアジェンダ21が採択され、「持続可能な発展」がキー概念として論じられた。これにともない、日本では、一九九三年に環境基本法が制定された。そこでは、大量生産・消費型社会がもたらす公害の発生と自然環境の汚染の下で構造的環境問題が生じ、国民の日常生活の中から環境汚染が発生しているという事態があり、そのため総合的で計画的な環境政策が求められたのである。そして、その政策の中には、国際的な地球環境問題への取り組みも取り込まれた。また、従来の公害対策基本法は環境基本法の制定とともに廃止されたが、そこには、発生した公害問題に事後的・個別的に対処するという公害対策の考えの転換がみられる。とはいえ、環境基本法の制定にあたって、環境権の観念は権利が抽象的であるという理由から、採用されなかった。

このように、一九九三年の環境基本法の制定は、従来の公害対策方の環境政策を転換させ、総合的・国際的な視点からの環境保全へと環境保護の視座を転換させた。このことは、従来の個人の権利の救済に立脚する環境権は、もはや時代遅れのものであるかのような印象を与える。

第三に、ドイツでは、基本法改正によって「国家目標規定」として二〇a条が定められた。その際には、基本権としての環境権はおよそ問題とされず、もっぱら国家目標規定としてどのように新条項を制定するかが激しく議論された（岡田俊幸「ドイツ憲法における『環境保護の国家目標規定（基本法二〇a条）』の制定過程」ドイツ憲法判例研究会編『未来志向の憲法論』（信山社、二〇〇一年）二二三頁以下参照）。環境権として環境保護規定を設けることには、ドイツ学説は一致して反対していた。

二　環境権の再評価の可能性

しかし、環境権を権利としてとらえることはなお有用であると思われる。それは、以下の理由による。

第一に、環境権に代えて人格権を援用することは、人権理論の構成として必ずしも適切ではない。つまり、環境権は「生命・身体に関する人格権」によって代替できる、とする議論については、「人格権」の外延を広げすぎることにならないか、「人格権」概念が過剰負担にならないかという問題がある。たしかに、人格権は、最高裁判所の判例でも憲法一三条から導き出される憲法上の権利とされているので、人権侵害を裁判所に対して主張していくうえで有用な武器となる。しかし、人格権のなかに何でも取り込むのは、人格権概念を拡散させ、人格権＝人権保障の射程を不明確にすることになるので、妥当とはいえない。むしろ、少なくとも、「生命・身体の権利」を憲法上の人権として独自に認め、それを人格権に代えて、環境権訴訟において援用すべきである。他方で、人格権論としては、多義的な人格権の意義を確定するために、人格権の内容を分解し、たとえば、宗教的人格権、名誉・プライバシーに関する人格権、品位をもって扱われる人格権、少年の成長発達の人格権など、人格権の具体的内容に応じて分割して論ずるべきである。その際に、プライバシー権のように独自の性格が認められる権利は人格権から独立させることが妥当である。この意味でも、環境汚染によって生ずる環境への悪影響とその帰結としての生命・身体への侵襲の危険性からの保護のためには、「環境にかかわる人格権」という概念構成ではなく、端的に「環境権」と構成すべきであろう。

第二は、環境権が憲法上の権利として多様な性格をもつので、環境権保障から発展的な解釈を導き出すことができる。環境権は、①国家に対する自己の生命・身体をおびやかす環境汚染行為に対して防御権的に機能するが（大阪空港公害訴訟の例）、その他に、②国家に対する環境保護政策の実施を要求する作為請求権としても機能しうる（その場合に、環境汚染が自己の生命・身体・財産に直接関係するものか、大気汚染や河川汚染のように間接的に関係するものか、自己の権利とは結びつかないものかによって請求の認否について相違が生ずるが、しかし、環境汚染行為をやめさせる請求権という要素においては共通する）。さらに、③私人による環境汚染行為に対しても、私人間効力論を媒介として、汚染行為の差止を求める根拠となりうる。つまり、環境権は、その主張の主体、その遵守を要求される名宛人、請求の内容、義務の程度によってどのような具体的な法的請求が可能であるかは分かれるが、それらを逐次検討することによって、環境権の具体的な権利性を論ずることができるし、実際に具体的な請求権を根拠づけることもあると解される。

この点と関連して、第三に、とくに環境権と保護義務論とを結びつけることによって、環境権保障を強化することができる。ドイツのように、環境保護条項が国家目的規定としてであっても憲法上採用されている場合には、それをめぐって国家による環境保護義務を論ずることが可能であり、そこから環境保護のための国のとるべき措置が導き出される（ムルスヴィーク（岡田俊幸訳）「国家目標としての環境保護」ドイツ憲法判例研究会編『人間・科学技術・環境』（信山社、一九九九年）二六三頁以下）。日本国憲法の解釈としても、国の環境保護義務を導き出すためには、人権解釈によって環境権を導き出すことが不可欠である。そして、その環境権の保障のなかに、個人の権利としての側面と積極的に環境を保護すべき国の義務とを読み込む解釈をとるべきである。保護義務論に関する有力説は、環境保護と基本権保護義務との相違について、環境保護には「良好な環境の保護」という人権を超えた保護法益が含まれていること、侵害者と被侵害者と国家の三極構造をとる基本権保護義務論とは構造が異なることなどを挙げて、環境保護と基本権保護義務論との違いを重視する（小山剛「環境保護と国家の基本権保護義務」前出『未来志向』一九〇頁以下）。しかし、環境権は、その生命・身体の直接的な侵害からの保障という要素を超えた自然環境享受権という意味でも、保護義務論に最も適した権利とみるべきである。前述のように、環境権概念が多様であり、さまざまな侵害状況の下で、さまざまの名宛人に対して、防御権、作為請求権、立法義務などのさまざまな効果を主張しうるものであることを考慮すれば、環境権を権利として措定しつつ、その保護義務論による理論構成を図ることには重要な意義があるというべきである（なお、日本の保護義務論では、ドイツの基本権保護義務論よりも広く、人権保障義務と再構成して論理化を図ることが有用であることについて、戸波「人権論の現代的展開と保護義務論」栗城古稀記念『日独憲法学の創造力 上』（信山社、二〇〇三年）七二九頁参照）。

三　環境権の導入のための憲法改正

現在、憲法改正をめぐる議論が盛んになりつつあり、公表されている憲法改正案の多くのものが環境権の新設を提言している。他方、護憲の憲法学説では、環境権が憲法一三条によって導き出される以上、環境権の導入は不必要であるとする意見が有力である。

まず、憲法改正については、日本国憲法の基本原理を否定し弱めるような改正はあってはならないが、憲法の立憲主義の精神を強化するような改正は否定されるべきではない。そして、環境権の人権カタログへの採用は肯定されるべきである。環境権を憲法に規定するにあたっては、国の環境保護義務としてのみでなく、環境権を権利として保障する規定を設けるべきである。そのような例として、憲法二五条が挙げられる。憲法二五条は、一項で生存権を権利として保障し、二項で国の社会保障実施義務を定めており、国民の権利と国の義務の二つの側面を一体として保障している。

ここで環境権を「権利」として保障することが重要なのは、前述のように、多様な解釈の根拠となりうることのほかに、「権利」とすることによって国の環境政策の怠慢に対して、市民が是正促進を求めて追及することができるからである。「権利」を保障することによって行政の監視とコントロールを強めることの可能とするという例として、情報公開制度を挙げることができる。情報公開制度の創設にあたって、「知る権利」を法律に書き込むかどうかが議論され、知る権利が請求権としては抽象的であるという理由で、見送られた。しかし、情報公開条例は市民に権利として情報公開請求権を与え、それによって行政の保持する情報を公開させようとするものである。市民の請求権を与えないまま行政に情報公開義務を課しても、行政にとって不都合な情報は出てこない。

請求権が重要であるゆえんである。これと同様に、環境権についても、市民の権利として「環境権」を保障することが、行政の環境保護政策を促進し、その運用を監視するうえできわめて重要になるというべきである。

環境権の採用という憲法改正の提案が国民投票によって圧倒的多数によって支持されることになれば、それは憲法に対する国民の評価と信頼を高め、国民にとって憲法が身近で重要な価値文書であることを再認識させることになり、大きな成果をもたらす。そして、環境権が憲法で明示されることは、憲法上の環境権の法的性格をめぐる議論にも影響を及ぼす。つまり、環境権を消極的に解釈する学説・判例は国民の批判を受けることになり、それゆえに必然的に環境権を発展させる解釈が試みられ、広く支持されていく。環境権の導入は、人権の発展的解釈にも資するのである。

Ⅳ—8　日本における、環境法・科学技術法の憲法理論への影響・管見

斎藤　誠

環境法・科学技術法の理論及び実務が、公法理論に及ぼす影響について考えると、行政法理論に対するものは、既にかなり明確である[1]。環境法が、かつての各論に代わる参照領域の一つとして、総論理論の刷新に対する磁場を形成していることは、多くの述作に明らかである[2]。

科学技術法に関しても、そういう名称を持った参照領域が形成されるかどうかは、なおこれからの問題としても、当該カテゴリーに関わる法的問題は、行政法学の分析対象となっており、そこでは、従来の理論枠組みを、適用ないし応用するだけでなく、理論枠組みの方が、どう変容を迫られるかという問題関心も既存である[3]。

それに対して、環境・科学技術の憲法理論においては、環境権論や「科学技術規制と学問の自由」論に顕著なように、逆のベクトル、すなわち、憲法が環境法・科学技術法にどう寄与しうるか、という方向が前面に出ているように見受けられる[4]。もちろん、環境法・科学技術法のシステム内に、憲法を布置する場合には、そうした方向を活かす体系もありうる。ドイツの環境法教科書の一つから、「環境憲法」の章——「環境ヨーロッパ法」の章の後に位置し、「個々の環境法規にとりわけ沈積される環境政策総体、の基礎と限界を画するのは、環境憲法である」という記述で始まる——の項目を挙げると、「環境保護という国家目的」「環境基本権？」「環境侵害に対する防御権としての基本権」「環境の維持に対する国家の憲法上の保護義務」「環境保護における憲法上の限界」「（連

邦と州の）立法権限」からなっている。(5)

そこで取り上げられ、日独共通に議論の対象となっている基本権保護義務論は、環境法からの刺激を受容する面を持つが、(6)ここでは、他のありうる影響の一つについて、若干のコメントを付しておきたい — 第一回シンポジウムでは、ホフマン教授が「自律した個人の尊厳を、人間から主権的に支配されていると誤解されている人間外の自然と対立して定義することは、もはや正しい意味をもたなくなっている」と述べ、塩野教授が「人間を他の生物から全く異なったものとして、構成してきた人権論の存在根拠がどこにあるかをもう一度深く考えることが、科学の分野から、われわれ法律家に投げかけられている」と問題提起した、(7)憲法の前提とする人間観・自然観の問題である。

あえて標語化すれば、「人間中心主義の反照」 — die Reflektion über die anthropozentrischen Gedanken — ということになる。但し、ヒトなくして憲法なし、という大前提まで、ここで懐疑の対象とする、ということではない。思考実験としては興味深いにせよ、実定法学間の対話には、いま少しもっともらしい仮想現実の方に話を持ってこなければならない。

一つには、「われらとわれらの子孫」と憲法前文がいう、憲法における主体としての、個人・国民とは何かという問いに、遺伝子技術によって従来とは別の局面が顕になった、ということがある。ヒトは生物学上は不動であることを前提にして、その主体性を包括的に承認し、個々の問題について、法概念の操作で、主体性を、差違化し・区別する — こうした作業は、他の法分野同様に憲法においても、従来広く行われてきたところである — 外国人の人権共有主体性、未成年者の選挙権、等々。

ヒト・クローン規制法の登場に象徴的なように、今度は、生物学上のヒトとは何か、という問いを、法に反映しなければならない状況が生まれている。ヒトを対象とする遺伝子技術の規制根拠に、どういう憲法上の根拠を持ち出せるか、という問題とも、それは密接に関係する。例えば、町野教授は、「遺伝が確実であること」「個体の誕生がデザインされている」ことは、直ちには人間の尊厳を侵害するものではないが、それにより他の個人の複製を産出する場合には侵害となる、として人クローン個体の産出禁止の根拠とする。併せて、ヒトと動物のキメラ・ハイブリッド個体の産出について、以下のように言う。

「キメラ・ハイブリッド個体の作成には、人とそれ以外の動物との限界をあいまいにするという、さらに大きい問題がある。社会は人間が構成するものである。人と動物とのキメラ・ハイブリッドを作成する行為は、人間の種としてのアイデンティティーを曖昧にする行為であり、許容することはできないものである(8)」。

しかし、バリアーにもかかわらず産出されたらどうなるのか。上に述べた、いわば日常的な法概念の操作に回収して対応するのであろうか(9)。それとも、「社会は人間が構成」し、それ以外との「限界」を操作しようとしているのも人間であり、それを制御するのも人間である、という閉じた円環の「限界」を、感知しうる憲法理論が登場するのであろうか。

環境法の展開が、後者への刺激になりうるとしても、それは、現在のところ、「自然の権利」とか「アマミノクロウサギ訴訟」といった、法の日常からは突出した物事に吸収・解消されてしまうおそれは多分にある。環境保護の実定法の方は、多かれ少なかれ「人間中心」であり、不動のようにも見える。

環境基本法の終局目的は「現在及び将来の国民の健康で文化的な生活の確保に寄与するとともに人類の福祉に貢献すること」(同法一条)であり(10)、生物多様性条約の長大な前文は、「締約国は、生物の多様性が有する内在的な価値並びに生物の多様性及びその構成要素が有する生態学上、遺伝上、社会上、経済上、科学上、教育上、文化上、レクリエーション上及び芸術上の価値を意識し」という言葉に始まる(11)。

環境・自然「それ自体」が、法システムとの間で相互浸透することがあるのか。この点については、かの地とは異なる発想による可能性がしばしば言及されるが――「人と自然とを峻別してこなかった、東洋の思想[12]」、「アニミズム的自然観[13]」、「近代化を進めながら普遍的でも主体中心的でもない固有の文化的制度を発展させた日本人の思考様式[14]」――、果たしてそれに法的内容を充填できるのかどうか[15]、「主体もまた差違によって『諸関係の束』にまで分解される[16]」というポスト・モダンの法理論、さらには、（メタ理論において、蓄積のある分野ゆえに）近時の憲法論――「憲法イメージ」「見えない憲法」論等[17]――との間での、議論の展開も期待される。

（1）　環境法と並列する、科学技術法なる法分野の建立可能性については議論があろうが、ヒトクローン規制法や、各種の規格・認証制度のように、環境法・医事法といった既存の法システムや「生命倫理と法」というトポスに還元しきれない対象が登場していることは事実である。シンポジウムにおけるパートナーであるドイツでは、「学問法」「技術法」というカテゴリーに議論の蓄積があることもあり、以下では「科学技術法」を分岐する可能性を視野に入れて出発する。斎藤誠「日本におけるバイオテクノロジーと法」ドイツ憲法判例研究会編『人間・科学技術・環境』、一九九九年、一四〇頁以下、同「行政規制と公序良俗――バイオテクノロジー特許を素材として」『公法学の法と政策・下巻［金子宏先生古稀］』、二〇〇〇年、三四五頁以下参照。

（2）　例えば、島村健「エコマークとエコ監査」国家学会雑誌一一二巻三・四号、一九九九年、二〇六頁以下、山本隆司「公私協働の法構造」前掲注（1）『公法学の法と政策・下巻』五三一頁以下。もちろん、行政法・民法といった既存の法を「横断する法」としての環境法のシステム化は、一応は別の問題である。Vgl., Bender/ Sparwasser/ Engel, Umweltrecht, 4 Aufl., 2000, S. 8 ff.

（3）　例えば、高木光『技術基準と行政手続』、一九九五年、三〇頁以下、米丸恒治『私人による行政』、一九九九年、七三頁以下。多賀谷一照「規格と法規範」前掲注（1）『公法学の法と政策・下巻』四一三頁以下。斎藤前掲注（1）「行政規制と公序良俗」。

（4）　環境権論の展開と意味について、例えば岩間昭道「環境保全と日本国憲法」前掲注（1）『人間・科学技術・環境』二二九頁以下、桑原勇進「環境権の意義と機能」『ジュリスト増刊・環境問題の行方』一九九九年、四二頁以下、科学技術の憲法問題につき、例えば、戸波江二「科学技術の発展と人間の尊厳」前掲注（1）『人間・科学技術・環境』、長谷部恭男「憲法学から見た生命倫理」法時七二巻四号、二〇〇〇年、参照。

（5）　Karl/Voßkuhle, Grundkurs Umweltrecht, 2. Aufl., 1998, S. 92 ff.

（6）　桑原勇進「国家の環境保全義務序説（一）～（四・完）」自治研究七一巻五～八号、一九九五年、青柳幸一「環境権と司法的救済」公法研究五八号、一〇八頁以下、一九九六年、小山剛『基本権保護の法理』、二四頁以下、八八頁以下、一九九八年、参照。

（7）　ハッソー・ホフマン「ヨーロッパの視点における人間の尊厳と自然観」前掲注（1）『人間・科学技術・環境』一五七頁、塩野宏「法と科学技術」同書一〇頁。斎藤前掲「バイオテクノロジーと法」一四〇頁以下も参照。

（8）　町野朔「ヒトに関するクローン技術等の規制に関する法律」、法学教室二四七号、二〇〇一年。対するに、森村進「生命技術・自由主義・逆ユートピア」長尾龍一・米本昌平編『メタ・バイオエシックス』一九八七年、一三五頁以下は、「人間と牛との間の動物」が「牛よりも豊かな能力を持ち、自らの状態に満足している」としたら?、異種間動物の「生が親の生に比べて悲惨でないとしたら、彼らのどこが悪いのか?」、と問題提起し、憲法一三条で「尊重される」のは、「機能する脳」を持つ「自律的個人」とする長谷部前掲注（4）六九頁注（4）は、「脳の欠如したヒト・クローンを作製してその臓器を利用することは憲法でいう個人の尊重に反しない」し、逆に「通常人と同じ程度の思考能力を備えた猫が出現すれば」個人としての尊重の対象になりうるという。

（9）　ホルスト・ドライヤー「人間の尊厳の原理（基本法第一条一項）と生命倫理」前掲注（1）『人間・科学技術・環境』九四頁は、「人間の手で遺伝子が植え付けられ完全に組み立てられた人間存在」について「確かなのは、その存在も、人間のように扱われることを要求する権利を有するであろうことである」と言う。町野前掲注（8）九二頁注（16）は、「キメラ・ハイブリッド個体には『人』といえない例もあり」え、その場合「当該個体に生じた様々な結果をとらえて『人としての尊厳を侵害した』ということはできない」とする。
(10)　主体としてのヒトという前提、そのものは不問にするとしても、将来のヒトを保護対象とする現在の措置、が問題含みであることは、「将来世代責任」とか「持続可能性」といった、法文言の有意性を巡る議論で顕在化する。Vgl. Henschler, (u.a. hrsg.), Die Bewältigung von Langzeitrisiken im Umwelt- und Technikrecht, 1998.
(11)　システム間関係における、相互浸透について、河本英夫『オートポイエーシス　第三世代システム』一九九五、二四七頁以下、参照。
(12)　塩野前掲注（7）一〇頁。
(13)　牛山積「自然保護を支える自然観」高橋岩和・本間重紀編『現代経済と法構造の変革』、一九九七年、三七頁以下。
(14)　村上淳一『現代法の透視図』一九九六年、一七九頁が「日本文化に対する買被り」として批判的に紹介する、ラデーアによる評価。
(15)　法学外の知見に学ばねばならないところも大きいであろう――例えば、網野善彦、義江彰夫、養老孟司氏の諸業績。
(16)　村上前掲注（14）一九二頁注（31）。
(17)　安念潤司「政治文化としての立憲主義」、棟居快行「日本的秩序と『見えない憲法』の可視化」いずれも紙谷雅子編著『日本国憲法を読み直す』二〇〇〇年、所収。

【追記】

本稿は、二〇〇〇年夏のシンポジウムに提出したドイツ語原稿をもとに、同年末の段階で補訂し、注を付したものである。その後の文献として、ドイツ憲法判例研究会の活動に関係するものに限ったとしても、同研究会編『未来志向の憲法論』二〇〇一年、樋口陽一・上村貞美・戸波江二編集代表『日独憲法学の創造力（上・下）［栗城先生古稀記念］』二〇〇三年、に、多くの関連論考が収録されている。基本権保護義務論にかかわる筆者の論考「人権保護における行政と司法」も、同論文集（上）二二九頁以下、に所収。

注（4）であげた長谷部教授の論考は、樋口陽一他編『国家と自由』二〇〇四年、三四九頁以下に、補訂されたヴァージョンが収録されている。

行政法における環境法論の動向につき、例えば行政法理論研究会「行政法理論の方向性」自治研究七九巻四号、二〇〇三年、三頁以下、憲法原理 ── 一般行政法 ── 参照領域の間の関係について、斎藤「行政法の体系と特殊法［行政法学書評・兼子仁著『行政法学』］」自治研究七八巻三号、二〇〇二年、一三八頁以下、参照。なお、バイオテクノロジーと憲法の関係については、二〇〇四年のチュービンゲン日独法学シンポジウム（全体テーマ・先端技術の挑戦を受ける法）で報告した（シンポジウム記録ドイツ語版は二〇〇五年に公刊予定）。

Ⅳ―9　日本における人クローン産生研究規制への途*

光田督良

一　本稿の目的

科学技術庁は四月中旬、先の国会に「ヒトに関するクローン技術等の規制に関する法律」案を提出し、四月二五日衆議院科学技術委員会が法律案の取り扱いを本格的に検討し始めた（結局は審議されずに終わった）。法律案の内容は、クローン技術などで人工的に作る①体細胞核移植クローン胚、②ヒト動物交雑胚、③ヒト性融合胚、④ヒト性集合胚の四つを「特定胚」とし、これを人や動物の子宮に移植することを禁止した。違反者には、五年以下の懲役もしくは五〇〇万円以下の罰金、又はその両方を科し、違反者の所属する研究機関にも罰金を科すというものである。

この法案提出に大きな役割を果たしたのが、「科学技術会議生命倫理委員会クローン小委員会」の活動である。この委員会は、一九九九年一一月一七日の報告書「クローン技術による人個体の産生等に関する基本的考え方」において、クローン技術について様々な観点から検討を加え、「人クローン個体の産生は法律により禁止することが妥当」との結論を出している。

これに少し先立ち、文部省の学術審議会のバイオサイエンス部会も大学等におけるクローン技術の取り扱いをめぐる検討を続け、一九九八年七月三日に「大学等におけるクローン研究について」という報告書を公表している。この報告書も、ヒトクローン個体の作製を規制すべきであるとするが、その方法としては、大学等を対象として文部省の策定するガイドラインの下で各大学の審査委員会による審査を予定していた。

ほぼ同時期に行われていた審議会と委員会とでなぜ方針が異なったのか。ここに、法的規制の際に必ず問題となるような、この問題に対する基本的な考え方の相違が存在すると思われる。

本稿の目的は、これら審議会等の報告書および論文の中に現れた、ヒトクローン研究の取り扱いをめぐる議論を基に、人クローン個体産生研究規制に対する姿勢を明らかにすることにある。

二　両報告書の比較

文部省の学術審議会の報告「大学等におけるクローン研究について」と科学技術庁のクローン小委員会」の報告「クローン技術による人個体の産生等に関する基本的考え方」は、ヒトのクローン研究のもたらす問題性を、倫理、社会、科学、安全などの様々な観点から検討し、最終的に、「人のクローン個体を産生させてはならない」という基本点においては一致していた。しかし、それに至るまでの研究の取り扱い、とくに倫理、社会面からの検討による規制の方法とその根拠などについては見解が一致しているとは言い難かった。

両者の特徴を対照的に示せば、①科学的側面を重視している（学術審議会報告——以下、Aと表示）のに対し、倫理的側面を重視している（クローン小委員会報告——以下、Bと表示）、これは②「ヒト」のクローンの作製（A）と「人」のクローン産生（B）という基本的な言葉遣いにも現れている（Aでは、「生物種としての『ひと』を指す語の表記としては、本報告では、学術用語でもある『ヒト』を用いているが、科学技術会議のクローン小委員会中間報告では、倫理的な観点からの議論をより重視し、社会的な存在としての人間の意味をも込め『人』の語を用いている。」）③クローン個体と一卵性双生児の類似性を指摘している（A）のに対し、一卵性双生児との関係については言及していない（B）。④その倫理性と自主規制への態度を高く評価している大学等の研究機関を主眼に置き、そこでの研究の取り扱いを検討している（A）のに対し、研究機関の如何に関係なく、この種の研究一般の持つ問題性として検討している（B）。⑤自主規制が望ましいとするが、大学等間の基準の統一性と、迅速な対応の可能性から文部省による指針（ガイドライン）が最適な形態とする（A）のに対し、研究の場を問わず、単一の考え方に基づき統一的な規制が必要と考え、法的規制が妥当とする（B）。

両報告の間の相違を生み出す基本的立場の違いは次のようにいえよう。すなわち、学術審議会報告にあっては、研究倫理と責任を担うことのできる大学等の研究機関を措定し、そこにおいて、この研究のもたらす問題性を認識した上で、如何に研究の自由を確保するかという立場から、この研究に対しても、制約を最小限度にとどめうるかを検討している。その際、ヒトのクローン個体といえども、遺伝形質からいえば、双生児と基本的に同じであり、その倫理性、社会性において際立った問題性を示しているとは言い難い、というものである。

これに対し、クローン小委員会の報告書では、この研究は、大規模な研究施設、莫大な資金等を要する他の先端科学研究とは異なり、一定の知識と技術があれば誰でも行いうる研究であることに注目し、大学等だけでなく広く一般社会においても研究の規制を行わなければ意味が無くなるとの立場を取る。その際、人のクローン個体の産生は、何よりも人間の尊厳に対する侵害となるとする、より具体的には、人間の育種、手段・道具化、他の人格との比較による個人の尊重の侵害、人間の生殖に関する基本認識からの逸脱をもたらすとする。

人のクローン個体産生の技術の安全性、治療等へのこの技術の応用の有用性等の点ではそれほどの相違は存在せず、人のクローン個体産生の禁止という一致した結論を導き出すに至っている。

したがって、両報告が相違を示した根本的な点は、①大学等に限定するかどうか、②人クローン個体の倫理性を如何に評価するか、ということになろう。

大学等への限定については、根森教授の報告がまさにこの点にかかわると思われるので、それに委ねることとする。

以下、人クローンの倫理的評価について、検討する。

三　体細胞核移植クローンの意義と問題性

現在、個体発生に至るクローン技術といえるものは、初期胚分割クローン、初期胚核移植クローン、体細胞核移植クローンの三つの方法が存在する。この三つあるクローン技術のうち、体細胞核移植クローンがここではとくに問題である。それは、①この技術が体細胞の核の全能性を回復させ、既存の個体の遺伝形質と全く同一の遺伝形質を持つ個体を産生させる、②精子と卵子の受精により遺伝子の組み合わせの多様性が維持されてきたのに、体細胞クローン技術を用いた場合、遺伝子の組み合わせが行われなく(無性生殖と)なり、多様性が維持できなくなるという点で、他の二つとは根本的に異なるからである。この技術が生殖概念を変えるものであるという意義付けがなされているのもまさにこれ故にである。

この問題をめぐる議論の中には、これらの技術を区別することなく、クローン技術の問題性として論じているものがある。他のクローン技術の場合は、ここに上げたような問題性は生じない。区別無く論じることで、体細胞クローン技術の持つ意義と問題性を曖昧にすることとなろう。

このことは、一卵性双生児との類似性の評価の際にもっともよく現れる。一卵性双生児の場合、双生児自体は、互いに遺伝的形質を同じくする。しかし、それは、これまで存在せず、未知の遺伝形質である。互いがどのように発達するかも全く未知の可能性を秘めている。同じことは、初期胚分割クローンや初期胚核移植クローンの場合にもいえる。これに対し、体細胞核移植クローンの場合、いくら環境により異なった発達をするといえども、基本的に既知の部分があり、常にそれとの比較にさらされる危険性が存在する。

四　一卵性双生児との比較

一卵性双生児との類似性を指摘することにより、体細胞核移植クローンの問題性を否定することは、行為の結果だけを捉えて評価するのか、行為の動機をも含めて評価するのかの基本姿勢の相違でもある。すなわち、人クローン個体そのものが問題なのか、これを生み出そうとする行為が問題なのか。この問題の議論にあっては、人クローン自体を問題視するのか、それともこれを何らかの意図の下に産出させせようとする行為を問題視するのか必ずしも区別されずに議論している場合も見受けられる。そして、人クローン自体に問題がないので、これを何らかの意図の下に産出させようとする行為も問題が無いかのような結論を導くことがある。

しかし、この両者は区別されなくてはならない。そこでは、人クローン個体の存在自体が問題なのではなく、人クローン個体を何らかの意図の下に産出させようとする行為が問題なのである。必然性もないのに、クローン個体を産生させることは許されない。その行為によって、クローン技術により誕生した人あるいはその核の提供者の人格を損なうからである。そこで、必然性が存在するかどうか、その動機が検討されなければならない。

行為の結果だけを評価するのであれば、行為の動機など問題とならない。人為性と自然との一番の違いは、人為性の場合その行為に意図が組み込まれるということである。結果的に同じものが産生されたとしても、そこに特定の意思が存在するか否かは、その行為を評価する上で、大きな違いを産み出す。行為は結果だけからではなく、動機との関連において初めて正確に評価できる。

五　クローン技術の有用性

クローン個体産生研究の動機は研究や治療に求められる。これらの動機が正当性を持ちうるかどうかの検討が必要となる。

クローン個体の産生は、人間の発生学的上研究に多い有用であることは明らかである。しかし、研究目的のためだけに人間を産生することは、人間の育種になり、当然に許されない。人間は、他の目的のために誕生するのではないからである。したがって、どのような形であれ、人間の産生につながるようなクローン産生研究は許されない。

治療についてはどうであろうか。治療は、産生する個体との関係において行われるものと、これとは関係なく他人のために行われるものがある。初期胚分割をも含め不妊治療は、出産を希望する女性に対する治療であるが、それは人の産生のために行われるものである。またミトコンドリア異常の女性の出産のために初期胚移植が行われるならば、それは産生する個体のための治療といえよう。したがって、その必要性、不可避性、他の手段での代替性からこれらの行為が認められるか否かを別にすれば、これらは産生する個体と関連する治療といえよう。死亡した人の体細胞を使っての核移植クローンの産生などは、人の産生のためとはいえ、もはや、治療の枠をはみ出すこととなろう。

他人のための治療の場合はどうであろうか。この場合もっとも典型的な事例は移植医療である。遺伝形質が同一であれば、臓器の適合性も良く、また、拒絶反応も発生しないか発生したとしても軽いと予測されることから、既存の人の治療のために、その人の核を元にしたクローン個体の産生が発想されよう。しかし、核を提供した個体の治療のために、クローン個体を産生させる行為は、クローン個体を道具・手段とすることになる。人は、他人の道具や手段となるために存在するのではないから、このような行為も当然許されない。また、あらゆる臓器の細胞になる可能性を持つといわれているES細胞の研究が進めば、移植用臓器は別の手段によっても入手できるようになろう。もっとも、その場合、どのようにしてES細胞を入手するかは、別の倫理問題として生じることとなる。

このようなことから、体細胞核移植クローン産生研究は、個体産生につながる限りで、その動機における正当性も見出せない。

六　法的規制

国民の中の一部を対象とする規制であれば、ガイドラインの方法も有効であろう。しかし、この研究は、大規模な設備や費用を要せず、一定以上の知識があれば誰でも行いうる。したがって、国民全体に及ぶ規制をする場合の方法としては、法的規制が妥当である。それは、国民の行為の自由を制限するには法律によらなければならないからである。

法律による規制ということで、規制の硬直化ということも考えられるが、これも、規定の定期的な見直しを義務づけることにより回避できるであろう。

また、規制に実効性を担保するには何らかの形でサンクションを設けることも必要であろう。

このように、体細胞核移植クローン研究の取り扱いについては、クローン個体産生に結びつく行為を、刑罰を伴う法律で規制する必要があると思われる。

【追記】

本稿は、二〇〇〇年にフライブルク大学において「人間・科学技術・環境」をテーマとして開催された日独共同シンポジウムに、Schriftlicher Beitrag として提出したものの日本語版である。当初準備した日本語原稿はもう少し分量があったが、諸般の事情から、Schriftlicher Beitrag としては、当初の原稿のごく一部しか発表できなかった。そこで、論文全体の趣旨を明確にする、脚注などで論拠を示す必要があると考え、当初準備した日本語原稿は、「人クローン産生研究規制への途」と題し、駒澤女子大学研究紀要第八号に発表した。

二〇〇〇年一一月三〇日には「ヒトに関するクローン技術等の規制に関する規律」が成立した。このことを踏まえ本稿のテーマを取り扱うには、原稿全体にわたる書き直しを必要とされる。そこで、編集者とも相談のうえ、本稿は、シンポジウムの記録、あるいは二〇〇〇年九月時点までの状況の紹介ということに意義を見出し、手を加えずにおくことにした。

Ⅳ—10　日本における野生動物保護

石村　修

日本における憲法上の動物保護に関する指摘は、これまでほとんどなさてこなかった。そこで、私の以下のコメントは、日本における野生動物保護の特色に限定して述べることにしたい。

地理的に見た場合に、日本は島国であり、明確な四季を持ち、豊かな環境を持つ国である。国土に占める森林の割合は六六％であり、この数値はドイツの三〇％と比べると約二倍となる。しかし、民有林が約七〇％を占めている関係で将来は開発される可能性があり、実際に九〇年から九五年にかけて六、六〇〇ha減少させている。他方で、海岸線も防災や開発を理由にして埋め立てられることが多く、自然の浜が極端に少なくなって来ている。日本における都市開発は限られた平地を開発し、海岸線を埋め立てるということで、都市部と過疎地との極端なアンバランスをもたらしてきたが、その限りでは、皮肉なことに山間部の自然環境は人為的に保持されてきたことになる。わが国の森林が整然として残されてきているのは、開発に適さない効率の悪い環境（経済効率が悪く、インフラが悪い）によるものであり、したがって、東南アジアの諸国のこれまでの森林破壊には日本は十分に責任があったと言えよう。

北から南へと細長い形状をしている国土からして、日本には他国には見られない程の多様な動植物が記録されている。また、この動植物を元来食料としてきた関係で、すでに絶滅したりあるいは動物園でしか見られない動物も多い。環境省の発行するレッド・データー・ブックによれば、いわゆる「絶滅危惧種数」は九六年の時点で一三二種であり、絶滅種数は一三種である。絶滅種の多くは、小さな島にのみ住んでいる関係で特殊な生育環境にあり、種の激変に気づかなかったという例が多い。その典型例は、南の小さな島に住んでいる「イリオモテヤマネコ」（ネコの原種）で、一九六五年に発見された後、天然記念物に指定され、訴訟・保護されている。北の佐渡島に住んでいた日本産「トキ」は絶滅し、中国から送られたトキの飼育とその繁殖が試みられているにすぎない。

わが国が意識的に野生動植物の保護を明確にしたのは、悲しいことに最近のことである。一九九二年に「絶滅のおそれのある野生動植物の種の保存に関する法律」が制定され、国内希少野生動植物の個体の捕獲・譲渡やその加工品の譲渡等を禁止している。また、その生育・生育環境の整備を内容とする保護増殖事業計画を推進することとしている。同法は、一九九二年に「生物多様性条約」をわが国が締結したことによる国内的な措置である。しかし、実際にこの条約を実施する体制が形成されたのは、九五年に至ってからであり、野生生物保護センターを中心にした、特定の場所における保護に留まっている。国は国有林の区域に保護地域指定をすることで、「緑の回廊」を設定し、野生生物の自由な移動の場所を確保しようとしている。しかし、この指定は限定的・恣意的で問題のあるところである。問題は国民の生活と野生生物との共生関係を、いかに適切に確保していくかである。先に記したように、わが国では食料として、野生の生物に寄与するところが多く特定の種は激変してきた。一九一八年、すでに「鳥獣保護および狩猟に関する法律」を制定し、狩猟業を一定の期間と場所で可能としてきた。しかし同法の下においては科学的な視点からの共存関係が確保されてきたわけではなく、野生のおおかみは一九〇〇年ごろにすでに絶滅しており、ヒグマやエゾシカの総数も減少している。極端に現象する個体がある一方で、シカ・イノシシ、サルのように人の居住地帯にまで進出し、農作物や他の生態系を脅かす減少が起きている。同法は最近改正され（九八年）、特定の鳥獣を保護する視点が強化され、保護管理計画が実行されることになった。

その結果、猟場はより限定化され、他方で、野生動物から被害を守るための措置を講じている。

共存との関係で、二つの例をここで簡単に紹介しておきたい。一つは、「クジラ」であり、他は「カラス」である。国際的にもクジラは保護されているが、わが国においても三種は近海にあっても捕獲禁止となっている。しかし、日本人は長い間、クジラを重要なタンパク源としてきた関係から、クジラを食することに抵抗感は少なかった。現在では、資源状況の良好な「ミンククジラ」を初めとするクジラの日本近海での捕獲が続けられている。他方で国際的には、一九八七年より国際捕鯨委員会（ＩＷＣ）は商業捕鯨を禁止する措置を講じて以来今日に至っている。捕鯨の禁止は、個体の減少だけでなく、クジラが高等な動物であることによるものである。捕鯨論争は、日本とアメリカとの間の異質な思想の対立でもあった。文化対立も現実的には、クジラの最大持続生産量を保持するラインで妥協できるはずである。しかし、この数値を客観化することは非常に困難であり、また、日本人の食生活も変化してきており、クジラへの依存は減っている現実を踏まえて、当面は保護の線を続けることが必要と思われる。

「カラス」の場合は逆のことが言えよう。都会での「カラス」は明らかに増えつづけており、住民が被害を受けるまでの状況にある。増えた理由は、都会ではエサとなるゴミが豊富であり、天敵がいなく、巣を簡単に作れるといった点が指摘できよう。東京都知事は、最近このカラスを減らす作戦を指示し、職員がさっそく巣から卵を破壊する作業を始めている。ゴミの安易な出し方も問題とされるところであり、ドイツ方式の厳格なゴミ出し方式をわれわれは見習わなければならない。

この小レポートの最後に、最近わが国でも裁判において主張されるようになった、「自然・動物の権利」に言及しておく必要があろう。南の奄美大島において、アマミノクロウサギとこれの代弁者からなる訴訟が提起された。これに続いて、同種の訴訟が茨城県でオオヒシクイにより、長崎県でムツゴロウにより、私の大学が有る神奈川県生田では、タヌキにより起こされている。いずれの訴訟でも、これらの動物の原告適格（当事者能力）そのものは認められなかった。日本国憲法一三条や二五条の文言をそのまま解釈する限りでは、自然の権利を直ちに認めることは困難である。日本国憲法は、個人の尊厳原理に立脚するものであり、自然の権利まで想定してはいなかったからである。しかし、各種の環境訴訟を契機として、「環境共有の法理」が浮き上がってきたことは確かである。自然権訴訟もそのように考えれば、方向性は間違ってはいないはずであるが、問題はそれをどのように理論化できるかである。先に指摘した訴訟の判決文は、自然の権利そのものを否定しているのではなく、「自然物に尊重されるべき固有の価値が認められる」と述べており、将来的には自然物の存在を人間が代弁していくという方向が確認されたと思われる。つまり、動物そのものが訴訟を起こすのではなく、自然の権利にたいする侵害があれば、代弁者たる団体が訴訟を起こしうるという点で、原告適格の問題を緩やかに広げて行くことを模索することになる。

一九八二年の「世界自然憲章」では、「すべての生命形態は固有のものであり、人間にとって価値があるか否かにかかわらず尊重されるべきものであること」としている。この憲章が人間中心の発想思考を戒めているものとしてわれわれは受け止め、あらゆる自然物との共存の可能性を一層深刻にわれわれは考えなければならないであろう。

【追記】

私のコメントは、クレプファー教授の動物保護に関する報告を受けて、日本の同様の状況をコメントするために用意されたものである。その関係で以下の点において問題点を含んでいた点は明らかである。まず、できるだけ簡単のコメントをする、という要請を受けてのことであったために、当時の動物保護の状況を概括的に述べているにすぎず、参考資料も添付されてはいなかった。コメントは日本の特性を表すという意味で、野生生物保護の現況をまとめたに過ぎず、不十分な点が多い。第二にこのテーマに関しては、その後の変化が顕著であり、そのことについては補足しなければならないであろう。

まずその後の変化について、最も大きな変化は、クレプファー報告にあったドイツ基本法の動物保護をいれるか否かの論争について、結局、環境保護規定（二〇ａ条）の中に「動物保護」が文言として入ることになり（二〇〇二年）、ひとつの決着をえたことである。当初これに反対していた野党（ＣＤＵ／ＣＳＵ）との間に妥協が見られたからである。次なる議論はこの国家目標規定とされている内容を他の国家機関がいかように解釈し、具体的な事例に応用していくかである。もともと与党（ＳＰＤ）が提案していたのは、「動物とは、生物として尊重される。動物は種族に相応しくない飼育、避けることのできる苦痛及び生活領域から保護される」としたものであり、動物保護法の基本理念を基本法上でも保障しようとするものであった。動物を「同胞」と見る視点は、人間中心の法律観を和らげることになるはずであり、その影響力は多大なものになることになる。今回の基本法補充はさすがにここまでには至らなかったものの、当面はヨーロッパ全体に対する本条の影響は大きいものがあろう。それは、ＥＵの進展とともに動物保護に関しても同様の法的対応が構成国に求められており、ブリュッセルで発せられるＥＵ法の内容が、動物保護に関しても厳しくなることが予測されるからである。これらは保護動物、野生動物、家畜、ペットといったジャンル分けをされて適用されている。その中の課題としては、例えば、実験動物を行う際のガイドラインを明確にすることや、「狐狩り禁止や闘牛禁止」というような文化との軋轢を引き起こしかねない事項もある。

これと対比して、日本の動物に関する法状況はヨーロッパに比べて遅れている点は明らかである。自然が豊かであったという特性が、逆に作用してきたといえよう。失って始めてその価値を見直すということの愚かさを繰り返してきたことになる。改正された「動物の愛護及び管理に関する法律」（九九年）は、ペット保護法といわれているように「動物の虐待」を防止する（一条）という精神構造にあるだけに、ドイツの「動物保護法」とはかなり離れたところにある。いずれ本格的な法改正が予定されているとはいうものの、すでにこの改正から数年を経ていて結果があらわれてきていない。環境基本法に匹敵する形で「動物保護法」が一刻もはやく制定されることが望まれる。現行の法は、動物の管理に視点が当てられ、それは人に奉仕する動物の姿である。しかし、動物の立場も考慮することの思想は日本の伝統の中にあったはずであり、こうした思想の再評価をもって法の改正に向かってもらいたいと思う。

参考文献、日弁連編『野生動物の保護はなぜ必要か』（一九九九、信山社）、青木人志『動物の比較法文化』（二〇〇〇、有斐閣）、同『法と動物』（二〇〇四、明石書店）、飯田稔「自然環境の利用と保全」ドイツ憲法判例研究会編『未来志向の憲法論』（二〇〇一、信山社）、「岡田俊幸「統一ドイツにおける『動物保護』の国家目標をめぐる議論」『古川治教授退官記念・伝統と創造』（二〇〇〇、人文書院）、特集・各国のペット法事情（法律時報二〇〇一年四月号）、石村修「動物に対する法的対応と動物実験」（学術の動向二〇〇二年九月号）、同「産卵鶏のケージ内飼育」（自治研究七九巻十号）。

第V部　日本とドイツの憲法学(2)

V—1 日本における人間・社会・国家

栗城壽夫

一 二〇世紀前半におけるドイツと日本

1 二〇世紀の終りに日独関係の過ぎ去った一世紀を回顧するとき、他の非常に多くの分野におけるのと同じように、或いは、それ以上に、憲法・憲法学の分野において、日本がドイツに多くのものを負い、ドイツによって強く影響されていることを痛感せざるをえない。

2 一九〇〇年当時（一八八八—一九〇二）、明治憲法下の代表的憲法学者・美濃部達吉はハイデルベルク大学に留学してゲオルク・イエリネックの影響を受けた。美濃部は、帰国後、イエリネックの一般国家学を基礎にした「日本国法学」（一九〇七年）を刊行して以来、国家法人説に立脚した著書を刊行し、とりわけ後に官僚になった者たちに大きな影響を与えた。この場合注目されるのは、国家法人説はドイツにおいては君主主権論と国民主権論との対立のなかで両者の妥協を打出すことによって国民主権論の全面展開を抑止する働きをいとなんだのにたいして、日本においては、国家の法律学的把握によって君主主権論の全面展開を抑止する働きをいとなんだということである。ともあれ、イエリネックの憲法理論は美濃部を媒介として、日本の立憲主義を前進させることに貢献した。

3　日本の立憲主義との関係で言えば、ドイツは立憲主義の樹立そのものにたいしても強い影響を及ぼした。即ち、立憲主義の導入にあたって、種々のタイプの立憲主義のなかで、いずれのタイプの立憲主義を導入するかの選択に直面した日本は、ドイツ型の立憲主義を導入することに決定したが、その最も大きな理由はドイツ型の立憲主義が君主主義原理に立脚しているというところにあった。ドイツも、一九世紀の中葉に、立憲主義を君主主義原理にもとづかせるか議会主義原理にもとづかせるかの争いに政治的な力によって決着をつけ、君主主義にもとづかせることに決したのであるが、その最も大きな理由は──Ｆ・Ｊ・シュタールが強調したように──イギリスと異なってドイツにおいては君主が国家・国民を統合する役割を担っているというところにあった。日本においても、憲法草案の起草・審議の過程で、キリスト教を国家・国民統合の機軸としているヨーロッパ諸国と異なって、日本では天皇が国家・国民の統合の機軸とならなければならず、そのために天皇に強大な権力が与えられなければならないということが強調され、その結果、この基本思想に立脚した憲法が一八八九年に制定された。

4　もっとも、立憲主義の採用・導入そのものを促したのはドイツの影響だけではない。ドイツを含む欧米諸国からの圧力が最も重要なファクターであった。即ち、欧米諸国の圧力によって開国を迫られた日本が、それに対抗するために国内を統一し、国力を固めるために憲法を通じて統治の効率化を図ることが必要であったし、また、日本が欧米諸国の圧力のもとで締結した不平等条約を改正するために欧米諸国と同レベルの憲法をもつことが必要であった。それゆえ、ドイツも欧米諸国の一員として日本における立憲主義の導入に間接的に貢献したということになる。

5　美濃部憲法理論はイエリネックの理論を基礎とすることによって、導入された立憲主義を二つの方向で前進させる働らきをいとなんだ。一つは、法治国家的方向であって、とりわけ法律の留保原理の確立・定着に貢献した。他の一つは民主主義的方向であって、とりわけ議院内閣制を弁護する憲法理論を展開した。この点、ドイツでは君主主義に立脚した憲法のもとで議院内閣制が実現されるにはいたらなかったのにたいして、日本では文言上君主主義に立脚した憲法のもとで憲法の運用によって短期間ながら議院内閣制が実現されえたことが注目される。

二　二〇世紀後半におけるドイツと日本

1　二〇世紀の半ばに、ドイツも日本も、その程度・方法の違いはあれ占領軍の影響のもとに、新しい成文憲法をもった。憲法のテキストのうえでは、基本権もしくは人権の高度の保障、国民の憲法制定権力の宣言、国民主権原理を具体化した諸制度の採用などにおいて二つの憲法の間には同質性が認められる。また、憲法理論の面では、アメリカ憲法・憲法理論の影響が強まったために、二〇世紀前半におけるほどではないにしても、なお、憲法改正の内容的限界、法律二元説、私人間関係への基本権規定の間接適用、法人の基本権享有主体性、制度的保障などの問題分野において、ドイツ憲法理論の強い影響が認められる。

2　しかし、日本の憲法的思考とドイツの憲法的思考との間には、現在、基本的な違いがあるように思われる。

即ち、二〇世紀初頭においては、いずれの国も君主主義的憲法のもとにあったのに、現在では、ドイツは、この間ワイマール憲法・ナチス体制を経験することを通じて君主主義的思考方法を清算したのに対して、日本においては、依然として、君主主義的思考方法及びそれと結びついた思考方法が残存している。かつてのドイツにあっては神の恩寵は君主のみに帰属していたが、ボン基本法のもとでは、国民が神にたいして責任を負うものとされ、人間の尊厳が国民を統合する基本的ファクターと考えられている。これにたいして、日本では、国民主権が宣言され、天皇の地位は国民の総意にもとづくものとされているにもかかわらず、天皇に関する規定が憲法本文の冒頭の章におかれ、天皇が国家・国民の統合の象徴とされている。憲法理論においては「国民の意思にもとづく」ということが重視されているが、国民一般の意識においては「国家・国民の統合の象徴」ということが重視され、「天皇が国の中心」という考え方が依然として政治生活や社会生活を支配しており、このような意味において君主主義的思考方法が残存している。かつて君主主義原理を弁護したＦ・Ｊ・シュタールは立憲主義の本質を「正しく統治されること」に見出したが、君主主義的思考方法とは「統治されること」に甘んずる精神態度として捉えることができよう。「統治されること」に甘んずる精神態度が清算されているか否かを確定する手がかりのひとつは参加・共同決定が政治生活のみならず社会生活においてどの程度確立されているかということにあると思われるが、この点では日本とドイツとの違いは歴然たるものがあるといえよう。

3　こうした君主主義的思考方法が残存していることの原因としては多くの事があげられると思うが、日本人に特有の思考方法との関連であげるとすれば、次の二つのことがあげられる。ひとつには、天皇による統治が抑制された・穏和なものであったということ、すくなくとも、そのようなイメージがつくりあげられていることである。天皇が権力からひきはなされて単に精神的権威にとどまっていることが長かったにせよ、また、現実的な権力が立憲主義的制約によって抑制されていたにせよ、天皇の統治は抑制されたものであったから、それは排除される必要がないものと考えられた。いわば、統治は抑制された・穏和なものであるべきであるという政治の理想の化体者として天皇が理解されていたということができる。ひとつには、為政者の誤り・失敗の責任を徹底的に追及するという精神態度が国民の側にないということである。政治的誤り・失敗の責任の解明・追及がアイマイ・ウヤムヤになってもそれでよしとする精神態度が強いということである。そして、この二つは日本人が抑制・穏和・中庸を求める傾向をもっていることと関連があると思われ、更にいえば、「和をもって貴しとなす」とする精神態度と関連があるのではないかと思われる。

三　国家・社会に関する日本人のものの考え方の特色

1　憲法という名前のついた日本最古の法律文書は六〇四年に聖徳太子が作成した一七条の憲法であるが、基本的には官吏にたいする執務上の心がまえの説示という性格を有するこの一七条の憲法は、その第一条において、「和をもって貴しとなす」と規定している。中央集権的統治体制の確立に成功した中国の政治的・文化的攻勢に対処するために行われた国家的統一を目的とする諸方策の要めとしての一七条の憲法が、和をもって施政の第一原理としたことは、一方では日本人の精神構造を反映したものであり、その意味では Sein の表現であるとともに、他方では日本人の精神構造を規範的に規定するものであり、その意味では Sollen の定立でもあった。

2　「和をもって貴しとなす」とする精神態度は、究極的には、日本の穏和な気候・風土が、日本人のなかに自然に深い愛着を感じ、ひいては現実をそのままに容認・肯定する態度をうみだした結果ということができ、現実のなかに当然含まれている矛盾したもの・対立しているものをそのまま容認・肯定することから生ずる宥和・寛容の精神態度の反映ということができる。

3　「和をもって貴しとなす」という規定が規範的に作用すれば、更に幾つもの具体的な規範となって現われたし、現に現われている。

⑴　「自己主張を抑制せよ」

この規範は一方で、公的権力との関係においても私人相互の間においても紛争・対立を少なくする作用をいとなんだが、他方で、自分の意見を言わない、更には自分の意見をもたない気風をうみだすという作用をいとなんだということができる。

⑵　「他人のことを思いやれ」

この規範は一方で他人にたいする思いやり、気くばりの気風をうみだす作用をいとなんだが、他方で、他人の目を気にする気風、正しいと思うことを敢えて言わない、行わないという気風をうむ作用をいとなんだ。独立独歩の気風をうむのには適しなかった。

⑶　「極端を避けよ」

この規範は、一方では、第一に極端、過激を抑制する作用をいとなみ、第二に極端なもの同志を調和させる作用をいとなんだが、他方では、原理にもとづかない妥協をもよしとする気風をうむ作用をいとなんだ。ものごとに徹することのメリットとデメリットとをもたらした。

⑷　「目立つ事を避けよ」

この規範は、一方で、力の誇示、才能の誇示を避けさせることによって争いや対立を未然に防ぐ作用をいとなんだし、芸術の分野では能の極意としての「秘すれば花」に典型的に示されているような日本特有の芸術思想をうみだす作用をいとなんだが、他方で、人々をして内にこもらせる作用、活動範囲を私的領域に限定させ、公的領域に視野を広げさせない作用をいとなんだ。

4 「和をもって貴しとなす」という規範は、更に制度化され、すべての人がこの規範に従う状態を人為的につくりだすしくみが形成された。

(1) 全員一致方式の採用

a そのための「ネマワシ」の慣行。

b 「ネマワシ」にあたっての非論理的説得。上下関係、利害関係、血縁関係を利用しての説得。

c 全員一致にこぎつけるための、決定のひきのばし。

(2) 既存の多数意見（＝社会通念）と「すべての人の意見」との同一化

a 「すべての人の意見」という観念に含まれている規範的モーメントの軽視。

b 少数意見の無視ないし抑圧。

c 各種の政府系審議会のメンバーの人選にあたっての、多数派グループのみの考慮。

(3) 玉虫色の決着

(4) 固い・重い決定形式よりもやわらかい・軽い決定形式の重用

5 「die Öffentlichkeit」の未成熟

(1) 上記のような精神態度が原因となって国家・社会に関する日本人のものの考え方の特色としての受動的・

宥和的な態度及び私的領域へのひきこもりなどが生じた。それらは、それぞれ、更には全体として、プラスの効果をもたらし、また、マイナスの効果をもたらしたし、また、もたらしている。マイナスの効果としては、「die Öffentlichkeit」の未成熟ということがとりわけ注目される。

(2)　聖徳太子によって、第一に、すべての土地の国有化が行われ、第二に、天皇による全土地・全人民の統治の体制の確立される事を通じて成立した「公的なもの」の観念が、長い間、ひとつには、封建体制により、ひとつには統治権行使からの天皇の排除によって、消滅し、もしくは、後景に追いやられていた後に、再び現実的な意味を帯びて復活したのは、徳川時代末期のことであった。それは、第一に、開国を迫るヨーロッパ諸国の圧力に直面して日本の国全体の利益（＝日本の存立そのもの）を守らなければならないという意識がうまれたことが原因であり、第二に、全体にかかわることはすべての人の意思にもとづいて決定され、運営されなければならないという主張・要求がうまれたことが原因であった。明治維新は、このような意識や主張によって強烈につきうごかされた全国の下級武士によって実現されることができたにもかかわらず、明治維新の過程で、突然それまでのヨーロッパ諸国の排除・排撃の基本方針は開国・協調・欧化の基本方針へと転換され、すべての人の意思にもとづく国政運営という基本方針は天皇・政府による統治へと収斂されてしまい、天皇・政府の考え以外はすべて私議として禁圧されるようになった。以後、政党の力の上昇によって、議会が国政にたいして決定的影響力を行使しえた時期が短期的にはあったにしても die Öffentlichkeit が天皇・政府によって独占されるという状態が一九四五年まで続いた。

(3)　日本国憲法のもとで、「すべての人の意思にもとづくすべての人の利益の実現」の思想は、普通平等選挙制や選挙にもとづいて成立する議会を中心とした統治体制の採用を通じて制度的に具体化され、いわば die Öffentlichkeit が国家をになうという思想が制度化された。しかし、この制度化された die Öffentlichkeit はいわば国家機構のなかに組み入れられその一部となっているのであるから、die Öffentlichkeit が真に国家をになうことができるためには、制度化された die Öffentlichkeit が非制度的な Öffentlichkeit によって不断に新に刺激され、変革され、活力を与えられていなければならない。非制度的な Öffentlichkeit が制度的な Öffentlichkeit を補完する働らきをいとなみうるためには、①意見表明・意見交換・討議の自由が保障されていること、②少数意見が尊重されており、且つ、そのため、少数意見を汲みあげるべき機関が国家機構のなかに存在していること、③国民が憲法所定のルールを通ずる以外にも、国政運営に参加し、自己の意見・主張を表明し、且つ、意見・主張を実現するための活動を展開することを保障されていること。逆に、国家機関のほうでそうした意見・主張を受容れるのにやぶさかでないとする態度をもっていること。④国政運営に関する情報が公開されていること、などがとりわけ必要である。日本はこのような点において未だ十分とはいえない。

四　二一世紀にむけて

1　科学技術が飛躍的に進歩した二〇世紀は同時に飛躍的に大きな環境破壊をもたらした。二一世紀において環境破壊の危険がこれ以上大きくならないようにすること、二〇世紀の始めに環境があった如くにもとにもどすことは、二〇世紀において科学技術の進歩の恩恵にあずかったものの責任である。且つ、環境破壊が地球全体に及んでいる以上、すべての国がその程度・態様の違いはあるにせよ、この責任を負わなければならない。

2　環境政策の目標として環境、とりわけ自然との共生ということが強調されている。日本人の生活態度がもともと自然との共生を特色としていたとすれば、この際、この特色が活用されるべきであろう。しかし、事柄は政策の問題であるから、かりに自然との共生の態度が伝統的にとられて来ていたとしても、この態度が意識的なものとされ、更に、積極的・能動的なものに転化される必要がある。そのためには、国家が基本政策として自然との共生を志向するだけでなく、die Öffentlichkeit が環境との共生のために議論し、提案し、活動することが必要になる。

3　この点、日本の状況が満足すべきものでないことは、既述のとおりであるが、しかし、展望が全く開けていないわけではない。

① 既にそれ以前から行われていたが、とりわけ阪神淡路大震災に際して、また、それ以後極めて顕著になって来たボランティアの活動。

② それと重り合う形で進行して来ている、種々の分野で成立しているＮＧＯの活動。他の分野においても活発であるが、とりわけ環境保護の分野での活動が活発であることが注目される。

③ 種々の形態での環境保護を目的として、住民による直接請求にもとづいて制定された条例を根拠として住民投票が実施されていること。

④ こうした状況を背景としてＮＧＯ活動を促進・支援するためのＮＰＯ法が制定され、また、こうした活動の前提となる情報公開を目的として情報企開法が制定されるにいたっていること。

⑤ 先日の沖縄サミットに際して、ＮＧＯとの対応・接遇を担当する要員が配置され、それにシヴィル・ソサイェティー担当大使という名称が与えられたこと。

4　このような萌芽が一層推進されることが必要である。その際国際的レベルにおいてリオ・デ・ジャネイロにおける環境に関する基本政策の宣言がＮＧＯによって推進・実現されたことにかんがみれば、国内的レベルにおいてもＮＧＯの活動に大きな期待がかけられる。そうなると環境問題をはじめ多くの公的な問題の解決が正式の国家代表とＮＧＯ、正式の国家機関とＮＧＯとの協同によって進められざるをえないようになり、究極的には国家のあり方の根本的変更も生ずることが予期される。

V―2　比較法および国際関係における憲法

ライナー・ヴァール
青柳幸一訳

一　開かれた国家の法比較

ドイツと日本の比較憲法に関するシンポジウムの終わりにあたり、結びの言葉で比較法における国家の憲法について再度の講演は不必要である。私たちは、この法比較を十分に、そして集中的に取り組んだ、私たちは、実定法における共通性と、しかしまた規定や規定の発端および指導原理における相違を知った、規定や規定の発端はそれらの奥深くにある体系的決定に、そして文化的な先行理解に依拠していることが、明らかとなった。

シンポジウムの終わりに、そしてさらなる研究のための展望という意味において、さらに関心をひきつけうることは、外にむけて開かれた国家の法比較という新しいテーマである。大事なのは、比較法の重要な次元の拡大である。伝統的な比較法は水平的に行われており、大事なのは同じ次元での法秩序の比較である。さらに付け加えるテーマは、その時々の国家の憲法秩序を上の方へ開くこと、つまり垂直的方向への拡大である。大事なのは、開かれた国家、すなわち、協働することに開かれた立憲国家である。それによって、新たな性質が伝統的で水平的な比較憲法との関係において達成される。水平的な比較憲法は、依然として必要不可欠で重要であるが、しかしそれは法政策者と法学者の自発的な作業である。それは、法的には秩序づけられておらず、また何ら直接的な法的帰結をもたない。あらゆる国家およびあらゆる法秩序は、比較法を行うことができる。あらゆる国家・法秩序は、比較法を行うならば、結果のために正しい知識を与えられる。しかし、あらゆる国家・法秩序がそうしなければならないわけではない。行われる比較法からも、結果として何らの法的拘束も出てこない。垂直的方向での関係においては、すなわち、開かれた立憲国家が結ぶ関係においては異なる。そこでは長く法形式が、すなわち、条約、協定、国際機関における構成国であることに関する条約、そしてそれらすべてから導かれる立憲国家にとっての拘束が出てくる。開かれた国家は、開いているばかりでなく、他の機関に対してもまた拘束する。

日本やドイツのような第二の立憲国家の、時には上の方向へ、時には国際機関の国際的世界への開放に関しては、双方の国家の仲介される関係が実現されうる。両国には、事情によっては同一の拘束がかかる（しばしば国家は、まさに、同様に他国も拘束されるゆえに、そして平等であるがゆえに、ＷＴＯのような国際機関への拘束を受け入れる）。

二　国家およびその法秩序の国際化のための法の基礎

1　ドイツにおいては、国際化のための憲法上の基礎は、基本法二三条（ヨーロッパ連合〔ＥＵ〕への参加）そして基本法二四条の一般的規定である。問題となっている関係において、日本と比べて、ドイツのＥＵへの統合は、それほど関心を引いてもいないし、専ら関心をひいているわけでもない。なぜなら、日本に何ら類似のものが存在しないからではなく、国際機関への協働と参加によって生じる立憲国家および国家の法秩序の国際化が関心の的であるからである。その点では、世界のすべての国の間に、またドイツと日本の間にも、明瞭な共通性が存在する。

ドイツの場合、基本法全体の中心的な、それどころか鍵となる規範について語ることができる。基本法二四条と国家実例を通じて、外への開放がドイツの国家性の構造的メルクマークになっている。基本法二四条によれば、内部に向いた国家、国内を指向する憲法国家は外側へ開かれる。基本法二四条によって、国家理解もまた意義深く変化した。すなわち、ドイツは協働に開かれた立憲国家である。立憲国家、社会国家、環境国家などのメルクマールに、開かれた国家が重要なメルクマールとして付け加わる。

2　立憲国家の開放に関する法規範に関する比較憲法

高権の委譲のための類似の一般的規定は、オーストリア憲法九条二項に（そしてヨーロッパ統合に関する二三a－f条に）見出される。フランス憲法は、八八条に詳細な規定を置いている。それによると、フランスは、若干の権限を共同して行使することを認めるEUに参加する。アメリカで、よく協働に開かれた立憲国家の秩序の姿を見出す。アメリカは、確かに、非常に明確に立憲的基準の保持を考慮している。従来、アメリカでは、高権の委譲の問題は実際的問題ではなかった(1)。日本の場合には、国際法上の条約および一般的な国際法上の原則への誠実な顧慮を規定する憲法九八条二項が挙げられる。その際、憲法が優位するのか、あるいは国際法が優位するのかに関する見解は、分かれている。

3　その際大事である国際機関の世界および専門分野の広がりを、簡潔に指摘したい。数と重要さからすると、国際機関は一九世紀後半の特徴的な革新のひとつである。そして、それは国際的な制度化された協働の表現である。とりわけ国際連合の一六の特別機関が重要である。実践的に最も重要な機関である世界貿易機構（WTO）も、付け加わる。個別的には、国際機関の固有の法秩序の形成において、そして個々の国家の拘束の程度において大きな相違がある。権能と法的拘束の可能性の点で最も進んだものを有する機関は、ＷＴＯである。ＷＴＯは、ＷＴＯ機関の決定を実施するために、まさにセンセーショナルな紛争解決手続きを有している、ＧＡＴＴにおける、そしてＷＴＯの他の特別条約にとりこまれている義務に違反した国家に対する厳しい不利益が脅威である。

三　環境法および生命倫理法の専門分野における国際化

1　環境法の領域における国際化は非常に広範に先行しており、それが環境国際法の固有の規律と規範状況を形成している。その間に、気象異常問題、大気圏にとって有害である原料の禁止といった様々な分野に関する多くの条約や協定、さらには生物学的多様性や南極あるいは海洋などに関する条約がある。

これらの環境国際法の頂点に、とりわけ、持続的な発展の新しい基本思想を法形式化したリオ宣言がある。条約会議および系列会議の全体の編み細工のなかに、地球気候保護のテーマが包まれている。学問のグローバリゼーションという標語がその世界的な凱旋行進を始める以前は、長い間、「グローバル」という名称は地球環境問題と関連して知られていた。一般に、それは主権に対する環境への義務性を意味した。

2　生命医学の分野における国際化は、【環境法の分野に比べて】明瞭とはいえない。ヨーロッパ、すなわち、ヨーロッパ評議会には生命医学に関する人権条約がある。私たちは、このシンポジウムの間に、ドイツがこの条約に加入していないことをすでに知った。なぜなら、ドイツは【条約の】多くの規定が全面的に十分だとは思っていないからである。生命医学に関する人権条約と並んで、ユネスコの、ヒト・ゲノムと人権に関する一般的な宣言がある。

世界的な次元では、さらに世界医師連合会の決議あるいは宣言を挙げることができる。そのほかに、この分野では国際的な協定や規準準設定はない。その理由を明瞭にする必要があろう。このシンポジウムでの討議において、生命医学の分野での規制がいかに強く原則的な倫理上の価値判断に依拠しているかが、改めて明らかになった。その名に値する世界倫理が存在するのではなく、共通の確信の十分な構成要素にまでなお発展していない多様で、競合的な観念が存在する。世界の多くの国でもまた、折々の宗教の世俗化および相対的な重要性の喪失への傾向を観察すべきであるかもしれない。そうだとしても、それは、全体的に見れば、多くの社会と文化が現在あるいは以前支配的な宗教によって非常に強く刻印されていることを何ら変えるものではない。パラドックスは、世俗的な社会が非常に強く、そしてそれゆえに内容的には様々にその宗教、あるいは以前の宗教に刻印されている、ということでもある。それゆえ、世界基準で内容のある規制が達成されうるかもしれないということは、期待すべきではない。世界医師連合会の内容豊富な宣言があることは、そのことに矛盾しない。医師は、共通に患者の利益に義務づけられ、そしてその点で規準としるべが存在する強度に同質的な集団である。

3　国家の国際化から生じる比較憲法のための若干の手本とすべき分野

日本とドイツは、巨大な国際機関の構成員であり、両国は同じ条約を批准し、そしてその義務を引き受けている。したがって、両国で国際的原理と拘束をどのように国家法に受容しているか、憲法改正によってであるのか、憲法解釈によってであるのか、それとも制定法によってであるのか、を比較研究するしがいのある分野である。最も重要な例として、持続性の原理とグローバルな気候保護のための協定がある。そこでは、個々の国家に、自国の利益と世界全体の利益において、経済的生産と消費の全体の秩序を持続的な経済と消費の持続的な抑制という一般的目標に変えることが要求されている。そのためにどのような手段が投入されるのであろうか、どのような包括的な計画を公けにするのであろうか、そしてどのように国際法上の条約におけるこのようなプログラム的な義務を国内法に置き換えるのであろうか。

国家が国内的な環境政策ばかりでなく、国外的な環境政策をも促進し、そして環境法における法原則を国内法においても環境国際法においても定める（ないしは取り決める）場合、双方の領域における政策ないし法制定が統一的であるか否かという問題が出てくる。国際法の領域における配慮原則と責任者原則が、国内法の領域におけるのと全く同様に適用されるのであろうか。さらに、国際会議と協定の際の国家の関係から（国家がその会議に参加したか、しないか）、このような原則への認識の真実性をも推論できるのであろうか。

四　むすび

現代国家の行為の国際的次元は、二つの国家間の比較と比較憲法にとって重要な分野を提出する。国際的領域に対する二つの国家の行為すべてが、つまり外への開放性の範囲すべてが比較されなければならない。その比較の際には、現代の立憲国家の重要な構造のメルクマールが熟慮の対象となる。それによって、比較憲法は、現代の立憲国家の特に重要な行動領域を視野に取り入れる。改めて、比較憲法が大きな未来を有していることが明らかとなる。それは、私たちが取り組んでいるドイツと日本の間の比較憲法のための研究領域は、十分に存在し続ける。

あとがき

ドイツ判例研究会とドイツ側代表者であるフライブルク大学R・ヴァール教授とで共催する日独共同研究第二回シンポジウムが、フライブルク大学で開催された。本書は、この日独共同研究第二回シンポジウム（以下、フライブルク・シンポジウムと略称）の全報告とschriftliche Beiträge（シンポジウム当日にはなかった戸波江二教授のSBも含む）を収録したものである。

フライブルク・シンポジウムを紹介する論稿を、ジュリスト一一八七号に寄せた。この論稿は、フライブルク・シンポジウムから帰国して直ぐに執筆しているだけに、フライブルク・シンポジウムの雰囲気をより伝えていると思われる。それゆえ、印象深い時期に記した当該論稿に若干の加除・修正を施したうえで再録し、「あとがき」に代えたい*（なお、所属大学、地位、あるいは年齢は、フライブルク・シンポジウム開催時のものである）。フライブルク・シンポジウムは、一九九八年四月に早稲田大学で開催した第一回シンポジウム（青柳「『人間・科学技術・環境』日独共同研究第一回シンポジウム」ジュリスト一一三七号七六頁以下、およびドイツ憲法判例研究会編『人間・科学技術・環境』〔一九九九年〕参照）に引き続くもので、「人間・科学技術・環境」をテーマとした共同研究の一応のまとめを目指したものである。

一一二〇年に創建され、「自由の城」と命名された都市フライブルク（Freiburg am Breisgau）は、周知のように、今日ヨーロッパで最も先進的な環境保全都市の一つである。また、フライブルクは大学都市でもある。フライブルク大学は、一四五七年に創設されて以来五〇〇年以上にわたって市と一体となって発展してきている。法学部は、K・ヘッセ教授とE.-W. ベッケンフェルデ教授が連邦憲法裁判所裁判官に着任するなど、ドイツでも有数の法学部である(ヘッセ教授は八一歳、ベッケンフェルデ教授は七〇歳におなりになるが、お二人ともお元気で、このシンポジウムに参加して下さった)。二〇世紀最後の年に、「人間・科学技術・環境」というテーマを論ずるに相応しい都市そして大学で第二回シンポジウムを開催することができたことは、ドイツ憲法判例研究会にとって大きな喜びである。

第二回シンポジウムは、一九の報告(日本側は七報告、ドイツ側は一二報告)そして合計八回の討論という構成であった。これらのドイツ語で行われた口頭報告以外に、さらに日本側からは九名の参加者が合計一〇のドイツ語版ペーパーを提出し、討論の内実を高めるのに貢献した(ペーパーの執筆者とタイトルを日本語で記すと、以下の通りである。阿部泰隆「司法改革と行政訴訟改革」、石村修「日本における野生動物保護」、岩間昭道「日本における環境保全の課題の憲法化」、神橋一彦「日本の環境法における行政訴訟法上の諸問題について」、小山剛「環境保護請求権?」、斎藤誠「日本における環境法および技術法の憲法理論への影響」、平松毅「日本における廃棄物処理の法体系」、同「日本における憲法解釈と憲法変遷」、松本和彦「環境保護と環境情報」、光田督良「日本におけるヒト・クローン産出研究規制への途」)。内容豊富な報告、そして活発な討論によって、フライブルク・シンポジウムも有意義なものとなった。各報告の内容は本書をお読み頂ければよいわけであるが、ここでは各報告のエッセンスを記すことにしたい。

第一日目は、九月四日午後五時から、大学の"Haus Zur Lieben Hand"の美しい大ホールで開催された。大ホールの正面には、大学創設者であるオーストリア大公アルブレヒト六世(皇帝フリートリッヒ三世の弟)とその后の大きな肖像画が掲げられている。エステン(Oesten)副学長の歓迎の挨拶のあと、青柳とヴァール教授の基調報告が行われた。

青柳「日本の憲法学と比較憲法」は、まず、日本の比較憲法の問題点を指摘し、主体的な比較憲法学の確立の必要性を説く。次いで、リベラリズムの多様性や西欧近代の問題性を検討した上で、リベラリズムと日本の国民性論との関係を概観する。そして、一定のリベラリズムが、日本国憲法にも、日本の社会にも適合的であることを主張する。

R・ヴァール「日本とドイツの比較における生命医学の憲法問題」は、人間の生と死、妊娠中絶、臓器移植の問題を、比較憲法の四つの次元（憲法・法律、体系的関連性、憲法理解・国家理解、社会文化的態度）それぞれにおいて素描する。そして、教授は、脳死者の臓器移植に対する日本人基本的な拒否の態度が宗教的、文化的伝統、少なくともそれに原因する日本人の感性に帰せられると指摘する。しかし、他方で、教授は日本における変化の兆しも指摘する。近時日本においても多くの患者の権利宣言があり、そこに、伝統的な関係の変化、おそらく西欧的な患者の自己決定権に基づくモデルへの部分的な接近がみられると指摘する。

第二日目と第三日目は、ヴァール教授の研究所のある建物の大会議室で行われた。第二日目は、当日の報告者の一人でもあるF・ショッホ教授（フライブルク大学法学部長）の歓迎の挨拶のあと、環境（憲）法をテーマに行われた。

高橋滋「日本の原子力――政策、法、裁判」は、諸外国から見ると「不思議なもの」に見えるかもしれない日本の原子力政策・法・裁判の内容を明らかにする。「逆風のなかで速度を緩めながら前進する」という日本の政策選択に法学者が発言する余地は少ないとしつつも、日本の原子力法制度に改善の余地がある問題として、原子力行政を担う組織問題、立地選定手続問題、安全審査制度問題を指摘する。さらに、教授は、原子力の安全性に対するいくつかの判決は慎重さのあまり司法に対する国民の信頼に答えない過ちを犯していると「警告」を発する。

G・ヘルメス「原子力法における基本権制限と（政治的な）リスク評価」は、原子力法上の許可に対する事後的な期間設定の合憲性をめぐって、基本法一四条論および立法者のリスク評価に対する連邦憲法裁判所の審査権限について論じる。操業許可に対する事後的な期間設定がいかなる態様の所有権侵害であるかが問題となるが、教授は、それを公用収用と捉えるべきではなく、所有権の内容・限界規制と捉えるべきであると主張する。原子力のリスク評価に関して、教授は、原子力のリスクの程度と蓋然性に関して「客観的な」知見を求めることは誤りであり、学問的に是認できるリスク評価の根拠を提示すれば理由付け義務は満たされる、と主張する。

R・シュタインベルク「原子力廃止の法的問題」も、ドイツにおける核エネルギーに関する評価の変遷を跡づけた上で、原子力廃止法の合憲性をめぐる問題に言及する。教授は、原子力エネルギーの使用に対する社会の見方に根本的変化をもたらした決定的要因として、一九七九年ハリスブルクおよびチェルノブイリの原子力発電所における深刻な事故を挙げる。そして教授は、憲法は核エネルギーの廃止を「政治の優位」の表明として全面的に受容している、と指摘する。

D・ムルスヴィーク「いわゆる協働原則は、環境法における法原則であるか？」は、ドイツ環境政策上の三つの指導原則（他の二つは、配慮原則と原因者負担原則）の一つであり、環境保護の実例において大きな役割を果たしている協働の法的性格について論じる。近時、協働原則は政治的原則であるばかりでなく、法原則であるとする学説も主張されている。それに対して、教授は、協働原則は、法原則でないばかりでなく、政治的原則でもないと主張する。教授によれば、協働原理は環境保護原理としては自己目的ではありえず、協働が環境保護に反する場合にはその限りで協働は環境保護原則に適合的ではないことになる。規範的原則は、内容上一般的に把握し得る当為命題を含んでいる。しかし、教授によれば、国家と私人の協働を内容とする協働原則は、協働という概念が非常に広いものであるだけに、平凡で、空虚なものであり、それゆえ政治的原理としても法的原理としても不十分なものである。

A・フォスクーレ「環境法における衡量と補整」は、環境資源の利用をめぐる二つの紛争解決モデル、すなわち、衡量原則と補整原則について考察する。教授は、環境法典専門家委員会草案九条と同様に、両者は共通する基点を有しているにもかかわらず、それぞれ固有の紛争解決の可能性をもち、そして組み合わせることは可能であるが、混同してはならない、全く相異なる思考モデルを具現していると指摘する。教授は、基本的に補整モデルにより高い合理性を認めつつも、そのことは衡量モデルを余計なものにしてしまうわけではない、と述べる。ただ、戒めるべきは衡量パラダイムの優位のもとでの規制混合主義である、と主張する。

高木光「日本の廃棄物法制の手法」は、日本の行政手法の基本構造はドイツと同一であるが、解決すべき問題やそのために用いられる法的な戦略はかなり異なり、日本は従来から「協働国家」であり、おそらく将来的にもそうであると指摘する。教授によると、日本とドイツの環境政策の大きな相違点は、環境私法の役割である。その代表例が、「排出者責任の原則」をとる産業廃棄物の領域であり、廃棄物処理はほぼ完全に私人の責務とされている（一九七〇年の廃掃法）。教授によれば、行政と私人の協働という現象は、むしろ行政が私人の協力に依存していることを表しており、その意味で、日本の行政の社会における地位はドイツのそれよりも弱い。

E・レービンダー「廃棄物法との決別？」は、ドイツ環境法の花形として知られ、国際的にも模範とされてきた廃棄物法に対する近時の批判について検討する。近時の批判は、体系的アプローチの観点と法政策的観点からのものとに分けることができる。前者の中心をなすのは、物質移動管理とそれに対応した物質法の形成をめぐる議論である。後者の批判は、現行法の介入主義的な物質移動コントロールが環境政策上十分な根拠をもつのか、また法政策上主張可能であるのか、という疑問である。しかし、教授は、第一に実効性および効率性の点で、第二に資源保護という目的達成のために有効な手段という点で、物質移動管理構想にどちらかというと懐疑的である。教授は、長期的な発展の展望において、形式的意味での廃棄物法の将来は決して確実なものとは思われないが、実質的な意味での廃棄物法は常に存在し続けると結論づける。

D・H・ショッホ「廃棄物処理に関するEU法上の諸問題」は、国内法の「ヨーロッパ化」（国内法にEU法が浸透していく過程）の問題を廃棄物処理法題材に検討する。教授は、ドイツの廃棄物法の最近の展開（循環型経済原則、公的廃棄物処理と私的廃棄物処理の併存）を概観し、およびEU廃棄物処分法の基本構造（事故処理原則と直近処理原則）を明らかにした上で、両者の相違を明らかにし、ヨーロッパ法的基準を転換する際のドイツ環境法の一般的困難さが。廃棄物処理法にも見られることを確認する。教授は、EG環境法との対決の道を探るべきではなく、機能的で開かれた法概念を用いているEG廃棄物法を発展させ、具体化し、調和させることが必要であり、ドイツもこれに建設的かつ活動的に協力すべきである、と主張する。

D・H・ショイインク「ヨーロッパ環境法における規制と市場の自由」は、EG環境法を第一次法の観点と第二次法の観点に区別して論じる。教授によれば、第一次法においては「市場の自由への規制」が、第二次法においては「規制のける市場の自由」の問題が提起される。前者は、規制が市場の自由に対して正当化されなければならないことを意味するが、このような正当化の可能性はEG条約のなかに完全に存在する。後者について、教授は、四つの規制類型、すなわち、市場の自由の排除、市場の自由の限界づけ、市場の自由の補充、そして市場の自由の促進に大別して、整理する。そして、教授は、EG環境法においても、規制も市場の自由は相互に排除し合うものではなく、適切な補完関係におかれなければならず、両者の関係は常に繰り返し新たに規定されなければならず、可能な限り最良の環境保護を恒常的に求め続けるという課題が課せられている、と指摘する。

第三日目は、生命倫理をテーマとする報告と、総括報告が行われた。

根森健「日本国憲法における学問・研究の自由の限界とヒト・クローンの作製」は、日本におけるヒト・クローン研究の法的規制の動向を跡づけた後に、ヒト・クローン研究の規制を学問の自由の保障の観点から検討する。教授は、ヒト・クローン規制論拠（不快感・嫌悪感、不安・懸念、安全性、有性生殖論、親子関係・家族秩序混乱論、人間の尊厳）の正当性は不十分であり、またヒト・クローン個体産出規制法案の「場当たり的な規制」に対して疑問を投げかける。

T・ヴュルテンベルガー「学問の自由の限界：憲法上の、それとも倫理上の？」は、基本法五条三項の学問の自由の憲法上の限界および倫理上の限界について考察する。教授は、研究の自由を保護領域の限界づけによって限定することに反対し、基本権の制約の次元で解決すべきであり、そして比較衡量において最大限の合理性と間主観的な審査の可能性をもたらすためには、基本権の保障の状況に即して具体化することが必要であると主張する。教授は、さらに、生命倫理にかかわる場合には、比較衡量において単に法律的な議論ばかりでなく、倫理的な議論も必要とすると指摘する。その際、研究の自由の倫理的限界は、国内的ではなく、超国家的にも定められる。教授は、倫理委員会が研究の自由の倫理的な、同時にまた法的な限界を手続き的に定めているが、その決定に対する司法審査は、手続的な審査に限定されると主張する。

嶋崎健太郎「人間の生をめぐる憲法問題」は、この問題に関する日本の法制度の変遷を跡づけ、日本人の生命観を概観したあと、日本国憲法における未出生の生命の地位について考察する。教授は、基本権の主体論において、硬直的結論に至りやすい従来のオール・オア・ナッシングの議論ではなく、基本権主体ではないが客観法的保護を受ける対象を想定することにより、柔軟な処理が可能になると主張する。

M・アンデルハイデン「臓器移植法と死期の憲法問題」は、ドイツの一九九七年の臓器移植法を題材に、脳死の憲法問題を論じる。博士によると、「生と死」の憲法上の概念は、基本法二条二項一文や六条五項などから、人間の肉体的な存在と精神的な存在、物心両面の統一体とみなす人間像と必然的に結びつく。それゆえ、博士は、心臓・肺の機能停止を内容とする心臓死基準は、身体性のみを基準とするゆえに基本法と一致しないとして、憲法上の概念を満たす死の基準として全脳死基準を支持する。したがって、博士は、「大脳、小脳および脳幹の全機能の最終的で回復不可能な消失」を条件に臓器移植を認める臓器移植法三条二項二号の合憲性を支持する。

岡田俊幸「日本における臓器移植法の憲法問題」は、ドイツと同じ年に制定されたが、しかし実務にとって臓器移植法の意味がドイツとは全く異なる日本の臓器移植法の合憲性について論じる。教授は、憲法一三条二文の自己決定権が死後も効力を有すること、そして臓器移植法の合憲性は憲法一三条二文の自己決定権によって判断されなければならないことを主張する。

M・クレプファー「動物保護の憲法問題」は、動物保護の憲法上の位置づけ、動物保護と基本権の行使について概観した上で、基本法への国家目標としての動物保護規定の受容した場合の影響について論じる。支配的学説と判例は、動物保護それ自体に対しては憲法的地位を認めていない。それに対して、近時憲法的地位説（基本法七四条二〇号説、一条一項説、二〇a条説）が主張されているが、教授は、これらの学説はいずれも正当性がないと否定する。他方で、教授は、動物保護のいくつかのラント憲法への定錨を指摘し、また動物保護が基本権にとっては極めて重要な意味を有することを認める。教授は、動物保護国家目標規定と他の国家目標規定との関係、基本権の利用に対する動物保護国家目標規定の影響、国家諸権力の相互関係に対する影響、そして憲法自体の性格に対する影響を考察した上で、動物保護を国家目標規定として基本法へ受容することに反対する。

最後に、栗城教授とヴァール教授の総括報告によってフライブルク・シンポジウムは締めくくられた。

栗城壽夫「日本における人間・社会・国家」は、まず、二〇世紀における憲法・憲法学における日独関係を回顧し、ドイツの強い影響を認めるが、しかし現在の日独の憲法的思考には基本的な違いがあることを指摘する。それは、教授によれば、日本における君主主義的思考方法の残存である。教授はその原因を、六〇四年の聖徳太子の「一七カ条憲法」に遡る「和をもって貴しとなす」とする精神態度に典型的に表される、国家・社会に関する日本人のもの考え方に見出す。さらにそのマイナス効果として、教授は、日本における「die Öffentlichkeit」の未成熟の問題を指摘する。しかし、近時見られる変化の萌芽（ボランティア活動、NGOの活動、住民投票の実施、情報公開法の制定など）を一層推進することによって、究極的には国家のあり方の根本的変更も生ずることを予期する。

ヴァール「比較法および国際関係における憲法」は、さらなる研究のためのパースペクティヴとして外に開かれた国家の比較法という新しいテーマを提示する。伝統的な比較法は水平的に、つまり同じ次元での各国の法秩序の比較であった。これから付け加えるべきは、比較法の垂直的方向（国際機関の国際的世界）への拡大、すなわち、国際的な協働のために開かれた立憲国家が問題となる。教授は、日本とドイツが国際的原則や拘束をどのように国内法に受け継いでいるのか、それは憲法改正によってか、憲法解釈によってか、それとも制定法によってかを研究することは、比較のし甲斐のある領域であると指摘する。

九月七日には、ヴァール教授のお世話により、カールスルーエの連邦憲法裁判所を公式訪問した。U・シュタイナー（Steiner）裁判官ばかりでなく、J・リンバッハ（Limbach）長官も出迎えて下さった。その時の長官のお話のなかで、連邦憲法裁判所の建物は簡素であるけれでも、それは簡潔な民主主義を象徴するものです、と述べられたことが強く印象に残った。

フライブルク・シンポジウムは、個人的にも意義深いものであった。シンポジウムの席上以外でも、H・ホフマン教授との学問上の alte Liebe 論、ヴァール教授の繊細な心を強烈に印象づけられた出来事、あの冷静なムルスヴィーク教授との熱い友情の交換、大変友誼にあふれたシュタイナー裁判官（後に知人が連邦憲法裁判所訪問を希望し、紹介を頼まれた時、シュタイナー裁判官は予定が既に入っていたにもかかわらず、予定を変えて私の知人一行を迎えてくださった）との出会い、親密なお付き合いの始まりとなったリンバッハ連邦憲法裁判所長官（仕事での毅然とした姿勢とプライベートでの愛らしさ、リンバッハ長官は御主人ともども魅力的な方である）との出会い等々、思い出深い日々であった。そして、人間的誠実さは、国籍が異なろうと、言語が異なろうと、言葉を超えて通じ合うものであることを再確認した。

本書の公刊は、様々な理由で、当初の予定よりも三年余り遅れてしまった。この時間の経過の中で、執筆して下った方々にも多くのご迷惑をお掛けしてしまった。編集者のひとりとして、お詫び申し上げたい。外国人の人名等のカタカナ表記は、難しい。筆者により、翻訳者により、様々である。本書では、一冊の書物ということで、第一回シンポジウムの本『人間・科学技術・環境』における表記と同一にして統一させて頂いた。

本書が漸く公刊することができたのも、信山社の有本氏の、忍耐強いサポートと尽力のお蔭である。記して、感謝申し上げる。また、本書の公刊には学術振興会から出版助成を頂いていることを付記し、御礼申し上げる。

二〇〇五年二月一日

青柳幸一

〈編者紹介〉

栗城壽夫（くりき・ひさお）

名城大学大学院法務研究科教授

戸波江二（となみ・こうじ）

早稲田大学大学院法務研究科教授

青柳幸一（あおやぎ・こういち）

筑波大学大学院ビジネス科学研究科企業法学専攻教授

先端科学技術と人権

—日独共同研究シンポジウム—

2005年（平成17年）2月25日　第1版第1刷発行

編　集　ドイツ憲法判例研究会

編集代表　栗　城　壽　夫
戸　波　江　二
青　柳　幸　一

発行者　今　井　　貴

発行所　信山社出版株式会社

〒113-0033　東京都文京区本郷6-2-9-102
電　話　03（3818）1019
FAX　03（3818）0344

printed in Japan

 印刷・製本／松澤印刷・大三製本

ISBN4-7972-3139-4 C3332 NDC 323.324

3139-012-050-03